위험한
엄마

MOMMY BURNOUT How to Reclaim Your Life and Raise Healthier Children in the Process by Dr. Sheryl Ziegler

Copyright © 2018 by Sheryl Ziegler

All rights reserved.

This Korean edition was published by Geulhangari Publishers in 2025 by arrangement with Sheryl G. Ziegler c/o FOUNDRY Literary + Media through KCC(Korea Copyright Center Inc.), Seoul.

이 책은 (주)한국저작권센터(KCC)를 통한 저작권자와의 독점계약으로 (주)글항아리에서 출간되었습니다. 저작권법에 의해 한국 내에서 보호를 받는 저작물이므로 무단전재와 복제를 금합니다.

위험한 엄마

번아웃된
엄마들에게

셰릴 치글러 지음
문가람 옮김

글항아리

서문

전문가로서 나의 삶은 언제나 아이들과 함께였다. 그래서 많은 이가 의아해할지도 모른다. 아이들을 연구하던 내가 왜 엄마들의 이야기를 들려주려 하는지를. 하지만 이는 자연스러운 흐름이었다. 아이의 내면을 들여다볼수록, 그 깊은 곳에는 늘 부모의 심리적 흔적이 새겨져 있었기 때문이다. 어떤 상담사들은 이런 복잡한 관계성에 부담을 느끼지만, 나는 오히려 여기서 나의 본질적 사명을 발견했다. 이러한 깨달음은 내 경력의 시작점에서부터 찾아왔다. 뉴욕주 북부에서 만난 뉴욕시 청소년들은 프로그램이 끝나면 결국 그들이 떠나온 바로 그 집으로 돌아갔다. 우리 노력이 그들의 일상을 둘러싼 가난과 혼란 속에서 과연 얼마나 버틸 수 있을까. 이 고민은 날이 갈수록 깊어만 갔다. 그러던 중 콜로라도 박사과정의 기회가 찾아왔고, 나는 두 가지 분명한 진실을 마주하게 되었다. 아이들을 돕는 일도 중요하지만, 그들을 둘러싼 세상을 더 깊이 이해하는 일 역시 꼭 필요하다는 것이었다. 가정이라는 울타리, 지역사회라는 땅, 그리고 삶의 터전이 되는 경제적 기반까지. 이렇게 시야를 넓히면서 자연스레 내 관심은 아이에서 가족 전체로 확장되어갔다. 그렇게 나는 지난 14년의 시간 동안 수많은 엄마의 삶을 가까이에서 지켜보며 그들의 현실을 깊이 이해하게 되었다. 기쁨의 순간에는 함께 웃고, 힘든 시기에는 함께 울었다. 그 과정에서 엄마들이 감내하는 고통의 깊이와, 그 속에서도 절대 마르지 않는 사랑의 힘을 목격했다. 이런 경험들 덕분에 나는 단순한 상담사가 아닌, 엄마의 마음을 진정으로 이해하는 동반자로 성장할 수 있었다.

나는 할렘의 한 십대 이민자 미혼모의 자녀로 태어났다. 어린 시절 뉴욕시에서 정부 지원과 식품 배급으로 살아간 터라 가난이 주는 모든 결핍을 몸소 겪었다. 하지만 시간이 흘러 뉴욕주 북부에서는 중산층의 삶을, 이후에는 중상류층의 삶까지 경험하게 되었다. 특히 빌앤멀린다게이츠재단의 전액 장학금은 내 인생의 전환점이 되어 고등교육의 기회를 열어주었다. 이처럼 사회의 다양한 계층을 직접 경험한 덕분에 나는 어떤 상황의 사람이라도 깊이 이해하고 공감할 수 있게 되었다. 그래서 나는 매일 나 자신과 장학금 후원자들과의 약속을 되새긴다. 내가 받은 소중한 기회를 다시 다른 이들에게 나누는 것, 그것이 바로 내가 지켜가는 삶의 방식이다.

이 책은 내가 진행하는 나눔 프로젝트 중 하나다. 그간 수

천 명의 엄마가 자녀를 올바르게 키우기 위해 분투하는 모습을 지켜봤다. 육아나 결혼생활에서 특정한 어려움을 겪는 건 자신뿐이라고 느낀다는 이야기를 들어왔다. 오랫동안 이러한 이야기들을 듣다보니, 마치 커다란 비밀을 간직하고 있는 듯한 느낌이 들었다. 비록 내 직업의 많은 부분이 비밀을 지키는 것이지만, 이것은 공유할 가치가 있는 비밀이라고 생각했다. 1963년 베티 프리던은 『여성의 신비』에서 당시 여성들이 겪고 있던 말로 표현하기 어려운 고통을 '이름 없는 문제'라고 불렀다. 그로부터 약 50년이 지난 2010년, 나는 수많은 현대의 엄마를 연구하면서 또 다른 '이름 없는 문제'를 마주하게 되었다. 그들은 완벽한 엄마가 되어야 한다는 압박과 고립감, 그리고 끝없는 책임감 속에서 서서히 지쳐가고 있었다. 이러한 현상을 연구하다보니 한 가지 희망을 품게 되었다. 이 문제의 실체를 정확히 파악하고 이름을 붙인다면, 여성들이 자신의 상황을 더 잘 이해하고 대처할 수 있지 않을까? 그리고 그것이 결국 여성들의 건강과 행복, 나아가 그들이 키우는 아이들의 삶의 질도 향상시킬 수 있지 않을까? 그렇게 나는 현대 엄마들의 이 공통된 고통을 '엄마 번아웃'이라 명명하게 되었다.

잠시 시간을 거슬러 올라가보자. 그 시기에 나는 거주형 치료 센터의 임상 책임자가 되었고, 개인 상담실을 열었으며, 나만의 가정을 꾸리고자 임신을 시도했다. 그리고 놀랍게도 내가 관찰해오던 여성들의 고충을 직접 겪기 시작했다. 임신이 이뤄지지 않았다. 스트레스 가득한 직장까지 매일 두 시간을 달려야 했고, 뉴욕의 가족과 친구들은 멀어져만 갔으며, 콜로라도에서의 새 삶은 아직 낯설기만 했다. 지금도 그때를 떠올리면 온몸에 스며들던 불안과 걱정, 그리고 외로움이 생생하다.

임신이 되지 않은 지 1년이 지나자 나는 불임 치료를 받기로 했다. 직장을 그만두고 요가 수련회에 참석했으며 남편과 함께 하와이로 휴가를 떠났다. 그리고 기적처럼 그 여행에서 우리 첫째 딸을 임신하게 되었다. 당시 사람들이 "봐, 마음을 편하게 가지니까 된 거잖아"라고 말할 때마다 화를 참느라 애써야 했다. 도대체 무슨 소리란 말인가? 나는 이 아이가 너무나 간절해서 무엇이든 할 수 있었는데, 그들은 내가 불임의 원인이라고 암시하는 것인가? 아니다, 그런 설명은 받아들일 수 없었다. 그런 이야기가 내 짐이 되는 것을 원치 않았다.

시간이 흘러 지금의 나는 세 아이의 엄마가 되었다. 둘째 아들은 코스타리카에서 임신했고, 셋째 아들은 다행히 국내에서 자연스레 임신되었다. 셋째는 처음으로 특별한 노력 없이도 찾아온 선물 같은 아이였다. 수많은 여성과 만나고, 스트레스가 미치는 영향을 연구하고, 직접 치료를 받으며 겪은 경험들을 통해 나는 중요한 사실을 깨달았다. 스트레스가 임신에 실제로 영향을 미친다는 것이었다. 이 사실을 받아들이기까지는 많은 시간이 필요했다. 엄마가 되는 것이 내 삶의 가장 큰 소망이었기에 그 진실을 인정하기가 더 어려웠다. 그때의 나는 스트레스에 둘러싸여 있었지만 오직 의지로 그것을 이겨내려 했다. 하지만 지금은 그것이 최선의 방법이 아니었다는 것을 알게 되었다.

둘째 아이를 가졌을 무렵, 내 세상이 완전히 뒤집히면서 이 책을 써야겠다는 절박함이 밀려왔다. 갑자기 모든 것이 빠른 속도로 진행되는 것 같았다. 한 아이와 사랑스러운 반려견과 함께 아기자기한 로프트(건물의 지붕 바로 아래 마련된 층고 높은 공간—편집자 주)에서 살던 스티브와 나의 평화로운 일상은 순식간에 제대로 된 집을 찾아 이사해야 하는 혼돈의 시간이 되었다. 두 아이는 나이 차가 2년 3개월밖에 나지 않아서 마치 집에 두 명의 아기가 있는 것 같았다. 기저귀 떼기 훈련과 모유 수유를 동시에 해야 했다. 집 안의 정신없는 일상에 더해 일터에선 새로운 관심이 쏟아졌다. 지역 뉴스의 인터뷰 요청이 이어졌고, 어느새 아동 문제 하면 먼저 찾는 전문가가 되어 있었다. 설레는 일이었지만 그만큼 고단했다. TV에 출연하려면 완벽한 모습이 되어야 했다. 출산 후 늘어난 체중도, 손볼 틈 없는 헤어스타일도, 피곤한 얼굴도 가려야 했다. 하지만 그때는 그 무엇 하나 마음대로 되지 않았다!

11주간의 출산 휴가를 마치고 복직하자 놀랍게도 일터가 집보다 더 편안하게 느껴졌다. 두 아이의 엄마가 된 나는 더 깊어진 이해와 통찰을 가지고 내담자들을 만날 수 있었다. 그들의 이야기가 새롭게 들리기 시작했다. 엄마들의 마음속에 켜켜이 쌓인 죄책감, 부끄러움, 후회, 그리고 흔들리는 마음이 보였다. 모성이란 경험을 훨씬 더 깊이 이해하게 되었고, 그들의 고민에 진심으로 공감할 수 있었다. 우리는 같은 배를 타고 있었다. 이 경험은 나를 더 나은 상담사로 성장하게 했다.

이런 변화 이후 아이들을 바라보는 시선마저 완전히 달라졌다. 어린 내담자들을 마주할 때면 이전에는 몰랐던 깊은 연민이 차올랐다. 따돌림에 상처받은 아이들, 부모의 이혼으로 방황하는 아이들, 트라우마와 학대의 그림자를 품은 아이들. 그런 아이들의 이야기를 들을 때마다 내 마음도 함께 무너졌다. 아이들을 제대로 돕기 위해서는 먼저 나의 중심을 찾아야 했다. 그러다 마침내 깨달았다. 아이들의 엄마와 손잡는 것, 그것이 바로 답이란 것을. 스트레스와 고립감, 우울, 실패감으로 고통받는 엄마들의 상태를 '엄마 번아웃'이라 정의하고 이 악순환에서 벗어날 수 있는 방법을 찾아나갔다. 이를 통해 더 많은 아이의 삶에 긍정적인 변화를 가져올 수 있다고 믿었다. 이제 나는 단순한 상담사가 아닌, 엄마이자 상담사라는 새로운 자리에 서 있다. 그리고 이 변화의 여정을 걸으며 깊이 깨달았다. 엄마라는 이름이 짊어져야 하는 번아웃의 무게가 얼마나 버거운지를.

이 책은 7년에 걸쳐 만들어졌다. 한 권의 책이 완성되기까지 이토록 오랜 시간이 필요했다는 사실이 나에게조차 놀랍다. 하지만 그 세월 동안 나는 헤아릴 수 없이 많은 사람을 만났다. 여성도, 남성도. 그리고 그들은 하나같이 말했다. "이 이야기를 꼭 써주세요. 어서요." 나는 간절히 바란다. 그분들의 마음을 온전히 담아냈기를. 이 책에 담긴 실제 여성들의 솔직한 고백들, 내가 걸어온 길, 오랜 연구의 결실들이 당신에게 힘이 되어주기를. 그래서 당신이 엄마 번아웃과 당당히 맞설 수 있기를.

　이 프로젝트를 통해 설명할 수 없을 만큼 많은 것을 배우고 얻었다. 스트레스가 우리 뇌와 몸을 얼마나 깊이 흔드는지 알게 되었고, 무엇보다 우리 모두가 하나라는 진실을 발견하게 되었다. 당신이 누구든, 통장 잔고가 얼마든, 어디에 살든, 직장 생활을 하든 하지 않든 그것은 중요하지 않다. 우리는 모두 같은 마음으로 아이를 사랑하고, 같은 불안을 안고 살아가는 엄마다. 바로 이것이 이 여정이 내게 준 가장 큰 선물이다.

차례

서문 5

- **1장** 왜 이렇게 벅찬 걸까 — 엄마라는 이름의 번아웃 15
- **2장** 나에게도 친구들이 있었는데 — 단절이 만드는 엄마 번아웃 63
- **3장** 도와주려는 마음이겠지만 — 세대를 가로지르는 육아 갈등 105
- **4장** 오늘은 '좋아요'를 몇 개나 받았을까?
  — SNS에 삼켜진 엄마들의 일상 145
- **5장** 내 아이만큼은 완벽하게 — 완벽한 엄마(라는 환상)의 무게 187
- **6장** 남편은 언제쯤 내 마음 좀 알려나
  — 번아웃이 흔드는 부부관계 219
- **7장** 여기서도 거기서도 반쪽일 뿐 — 일하는 엄마의 고민 261
- **8장** 할 수 있겠지, 다 할 수 있겠지? — 바쁨이란 이름의 굴레 309
- **9장** 이상하게 자꾸만 아파 — 엄마의 몸이 보내는 SOS 353
- **10장** 지쳐가는 엄마, 쫓아가는 아이 385
- **결론** 새로운 시대의 엄마생활 431

감사의 글 434
옮긴이의 말 439
참고문헌 443

1장

왜 이렇게 벅찬 걸까
—엄마라는 이름의 번아웃

비슷한 경험이 있나요?

- ☑ 밤새 뒤척이다 겨우 잠들어도 깊은 잠을 이루지 못하고 있어요.
- ☑ 아침부터 저녁까지 온종일 기운이 나질 않아요.
- ☑ "내가 잘하고 있는 걸까?" 육아 결정 하나하나가 불안하기만 해요.
- ☑ 배달 음식으로 끼니를 때우거나, 끼니를 거르기 일쑤예요.
- ☑ 하루를 버티게 해주는 저녁의 맥주 한잔이 어느새 일상이 되진 않았나 걱정돼요.
- ☑ 두통, 허리 통증, 목의 결림…… 진통제 없이는 하루도 버틸 수 없어요.

- ☑ 아이들이 앓을 때면 엄마인 저는 더 오래, 더 심하게 아파요.
- ☑ 부부관계에 대한 관심이 예전 같지 않아요.
- ☑ 친구들과의 수다도 부담스러워져서 문자로만 안부를 전하고 있어요.
- ☑ '나를 위한 시간'이란 게 언제였는지…… 까마득하기만 해요.
- ☑ 자주 짜증 나고, 아이들에게 의도치 않게 큰소리를 내게 돼요.
- ☑ 일정 관리가 안 되고, 약속을 잊어버리고, 욕심으로 스케줄을 꽉 채우게 돼요.
- ☑ 혼자만의 시간에 문득문득 터져 나오는 눈물을 감출 수가 없어요.
- ☑ 항상, 늘, 매번 피곤해요.

이런 일상을 보내고 있다면, 잠시 발걸음을 멈추고 마음 깊이 숨을 고르자. 지금 당신이 걷고 있는 이 길은 엄마 번아웃이라는 어두운 터널일지도 모른다.

우리가 처음 만났을 때 스테이시는 44세였고, 세 살 된 쌍둥이 딸을 둔 기혼 여성이었다. 불임으로 오랫동안 힘들어하다가 마침내 41세에 귀한 쌍둥이를 얻었다. 스테이시가 남편과 결혼한 지 7년이 되던 때였다. 대학을 졸업한 후 그래픽 디자이너로서 성공적인 경력을 쌓았으나 아이들을 직접 키우기 위해 일을 그만두었다. 남편은 소프트웨어 영업직으로 출장을 자주 다녔다.

처음 그녀가 찾아온 이유는 단순했다. 쌍둥이를 잘 키우는 비결을 알고 싶다는 것이었다. 하지만 그녀에게 다른 문제가 있음을 깨닫는 데는 오랜 시간이 걸리지 않았다. 스테이시는 당시 내가 미처 이해하지 못했던 엄마 번아웃을 겪고 있는 초기 내담자 중 하나였다. 끝없는 부담감, 충분한 휴식에도 가시지 않는 피로, 통제할 수 없는 감정의 기복, 사랑하는 가족을 향한 죄책감 섞인 원망까지. 그녀의 고백을 들으며 이것이 단순히 한 명의 엄마의 이야기가 아니라는 사실을 깨달았다. 다른 많은 내담자도 비슷한 이야기를 들려주었기 때문이다.

상담실에서, 육아 강연장에서, 심지어 친구들과의 대화에서도 같은 고민이 끊임없이 들려왔다. 스테이시처럼 대부분의 엄마가 처음에는 자신의 상태가 문제라는 것조차 알아채지 못한다. 그저 힘들다는 막연한 감각만이 있을 뿐이다. 혹은 새로운 육아 방법 몇 가지만 익히면 모든 것이 해결될 거라 생각한다. 하지만 엄마 번아웃은 그리 간단한 문제가 아니다. 봄날 새벽안개처럼 소리 없이 찾아와 어느새 일상의 모든 순간을 잠식해버리는 것이다. 스테이시의 사례가 특별히 눈여겨볼 만한 이유는, 내게 찾아온 첫 번째 번아웃 엄마여서만이 아니라 번아웃이 한 사람의 삶을 얼마나 철저히 무너뜨릴 수 있는지를 보여주었기 때문이기도 하다. 그녀가 마침내 용기 내 도움을 청했을 때는 이미 번아웃이 그녀의 일상 깊숙이 뿌리내린 후였다.

13년 전 그날, 차가운 눈발이 휘날리는 덴버의 12월이었다. 눈가가 눈물로 붉어진 스테이시가 흠뻑 젖은 운동화를 신은 채 진료실 문을 열었다. 첫 상담에 늦어 불안한 마음이었을 터다. 내가 그녀에 대해 아는 건 전화 통화로 들은 기본적인 사항들뿐이었다. 남편과 어린 쌍둥이 딸이 있다는 것, 그리고 최근 들어 자신이 전혀 다른 사람이 된 것만 같다는 이야기였다. 평소처럼 상황을 더 자세히 알아보기 위한 질문들을 준비했지만 스테이시는 그럴 필요도 없이 스스로 이야기를 시작했다.

"도움이 필요해요." 눈물이 그렁그렁한 눈으로 상담실을 가로질러 의자에 털썩 주저앉으며 그녀가 말했다.

"무슨 일이 있으셨나요?" 나는 그녀를 마주 보며 조심스레 물었다.

"오늘 아침에도 정신없이 나오느라 부츠를 못 찾았어요." 그녀가 재킷을 벗어 의자 등받이에 걸치며 말을 이었다. "매일 이래요. 제시간을 지키는 일에 알레르기라도 생긴 것처럼…… 제가 대체 왜 이렇게 됐는지 모르겠어요. 전엔 이렇게 엉망진창이 아니었는데." 그녀는 잠시 고개를 떨궜다. "첫 상담부터 늦어서 정말 죄송해요."

내 상담실을 찾는 엄마들의 이야기는 놀랍도록 비슷했다. 하루하루를 버겁게 살아가는 그들에게 자신을 위한 시간은 감히 꿈꿀 수 없는 사치였다. 그들의 하루는 눈뜨는 순간부터 전쟁이다. 아이들의 옷을 챙기고, 아침을 먹이고, 등교 준비를 마치고 나서야 겨우 자신의 일상을 시작할 수 있다. 오후는 더 정신없다. 숙제 봐주기, 학원 데려다주기, 저녁 식사 준비하기, 잠자리에 들 때까지의 일과 챙기기. 마침내 아이들이 잠든 후에야 자기 일을 마무리하곤 녹초가 되어 침대에 쓰러진다. 결혼한 엄마들의 현실은 더 안타깝다. 남편과의 대화라고는 짧은 지시나 전달 사항뿐, 진심을 나눌 여유도 기력도 없다. 이런 엄마들이 마침내 상담실 문을 두드린다면 그건 이미 절박한 상황이라는 뜻이다. 할 수 있는 모든 것을 시도해봤지만 아무것도 해결되지 않고, 가정은 무너져가고, 아이들은 심각한 문제에 빠져드는 것만 같은 절망감 속에서 마지막 희망을 찾아오는 것이다.

스테이시는 의자에 몸을 기대며 짧은 갈색 머리카락에 묻은 눈송이를 털어냈다. 그리고 그날 아침에 벌어진 아수라장 같은 일화를 들려주기 시작했다. 세 살배기 쌍둥이 딸들이 해 뜨기도 전에 일어나 '재미있는' 생각을 했다고 한다. 인형들을 목욕시키자는 것이었다. 아이들은 화장실로 가서 욕조에 물을 가득 채우고는 실로 만든 인형들까지 가리지 않고 모조리 물속에 담갔다. 새벽 5시 30분, 망가진 인형들을 보고 울부짖는 아이들의 비명에 스테이시는 화들짝 잠에서 깼다. "그런데 그게 다가 아니었어요." 그녀가 말을 이었다. "아이들이 수도꼭지를 잠그지 않고 나온 거예요! 물바다가 된 화장실 바닥에서 미끄러져 다리라도 부러질 뻔했다니까요."

남편은 어디 있었느냐는 물음에 그녀는 업무 출장 중이라고 답했다. 스테이시의 목소리에는 쓸쓸함이 묻어났다. 바쁜 출장길이라지만 오히려 부럽다고 했다. 아무에게도 방해받지 않는 숙면, 룸서비스로 배달되는 따뜻한 아침 식사, 바닥에 시리얼 부스러기 따위는 없는 고급스러운 차량 서비스까지. 무엇보다 하루 종일 어른들과 대화를 나눌 수 있다는 것이 부러웠다. 문득 그녀는 자신도 다시 일을 시작하면 '보통 사람'으로 돌아갈 수 있을지 고민하기 시작했다.

집에서 어린아이들을 돌보는 많은 엄마의 일상이 그렇듯, 스테이시의 하루도 끝없는 반복이었다. 흩어진 장난감을 정리하고, 같은 동화책을 수십 번씩 읽어주고, 아이들의 투정을 감당하는 일의 연속. 한때 넘쳐나던 인내심은 바닥을 드러냈고 이제는 아이들이 "엄마, 놀아줘"라고 할 때마다 날카로운 목소리가 튀어나왔다. "이러다가 몇 년 뒤엔 제 아이들이 선생님 상담실을 찾게 될 것 같아요." 그녀의 한숨에는 깊은 자책감이 묻어 있었다.

엄마가 되기 전 스테이시는 그래픽 디자이너였다. 다른 사람 밑에서 일하는 게 답답해 쌍둥이를 가지기 전에 회사를 그만둔 것이 당시에는 행복했다. 하지만 지금은 바깥세상이 무척 그립다고 했다. 매일 새로운 것을 만들어내고, 자기 창작물을 눈으로 확인할 수 있었던 그 시간들이 간절히 그리웠다. 머리를 제대로 굴리지 않으면서 보내는 시간이 쌓일수록 점점 더 멍해지는 것만 같았다. 그러다가도 죄책감이 밀려왔다. 이 귀한 쌍둥이들을 얻기 위해 남편과 함께 겪었던 그 모든 고통스러운 시간을 생각하면 이런 생각이 드는 것조차 배은망덕하게 느껴졌다.

스테이시가 결혼식을 올린 것은 삼십대 후반이었다. 그리고 소중한 생명을 품기까지 그녀는 난임 치료라는 긴 터널을 여러 번 지나야 했다. 내가 만난 많은 엄마가 그러했듯, 스테이시도 임신이라는 문이 이토록 높고 무겁게 느껴질 줄은 몰랐다고 했다. 난임이 가져온 마음의 상처와 경제적 부담은 그녀의 어깨를 무겁게 짓눌렀다. 이런 상황에 처한 대부분의 여성처럼 스테이시도 믿었다. 그토록 기다리던 임신에 성공하고 아기를 품에 안는 순간 모든 고통이 눈 녹듯 사라지고 완벽한 행복만이 찾아올 거라고. 하지만 현실은 달랐다. 내 오랜 관찰에 따르면, 임신이 어려웠던 엄마들도 수월하게 임신한 엄마들과 똑같은 감정의 롤러코스터를 탄다. 산후 우울증에 시달리기도 하고, 극심한 피로감에 허덕이기도 하며, 때로는 숨 쉴 틈을 절실히 필요로 한다. 다만 한 가지 뚜렷한 차이가 있다면 이것이다. 난임의 고통을 겪은 엄마들은 평범한 산후 증상들을 겪으면서도 더 큰 죄책감에 시달린다. 그토록 간절히 원하던 아기였기에 지금의 힘겨움을 토로하는 일조차 허락되지 않는 것처럼 느끼는 것이다.

나 역시 첫아이를 갖기까지 난임의 고통을 겪었다. 심각한 자궁근종 수술 이후 자연 임신이 어렵고 유산 가능성이 50퍼센트나 된다는 진단을 받았다. 임신은 1년 넘도록 이루어지지 않았고, 두 차례의 자궁 내 인공수정도 실패로 돌아갔다. 한약, 배란 체크기, 침술, 명상, 심상요법, 상담 치료, 업무 조절, 거꾸로 서기까지. 안 해본 것이 없을 정도로 모든 방법을 다 시도했다. 그 시절의 절망과 상실감은 지금도 생생하다. 마침내 임신에 성공했을 때도 19주 동안 매일같이 찾아오는 입덧으로 고통스러웠지만, 그저 아기를 가졌다는 사실에 감사해야 한다고 스스로를 다그쳤다. 어떤 불편함도 말해서는 안 된다고 여겼다.

스테이시 역시 다른 초보 엄마들처럼 새로운 삶에 적응하는 데 큰 어려움을 겪었다. 뜬눈으로 지새우는 밤, 끝없이 이어지는 수유 시간, 아침에 이를 닦았는지조차 가물가물한 혼란스러운 나날들. 이런 성장통은 결국 깊은 산후 우울증으로 이어졌다. 항우울제로 몇 달을 버텼고, 증상이 나아지는 것 같아 약을 끊었다. 그후 잠도 더 잘 잤으며 기분도 한결 나아지고 사회 활동도 늘어났다. 하지만 그것도 잠시였다.

스테이시는 지난주에 있었던 가슴 아픈 일화를 들려주었다. 아이들이 "엄마, 엄마!" 하며 집 안을 헤매고 있을 때, 그녀는 샤워실에 숨어 울고 있었다고 했다. 온몸을 타고 흐르는 물

줄기를 맞으며 그저 거기 서 있었다. 쌍둥이들이 잠시라도 혼자서 놀아주기를, 그래서 자신에게 잠깐의 평화라도 주어지기를 간절히 바라면서. 스테이시는 알고 있었다. 지금 자신의 상태가 결코 정상이 아니라는 것을. 하지만 정확히 뭐가 문제인지, 왜 이렇게 되었는지는 이해할 수 없었다. 2년 전부터 약을 끊었지만 이제는 다시 약의 도움이 필요한지 고민하게 됐다. 스테이시는 아이들에게 자주 짜증을 내고, 늘 허둥지둥 시간에 쫓기고 있었다. 더구나 남편을 마치 세 번째 아이처럼 대하기 시작하면서 부부 사이가 조금씩 벌어지고 있었다.

스테이시는 자신의 남편이 사랑이 넘치고 다정한 사람이라고 말했다. 다만 잦은 출장이 문제였다. 겨우 일상의 리듬을 찾았다 싶으면 남편이 돌아와서 모든 걸 뒤흔들어놓곤 했다. 집에 있는 짧은 시간 동안 아이들과 즐거운 추억을 만들고 싶어 하는 남편의 마음은 이해됐다. 하지만 잠자리에 들어야 할 시간에 괴물 흉내를 내며 아이들과 집 안을 뛰어다닐 때면 속이 타들어갔다. 그토록 공들여 만든 취침 루틴이 순식간에 무너지는 것을 지켜봐야 했기 때문이다. 이런 감정은 출장이 잦은 배우자를 둔 많은 엄마에게서 공통적으로 발견된다. 곁에서 도와줄 누군가를 절실히 필요로 하는 한편 정작 배우자가 돌아오면 일상의 흐름이 깨지는 것만 같다. "오늘 일정은 어떻게 되는데?" "이건 어디에 있어?" "애들은 요즘 뭘 안 먹는다고?" 끝없는 질문 공세에 지쳐가고, 이제야 상황을 파악했나 싶으면 또다시 떠나버리는 남편. 차라리 혼자 있을 때가 더 편하다고 고백하는 엄마가 많은 건 그 때문이다.

"뭔가 제대로 돌아가지 않는 것 같아요." 스테이시는 이런 자신의 상태를 '베이비 브레인(임신중기건망증—편집자 주)'이라 칭하며 쓰게 웃었다. 아이를 키우는 엄마로서 그 말이 뼛속 깊이 공감되었다. 긴 밤의 휴식도 충분하지 않은 듯하고, 오후 3시만 되면 깊은 피로가 밀려왔다. 가끔은 나에게 무슨 문제가 있는 건 아닐까 걱정하기도 했다. 내 뇌가 제 궤도를 이탈한 기차처럼 느껴질 때도 있었다. 한번은 아이들 도시락을 직접 만들고도 깜빡하고 그냥 보내버렸다. 그러면 또 하루 일정에 급작스러운 학교 방문이 끼어들고, 그로 인해 그날 아침 일정은 완전히 엉망이 되곤 했다. 하지만 이런 피로와 건망증을 단순히 '베이비 브레인' 탓으로 돌릴 순 없었다. 스테이시라면 더 그랬다. 그녀의 아이들은 이미 세 살이었다. 산후 증상을 말하기엔 2년이나 늦은 시점이었다.

첫 만남 이후 스테이시와 나는 상담을 위해 매주 만나기로 했다. 이는 내게 꽤 특별한 경험이었다. 보통 내 상담실을 찾는 엄마들은 아이의 치료를 위해 방문하기 때문이다. 특히 그 시기의 내 진료는 대부분 아이, 혹은 아이와 동반한 부모님들을 위한 것이었고, 성인 개인 상담은 손에 꼽았다. 스테이시는 달랐다. 그녀는 온전히 자신만을 위한 도움을 청하러 온 초기 내담자 중 한 명이었다. 문제의 핵심이 세 살배기 쌍둥이에게 있지 않다는 것은 알았지만, 정작 자신에게 무슨 일이 일어나고 있는지는 이해하지 못했다. 처음 그녀가 나를 찾은 것은 유아기 아이들을 다루는 방법에 대해 조언을 얻고 싶어서였다. 그런 실질적인 도움이 자신의 상태도 개선시켜줄 거라 기대했던 것이다. 하지만 이는 내가 만나온 수많은 엄마가 공통되게 보이는 오해였다. 그들의 진짜 문제는 양육 기술에 있지 않았다. 그들에게 필요한 것은 엄마가 아닌 한 사람으로서의 자신을 돌보는 일이었다.

상담 경험이 쌓여갈수록 하나의 특징적인 패턴이 보이기 시작했다. 상담 시간의 절반은 부모, 특히 엄마들과의 단독 면담으로 채워졌다. 그리고 그들은 마치 약속이라도 한 듯 놀랍도록 비슷한 이야기를 들려주었다. 그즈음 만났던 한 엄마는 자신의 아이들을 스토커에 비유했다. "집 안에서 고개만 돌려도 아이들 중 하나가 꼭 거기 서 있어요. 마치 감시 카메라처럼요. 숨 돌릴 틈조차 없어요." 그녀의 목소리에는 지친 기색이 가득했다. 또 다른 엄마는 더 충격적인 고백을 했다. 견디다 못해 아이들을 집 밖으로 내보내고 문을 잠근 적이 있다는 것이다. "선택의 여지가 없었어요. 아이들이 집 안에 있으면 제가 무너질 것 같았거든요." 그녀의 말에는 깊은 자책과 절박함이 묻어났다.

엄마가 되기 전의 나는 이해할 수 없었다. 어떻게 엄마들이 그토록 극단적인 선택을 할 수 있는지. 하지만 그들은 내 상담실에서 떨리는 목소리로 자신들의 어두운 순간을 고백했다. 말대꾸하는 아이의 입에 핫소스나 비누를 넣었다는 엄마, 타임아웃 시간에 가만있지 않는다며 아이를 방이나 차고에 가둔 엄마, 자신의 분노가 두려워 아이들을 집에 혼자 두고 차로 도망치듯 떠난 엄마. 방문을 아예 떼어버린 이야기, 편식하는 아이의 입에 억지로 음식을 밀어넣은 순간들, 경찰을 불러 잡아가게 하겠다는 협박, 우는 아이의 영상을 소셜미디어에 올려 공개적으로 망신을 준 일화, 심지어 차에서 아이를 내리게 하고 떠나버린 순간까지. 한숨 섞인 고백은 끝없이 이어졌다. 그때의 나는 이런 이야기들을 전문가로서 경청했지만 진정 이해하진 못했다. 그러다 내가 직접 아이를 낳고 키우면서, 특히 양육을 점점 더 버겁게 느끼면서 비로소 알게 되었다. 어떻게 평범한 엄마들이 그런 한계점에 내몰리는지를.

큰아들이 다섯 살이었을 때의 일이다. 차에 타면 카시트의 안전벨트를 계속 푸는 시기가 있었다. 더 이상 영아용 카시트의 다섯 군데 고정된 벨트를 쓰지 않다보니, 뭔가에 항의하거나 어딘가 가기 싫을 때면 마음대로 벨트를 풀어버렸다. 아이와 함께 차에 타는 일은 늘 긴장의 연속이었다. 벨트를 푼 채로 뒷좌석에서 발광하게 두어야 할지, 아니면 차를 세우고 설득을 시도해야 할지 매 순간 갈등했다. 결국 나는 경찰서에 가서 경찰관에게 안전벨트가 얼마나 중요한지 설명해달라고 하겠다며 협박하기 시작했다. 한때의 나라면 다섯 살배기 아이에게 경찰관 운운하며 겁주는 엄마가 되리라고는 상상도 못 했을 것이다. 하지만 그때의 나는 뒷자리에서 내 행동 하나하나를 지켜보고 있는 다섯 살, 일곱 살, 두 살배기 아이를 데리고 바로 그런 선택을 하고 있었다. 내가 상담하는 엄마들도 마찬가지였다. 그들은 하나같이 아이들을 사랑하고, 좋은 뜻을 가지고, 아이들 곁을 지키려 애썼다. 다만 극도의 스트레스 상태였을 뿐. 그저 한계에 다다른 것뿐이었다.

게다가 많은 엄마는 홀로 고군분투하고 있다고 생각했으나 나는 그게 사실이 아니라는 걸 아주 잘 알고 있었다. 어느 날 제인이라는 내담자가 찾아왔다. 그녀는 금발을 귀 뒤로 넘기면서 말했다. "다른 엄마들은 모두 완벽해 보여요. 늘 행복하고 평온해 보이죠. 저처럼 매일 이렇게 힘들어하는 엄마는 본 적이 없는 것 같아요. 누군가 힘들다고 말해도 그저 웃어넘기기만 하고요."

나는 그녀를 향해 마음을 담아 조심스레 물었다. "혹시 친구들에게 이런 마음을 털어놔보지 않으셨어요? 그러다보면 친구들도 자연스럽게 속마음을 열어줄지도 모르는데요."

제인은 눈을 동그랗게 뜨며 단호하게 말했다. "말도 안 되죠. 하루 종일 방문을 걸어 잠그고 혼자 있고 싶다는 생각을 어떻게 말하나요? 다들 저를 제정신 아닌 사람으로 볼 텐데요."

나는 모든 엄마가 같은 고민을 안고 살아간다는 것을 알고 있었다. 하지만 그때까지는 이 현상을 뭐라고 이름 붙여야 할지 몰랐다. 엄마 번아웃이란 말은 내가 만난 여성들의 이야기를 모아놓은 것에 불과했다. 대낮에 지친 몸을 이끌고 침대로 향하는 엄마들, 아이의 학급 생일파티에 쓸 완벽한 컵케이크를 찾아 동네를 헤매는 엄마들(알레르기 걱정 없이 누구나 먹을 수 있으면서도 맛있어야 하는, 그야말로 유니콘 같은 컵케이크를), 잠자리에 들 시간에 아이들을 들뜨게 하는 다정한 남편에게 날카로운 목소리를 내는 엄마들의 모습이 바로 그 증상이었다.

지난 13년 동안 내 상담실에서 수많은 엄마를 만났다. 그들의 이야기는 단순히 상담실에서만 들리는 것이 아니었다. 엄마들의 블로그와 기사에서도, 일상의 무게를 잠시 내려놓고자 했던 엄마들의 이야기를 다룬 영화에서도 같은 목소리가 들려왔다. 이 모든 경험을 통해 나는 하나의 뚜렷한 현상을 발견했다. 우리는 모두 자신의 한계를 넘어설 때까지 스스로를 몰아붙이고 있었고, 그 결과 감당하기 힘든 정신적, 육체적 소진 상태에 빠져들고 있었다. 이것이 바로 새로운 형태의 번아웃, 엄마 번아웃의 시작이었다.

스테이시를 살펴보자. 그녀는 온몸과 마음이 완전히 지친 상태였다. 이렇게 살아가는 것이 과연 무슨 의미가 있는지 하루하루가 의문투성이였다. 상담을 받는 나에게만 털어놓을 수 있는 이야기지만, 자신의 자유를 빼앗아 간 아이들에게 서운함마저 느끼고 있었다. 이제는 마음 내키는 대로 움직이는 것조차 불가능했다. 혼자 운동이나 마트 쇼핑이라도 하려면 토요일 아침 시간을 두고 남편과 협상을 해야 했다. 자신만의 시간이라곤 단 1분도 없었다. 염색한 머리카락 사이로 늘 새치가 얼굴을 내밀었고, 손톱은 언제나 울퉁불퉁 깨진 상태였으며, 옷들은 하나같이 얼룩져 있거나 닳아 있었다. 건강검진이란 건 몇 년째 생각도 못 했다. 그녀는 때로 혼자서 화장실 가는 것조차 자유로웠던 그리운 옛날을 떠올리곤 했다. 스테이시는 이 세상의 다른 무엇보다 아이들을 사랑했지만, 그 사랑만으로는 자신의 삶이 완전해지지 않는다는 사실에 죄책감을 느꼈다. 머릿속은 온통 엉망이 되어버렸고 늘 긴장 상태였다. 잠시나마 숨을 고를 수 있는 때는 아이들이 낮잠 자는 시간뿐이었다. 그녀 역시 낮잠을 자고 싶었지만, 쌓여 있는 일들이 그럴 여유를 허락하지 않았다. 이런 모습은 직장에서 번아웃을 겪은 이들의 하소연과 꼭 닮아 있었다. 일이 자신을 온전히 채워주지 못한다는 것, 상사가 창의성을 억누른다는 것, 하루 종일 업무 메일의 노예로 살아간다는 그런 불평들과 말이다.

생각해보면 많은 엄마는 가정이라는 회사의 CEO나 다름없다. "내가 없으면 이 집은 하루도 제대로 돌아가지 않을 텐데"라는 말에 고개를 끄덕이는 엄마가 얼마나 많은가. 전업맘이든 워킹맘이든 엄마들에게 집은 곧 사무실이나 마찬가지다. 하지만 회사와는 다르다. 마음에 들지 않는 직장이라면 언제든 그만두고 새로운 곳을 찾으면 되지만, 엄마라는 자리는 그럴 수 없다. 정말 극단적인 상황이 아니고서야 아이들을 떠날 수는 없는 노릇이다. 엄마라는 직책은 마음대로 사직서를 낼 수 있는 그런 자리가 아니다. 그렇다면 이제 어떻게 할 것인가. 엄마 번아웃에 시달리고 있다는 걸 인정하면서 이 상황에서 벗어날 수 없다는 것 또한 알고 있다면, 과연 이 상황을 어떻게 헤쳐나갈 수 있을까?

상담을 시작한 지 몇 주가 지났을 무렵, 스테이시는 문득 고향 친구들 이야기를 꺼냈다. 18년 전 그녀는 당시 사귀던 남자친구와 떠난 스키 휴가에서 콜로라도에 완전히 매료되어 덴버로 삶의 터전을 옮겼다. 세 명의 친구와는 자매 사이나 다름없이 자랐다. 같은 동네에 살던 네 사람은 매일 오후를 함께 보내며 비밀 하나 없이 서로의 모든 것을 나누었다.

이야기를 더 나누면서 스테이시가 거의 2년 동안이나 친구들을 만나지 못했다는 사실을 알게 되었다. 친구들은 여전히 그들이 자라난 고향 마을 근처에 살고 있었다. 하지만 남편의 출장이 잦은 탓에 스테이시가 짬을 내기는 너무 어려웠다. 틈날 때마다 연락을 시도해보지만, 서로 연결되는 것조차 점점 더 힘들어졌다. 모두가 어린아이들을 키우느라 하루하루를 정신없이 살아가고 있었기 때문이다.

스테이시는 회사 다니던 시절을 떠올리며 직장 친구들과의 추억을 들려주었다. 퇴근 후의 즐거운 술자리와 주말마다 함께했던 스키, 그리고 서로의 일상을 나누던 시간들. 하지만 불임이라는 예상치 못한 시련이 찾아오면서 그녀는 조금씩 자신만의 세계로 물러나기 시작했다. 자신이 겪는 일들을 있는 그대로 나누기가 어려웠다. 처음에는 몇몇 동료에게 임신 준비 중이라고 털어놓았지만, 달마다 이어지는 부정적인 임신 테스트 결과에 더 이상 그 이야기를 꺼내지 않게 되었다. 친구들도 자연스레 그 화제를 피했다. 결국 아기를 갖고 난 후, 베이비 샤워의 설렘과 새 생명을 맞이하는 기쁨이 지나가자 그들은 서서히 서로의 삶에서 멀어져갔다.

나는 이 시기를 삶의 중요한 전환점으로 본다. 여성이 아이를 돌보기 위해 직장을 그만두면 직장 동료들과의 관계는 자연스레 멀어진다. 사회적으로 큰 상실감을 주는 일이지만, 돌이켜 보면 엄마들은 입을 모아 말한다. 그런 관계를 이어갈 만한 여유도, 힘도 없었다고. 바로 이때 그들은 깨닫는다. 자신이 인생의 새로운 장을 열었으며, 이제 새로운 형태의 친구가 필요하다는 것을. 나는 이들을 '엄마 친구들'이라 부른다. 이런 표현을 쓰는 것은 엄마라는 공통 분모가 새로운 우정의 시작점이 되기 때문이다. 아이의 친구 엄마일 수도 있고, 학급 대표를 함께 맡은 학부모일 수도, 또는 비슷한 나이의 아이를 키우는 이웃일 수도 있다. 엄마라는 이름 말고는 별다른 공통점이 없을지 모른다. 하지만 그것만으로 충분하다. 어떤 이들은 공감대가 부족하다며 이런 친구관계를 꺼리기도 한다. 그러나 엄마로서의 경험을 나누는 것만으로도 우정은 충분히 싹틀 수 있다. 더군다나

이는 단순히 있으면 좋은 것이 아니라 엄마들의 정서적 건강을 위해 반드시 필요한 요소다.

스테이시는 매주 화요일과 목요일 아침 딸들과 함께하는 음악 교실에서 다른 엄마들을 만났으나 그들과 깊은 정을 나누지는 못했다. 서로 마음이 잘 맞지 않는다고 느낄 뿐이었다. 그들은 모두 친절했고 가끔 수업 후 이른 점심을 함께했으나, 마지막으로 식사한 지는 한 달이 넘었다. 밤에 혼자 외출하기란 여간 힘든 게 아니었다. 아이 돌보미 비용이 만만치 않은 데다 딸들은 엄마가 없는 내내 울음을 그치지 않았기 때문이다. 스테이시는 남편이 아이들을 봐줄 때만 마음 편히 나갈 수 있었는데 남편의 잦은 출장으로 그마저 쉽지 않았다. 더군다나 남편이 집에 있을 때면 그와 함께 시간을 보내야 한다는 생각에 외출하는 것조차 미안해졌다. "정말이지 집이라는 철창에 갇혀 사는 것만 같아요." 그녀는 내게 털어놓았다.

스테이시는 새로운 친구를 사귀고 함께 밥을 먹거나 차를 마시는 데 거부감은 없었으나, 그것이 그녀의 삶에서 가장 중요한 일은 아니었다. 쌍둥이를 키우다보니 사교활동 자체가 몹시 부담스러웠다. 아이들이 곁에 있으면 마음 편히 대화를 나누기가 어려웠다. 아이들이 대화를 계속 끊어놓았기에 차라리 나가지 않는 편이 마음 편했다. 스테이시가 이런 이야기를 들려주는 동안 나는 그 광경을 선명히 그릴 수 있었다. 스타벅스에서 아이들 틈에 둘러싸여 조용한 시간을 가지려 애쓰는 엄마들의 모습. 나는 그녀의 어려움에 깊이 공감했으나 동시에 그녀에게 이런 인연의 끈이 꼭 필요하다는 것도 잘 알고 있었다.

스테이시가 친구관계의 부재에 대해 이야기하는 동안 나는 2000년 UCLA에서 발표된 한 연구를 떠올렸다. 이 연구는 스트레스 상황에서 나타나는 남녀의 서로 다른 반응을 깊이 들여다본 것이었다. 남녀 모두 기본적으로는 투쟁-도피-경직 반응을 나타내지만, 그후의 대처 방식에 중요한 차이가 있었다. 이러한 차이는 옥시토신이라는 호르몬과 깊은 관련이 있었다. 흔히 행복 호르몬이라 불리는 옥시토신은 모유 수유나 절정의 순간에 느끼는 행복감을 만들어내며 스트레스 해소에도 큰 도움을 준다. 우리 몸은 스트레스 상황을 이겨내기 위해 이 호르몬을 분비하는데, 특히 여성들은 남성들보다 이러한 이점을 더 크게 누린다. 이러한 성별 차이가 나타나는 구체적인 이유는 다음과 같다.

UCLA 연구에 따르면 여성들은 옥시토신의 효과를 더 강하게 체험한다. 여성 호르몬인 에스트로겐이 그 효과를 증폭시키는 반면, 남성 호르몬인 테스토스테론은 옥시토신의 효과를 둔화시키기 때문이다. 연구진은 이처럼 강화된 옥시토신이 스트레스 상황에서 여성들로 하여금 자녀를 돌보고 다른 여성들과 연대하도록 이끈다는 사실을 밝혀냈다. 과학자들은 이러한 본능적 반응을 보살핌과 결속이라 부른다. 원시 시대에 이러한 행동은 생존의 열쇠였다. 엄마들은 아이를 달래고 위험으로부터 피신시킴으로써 자신과 자녀들의 생명을 지켜냈다. 견고한 여성 네트워크는 위협적 상황에서 서로를 지키는 방패가 되어 주었다. 2008년 미국심리학회지 『모니터 온 사이콜로지』에 실린 논문에서, UCLA 연구를 주도한 사회심리학자 셸리 E. 테일러 박사는 다음과 같이 설명했다. "일상에서 옥시토신은 건강한 사회적 유대를 유지하는 이들에게 행복감이라는 보상을 준다. 반면 심각한 스트레스나 고통의 순간에는 더 깊고 풍부한 사회적 관계를 찾도록 이끈다."

내 임상 관찰에 따르면, 현대의 엄마들은 과거보다 친밀한 인간관계가 크게 줄었다. 아이가 하루 종일 매달려 있거나 사춘기 자녀가 또다시 휴대폰을 잃어버렸을 때 도움을 청할 만한 사람을 찾기 어려운 것이 현실이다. 스트레스를 해소할 통로는 더 제한적이다. 그러나 이런 관계 욕구는 결국 어떤 형태로든 표현되어야만 한다. 내 가설은 많은 엄마가 옥시토신이 촉발하는 본능적 욕구를 자녀에 대한 지나친 돌봄과 여성 친구들과의 피상적 교류로 대체한다는 것이다. 대체로 엄마 번아웃을 겪는 여성들은 이처럼 스트레스에 대한 자연스러운 대처 능력의 균형을 잃은 상태다.

스테이시는 자신이 '공포의 엄마'로 변했던 순간들을 회상했다. 그 과잉보호의 순간들은 여태 선명했다. 놀이터에서 어떤 남자아이가 딸을 밀치자, 스테이시는 순간 이성을 잃고 그 아이에게 고함을 질렀다. "당연히 그 아이의 엄마와 대화를 나눠야 했는데, 그땐 감정을 주체할 수가 없었어요." 그녀는 설명했다. "그 어린애는 저를 보고 도망갔죠." 또 한번은 딸들이 반 친구의 티파티에 초대받지 못했다는 이야기를 들려주었다. 스테이시는 자신과 딸들이 왜 제외되었는지 걱정하며 마음을 졸였다. 도저히 참을 수 없어 이튿날 그 아이의 엄마에게 연락했다. "알고 보니 우리가 제외된 게 아니었어요." 스테이시는 결혼반지를 만지작거리며 말했다. "그 엄마 말로는 딸아이가 요즘 모든 것을 상상으로 꾸며내는 시기라고 해요. 파티는 처음부터 없었던 거죠."

나는 매일 상담실에서 이런 과잉보호 사례를 접한다. 갓난아기부터 청소년까지 수많은 부모가 비슷한 고민을 안고 찾아온다. 그중에서도 가장 자주 듣는 이야기는 부모와 자녀의 수면 문제다. 열두 살 아들의 방바닥에서 매일 밤을 지새우는 어머니의 모습이 특히 기억에 남는다. "아내가 아들 방을 잠시라도 비우면 아이가 금세 깨어나 우리 방으로 달려옵니다." 상담 중인 한 아버지의 목소리가 아직도 생생하다. 이는 더 이상 특별한 일이 아니다. 밤마다 자녀와 같은 공간에서 잔다는 것은 현대 엄마들의 작은 비밀이지만, 실은 너무나 많은 이의 일상이 되어버렸다. 내 상담의 주요 과제 중 하나가 바로 이것이다. 아이들이 부모의 방을 벗어나 독립적인 수면 습관을 기르도록 돕는 것 말이다.

과도한 보살핌은 결코 문제를 근본적으로 해결해주지 않

는다. 열 살이 넘은 자녀의 방에서 아직도 함께 자고 있다면 그 이면에는 분명 더 깊은 문제가 있을 것이다. 어쩌면 친구관계의 어려움일 수도, 혹은 내면의 불안감일 수도 있다. 하지만 아이 방바닥에서 밤을 지새우는 것은 결코 해결책이 될 수 없다. 일시적인 위로는 될 수 있겠으나 "잠시만"이라는 말로 시작된 습관이 어느새 수개월이 되어버린다. 부모의 마음을 편하게 해주지도 못한다. 오히려 스트레스를 더 키우는 악순환의 고리가 될 뿐이다.

스테이시의 일상이 무너져 내리기 시작하자 그녀의 어린 딸들도 그 감정의 소용돌이에 휘말리고 말았다. 잠자리에서 동화를 한 편 더 읽어달라는 아이들의 순수한 요청에도 그녀는 날카롭게 반응했다. 함께 그림 그리기를 시작해도 2분이 채 되지 않아 이런저런 핑계를 대며 자리를 피했다. 음악 수업 간식 당번이었던 날엔 그 일을 완전히 잊고 말았다. "다른 아이들이 이상한 눈으로 쳐다봤어요. 너무나 부끄러웠어요." 이런 상황 속에서 스테이시의 딸들은 점점 더 자주 짜증내고 잠자리에 들기를 거부했다.

스테이시의 어린 딸들은 엄마의 상태가 자신들의 삶에 어떤 영향을 미치는지 미처 알지 못했다. 하지만 나이 든 아이들은 다르다. 엄마가 허가서를 제출하지 않아 친구들은 모두 현장학습을 떠나는데 홀로 학교에 남겨질 때의 그 쓸쓸함을 고스란히 이해하고 있다. 엄마가 메일을 확인하지 않아 학교 행사에 늦게 도착해 느끼는 부끄러움도 마찬가지다. 소외감 및 남들과 다르다는 느낌은 아이들의 마음에 깊은 상처가 된다. 게다가 가정 안에 감도는 불안한 기운은 아이들의 마음을 더 무겁게 짓누른다.

아이들에게 화를 내는 순간 부모와 자녀 모두 마음에 상처를 입는다. 누구나 가끔은 그럴 수 있지만, 한 가지 잊지 말아야 할 것이 있다. 스트레스는 마치 연쇄 작용처럼 더 큰 스트레스를 만들어낸다는 사실이다. 엄마들처럼 지속적인 스트레스에 노출된 아이들은 불안 증세를 보이거나 감정 조절에 어려움을 겪고, 잠을 제대로 이루지 못하며, 때로는 복통이나 두통 같은 신체적 증상까지 호소한다. 아이들이 이런 보이지 않는 압박감에 지쳐갈수록 엄마의 어깨는 더 무거워진다.

오늘날 많은 엄마의 일상이 되어버린 항상 바쁘고 쫓기는 삶은 또 다른 문제의 씨앗이 된다. 스테이시는 최근의 한 경험을 들려주었다. 치과 예약에 늦지 않으려 아이들을 재촉하며 서둘렀을 때, 그녀의 딸들은 마치 얼어붙은 듯 그 자리에 멈춰서서 엄마를 바라보기만 했다고 한다. 스테이시는 그제야 깨달았다. 자신의 조급함이 아이들에게도 고스란히 전해진다는 것을. 빠르게 뛰는 심장, 혼란스러워지는 생각들, 가빠지는 숨결. 이 모든 신체적 반응을 아이들 역시 똑같이 겪고 있었던 것이다. 이 이야기를 나눈 후 스테이시는 작은 목소리로 말했다. "저는 정말 못난 엄마인가봐요."

"스테이시 씨는 결코 나쁜 엄마가 아니에요." 나는 그녀에게 말을 건넸다. "준비하는 시간에 여유를 조금만 더 두세요. 그러면 마음의 여유도 생길 거예요." 엄마라면 누구나 아침 등교 준비, 목욕 시간, 잠자리 들기, 가족 저녁 식사와 같은 일상적인 순간에서 우리 아이가 어떤 반응을 보일지 짐작할 수 있다. 매일 반복되는 갈등을 피하고 싶다면, 문제가 발생하기 전에 미리 해결책을 찾아두는 지혜가 필요하다. 이런 준비에 시간이 필요하다는 걸 안다(그것도 실제로는 없는 시간인데 말이다!). 하지만 나는 이런 작은 노력이 엄마와 아이들의 삶에 얼마나 큰 변화를 가져오는지 수없이 목격했다.

스테이시는 조금 더 일찍 준비를 시작하자 아이들과의 외출이 한결 수월해졌음을 깨달았다. 이를 계기로 그녀는 특히 취침 시간을 포함해 하루 중 다른 시간대에도 미리 대비하는 방법을 찾아내기 시작했다. 새로운 일상의 패턴이 자리 잡고 남편도 집에 있을 때면 이를 함께 지켜나가면서, 스테이시는 점차 자신의 하루를 더 잘 이끌어갈 수 있게 되었다. 그리고 무엇보다 엄마로서의 자신감을 되찾았다.

시간이 흐르면서 스테이시는 성공과 좌절을 계속 함께 경험했다. 치료 과정이란 게 원래 그렇다. "가장 어두울 때가 새벽이 가까운 때다"라는 말처럼, 상황이 나아지기 전에 먼저 힘들어지는 것이 일반적이다. 앞으로 나아가는 길에서 때로는 뒷걸음치는 순간도 있기 마련이다. 회복은 결코 곧은길을 따라가지 않는다.

치료를 통해 겹겹이 쌓인 내면의 방어막을 벗기고 스스로를 보호하기 위해 세워두었던 벽을 허물기 시작하면 두려움이 밀려오기 마련이다. 처음에는 치료가 희망처럼 느껴질 수 있지만, 그후에는 대개 자신이 완전히 드러나 있는 듯한 취약한 시기가 찾아온다. 배우자와 더 가까워져야 한다고 생각하면서도 마음이 따르지 않거나, 아이들에게 더 많은 인내심을 보여야 한다는 것을 알면서도 자꾸만 짜증을 내고 마는 자신을 발견한다. 이런 모습을 인정하는 것은 치료사 앞에서조차 쉽지 않은 일이다. 많은 엄마가 깊은 자책감을 품고, 결국 치료 과정에서나 일상에서 모두 자신을 숨기며 움츠러들고 만다.

상담을 시작한 첫해 스테이시의 일상도 조금씩 무너져갔다. 음악 수업은 건너뛰기 일쑤였고, 그곳에서 만난 다른 엄마들의 연락도 받지 않았다. 오랜 친구들과 가끔 통화를 하긴 했지만 그마저 간헐적일 뿐이었다. 남편이 출장을 가면 집 안은 점점 더 엉망이 되어갔다. '어차피 아침이 되면 아이들이 다시 꺼내놓을 장난감들을 매일 밤 치우는 게 무슨 소용이 있을까?' 그녀는 생각했다. 자신과 가족의 식사를 포장 음식에 의존하는 횟수가 늘어갔지만, 이 사실을 인정하기에는 마음이 불편했다. 남편은 출장 중이었고, 굳게 닫힌 현관문 안쪽에서 벌어지는 일들을 눈여겨볼 이도 없었다. 그렇게 스테이시가 얼마나 힘겨운 시간을 보내고 있는지는 아무도 알지 못했다.

"매일 오후 두 시간씩 낮잠을 자요." 그녀의 목소리는 거의 들리지 않을 만큼 작았다. "아이들에게는 아이패드를 쥐여주고 제 방에 누워서 잠들어요. 이 끝없는 피로감에서 벗어날 수가 없어요." 엄마 번아웃은 만성 스트레스의 결과다. 이는 몸과 마음을 서서히 갉아먹으며 한 사람의 모든 것을 탈진시킨다. 잠시의 쉼도 숨 돌릴 틈도 없이 계속되는 고단함이 결국 모든 기력을 앗아간다.

남편이 집에 있을 때면 스테이시는 마치 다른 사람처럼 활기차고 의욕적이었다. 남편의 잦은 출장이 부담스럽긴 했지만 매주 목요일 밤 그가 돌아올 때면 설렘을 느끼곤 했다. 그러나 남편이 집에 있던 어느 주, 그녀가 시작한 작은 트집 잡기가 큰 싸움으로 번지고 말았다. 세탁소에 맡긴 옷을 사흘째 찾아오지 않은 것을 발견한 남편이 괜찮은 거냐고 조심스레 물었을 뿐인데 그녀가 폭발하고 만 것이다. 이는 전혀 그녀답지 않은 모습이었다. 아이들이 태어나기 전 그들은 가장 친한 친구처럼 즐거운 여행과 추억을 함께 나누었고, 연애 시절에는 거의 다툼이 없었다. 이제 스테이시는 남편과의 부부관계마저 피하고 있었다. "남편을 피하려고 아이들 중 한 명과 함께 잠들 때가 많아요." 그녀의 입술이 쓸쓸하게 아래로 처졌다. "그냥, 너무 지치고 힘들어서요."

엄마들이 "스트레스 때문이에요"라는 한마디로 자신의 번아웃을 설명하려 할 때마다 1달러씩 받았더라면, 나는 이미 은

퇴했을지도 모른다. 그렇다. 많은 엄마, 특히 내가 만나는 엄마들은 심각한 스트레스 상태에 놓여 있다. 하지만 진짜 문제는 스트레스 그 자체가 아니다. 이 스트레스를 잠시라도 끊을 수 없다는 데 있다. 자세히 설명해보겠다.

대부분이 생각하는 일시적 스트레스는 특정 상황에 한정되어 있으며 반드시 끝이 있다. 예를 들어보자. 마감이 다가오는 업무 프로젝트, 아이의 생일파티 준비, 시부모님 방문을 앞둔 집 안 정리 같은 것이다. 이런 일 중에는 설렘을 주는 것도 있고 두려움을 주는 것도 있지만, 모두가 각자의 방식으로 스트레스를 만들어낸다. 이런 스트레스에 맞닥뜨릴 때 우리는 세 가지 반응 중 하나를 보인다. 맞서 싸우거나, 도망치거나, 아니면 그냥 얼어붙거나.

맞서 싸우는 유형이라면 주로 다른 사람들에게 화를 내고, 공격적으로 변하며, 다툼을 일으키게 된다. 반면 도망치는 성향이 강한 이들은 현실을 회피하거나 스트레스 상황 자체를 피해 달아나려 한다. 얼어붙는 반응을 보이는 사람들은 갑작스러운 압도감에 사로잡혀 몸과 마음이 완전히 굳어버린다. 이때 우리 몸에서는 아드레날린과 코르티솔 같은 호르몬이 폭포수처럼 쏟아져나와 이러한 스트레스 반응을 자동으로 촉발하고 지속시킨다. 심장이 빠르게 뛰기 시작하고 갑자기 에너지가 솟구치며, 때로는 구토감까지 느낀다. 이 모든 반응은 우리 몸이 위기 상황에 맞서기 위해 발동하는 방어 체계의 일부다.

우리 몸은 이처럼 생존을 위해 스트레스에 맞서도록 설계되어 있다. 실제로 이는 매우 효과적으로 작동한다. 먼 옛날 날카로운 이빨을 가진 호랑이를 피해 달아나야 했던 때부터 오늘날 어두운 골목에서 수상한 사람을 마주쳤을 때까지, 우리의 스트레스 반응은 단 하나의 목적, 바로 생존을 위해 존재해 왔다. 우리 몸에는 부교감신경계라는 특별한 체계가 있어서 위험이 지나간 후에는 스트레스 반응을 멈추고 몸을 평온한 상태로 되돌린다. 이 부교감신경계는 빠르게 뛰던 심장을 진정시키고 멈춰 있던 소화 기능을 정상으로 돌려놓는다.

그러나 이런 생존 반응이 일상적인 상황에서 발동되면 우리 몸은 큰 혼란에 빠진다. 몸은 위험의 크기를 가리지 않고 똑같이 반응해, 빨간 신호등이 너무 오래 켜져 있다고 격분하거나 아이가 떼를 쓸 때 도망치듯 자리를 피하게 만든다. 실제로는 우리 목숨을 위협하지 않는 스트레스인데도 투쟁-도피-경직 반응을 그대로 겪고, 그에 따르는 모든 신체적 부담을 고스란히 감당해야 한다.

나의 스트레스 반응 유형은?

우리는 각자 다른 방식으로 스트레스에 반응한다. 어떤 이는 맞서 싸우고, 어떤 이는 도망치며, 또 어떤 이는 그 자리에서 얼어붙는다. 시간이 흐르고 상황이 달라지면서 우리의 대처 방식도 함께 변화했을 것이다. 하지만 대부분은 자주 나타내는 한두 가지 특징적인 반응 패턴을 갖고 있다. 아래 질문에 답해보면서 자신의 스트레스 유형을 알아보자. 이후 각 유형에 맞는 효과적인 대처법도 함께 살펴볼 것이다.

1. **중요한 회의가 10분 앞으로 다가왔는데 아이가 차에 타지 않고 꾸물거린다. 이때 나라면?**
   a. 화를 내며 강제로 카시트에 태운다.
   b. 혼자 가버리겠다며 자리를 피한다.
   c. 멍한 상태로 기계적으로 움직인다. 아이가 무언가를 말하고 있어도(장갑을 못 찾겠다거나 도시락을 깜빡했다는 말일 수도 있다) 그저 웅웅거리는 소리로만 들린다.

2. **남편은 또 야근이고, 아이들은 배고프다며 아우성이다. 이때 나라면?**
   a. 남편이 돌아오자마자 어떤 변명도 듣지 않고 날카롭게 쏘아붙인다.

b. 급히 간단한 음식을 차려 아이들을 TV 앞에 앉혀둔다.

c. 아이들이 알아서 해결하게 두고, 남편 얘기는 꺼내지도 않는다.

3. 주간 일정이 이미 빽빽한데, 상사가 '금요일까지 제안서를 완성하라'라는 메일을 보내왔다. 이때 나라면?

a. 이 기한 내 완성이 불가능한 이유를 상세히 설명하는 반박 메일을 보낸다.

b. 그날 하루 동안 그 메일의 존재를 철저히 무시한다.

c. 무엇을 해야 할지 몰라 망설이다가 결국 뒤늦게 답장을 보낸다.

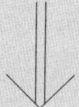

투쟁형 *스트레스와 정면 대결하는 사람들(a 응답 2개 이상)*

당신은 이런 반응을 자주 보입니다.

화가 쉽게 나고 짜증이 잦으며 금세 흥분 상태에 빠진다. 감정의 파도가 거세게 일렁인다.

이렇게 해보면 도움이 됩니다.

심호흡이나 이미지 명상, 치유 요가처럼 긴장된 신경을 부드럽게 풀어주는 활동이 도움이 된다. 믿을 만한 친구에게 속마음을 털어놓는 것도 좋은 방법이다.

자녀에게 이런 영향을 미칠 수 있습니다.

부모의 모습을 그대로 배워 충동적으로 행동하기 쉽다. '잠시 멈춰 생각하기'의 중요성을 배우지 못해 스트레스 상황에서 즉각적으로 반응하는 패턴이 형성될 수 있다.

도피형 스트레스를 피해 달아나는 사람들 (b 응답 2개 이상)

당신은 이런 반응을 자주 보입니다.

우울감에 빠져 자신을 고립시킨다. SNS나 TV에 평소보다 더 많은 시간을 할애하거나 헤드폰으로 세상과의 단절을 선택한다. 실제로 밖으로 나가기도 하지만, 대개는 마음속으로 현실을 회피한다.

이렇게 해보면 도움이 됩니다.

마사지나 산책, 자연 속에서의 조깅처럼 몸과 마음을 깨우는 활동이 효과적이다. 말수는 줄어들더라도 감정 표현은 필요하니, 일기 쓰기를 시도해보자.

자녀에게 이런 영향을 미칠 수 있습니다.

감정 표현이 서툴러질 수 있다. 자신의 감정을 제대로 알아채지 못하고 위축된 모습을 보이며, 어려운 상황에서 건강하지 못한 대처법을 배우게 된다.

> **경직형** 스트레스 앞에서 굳어버리는 사람들(c 응답 2개 이상)

당신은 이런 반응을 자주 보입니다.
위기 상황에서 완전히 경직된다. 마치 얼음이 된 듯 움직이지 못하고, 어떤 행동도 취하지 못한 채 그 자리에 멈춰 선다.

이렇게 해보면 도움이 됩니다.
몸을 적극적으로 움직이는 활동이 꼭 필요하다. 달리기, 춤, 수영 같은 전신 운동을 권장한다. 이미지 트레이닝으로 뇌를 깨우고 현재에 집중하는 연습도 도움이 된다.

자녀에게 이런 영향을 미칠 수 있습니다.
스트레스 상황에서 무기력해지기 쉽다. 뭔가를 시키면 멍하니 바라보기만 하거나 아예 반응을 보이지 않는다. 저항도 도망도 못 한 채 그저 얼어붙은 듯 멈춰 있게 된다.

신생아와의 고된 시간들과 잠 못 이루는 밤, 남편의 잦은 출장, 아이들과 함께하는 끝없는 심부름까지, 스테이시의 일상은 날카로운 화살처럼 그녀의 마음을 찌르고 있었다. 시간이 흐를수록 각각의 순간이 지나도 긴장이 사라지지 않았고, 결국 그녀는 끝없는 스트레스의 연속에 갇히고 말았다. "고통의 끝이 보이질 않아요"라며 그녀는 지친 목소리로 털어놓았다. 안정적이었던 그녀의 일상은 서서히 무너져갔고, 마침내 아무런 위험도 없는 평범한 순간에조차 예민하게 반응하기 시작했다. 그렇게 그녀는 엄마 번아웃이라는 깊은 늪에 빠져들고 말았다.

엄마 번아웃은 마치 끝없는 도미노처럼, 하나의 스트레스가 가시기도 전에 다음 스트레스가 밀려와 결국 모든 것이 무너져버리는 상태다. 보통 만성 스트레스는 가정 폭력이나 투병 중인 가족 돌보기, 극심한 가난과 같은 극단적인 상황이 계속될 때 생긴다고 알려져 있다. 하지만 내 내담자들을 만나며 깨달은 점은, 그들도 똑같은 수준의 지속적인 고통 속에서 살아간다는 것이다. 다른 만성 스트레스 환자들처럼 그들의 삶도 조금씩 무너지고 있었다.

여러 달에 걸쳐 상담을 이어오던 중 스테이시는 몇 주 연속으로 약속을 지키지 못했다. 어느 날 아침 그녀는 "차 키를 이제야 찾았네요. 너무 늦어져서 오늘은 못 갈 것 같아요"라는 메일을 보내왔다. 또 다른 날에는 "정말 죄송해요"라는 음성 메시지를 남겼고, 그다음에는 "상담 약속이 있다는 걸 완전히 잊고 있었어요"라고 했다. 마침내 그녀를 다시 만났을 때 나는 이런 일들에 대해 조심스럽게 물어보았다.

"머릿속이 완전히 뒤죽박죽이에요"라고 그녀는 한숨을 쉬며 말했다. 그러고는 최근에 있었던 당황스러운 경험을 들려주었다. 식료품 계산을 하고도 장바구니를 가게에 그대로 두고 빈

손으로 집에 돌아왔다는 것이다. 또 어느 날 아침에는 남편이 마지막 남은 식빵 두 조각을 먹자 원망스러운 눈빛을 보냈단다. 그러자 남편은 말없이 냉장고에서 잉글리시 머핀을 꺼내 조리대 위에 올려두고는 그대로 출근해버렸다고 했다.

  스테이시는 일상의 모든 좌절감을 마음속에 쌓아두었고, 그 무게는 나날이 더해져 그녀를 짓누르고 말았다. 만성 스트레스는 우리 뇌를 서서히 갉아먹는다. 기억을 담당하는 해마가 위축되면서 제 기능을 잃어가고, 이는 도미노처럼 기억력을 떨어뜨리며 새로운 것을 배우기 어렵게 하는 데다 스트레스에 대처하는 능력마저 떨어뜨린다. 판단력을 맡은 전전두피질도 줄어들면서 그 활동이 둔해진다. 최근 들어 올바른 판단을 내리기 어렵거나 마음을 진정시키기 힘들어졌다면 이것이 바로 그 이유일 수 있다.

  스트레스 호르몬인 코르티솔이 끊임없이 분비되면 감정의 중추인 편도체는 마치 과열된 기계처럼 작동하기 시작한다. 뇌 속의 위험 경보 버튼이 쉴 없이 눌려 있는 상태와 같다. 스테이시처럼 실제로는 아무런 위협도 없는 상황에서조차 불안감이 엄습하고, 긴장이 높아지며, 끊임없이 위협받는 듯한 심리적 부담감을 느끼는 것이다.

엄마들의 스트레스 진행 과정
: 사소한 증상에서 만성 질환으로

- 잠깐의 두통이 견딜 수 없는 만성 편두통으로
- 가벼운 배앓이가 고통스러운 과민성 대장증후군으로
- 한 끼의 과식이 걷잡을 수 없는 비만으로
- 위로를 주던 음식이 홀로 하는 폭식의 늪으로
- 순간의 호감이 돌이킬 수 없는 불륜의 수렁으로
- 일상의 작은 짜증이 폭발하는 분노로
- 날 선 말투가 폭력적인 행동으로
- 뜸해진 부부관계가 완전한 냉각으로
- 몇몇 모임의 불참이 모든 인간관계의 단절로
- 작은 비밀이 끝없는 거짓말의 연쇄로
- 친구와의 짧은 만남이 차가운 디지털 소통으로
- 며칠의 뒤척임이 밤마다의 불면으로
- 일상의 작은 부담이 감당할 수 없는 압박으로
- 순간의 우울함이 깊어가는 우울증으로
- 자잘한 걱정이 끝없는 불안의 소용돌이로
- 가끔의 깜빡임이 심각한 기억상실로

가을에는 스테이시의 아이들이 유치원에 첫발을 내딛었다. 첫날을 맞이한 아이들이 대부분 그렇듯, 스테이시의 쌍둥이 중 하나도 엄마와 이별하는 순간이 다가오자 눈물을 쏟아냈다. "엄마, 가지 마!"라며 아이는 그녀의 다리를 부둥켜안았다. 딸들의 유치원 입학을 맞은 스테이시의 마음은 복잡했다. 아이의 상심한 모습에 가슴이 찢어질 듯 아팠지만, 한편으로는 오랜만에 찾아올 자신만의 시간이 반갑기도 했다. 얼마 전까지만 해도 이런 상황에서 아무런 감정도 느끼지 못했던 그녀였기에 나는 이 감정의 소용돌이를 오히려 긍정적인 변화의 신호로 받아들였다.

그러나 그날 오전 늦게 찾아온 스테이시는 깊은 절망감에 빠져 있었다. "저는 완전히 엄마라는 역할에 삼켜져버렸어요. 아이들을 낳기 전의 제 모습은 온데간데없이 사라졌죠. 예전에는 옷도 예쁘게 입고, 화장도 하고, 친구들과 어울려 즐겁게 지냈어요. 부부관계도 했었고요." 그녀는 흐느끼며 말을 이었다. "제 인생이 이렇게 변할 줄은 상상도 못 했어요. 예전의 제가 너무 그리워요. 아이들에게 제 삶을 통째로 내어준 것 같아요. 다시 한번 행복을 느낄 수만 있다면 뭐든 하고 싶어요." 스테이시는 자신과 아이들, 그리고 남편을 위해서라도 깊은 엄마 번아웃의 늪에서 빠져나올 길을 찾아야만 했다.

이는 스테이시의 인생에 중요한 전환점이 되었다. 그녀는 이제야 자기 삶에서 무엇을 바꿔야 하는지 분명히 보게 되었다. 회복을 위해서는 반드시 자신만의 시간이 필요하다는 사실을 깨달은 것이다. 일주일에 세 번, 반나절씩 아이들이 유치원에 가면서 간절히 바라던 휴식을 얻었지만, 더 중요한 것은 자기 혼자만의 시간을 어떻게 의미 있게 채워나갈지를 찾는 일이었다. 스테이시와 나는 시간을 들여 아이들이 유치원에 있는 동안 그녀가 할 수 있는, 스트레스를 덜어내고 새로운 활력을 불어넣어줄 활동들을 함께 구상했다.

그 결과 그녀는 음악 수업에서 만난 엄마 친구와 매달 한 번씩 만나기로 했다. 커피를 마시며 서로의 육아 고민을 마음껏 나누는 시간이었다. 또한 주 1회 스피닝 수업에 등록해 몸을 움직이며 스트레스를 해소했고, 더 나아가 아이들의 유치원에서 그래픽 디자인 재능 기부까지 시작했다. 이 과정에서 그녀는 창의적인 작업을 하고 다른 어른들과 소통하는 일을 얼마나 간절히 그리워했는지를 깨달았다.

이후 몇 년간 나는 일상적인 스트레스나 다른 감정적 문제들과는 확연히 구분되는 엄마 번아웃만의 특별한 징후를 찾아내고자 심혈을 기울였다. 지금 나는 직장인들의 번아웃을 측정하는 마슬락 번아웃 진단MBI을 토대로 나만의 새로운 진단 기준을 만들어 사용하고 있다. 이는 수많은 엄마와 그들의 가족을 만나며 쌓아온 임상 경험을 MBI에 더하고 다듬어 완성한 것이다.

상담실에서 마주 앉은 엄마가 여덟 살, 열 살 아이를 키우면서도 여전히 '베이비 브레인'을 호소하며 극심한 스트레스를 토로할 때면 나는 그녀의 이야기 속에 숨겨진 여러 신호를 찾아낸다. 마음과 몸이 얼마나 지쳐 있는지, 아이들과 배우자를 향한 원망은 어느 정도인지, 스스로를 실패자라고 여기지는 않는지, 자신만의 취미와 열정을 여전히 간직하고 있는지, 그리고 무엇보다 이 지속되는 스트레스에서 벗어날 수 있는 순간이 있는지를 세심하게 살핀다.

엄마 번아웃 자가 진단 테스트

나는 지금 엄마 번아웃을 겪고 있을까? 아래의 질문들은 내담자가 엄마 번아웃을 겪고 있는지 여부와 그 심각성을 파악하기 위해 내가 사용하는 체크리스트다. 자신의 모습과 가장 가까운 답을 솔직하게 선택해보자.

1. 몇 시간 동안 집을 비운 당신, 이제 동네에 들어섰고 곧 아이들을 만난다. 이때 나라면?

    a. 설레는 마음으로 집으로 향한다. 현관문을 열자마자 아이들을 포근히 안아주고, 오늘 하루는 어땠는지 이야기를 나누고 싶다.

    b. 잠시 차를 세운다. 마지막으로 확인해야 할 문자나 전화, 메일

이 있는지 살펴본다. 집에 들어서기 전 깊은숨을 들이마시고, 아이들을 맞이할 때 차분한 모습을 보이려 애쓴다.

c. 일부러 돌아가는 길을 택한다. 집이 가까워질수록 마음이 무거워진다. 저 문을 열면 곧바로 쏟아질 숙제 검사, 저녁 준비, 아이들 재우기까지의 긴 실랑이가 눈앞에 그려진다.

2. 아침에 눈을 뜰 때 나의 모습은?

a. 충분한 휴식을 취한 듯 상쾌하고 활기찬 기분이다.

b. 알람을 몇 번이고 미루며 '한 시간만 더 잘 수 있다면' 하고 간절히 바란다.

c. 오늘 언제쯤 몰래 침대로 돌아와 낮잠을 청할 수 있을지 머릿속으로 시간표를 짜본다.

3. 학교에서 "아이가 토했어요"라는 전화를 받았다. 이때 나라면?

a. 즉시 모든 일을 멈춘다. 아이를 데리러 가면서 의사에게 전화해야 하나 싶어 마음이 급해진다.

b. 하던 일을 마무리할 수 있도록 보건교사에게 아이를 잠시 더 돌봐줄 수 있는지 묻는다. 엄마 역할로 돌아가기 전에 시간이 조금 더 필요하다.

c. '하필이면 하교 시간까지도 못 참았나' 하며 하루 일정이 엉망이 된 것에 짜증이 치민다.

4. 자녀가 선수 반에 발탁된 엄마와 우연히 마주쳤다. 이때 나라면?

a. "정말 축하해요! 그동안 얼마나 노력했는지 잘 알죠"라며 진심으로 기뻐한다.

b. 축하의 말을 건네면서도 '우리 아이는 충분히 발전하고 있는 걸까?' 하는 걱정이 스친다.

c. '작년 여름 운동 특강을 보냈어야 했는데……'라고 자책하며 자신이 실패한 엄마처럼 느껴진다.

5. 나의 스트레스에 대해 생각해본다면?

a. 가끔 스트레스를 받지만, 깊은숨을 몇 번 쉬거나 산책을 하면 한결 나아진다.

b. 자주 스트레스에 시달린다. 맥주 한잔 하거나 소셜미디어에 몰두하며 마음을 달래보려 한다.

c. 항상 스트레스 속에 살고 있다. 이 답답함은 무엇을 해도 해소되지 않는다.

6. 나의 취미와 시간 활용에 대해 생각해본다면?

a. 테니스나 조깅같이 좋아하는 활동을 즐긴다. 친구들과 이런 시간을 보낼 수 있어 감사하다.

b. 취미생활을 이어가려 노력하지만, 때로는 그럴 여유가 전혀 없다.

c. '그런 걸 할 시간이 어디 있다고…….' 한숨만 나온다.

> ### 자가 진단 결과 해석
> - **4개 이상의 문항에서 'a'를 선택했다면:**
>   당신은 스트레스를 건강하게 다루고 있다. 지금처럼만 생활한다면 엄마 번아웃을 걱정할 필요가 없다.
> - **4개 이상의 문항에서 'b'를 선택했다면:**
>   당신은 엄마 번아웃의 초기에서 중기 단계에 있다. 더 깊이 빠지기 전에 지금부터라도 스트레스를 관리해야 한다.
> - **4개 이상의 문항에서 'c'를 선택했다면:**
>   당신은 심각한 수준의 엄마 번아웃을 경험하고 있을 수 있다. 이 상태가 만성화되어 돌이킬 수 없는 상황이 되기 전에 전문가의 도움을 받거나 스트레스 해소 방법을 찾아보길 추천한다.

회복의 길은 결코 일직선이 아니라고 앞서 이야기했다. 전반적으로는 나아지는 방향으로 가고 있더라도 그 과정에서 이따금 작은 좌절을 만날 수 있다. 과거의 감정들이 다시 고개를 들 수도 있지만, 이것은 그동안의 모든 노력이 허사가 되었음을 의미하는 건 아니다. 스테이시도 그랬다.

스테이시는 몇 주 동안 꾸준한 진전을 보이며 예전의 모습을 조금씩 되찾아가고 있었다. 기력이 돌아오고 감정의 기복도 안정을 찾아갔으며, 자기 관리도 더 잘하게 되었다. 특히 남편과의 대화가 더 깊어진 것은 큰 진전이었다. 하지만 그날, 약물 치료 재개와 직장 복귀, 혼자만의 주말여행을 고민하며 상담실을 찾아왔을 때, 나는 그녀가 회복 과정에서 어려움을 겪고 있다는 것을 눈치챘다. 나는 그녀에게 무슨 일이 있었는지 부드럽게 물었다.

지난주의 일이었다. 딸들이 방에서 놀고 있는 동안 그녀는 지하실에서 빨래를 개고 있었다. 위층에서 들려오는 아이들의 웃음소리를 들으며, 이제는 자신이 집안일하는 동안 아이들이 스스로를 잘 돌볼 수 있게 되었다는 생각에 안도했다.

그때 갑자기 "쿵!" 하는 소리가 들렸다. 그리고 비명이 뒤따랐다. "그냥 비명이 아니었어요"라며 그녀는 떨리는 목소리로 말했다. "뭔가 크게 잘못되었다는 것을 직감하게 하는 그런 소리였죠." 딸 중 한 명이 놀다가 침대에서 떨어진 것이었다. "엄마아! 살려줘!" 딸의 절박한 외침이 들려왔다. 다른 딸의 작은 발걸음이 방 안을 허둥지둥 달리는 소리도 들렸다. 하지만 스테이시는 바로 계단을 뛰어오르지 못했다. 대신 온몸의 기운이 빠져나가는 것을 느끼며 빨래를 몇 장 더 개었다. 그리고 마침내 힘겹게 계단을 오르며 생각했다. '엄마인 나도 누군가의 도움이 절실해.'

나는 스테이시가 엄마로서 겪는 이 깊은 번아웃의 터널을 반드시 빠져나올 것이라 믿었다. 마치 긴 터널의 끝에서 희미하게 비치는 빛처럼, 그녀의 삶에는 이미 작은 변화의 징조들이 보이고 있었다. 기력이 조금씩 돌아오고 감정의 기복도 서서히 안정을 찾아가는 중이었다. 자기 관리도 더 잘하게 되었고, 남편과의 대화도 한결 깊어졌다. 다만 그녀에게는 좀더 근본적인 문제들을 해결할 시간이 더 필요했다. 힘들 때 기댈 수 있는 지원군을 만들고, 여성으로서 맞이한 인생의 새로운 장에서 자신만의 의미를 찾아가는 일이었다. 그리고 나는 알고 있었다. 회복의 여정에서 만나는 이런 작은 흔들림은 봄을 재촉하는 겨울 끝자락의 매서운 바람이 그렇듯 곧 다가올 따스한 변화의 신호라는 것을. 우리는 이 여정에 함께하고 있었고, 나는 그녀의 모든 걸음걸음이 희망으로 가는 발자국이 되리라 믿어 의심치 않았다.

엄마 번아웃 극복을 위한 생존 가이드
: 지친 마음 알아차리고 숨 쉴 공간 만들기

첫째, 나만의 스트레스 대처 방식을 찾아보자.
스트레스 상황에서 당신은 어떤 유형인가? 맞서 싸우는 투쟁형, 한 발 물러서는 도피형, 아니면 잠시 멈추는 경직형? 자신의 스트레스 대처 방식을 이해하면 위험 신호를 더 빨리 알아차리고 적절한 시기에 대응할 수 있다. 우리 건강과 마음의 평화는 작은 스트레스가 큰

폭풍이 되는 것을 막는 데서 시작된다.

둘째, 스트레스 예방법을 실천하자.
달리기가 될 수도 있고 명상이 될 수도 있으며 그림 그리기가 될 수도 있다. 중요한 것은 나에게 맞는 방법을 찾는 것이다. 더 중요한 것은 그것을 지속적으로 실천하는 것이다.

셋째, 삶의 영역을 지혜롭게 나눠보자.
건강한 경계선이 필요하다. 일과 가정이 서로 얽히는 것은 자연스러운 일이지만, 모든 것을 한꺼번에 하려들지는 말자. 예를 들어 업무 시작 전 한 시간은 가족의 일정 관리에 투자하고, 저녁 식사 후 한두 시간은 미뤄둔 업무를 처리하는 식이다. 전업주부라면 하루 중 '온전히 나를 위한 시간'을 반드시 확보하자.

넷째, 시간을 더 여유롭게 관리해보자.
항상 쫓기듯 살면 엄마도 아이도 더 지쳐간다. 여유로운 계획이 필요하다. 아침 8시 30분 출발이라면, 생각보다 30분 더 일찍 준비를 시작해보자. 놀랍게도 이런 작은 습관이 일주일에 몇 시간의 여유를 선물할 수 있다. 이렇게 만든 소중한 시간은 온전히 나를 위해 써보자.

다섯째, 상황을 긍정적인 시선으로 바라보자.
일상의 작은 좌절들을 어떻게 바라보느냐가 스트레스 관리의 핵심이다. 문득 자신을 돌아보자. 힘든 상황에서 늘 다른 사람을 탓하고 있지는 않은가? 행복하지 못한 이유를 외부에서만 찾고 있지는 않은가? 다음번 스트레스가 찾아들 때는 잠시 멈춰 상황을 다른 각도에서 바라보자. 같은 풍경도 서 있는 위치에 따라 전혀 다르게 보이는 법이다. 연구가 말해주듯, 긍정적인 시선으로 세상을 바라보는 사람들은 스트레스를 훨씬 더 지혜롭게 다룬다.

여섯째, 일상의 작은 변화로 시작하자.
많은 이가 현재 상황에 갇혀 있다고 느끼지만, 사실 우리 모두는 생각보다 훨씬 더 많은 선택권을 갖고 있다. 일터와 주거지, 재정 상황, 식습관, 양육 방식까지. 이 중 단 몇 가지만 조금씩 바꿔도 일상의 풍경이 달라질 수 있다. 작은 변화가 큰 변화를 만드는 법이다.

일곱째, 자연 속에서 휴식을 찾아보자.
바쁜 일상 속에서도 자연과 만나는 시간을 가져보자. 산책하거나 수영을 즐기거나 자전거를 타거나 공원의 벤치에 앉아 책을 읽어보자. 자연은 우리의 가장 따뜻한 위로자이자 스승이다.

여덟째, 적절한 거리를 두고 아이를 믿어주자.
아이들 곁에 있되, 적당한 거리를 두는 지혜가 필요하다. 작은 시행착오도 아이들에게는 배움의 기회가 된다. 스스로 문제를 해결할 기회를 주고, 정말 필요할 때만 살며시 손을 내밀어주자.

아홉째, 함께하는 엄마들과 마음을 나누자.

UCLA 연구진이 발견한 놀라운 사실이 있다. 우리 몸은 스트레스를 받을 때 여성들과의 따뜻한 우정을 갈구한다고 한다. 이런 소중한 인연을 멀리하면 할수록 소진은 더 깊어질 수밖에 없다. 마음을 나누고, 고민을 털어놓고, 함께 웃을 수 있는 동료를 찾아보자. 그들과 함께라면 이 여정이 한결 따뜻해질 것이다.

보너스 가이드

＋

아이와 함께하는 에너지 충전법

자녀들과의 진정한 소통은 놀랍게도 우리의 에너지를 재충전하는 훌륭한 방법이다. 잠시 시간을 내어 각각의 자녀와 어떤 활동을 함께 할 수 있을지 떠올려보자. 이는 부모와 자녀가 서로에게 온전히 집중하는 특별한 시간이 될 것이다. 시작하기 좋은 방법 가운데 하나는 자녀가 원하는 활동 대신 당신이 즐기는 활동에 아이를 초대하는 것이다. 가령 정원을 가꾸거나 뜨개질을 하거나 좋아하는 요리를 함께 만들어보는 것이다. 또 다른 좋은 방법은 아이가 당신에게 책을 읽어주게 하는 것이다. 이런 소소한 순간들이 모여 서로에 대한 이해와 사랑을 더 깊게 만들어줄 것이다.

2장
나에게도 친구들이 있었는데
─단절이 만드는 엄마 번아웃

⋮

비슷한 경험이 있나요?

요즘 우리 주변의 많은 엄마가 놓치고 있는 진실이 있다. 바로 친구라는 존재의 가치다. 막역한 사이든 가벼운 만남이든, 모든 친구관계는 우리의 건강과 마음의 균형에 깊은 영향을 미친다. 더 안타까운 것은 많은 엄마가 관계를 맺으려 노력하는 과정에서 오히려 자신을 지치게 만드는 방식을 택하고 있다는 점이다. 잠시 멈춰서 아래 항목들이 나에게도 해당되는지 살펴보자.

- ☑ 남편에게 육아와 집안일 이야기를 하고 싶어도 지루해하는 표정에 말문이 막혀요.
- ☑ SNS만 열었다 하면 다른 엄마들의 일상이 궁금해서 시간

가는 줄 모르고 들여다보게 돼요.
- ☑ 시댁과의 힘든 관계, 부족한 양육비, 남편의 무심함까지. 아이들 앞에서 한숨짓는 제 모습을 발견해요.
- ☑ 그저 누군가 내 이야기를 들어주었으면 해서 효과도 모른 채 상담을 받고 있어요.
- ☑ 오랜 친구들과 만나도 이제는 마음이 통하지 않아 외로움을 느낄 때가 많아요.
- ☑ 드라마 속 주인공의 삶에 빠져 현실을 잠시라도 잊고 싶어져요.
- ☑ 다른 집 아이들의 학원 스케줄, 해외여행 사진을 보며 우리 아이에게 미안한 마음이 들어요.
- ☑ 피곤하다는 핑계로 남편의 손길을 외면하는 날들이 늘어만 가요.
- ☑ 카톡으로 이모티콘만 보내며, 겉도는 대화로 친구관계를 이어가고 있어요.
- ☑ 학부모 모임이나 동네 맘카페 외에는 깊이 있는 대화를 나눌 수 있는 친구가 없다고 느껴요.

서른넷의 나이에 처음 상담실을 찾은 에이미는 두 아이를 둔 평범한 주부였다. 여덟 살 딸과 열 살 아들을 키우는 그녀의 일상은 겉으로 안정되어 보였으나, 속으로는 말 못 할 고민이 점점 깊어지고 있었다. 스물넷이라는 이른 나이에 첫아이를 얻은 에이미는 대학생활 2년 만에 적성에 맞지 않음을 깨닫고 학업을 중단했다. 엔지니어를 꿈꾸던 당시 남자친구의 학업을 뒷바라지하며 사무직으로 일했으나, 첫아이 출산 후 얼마 지나지 않아 전업주부의 길을 택했다. 그렇게 12년의 결혼생활이 지난 뒤 그녀는 상담실 문을 두드렸다.

상담을 시작한 계기는 딸의 친구 문제였다. 학교에서 점차 소외되어가는 딸은 주말 친구들의 모임에도 초대받지 못하는 상황에 이르렀다. 딸의 사회적 고립에 깊은 좌절감을 느낀 에이미는 결국 자신도 개인 상담을 받기로 했다. 1년 남짓 오후에는 딸을, 아침에는 에이미를 만나면서 우리는 중요한 사실을 발견했다. 에이미 역시 딸처럼 관계의 어려움을 겪고 있었던 것이다. 진심을 나눌 수 있는 가까운 친구 하나 없이 그녀 또한 외로움과 고립감의 나날을 보내고 있었다.

마음을 나눌 수 있는 진정한 친구의 부재는 엄마들을 번아웃으로 이끄는 가장 강력한 요인 중 하나다. 에이미처럼 마음을 터놓을 친구가 없는 엄마들은 결국 내면의 공허를 채우기 위해 다른 방법을 찾는데, 이는 대개 건강하지 못한 선택으로 이어진다. 이런 부적절한 대처는 오히려 엄마들의 상태를 더 악화시키고, 고립감의 악순환을 이어가게 한다. 더 안타까운 점은 이 문제가 엄마에게서 그치지 않는다는 것이다. 엄마들은 자신이 아는 한에서 최선을 다하지만, 건강한 우정을 쌓는 법을 보여줄 본보기가 없다보니 그 부정적인 영향이 고스란히 아이들에게까지 미친다.

사실 나는 에이미와의 만남을 늘 기대했다. 그녀에게는 사람들을 크게 웃게 만드는 재치와 더불어 누구나 호감을 갖게 되는 사랑스러운 매력이 있었다. 특히 그녀의 목소리는 벽을 울릴 만큼 크고 우렁찼는데, 복도에서 나누는 대화가 옆 사무실에까지 들릴 정도였다. 그래서 나는 늘 서둘러 그녀를 내 상담실로 안내하곤 했다. 일상 이야기를 들려줄 때도, 나를 반갑게 맞이할 때도, 그녀의 감정 표현은 그처럼 풍부하고 생생했다.

그런 에이미가 유난히 분주했던 어느 오후 약속된 시간에 찾아왔다. 평소와 다름없이 대기실에서는 차분한 대화 소리가 들려왔고, 상담실 문 앞을 오가는 발걸음 소리가 어우러져 상담 시간의 배경이 되는 포근한 백색소음을 만들어냈다. 이따금 다른 상담실에서 들려오는 짧은 웃음소리나 내담자와 상담사의 높아진 목소리만이 고요를 깨뜨릴 뿐이었다.

하지만 사무실 전체를 감싸고 있던 그 고요한 소음을 뚫고 나온 것은 남편과의 성생활에 대한 에이미의 가장 깊은 속마음을 털어놓는 우렁찬 목소리였다. "아직도 남편을 사랑해요. 여전히 멋지고 똑똑한 사람이에요. 하지만 그 열정은 식어버렸죠." 그녀가 말했다. "요즘 매번 머리가 아프다느니, 내일 일찍 일어나야 한다느니 온갖 핑계를 대면서 남편을 피하고 있어요. 피곤하다는 말이 입에 붙어버렸다니까요. 제가 이러고 싶어서 이러는 게 아닌데…… 마음이 아파요." 그녀는 잠시 말을 멈추더니 깊은 한숨과 함께 덧붙였다. "이상하게 들리겠지만…… 이제는 남편이 그저 같은 집에 사는 잘생긴 룸메이트 같아요. 더 이상 연인으로 느껴지지가 않네요." 그들은 한때 서로에 대한 깊은 애정을 나누었다고 했다. 하지만 지금은 남편과의 잠자리를 생각하는 것만으로도 속이 불편해진다고 했다.

에이미가 (큰 목소리로) 성생활 이야기를 꺼내기 전까지 우리의 대화는 딸아이의 학교생활 문제로 가득 채워져 있었다. 여덟 살배기 딸아이는 학기 전반기 내내 단 한 번의 놀이 약속도 하지 못했다. 쉬는 시간이면 반 친구들에게 외면당했고, 그해에는 어떤 생일파티에도 초대받지 못했다. 겨우 사귄 몇 명의 친구들마저 자주 다투고 멀어졌다. 에이미는 딸이 다른 여자아이들과 어울리는 법을 배우지 못하면 완전한 외톨이가 될까봐 깊은 근심에 빠졌다. "어떻게 이런 일이 있을 수 있죠?"라고 첫 상담에서 에이미가 던진 말은 상담실 전체에 울려 퍼졌다. "아이들은 당연히 친구가 있어야 하는 거 아닌가요?" 그녀는 옆자리의 딸을 바라보며 말했다. "도대체 왜 그러니? 네 친구들은 다 어디로 간 거야?"

몇 주가 지나고, 에이미는 이제 혼자 상담을 받기 시작했다. 딸의 어려움을 지켜보는 일이 그녀의 한계를 시험하고 있었다. 밤에는 딸아이 걱정으로 뒤척이며 잠들지 못했고, 낮에는 속이 뒤틀릴 듯한 불안감에 시달렸다. 그녀의 지친 표정을 보며 나는 조심스레 물었다. "딸아이의 상황에 대해 다른 누구와 이야기를 나누시나요? 마음을 터놓을 만한 친한 친구는 있으신가요?"

마음을 터놓을 사람을 찾던 에이미가 가장 먼저 떠올린 이는 남편이었다. 하지만 그녀의 말에 따르면 상황은 실망스러웠다. "남편은 딱 3분쯤 대화에 집중하다가 똑같은 말을 반복해요. '애는 괜찮을 거야, 시간이 지나면 다 해결될 테니까 걱정하지 마.' 그게 전부예요." 그녀는 속마음을 터놓고 답답함을 토로할 만한 사람을 찾지 못했다. 딸아이한테 못되게 구는 아이의 엄마들에게 이런 고민을 털어놓을 수도 없는 노릇이었다. 가끔 아침에 커피를 마시며 만나는 두세 명의 친구가 있긴 했지만, 그들에게도 이야기를 꺼내고 싶지 않았다. "겨우겨우 마련한 30분이에요. 그동안 귀찮은 내 딸아이와 그 문제들에 대해 듣고 싶은 사람이 어디 있겠어요"라고 그녀는 말했다.

나는 이런 유의 속마음을 수없이 들어왔다. 엄마들이 자신이 실패자라고 느끼는 순간들, 내면의 불안과 자신감 부족을 친구들과 나누기 어려워하는 건 무척 흔한 일이었다. 많은 엄마에게 친구란 아들의 축구 경기장 한편에서 잡담을 나누는 다른 학부모나 두어 달에 한 번 맥주잔을 기울이며 만나는 동네 이웃들이 전부였다. 이런 자리에서의 대화는 늘 가볍고 편안했다. 이러한 친구관계도 분명 가치 있고 필요하다. 하지만 진정으로 속마음을 터놓을 수 있는 친구 역시 절실히 필요한 법이다.

그런데 내가 만난 대다수의 엄마에게는 그런 친구가 없었다(적어도 가까운 곳에는). 특히 내가 주목한 점은 자녀와 관련된 문제일수록 그런 이야기를 나누는 걸 한층 더 조심스러워한다는 것이다. 그래서 아이에게 친구가 없다거나, 성적이 좋지 않다거나, 학습장애가 있다거나, 불안장애가 있다는 등의 이야기는 일상적인 친구관계에서 쉽사리 꺼낼 수 없는 주제가 되어버린다.

2011년 『소셜 네트워크스』지에 발표된 연구는 우리가 과거에 비해 친밀한 관계를 두드러지게 적게 맺고 있다는 현실을 드러냈다. 같은 해 『라이브 사이언스』와의 인터뷰에서 이 연구의 책임자 매슈 브래시어스 박사는 이렇게 강조했다. "우리가 진정 우려해야 할 것은 모든 사회적 접촉이 단절된 '사회적 고립'이 아닙니다. 오히려 적절한 지지 기반이 부족한 '관계의 빈곤' 현상에 더 주목해야 합니다."

여성들에게는 친구가 전혀 없는 것이 아니다. 핵심은 진심을 나눌 수 있는 친구가 많지 않다는 데 있다. 게다가 얼마 없는 친구들마저 대부분 멀리 떨어져 산다. 에이미의 사례가 바로 그러했다. 그녀의 삶에 친구들이 없었던 게 아니다. 다만 자신의 가장 연약한 내면과 감정을 편안하게 나눌 수 있는 가까운 이가 없을 뿐이었다.

나는 그런 감정을 누구보다 잘 이해할 수 있었다. 덴버로 이사 올 때, 나는 어린 시절 친구들을 모두 뒤로한 채 떠나야 했다. 고등학교 시절 우리는 서로를 '7공주'라 부를 만큼 끈끈

했다. 그들 대부분이 지금도 나와 가장 친한 친구였기에, 이사 후 엄마가 되어서도 처음에는 새로운 엄마들과 친해질 필요성을 전혀 느끼지 못했다. 이미 마음을 나눌 수 있는 사람들이 있었기에, 새로운 이들에게 내 약한 모습을 보이고 진심을 털어놓기가 쉽지 않았다. 하지만 시간이 흐르면서 외로움이 찾아왔다. 매일 같은 일상이 반복되면서 문득문득 마주 앉아 수다 떨 친구가 그리워졌다. 피곤함에 망설여지고, 바쁜 일정을 쪼개는 게 쉽지 않았지만, 새로운 인연을 위해 용기를 내 '여자들의 밤' 모임도 나가고 점심 약속도 잡았다. 그 작은 용기들은 결국 충분한 보답이 되어 돌아왔다. 새로운 친구들은 오랜 친구들을 완전히 대신할 순 없었지만, 힘들 때 곁에서 위로가 되어주고 소소한 일상을 나눌 수 있다는 점에서 그들은 또 다른 소중한 인연이 되었다.

 마음 깊숙한 곳의 이야기를 들어줄 사람이 없다는 것은 내 상담실을 찾는 엄마들에게 어떤 영향을 미칠까? 나는 늘 이 물음을 안고 살았다. 삶의 무게에 짓눌린 이 엄마들의 모습과 그들의 텅 빈 친구관계 사이에는 분명 깊은 연관이 있을 터였다. 세월이 흐르며 나는 하나를 배웠다. 진정 중요한 건 '친구가 몇 명이나 있는가'가 아닌 '어떤 친구와 함께하는가'라는 점이다. 직장에서 만난 동료와 이웃집 사람, 아이를 통해 만난 엄마, 그리고 마음을 나누는 단단한 친구들. 이 모든 관계의 깊이가 우리 삶을 더 풍요롭게 만든다. 일터에서 겪는 고민을 나눌 동료의 존재는 지친 일상의 버팀목이 되어준다. 따스한 오후 현관 앞에서 차 한잔 나누며 이야기꽃을 피울 수 있는 이웃의 존재는 또 다른 삶의 기쁨이다. 급한 일이 생겼을 때 아이를 학교에서 데려다줄 수 있는 '엄마 친구'가 곁에 있다는 건 큰 위안이 된다. 그리고 때로는 '이 모든 걸 내려놓고 싶다'는 속마음을 털어놓을 수 있는 진정한 친구의 존재야말로 우리 마음의 건강을 지키는 선물이다. 이런 다양한 관계들이 우리 삶을 지탱하는 기둥이 된다.

내 상담실 문을 두드리는 여성들의 이야기에는 공통점이 있다. 한때는 마음을 나누는 친구들이 있었지만, 세월의 흐름 속에서 어느새 그 인연이 멀어졌다는 것이다. 이해한다. 일상이라는 흐름 속에서 남편과 직장, 아이들이 주연이 되고, 친구들은 어느새 조연으로 밀려나는 그 자연스러운 과정을. 하지만 상담사인 나는 이런 변화가 그들의 마음 한편에 어떤 빈자리를 남기는지 안타깝게 지켜봐왔다.

에이미도 그런 이야기의 주인공 중 한 명이었다. 어린 시절 그녀에겐 둘도 없는 친구가 두 명 있었다. 세 개의 실이 하나로 꼬인 것처럼 고등학교를 졸업할 때까지 늘 함께였다. 한번은 어떤 남자아이 때문에 다투기도 했지만, 그마저 봄날의 꽃샘추위처럼 금세 지나갔다. 대학에 들어가서는 새로운 친구들을 만나 친해졌고, 직장인이 되어서도 소중한 인연들은 이어졌다. 스무 살의 청춘, 그녀는 친구들과 함께 박물관에서 예술을 논하고, 맛있는 식사를 나누며, 즐거운 시간을 보내면서 청춘을 만끽했다.

"당신의 젊은 시절은 참 활기찼던 것 같네요." 내가 말했다. "마음을 나눌 친구도 많았고, 늘 함께할 사람들이 있었죠. 그런데 그 인연들은 지금 어디에 있나요?"

"그땐 정말 행복했어요", 그녀가 대답했다. "지금의 내 모습은 그때와는 전혀 다르죠. 하지만 이게 우리네 삶이잖아요." 에이미는 등받이에 몸을 기대며 깊은 한숨을 내쉬었다. "결혼이라는 문을 열면 친구들과의 인연은 자연스레 멀어지고, 아이가 태어나면 우리 세상은 네 벽에 갇힌 듯 오롯이 육아밖에 없죠."

2015년 『휴먼 네이처』지가 밝힌 내용에 따르면 여성의 우정이란 정성스레 가꾸는 화단과도 같다. 마치 아름다운 화초에 매일 물을 주듯, 여성들은 끊임없는 대화라는 정성을 서로에게 쏟아야 한다. 이렇게 이어지는 마음의 교감이 여성들의 우정을 더 깊고 단단하게 만든다. 하지만 안타깝게도, 우정이라는 화단을 돌보지 않거나 새로운 인연의 씨앗을 심지 않으면 타인과 자연스레 나누던 정이 시든 꽃잎처럼 서서히 사라진다. 많은 엄마의 고백은 더 안타깝다. 친구와 마주 앉아 이야기를 나누는 순간에도 그들의 마음은 다른 곳을 떠돌고 있다는 것이다. 어느 날 한 내담자가 들려준 이야기가 아직도 생생하다. "아들이 농구하다가 손가락 두 개가 부러졌다며 친구가 안타까워하고 있었어요. 그런데도 저는 속으로 세탁소 마감 시간까지 남은 15분을 헤아리고 있었죠." 그렇다. 친구 이야기에 마음을 다해 귀 기울이는 일은 시간이라는 선물을 요한다. 하지만 우리는 그 작은 선물조차 건네기 어려운 삶을 살고 있다.

    내 일상에 찾아온 이상한 손님이 있다. 몇 년 전의 일이다. 하필이면 얼음을 씹고 싶은 충동이 들었다. 하루 종일 "우둑우둑" 소리를 내며 얼음을 씹어대니, 주변의 모든 사람이 나를 의아한 눈으로 바라봤을 것이다. 어디를 가든 빨간 컵을 마치 분신처럼 들고 다니던 나에게 사람들은 늘 컵 속의 정체에 대해 물었고, 나는 이 기묘한 얼음 씹기 습관에 대해 설명해야만 했다. "우둑우둑" 소리를 내며 얼음을 씹어대는 동안 나는 재미있는 사실을 발견했다. 내 새로운 강박에 대해 모든 사람이 저마다의 진단과 처방을 내놓는다는 것이었다. "갑상선 검사부터 받아봐" 하고 조언하는 친구가 있는가 하면, "억눌린 성적 욕구의 표현"이라며 진지한 표정을 짓는 이도 있었다. 결국 정기 건강검진을 받아보니 그제야 진짜 원인을 알게 되었다. 바로 빈혈이었다. 철분이 부족해서 생긴 얼음 갈망이었던 것이다. 의학 용어로는 '파고파지아 pagophagia'라고 한다. 이는 종이나 분필 같은 먹을 수 없는 것을 먹고 싶어하는 특이한 증후군의 하나인데, 나는 철분이 부족해서 얼음을 갈구하게 된 거였다. 다행히 해결책은 간단했다. 철분제를 복용하는 것으로 충분했다.

    철분 부족과 얼음 갈망 사이의 특이한 관계를 알게 된 것도 놀라웠지만, 그보다 더 놀라운 것은 이 이야기를 나누며 발견한 우리 모습이었다. 내 곁의 어떤 친구도 이 갈망이 시간이 흐를수록 더 깊어지는지, 그 고통의 깊이가 어떠한지 묻지 않았다. 무엇이 이토록 나를 얼음의 세계로 이끄는지 궁금해하는 이도 없었다. 하루 종일 얼음 씹는 소리를 듣는 일이 내 일상과 마음에 어떤 그림자를 드리우는지 걱정하는 이도 없었다. 결국 아무도 나라는 사람에 대해서는 관심을 보이지 않았다. 대신 모든 이는 약속이라도 했다는 듯 문제 해결이라는 출구만을 향해 달려갔다.

남자들은 천성적으로 해결사 같은 대화 방식을 보인다. 마치 뿌리 깊은 본능처럼 그들의 타고난 특성이다. 반면 여성들이 대화를 나눌 때는 해결책을 주기보다 그저 자신의 이야기에 귀 기울여주기를 바란다. 많은 엄마가 그러하듯 에이미도 남편에게 가슴속 이야기를 털어놓고 싶었지만 그런 대화는 늘 허망하게 끝나고 말았다. "다른 여자아이들을 집으로 초대해서 함께 놀게 하면 될 텐데?"라는 식의 피상적인 해결책만이 돌아올 뿐이었다. 에이미가 다른 아이들의 부모와 소통하려 하거나 딸을 엄마의 마음으로 살피려 할 때마다 남편은 무심하게 반응했다. 그런 남편을 보며 '역시 남자라서 이런 마음은 모르는 걸까' 하고 속으로 되뇌었다. 하지만 마음 깊은 곳에서는 여전히 남편이 자신을 이해해주길 간절히 바라고 있었다. 그의 따뜻한 지지가 절실했다. 때로는 가장 가까워야 할 남편이 자기편이 아닌 것만 같아, 아이들을 키우는 긴 여정을 혼자서 걸어가야 한다는 외로움이 밀려왔다.

사실 대다수의 여성은 자신의 이야기를 충분히 들려주기도 전에 해결책부터 내미는 이런 문제 해결 대화 방식에 깊은 좌절감을 느낀다. 그들이 진정으로 바라는 것은 서로의 마음을 나누는 진심 어린 교감이다. 하지만 시간에 쫓기고 감정을 나눌 여유조차 부족한 현대사회에서는 내가 관찰(하고 얼음 씹기 문제로 직접 경험)한 바에 따르면 여성들 역시 전통적인 남성의 대화 방식을 따라가는 듯하다. 예전처럼 편안히 앉아 상대방의 이야기에 귀 기울이는 모습은 찾아보기 어려워졌다. 대신 자신의 일상으로 서둘러 돌아가기 위해 재빠른 조언 한마디로 대화를 마무리 짓고 만다.

경청의 또 다른 측면은 바로 누군가에게 내 이야기를 들어달라고 요청할 수 있는 용기를 내는 것이다. 리더십 영역의 성별 격차를 다룬 『린인』은 내가 가장 깊이 공감하는 책 중 하나다. 이 책에서 셰릴 샌드버그는 여성들에게 힘주어 말한다. 당당히 자리를 차지하라고, 망설이지 말고 손을 들라고. 그리고 자신의 진정한 목소리를 내라고. 그녀는 자신의 생각과 필요를 분명히 표현하도록 비즈니스 세계의 여성들을 독려한다. 내가 만난 수많은 내담자와의 경험을 통해 나는 이런 자세가 여성들의 사적인 관계에서도 절실히 필요하다는 것을 깨달았다. 우리 상담 분야에는 이와 맥을 같이하는 뜻깊은 격언이 있다. "불편함 속으로 한 걸음 더 들어가야 한다."

이런 격언이 특히 의미 있는 것은, 많은 여성이 비즈니스 세계에서처럼 일상적인 관계에서도 비슷한 어려움을 겪기 때문이다. 도움이 간절할 때조차 사회적인 시선이 두려워 친구들에게 솔직히 다가서지 못한다. "너무 부담스럽거나 명령조로 들릴까 봐 걱정돼요"라고 내담자들은 털어놓는다. 그들은 말이 너무 많다는 이유로 은근한 배제를 당하거나 뒷담화의 대상이 된 여성들의 이야기를 애처롭게 들려준다. 이런 사회적 두려움에 발목 잡혀 엄마들은 입을 다물고 서로에게서 멀어져간다. 하지만 잠시라도 숨을 돌리고자 아이들을 집에 혼자 두거나 방에 가두는 걸 진지하게 고민하게 되는 순간이 온다면 주저 말고 누군가에게 손을 내밀어야 한다. 지방으로 이사 가서 얼굴 보기 힘든 오랜 친구이든, 등굣길에 가끔 마주쳐 커피 한잔 나누는 학부모 친구든 상관없다. 그리고 더 중요한 것은 "지금은 그저 내 이야기를 들어주었으면 해"라고 솔직히 말할 줄 아는 용기다. 조언이 필요하다면 망설이지 말고 구해야 한다. 혼자만의 시간이 필요할 수도, 울음을 쏟아낼 어깨가 필요할 수도, 때론 '이 힘든 시기를 겪는 게 나 혼자만이 아니구나' 하는 위로가 필요할 수도 있다. 무엇이든 친구에게 처음부터 솔직하게 털어놓는 게 마음의 짐을 덜어내는 가장 확실한 길이다.

이런 솔직한 표현의 힘을 보여주는 의미 있는 사례가 있다. 한 내담자는 낮 시간에 가장 친한 친구에게 메시지를 보냈다.

"심각한 얘기는 아닌데 좀 들어줬으면 하는 게 있어. 언제 시간 좀 내줄 수 있을까?" 걱정과 달리 친구는 기꺼이 시간을 내주었고 덕분에 내담자는 마음속 이야기를 차분히 나눌 수 있었다. 또 다른 내담자의 방식은 조금 달랐다. 그녀는 대화를 시작할 때마다 이렇게 말문을 열었다. "있잖아, 지금은 내 얘기를 그냥 들어주기만 했으면 하는데…… 조언은 나중에 해줄래?" 놀랍게도 이런 솔직한 표현들은 모두 따뜻한 반응을 얻었다. 더 고무적인 것은 시간이 지나면서 친구들 역시 이런 방식으로 대화를 시작하게 되었다는 점이다.

대화가 필요할 때 친구에게 도움 청하는 방법

요즘엔 경청이 잃어버린 기술이 되어버린 듯하다. 너무 바빠서, 다른 사람의 고민까지 품을 마음의 여유가 없어서, 때로는 그저 지쳐서일 수도 있다. 아무리 좋은 마음을 가지고 있더라도 우리는 서로의 이야기를 진정으로 듣지 못한 채 지나치곤 한다. 가끔 용기 내 친구나 가족에게 속마음을 털어놓더라도 돌아오는 것은 불필요한 조언과 부담스러운 질문뿐, 정작 필요한 위로와 공감은 찾아보기 힘들다.

답답한 마음을 누군가와 나누고 싶을 때, 당신의 필요를 제대로 충족하려면 먼저 친구들이 당신의 마음을 이해할 수 있도록 돕는 게 중요하다. 다음과 같은 방법을 함께 살펴보자.

긍정적인 표현을 사용해보자. 우리는 '원하지 않는 것'을 말하는 데 익숙하다. 아이한테 "그렇게 위험하게 뛰어다니지 마!"라고 하거나 남편한테 "옷 좀 여기저기 벗어두지 말라고!"라고 잔소리하는 식이다. 하지만 실제로는 우리가 '원하는 것'을 직접적으로 표현하는 게 훨씬 더 효과적이다. 우리 뇌는 부정적인 지시보다 긍정적인 메시지를 더 잘 받아들이기에 이렇게 접근했을 때 결과물이 더 좋을 수 있다.

친구에게 조언이 아닌 공감이 필요할 때도 마찬가지다. "나 요즘 좀 힘들어서 그러는데, 혹시 시간 될 때 잠깐 통화할래? 별다른 조언은 필요 없고, 그냥 들어만 줘도 위로가 될 것 같아." 이렇게 말하면 친구는 해결책을 제시해야 한다는 부담 없이 편하게 이야기를 들어줄 수 있다. 사실 우리도 누군가 자신의 필요를 이렇게 솔직하게 표현해준다면 훨씬 더 편안하게 대화할 수 있지 않을까?

칭찬의 힘을 빌려보자. 무언가를 부탁할 때는 상황을 설명하면서 진심 어린 칭찬을 함께 건네는 것이 좋다. 사람들은 누구나 주변 사람에게 도움이 되고 싶어하는 마음을 가지고 있다. 진정성 있는 칭찬으로 친구의 마음을 따뜻하게 해주면 그 친구는 자연스럽게 당신의 기대에 보답하고 싶어질 것이다.

예를 들어 친구가 이야기를 들어주기만 바란다면 이렇게 말해보자. "있잖아, 너랑 대화하면 항상 위로가 되는 것 같아. 시간 될 때 잠깐 이야기 나눌 수 있을까?" 이런 표현은 당신의 바람을 전하면서도 동시에 친구의 마음을 움직일 수 있다.

먼저 귀 기울여주는 사람이 되어보자. 친구들이 당신의 이야기에 귀 기울여주길 바란다면, 당신도 그들의 이야기에 진심으로 귀 기울여야 한다. 친구가 조언을 원하는지 그저 들어주기만을 바라는지 망설여진다면 "내가 뭔가 도움이 될 만한 얘기를 해줄까? 아니면 그냥 네 얘기만 들어줄까?"라고 물어보자. 이렇게 하면 당신이 베푼 진심만큼 따뜻한 마음을 돌려받을 것이다.

가끔은 우리가 친구로서 잘하고 있는지 돌아보는 시간도 필요하다. 그럴 때는 믿을 만한 친구에게 솔직한 이야기를 청해보는 것도 좋다. "나 혹시 네가 보기에 친구로서 뭐가 좀 아쉬운 데 있어?"라고 물어보는 것이다. 물론 이런 질문을 할 때는 긍정적이든 부정적이든 모든 대답을 열린 마음으로 받아들일 준비가 되어 있어야 할 것이다. 이러한 노력들은 결국 우리뿐 아니라 우리 아이들에게도 소중한 가르침이 된다. 우정을 가꾸는 이런 태도들은 곧 우리 아이들에게 살아 있는 본보기가 된다. 그들이 건강하고 풍요로운 친구관계를 만들어가는 밑거름이 될 것이다.

하지만 모든 내담자가 이처럼 쉽게 마음을 열진 않는다. 에이미와 상담하면서 이런 이야기를 다른 여성들과도 나눠보면 어떨지 조심스레 제안했을 때, 그녀는 즉각 고개를 저으며 말했다. "왜 선생님하고만 이야기를 나누면 안 되나요? 선생님은 제 말도 잘 들어주시고 현명한 조언도 해주시는데 굳이 다른 사람들까지 찾아가야 할까요?" 그녀의 말을 들으며 나는 문득 생각에 잠겼다. 만약 내 내담자들에게 진심으로 마음을 나눌 수 있는 단 한 명의 친구라도 있었다면, 내 상담실을 찾는 발걸음은 아마 절반으로 줄어들지 않았을까. 몇몇 내담자는 나를 친구처럼 생각할 수도 있겠지만, 상담으로는 결코 친구관계를 맺을 수 없다. 상담은 친구관계와 달리 한쪽 이야기에 집중하고 뚜렷한 목표를 향해 나아가는 것이기 때문이다.

다행히 시간이 흐르면서 에이미는 주변 여성들에게 도움을 청하는 것에 대해 조금씩 마음을 열어갔다. 어느 날 오후, 병원 예약이 있던 그녀는 진료 시간 내내 아이들이 가만있지 못할 것 같아 고민이었다. 이 걱정을 이웃에게 털어놓았더니 뜻밖에도 아이들을 봐주겠다고 흔쾌히 나섰다. 심지어 저녁 식사까지 챙겨주겠다며 따뜻한 마음을 내비쳤다.

"와, 정말 훌륭한 첫걸음을 내딛으셨네요!" 내가 반가워하며 물었다. "어떠셨어요?"

에이미는 잠시 생각에 잠겼다가 입을 열었다. "당연히 안도감을 느꼈어야 했는데…… 이상하게도 부끄러움이 앞섰어요.

제가 혼자서는 아무것도 제대로 해내지 못한다는 걸 이제 옆집 엄마까지 알게 된 것 같아서요." 병원 예약을 미루지 않아도 되고, 잠시나마 혼자만의 시간도 가질 수 있어서 좋기는 했지만(하필이면 병원에서지만!) 이제는 그 이웃과 마주치는 것조차 불편해질 것 같다고 했다.

그녀의 이런 감정에는 익숙한 이름이 있었다. 연구자이자 작가인 브레네 브라운 박사가 일컫는 '취약성 숙취'였다. 누군가에게 속마음을 드러내거나 약한 모습을 보이고 나면 찾아오는 부끄러움과 후회, 우리 모두가 한번쯤은 경험해본 그 감정이었다. 나 역시 그런 순간이 선명하게 떠올랐다. 얼굴만 아는 한 학부모와 함께 학교 현장학습 인솔을 갔을 때의 일이다. 버스 안에서 이런저런 이야기를 나누다보니 어느새 마음이 편해져 휴게소에 도착했을 때 나도 모르게 농담처럼 던진 말이 있었다. "요즘은 화장실 가는 데 시간이 너무 오래 걸려서 아이들 다 보내고 나서 가야겠네요." 그 엄마도 따뜻하게 웃어주었지만, 순간 얼굴이 화끈거렸다. '아, 이런 걸 굳이 말했어야 했나.' 그날 하루 종일 나는 그 엄마와 일부러 거리를 두며 지냈다. 지금 에이미를 보고 있자니, 그녀도 똑같은 방식으로 이웃과 거리를 두려 하지 않을까 마음이 쓰였다.

시간은 흘렀지만, 주변 여성들과 진정한 관계를 맺지 못한 에이미는 결국 다른 데서 위안을 찾아 헤맸다. 그녀는 점점 더 많은 시간을 인터넷 속에서 멍하니 보내기 시작했다. 소셜미디어의 반짝이는 사진과 게시물들을 밤낮으로 들여다보았다. 그러면서 자기 삶과 아이들은 왜 온라인 친구들의 모습처럼 빛나 보이지 않는지 끝없이 자문했다.

페이스북 친구들과는 실제로 깊은 관계를 맺고 있지 않았기에, 저 완벽해 보이는 사진들 뒤에 숨겨진 (아마도 존재했을) 갈등과 고민들은 그녀가 알 길이 없었다. 에이미는 내게 페이스북 사진들을 보여주며 늘 친구들과 어울려 노는 아이들의 모습을 가리켰다. "보세요, 이 아이들은 다 행복해 보이고 얌전하기까지 하네요." 내가 상담하는 다른 엄마들이 그랬듯 이런 자격지심은 오히려 그녀를 더 몰아세웠고, 결국 더 큰 좌절감만 안겨주었다.

에이미는 딸의 사회성을 키워주고 아들이 최고 수준의 성취를 이루도록 하는 일에 자신의 모든 것을 바쳤다. 그녀 말로는 아이들을 바른길로 이끄는 것이었지만, 이 과정에서 에이미는 엄마로서 자신의 가치를 아이들의 성과와 동일시하게 되었다. 책에서 영리하고 균형 잡힌 아이로 키울 수 있다고 언급된 활동이라면 무엇이든 아이들을 등록시켰다. 덕분에 아이들은 여러 악기를 능숙하게 다루었고, 가라테 검정띠를 취득했으며, 대학생 수준의 코딩 실력까지 갖추었다. 게다가 자신들만의 강아지 산책 사업을 운영하고 뛰어난 예술 실력까지 보유하게 되었다. 심지어 이 모든 것은 그들이 쌓아온 화려한 스펙의 겨우 한 페이지에 불과했다.

매일 오후 이어지는 수업과 연습을 위해 아이들을 이곳저

곳으로 태워 다니느라 에이미는 녹초가 되어갔다. 아이들의 활동, 대회, 수업을 한 치의 실수도 없이 관리하기 위해 엑셀 스프레드시트까지 만들어야 했다. 여기에 더해 매주 한 번씩 딸의 수업을 돕는 자원봉사를 하고 모든 현장학습에도 빠짐없이 동행했다. 작년에는 딸의 걸스카우트 단장직을 맡았고, 학교 명절 파티와 가을 식품 기부 행사 총괄까지 자원했다. "어차피 학교가 있는 김에 교실에 들러서 우리 애가 어떻게 지내는지 살펴볼 수 있잖아요"라고 그녀는 말했다.

일정을 과도하게 관리하고 자녀의 모든 활동에 빠짐없이 참여하는 것은 과보호의 대표적인 증상이다. 1장에서 살펴보았듯 이러한 과보호는 아이를 더 강하게 만드는 게 아니라 오히려 그들의 날개를 묶어버린다. 아이들에게는 스스로 무언가를 해냈다는 뿌듯한 경험이 무엇보다 소중하기 때문이다. 내 내담자 수전의 이야기가 이를 잘 보여준다. 그녀는 딸의 연극 공연에서 티켓 판매부터 공연 후 파티 음식 준비, 심지어 무대 뒤 의상 교체까지 할 수 있는 모든 봉사활동에 손을 들었다.

그러던 어느 날, 상담 시간에 그녀의 딸이 참았던 눈물을 터뜨리며 말했다. "엄마는 맨날 다른 사람을 도와주기만 하고 저한테는 하나도 신경 안 써요. 제가 처음으로 주인공 했을 때도 와서 안 보셨잖아요. 무대 뒤에서 다른 사람 도와준다고…… 저보다 그게 더 중요했나봐요."

수전은 딸이 쏟아내는 서운한 마음을 말없이 들었다. 상담이 끝나고 딸이 자리를 비웠을 때 수전은 의외의 고백을 했다. "물론 딸이 마음 아파하는 걸 들으니까 가슴이 찢어질 것 같았죠. 그런데 한편으로는 이상하게 마음이 놓이더라고요. 지금까지 정신없이 이리저리 쫓아다니면서도 제가 이러는 게 맞나 싶었거든요. 그동안 '엄마가 다 챙겨줘야 해' 하면서 딸을 위한다고 했던 일들이…… 사실은 제가 안심하고 싶어서 했던 걸지도 모르겠어요. 이제는 한발 물러서서 지켜봐도 될 것 같아요. 그게 오히려 우리 딸한테는 더 좋은 일일 수도 있겠죠."

에이미는 아이들과 관련된 고민을 주변 엄마들과 단 한 번도 나누지 않았다. 남편은 이런 문제를 이해하지 못한다고 단정 지어 그의 의견은 귓등으로도 듣지 않았다. 그러다보니 딸의 사회성 문제가 아이들의 평범한 성장통인지 정말 걱정해야 할 일인지조차 분간하지 못했다. 게다가 아이를 키우는 일이 얼마나 많은 시간과 노력을 필요로 하는지에 대한 현실감도 없었다. 이런 상황에서 그녀의 육아 스트레스는 눈덩이처럼 불어났다. 식탁으로 오라거나 잠자리에 들라는 말을 두 번만 해도 소리부터 지르기 시작했고, 방바닥에 옷이라도 굴러다니면 당장 쓰레기통에 버리겠다며 협박하기 일쑤였다. 영재학교에서 아이들을 데려와 2년간 홈스쿨링을 시도했지만 이마저 실패로 끝났다. "애들은 숙제도 안 하면서 다 했다고 거짓말하고, 하라고 하면 짜증만 내고. 이제 정말 지쳤어요"라며 완전히 포기해버린 것이다. 에이미는 부모가 하루에도 수십 번씩 아이들을 가르치고,

바로잡고, 이끌어야 한다는 현실을 전혀 예상하지 못했다. 이제 그녀에게 육아는 한없는 실망의 연속이었고, 상상했던 것보다 열 배는 더 고된 싸움이 되어버렸다. "우리 부부도 바르게 살아왔다고 자부하는데…… 도대체 우리 애들은 왜 이렇게 통제가 안 되는 걸까요?" 한 상담 시간에 에이미는 말했다.

더 이상 견딜 수 없는 육아 스트레스가 검은 그림자처럼 그녀의 일상을 잠식해갔다. 쇼핑몰에서는 사소한 일에도 감정이 폭발하고, 꼭 필요한 물건은 매번 깜빡하고 말았다. 식사 시간을 제대로 가질 여유조차 없어 부엌 조리대에 선 채로 겨우 한술 뜨는 것이 전부였다. 평소 즐겨 먹던 라자냐마저 이제는 목구멍에 걸린 돌덩이 같았다. 모든 음식이 그저 밍밍해 보였다. 급기야 그녀는 열 살배기 아들 앞에서 동생에 대한 불만을 토로하기 시작했고, 혼란스러워진 아들은 점점 더 자신만의 세계로 숨어들어갔다. 그녀는 낮이면 무기력하게 잠에 빠져들었고 주말이면 방에 틀어박혀 가족과의 시간을 피했다. 상담 시간에도 끊임없는 속쓰림에 제산제를 달고 살았으며, 졸음을 이기려고 커피에 의지한 채 대화를 이어갔다.

에이미의 고통이 절정에 달할 때면 나는 그녀의 오랜 친구들 이야기를 조심스레 꺼내보곤 했다. 아이러니하게도 그녀는 가장 힘들 때 친구들과의 만남을 피했다. 짧은 문자만이 그녀와 친구들을 이어주는 유일한 끈이었다. 통화하면 목소리에 불안과 고통이 묻어날까 두려웠다. 자신이 겪는 엄마로서의 혼란과 좌절을 친구들에게 들키고 싶지 않았던 것이다. 어느 날 아침, 동네 친구들과의 커피 모임에서도 그녀의 마음은 먼 곳을 헤맸다. 친구들 사이에서 에이미의 공허한 눈빛을 알아차린 건 오직 한 명뿐이었다. "무슨 일 있어?" 친구의 물음에도 그녀는 "요즘 좀 피곤해서……"라고 답할 뿐이었다. 그러자 다른 친구들도 하나둘 저마다의 피로를 털어놓기 시작했다. "나도 요즘 너무 지쳤어." "육아하면서 제대로 잠든 적이 언젠지 모르겠어." 대화의 초점이 자신에게서 멀어지는 것에 에이미는 안도했다. 하지만 동시에 가슴 한편이 아려왔다. 이렇게 친밀한 친구들 사이에서조차 자신의 진짜 아픔을 꺼내 보일 수 없다는 현실이 그녀를 더없이 외롭게 만들었다.

에이미 안의 상처는 시간이 흐를수록 딸에게 더 깊은 그림자를 드리웠다. 딸아이는 집안일을 완강히 거부했고, 분노를 주체하지 못하는 일이 잦아졌다. 사소한 요구에도 격하게 반응했다. 고함을 지르고, 문을 쾅 닫고, 주먹으로 벽을 내리치는 게 일상이 되어버렸다. "네가 왜 친구가 없는지 이제 알겠네!" 어느 날 밤, 에이미의 입에서 독화살 같은 말이 튀어나왔다. 순간 후회가 밀려왔지만 이미 던져진 말은 거둘 수 없었다.

어린 나이라도 에이미의 딸은 모녀 관계가 잘못된 방향으로 흘러가고 있음을 예민하게 감지하고 있었다. "엄마는 마치 쉼 없이 돌아가는 시계 같아요." 상담 중에 딸은 떨리는 목소리로 말을 이었다. "그래서 저도 멈출 수가 없어요. 아침부터 저녁까지 학교에서 보내고, 집에 돌아오면 산더미 같은 숙제와 씨름해요. 플루트 연습하고, 저녁 먹고, 샤워하고, 자기 전 독서까지…… 숨 쉴 틈도 없죠. 주말은 물론 평일에도 친구들과 놀 시간이 전혀 없어요. 친구가 있을 수가 없죠. 매일매일이 끝없는 달리기 같으니까요."

"학교 친구들과는 어떻게 지내니?" 내가 조심스레 물었다. 그러자 아이는 고개를 푹 숙인 채 무릎만 바라보았다.

"친구를 못 만드는 게…… 제가 원해서가 아니에요." 딸의 목소리가 잦아들었다. 꾹 참았던 눈물이 결국 뺨을 타고 흘러내렸다. "저도 정말 모르겠어요…… 제가 대체 뭘 잘못하고 있는 걸까요? 왜 아무도……" 흐느낌 사이로 겨우 말을 이었다. "아무도 저랑 친구가 되고 싶어하지 않는 걸까요?"

에이미는 중요한 사실을 놓치고 있었다. 부모는 아이에게 우정의 첫 스승이라는 사실이다. 아이들은 부모가 타인과 관계 맺는 모든 순간을 마음에 새긴다. 진정한 친구란 누구인지, 어떻게 친구를 사귀고 그 인연을 이어가는지, 모든 것을 부모를 보며 배워간다. 하지만 에이미의 딸은 단 한 번도 엄마가 친구들과 어울리는 모습을 본 적이 없었다. 친구와의 정다운 통화도, 저녁 식사에 초대하는 모습도 찾아보기 힘들었다. 그럼에도 딸은 자신만의 인연을 간절히 원했다. "꼭 많은 친구가 필요한 건 아니에요…… 단지……" 아이가 손가락으로 책상 위를 더듬으며 조심스레 말을 이어갔다. "저랑 이야기하는 걸 좋아하고, 같이 웃을 수 있고…… 제가 좋아하는 책이나 음악에 대해 함께 얘기할 수 있는……" 잠시 말을 멈추더니 작은 목소리로 덧붙였다. "그런 친구가 단 한 명만 있어도 정말 행복할 것 같아요." 특별한 점은, 딸이 바라는 우정의 모습이 에이미가 젊은 시절 누렸던 것과 놀랍도록 닮아 있다는 것이었다. 소수의 진정한 친구들과 나누는 깊은 우정, 바로 그것이었다.

학교 바자회에서든 축구장 관중석에서든 아이들은 부모가 다른 어른들과 어떻게 어울리는지 놓치지 않고 지켜본다. 휴대폰 화면에 시선을 고정한 채 주변과 단절된 모습도, "바빠서"라는 말로 이웃의 인사조차 피하는 순간도 모두 아이들의 마음속에 새겨진다. 에이미의 딸처럼 아이들은 부모의 관계 맺기 방식을 자신도 모르게 배워가고, 그 습관은 앞으로 수년, 수십 년간 그들의 삶을 조용히 물들여갈 것이다.

특히 어린 자녀를 둔 부모라면 자신의 사회적 관계가 자녀의 인연으로 이어진다는 사실을 깊이 새겨야 한다. 어린 내담자인 제니는 어느 날 뜻밖의 말을 했다. "우리 엄마가 커피를 마셨으면 좋겠어요." 그 말의 의미를 물으니 제니는 조심스레 설명했다. 다른 친구들의 엄마들은 등교 시간에 아이들을 데려다주고 나서 함께 커피를 마시며 이야기꽃을 피운다고. 그리고 그 엄마들의 딸들은 자연스레 친한 친구가 되었다고. "엄마가 커피를 마시면……" 제니의 목소리가 점점 작아졌다. "저도 그 애들이랑 같이 놀 수 있을 텐데…… 그럼 저도 친구…… 생길 수 있을 텐데……"

 에이미의 딸도 같은 그늘 아래 있었다. 엄마에게 친구가 없다보니 엄마 친구의 자녀들과 어울릴 기회조차 얻지 못했다. 반 친구들이 서로의 집을 오가며 즐겁게 시간을 보내고 그들의 엄마들은 따뜻한 대화를 나누는 동안 에이미의 딸은 홀로 공부하고 악기를 연습해야 했다. 그 시간 에이미는 차가운 화면 속에서 외로운 시간을 보내고 있었다. 한 지붕 아래 있는 모녀였지만, 서로에게 다가가지 못한 채 각자의 외로움을 안고 살아가고 있었다.

아이에게 가르치는 올바른 친구관계

자녀를 키우면서 꼭 알려줘야 할 것들 중 하나가 바로 우정이다. 부끄러움이 많다거나 바쁜 일상에 친구관계가 소원해진 엄마라도 괜찮다. 이제부터 부모와 자녀 모두에게 도움이 될 우정의 지혜를 함께 나눠보자.

우리 아이 친구들의 가정과 정을 나누자. 아이가 특정 친구들과 마음을 나누려 할 때, 그 친구의 부모님들과 인연의 고리를 만들어보자. 이를 통해 경청하는 자세와 약속을 소중히 여기는 마음가짐을 자연스레 보여줄 수 있다.

일상 속 작은 정성을 베풀자. 모든 이와 깊은 친분을 쌓을 필요는 없다. 따뜻한 마음을 전하는 것만으로도 아이에게 우정의 첫걸음을 가르칠 수 있다. 길에서 마주치는 이에게 미소 지으며 인사하고, 식당 종업원과 눈을 맞추고, 마트 직원과 짧은 대화를 나눠보자. 어린아이들은 이런 작은 배려의 순간들을 보며 자연스레 배워간다.

친구와의 시간에 대해 자녀에게 얘기해보자. 아이가 학교에 있는 동안 이웃집 언니와 점심을 먹을 거라고 미리 알려주고, 친구와의 통화 중에 방해가 되면 그 상황을 설명해주자. 친구와의 인연을 소중히 여기는 부모의 모습을 보면 아이들도 자신의 우정을 귀하게 여기게 된다.

일상의 작은 실천으로 우정을 가꿔가자. 친구 생일엔 마음이 담긴 손글씨 카드를 보내고, 명절이면 식사 자리에 꼭 초대하자. 이렇게 구체적으로 실천하는 모습을 보며 아이들은 자연스레 친구를 소중히 대하는 방법을 터득한다.

SNS의 '좋아요'와 진정한 우정의 차이를 알려주자. 요즘은 점점 더 많은 관계가 온라인으로 이어지고 있다. 그렇기에 서로 마주 보며 나누는 진짜 우정의 가치를 아이들에게 심어주는 게 더 중요하다.

어느 날 에이미가 봄꽃처럼 환한 미소를 띠며 사무실로 들어섰다.

"좋은 일이라도 있으신가보네요." 내가 물었다.

에이미는 잠시 머뭇거리더니 들뜬 목소리로 말했다. "저…… 누군가를 만났어요." 그녀의 눈은 별처럼 반짝였고, 얼굴에는 행복이 가득했다.

순간 마음이 무거워졌다. 다른 여자들과의 관계도 힘들어하던 에이미였기에 이 상황이 걱정되었다. "어떤 만남인데요?" 나는 신중히 물었다.

"결혼 전에 알던 사람이에요. 연인 사이는 아니었지만…… 서로에게 특별한 감정이 있었죠." 그녀가 말했다. "SNS에서 우연히 마주치면서 자연스레 옛날 얘기를 나누게 됐어요."

에이미의 이야기는 이랬다. 처음엔 장난스러운 대화로 시작된 만남이 어느새 서로의 마음속 이야기를 나누는 관계로 깊어져갔다. 남편 몰래 그와 통화하기 위해 집을 빠져나가기 시작했고, 매일매일이 그의 연락을 기다리는 설렘의 나날이 되었다. 그가 잠잠할 때면 이유 모를 허전함이 마음을 채웠다. "그 사람 연락만 와도 자꾸 가슴이 쿵쾅거려요."

그녀의 고백이 놀랍긴 했지만, 전혀 예상 밖의 일은 아니었다. 외로움에 잠긴 여성들이 결혼이란 울타리를 벗어나고 싶어한다는 것을 나는 잘 알고 있었다. 요즘 에이미는 엄마로서 자신이 한없이 부족하다고 느꼈고, 남편과의 관계도 점점 소원해져갔다. 친구들과 깊이 있는 관계를 맺는 걸 피하고 있긴 했지만, 그렇다고 진심 어린 교감을 원하지 않았던 건 아니다. 오히려 스트레스가 쌓일수록 그런 이해와 위로가 더 간절해졌다.

그 남자도 이혼 절차를 밟고 있었고, 에이미처럼 마음이 허했다. 그렇게 두 사람은 서로에게 위로가 되어주었다. 새로운 사람을 만나는 설렘도 있었지만 더 큰 것은 서로의 앞에서 다른 모습의 자신이 될 수 있다는 점이었다. 그 남자는 가족들을 날선 목소리로 대하고 방 안에만 틀어박혀 있는 아내이자 엄마로서의 에이미를 알지 못했다. 에이미는 그와 있을 때면 다시 한번 빛나는 여자가 될 수 있었고, 잠시나마 무거운 짐을 내려놓은 듯했다.

결국 두 사람은 저녁 약속을 잡았다. 만남을 앞두고 서로 일정을 맞추느라 연락은 더 잦아졌다. 그러던 어느 날 저녁, 에이미가 아이들을 재우느라 분주한 사이 남편이 우연히 그 남자의 문자를 발견하고 말았다. 그날 밤 부부는 크게 다퉜고, 에이미는 서둘러 약속을 취소했다. 그 일이 있고 나서 몇 주 동안 두 사람은 얼음장처럼 차갑게 지냈다.

UCLA 연구를 다시 들여다보니 진심을 나눌 친구 하나 없었던 상황이 에이미의 스트레스를 끊임없이 증폭시켰다는 점이 선명해졌다. 누군가와 마음을 나누고 싶은 자연스러운 욕구가 채워지지 않자 그녀의 마음은 더 무거워져만 갔다. 처음에는 남편에게서 그 위로를 찾으려 했지만, 이미 언급했듯이(그리고 6장에서 더 깊이 다룰 텐데) 남편은 그녀의 마음속 빈자리를 채워줄 수 없었다. 그러다 에이미는 그 남자에게서 답을 찾았다고 생각했다. 하지만 에이미는 진짜 문제를 보지 못했다. 그녀에게 필요한 건 새로운 사랑이 아닌, 이 시기를 견디는 엄마로서의 위로였다.

에이미는 내게 계속 찾아와 상담을 이어갔다. 그녀는 자신이 왜 이런 처지가 되었는지 설명하고, 다른 사람들과 더 진정한 관계를 맺고 싶다는 새로운 바람에 대해 이야기했다. 하지만 여전히 다른 여성들에게 마음을 열지 못하고 있었다. 겨우 한 번 용기 내 어릴 적 친구에게 전화를 걸어서 속마음을 털어놓았지만 그뿐이었다. 에이미에게는 스트레스를 해소할 만한 지속적인 인연이 필요했다. 하지만 그녀의 스트레스는 나날이 쌓여만 갔고, 결국 어느 날 밤 감정이 폭발하고 말았다.

무용 수업 시간이 다가오는데 딸아이가 도무지 준비하려들지를 않았다. "시간은 자꾸만 흘러가고 있었어요." 에이미는 떨리는 목소리로 작게 말했다. "전 절대 지각하고 싶지 않았거든요." 소리를 질러도 소용이 없자, 에이미는 순간 이성을 잃고 딸의 어깨를 양손으로 움켜쥐고는 얼굴을 마주 보며 고함을 질렀다. "아 진짜 미치겠네! 당장 옷 입으라고!" 에이미가 딸을 흔들고 있을 때, 남편이 계단을 뛰어 올라오며 외쳤다. "에이미, 지금 뭐 하는 거야? 당장 손 떼!" 상담실에서 이야기하던 에이미는 잠시 눈을 감고 관자놀이를 문질렀다. "남편의 경악하는 눈빛을 보는 순간 머리가 확 식었어요. 그제야 제가 무슨 짓을 하고 있었는지 깨달았죠." 에이미는 남편이 자신을 마치 괴물 보듯 처다보았고, 딸은 겁에 질려 있었다고 털어놓았다. "저는 딸의 마음에 평생 지울 수 없는 상처를 남겼을 거예요."

이 일을 누구와 의논해보았는지 물었을 때는 대답을 들을 필요도 없었다.

에이미는 이 사건을 누구와도 나눌 수 없다고 여겼다. 다른 사람들의 시선이 너무나 두려웠던 것이다. 가끔 만나는 몇 안 되는 엄마 친구들마저 이제 자신을 등질 거라 확신했다. 나에게 이 이야기를 털어놓는 것만으로도 큰 용기를 내야 했다. 상담사인 내가 자신을 어떻게 볼지도 두려워했다. 하지만 이런 비밀을 혼자 끌어안고 사는 것은 결국 자신의 건강을 해친다. 비밀을 숨기는 것도 괴롭지만, 비밀을 숨기고 있다는 사실을 계속 의식하는 것이 더 큰 고통이 된다. 이런 생각들이 꼬리에 꼬리를 물수록 마음은 더 무거워진다.

"에이미 씨의 마음이 보여요. 정말 좋은 엄마가 되고 싶으신 거잖아요." 내가 부드러운 목소리로 말했다. "매 순간 딸을 위해 최선을 다하고 계시죠. 좋은 교육도 시키고 싶고, 좋은 추억도 만들어주고 싶고. 그 마음이 고스란히 느껴져요. 그런데 그런 진심이 한순간에 무너진 듯한 느낌이 드실 때면 얼마나 마음이 아프실까요."

에이미가 흐느끼며 고개를 끄덕였다.

"하지만 이런 마음은 오히려 진심으로 믿을 수 있는 친구와 나누셔야 해요. 에이미 씨만 아이에게 화를 내고 상처를 주는 게 아니에요. 다들 말 못 하고 혼자만의 비밀처럼 안고 계시죠. 지금은 저와 남편에게만 말씀하셨지만, 마음을 믿고 나눌 수 있는 누군가를 한 분이라도 찾아보세요. 그러다보면 에이미 씨가 결코 혼자가 아니란 걸 느끼실 거예요. 그게 자신을 용서하는 첫걸음이 될 수 있어요."

그럼에도 에이미는 망설였다. 무엇이 에이미의 마음을 닫아버렸을까? 일상의 작은 이야기조차 친구들과 나누지 못하게 만든 것은 무엇일까? 도대체 무엇 때문에 그녀는 이렇게 고립된 섬이 돼버렸을까? 지금 이 순간, 당신의 발걸음을 가로막는 것은 무엇인가? 한 엄마로서 겪는 진짜 이야기들, 그 기쁨과 아픔을 친구들과 나누지 못하게 하는 장벽은 무엇일까? 시간이 없어서가 아니다. 당신이 바빠서도, 친구들이 시간을 내주지 못해서도 아니다. 이는 내가 매일같이 듣는 평계에 불과하다.

이런 우리 모습에 대해 깊이 있는 통찰을 제시한 사람이 있다. 바로 '취약성 숙취'라는 개념을 처음 제시한 브레네 브라운 박사다. 그녀는 두 편의 TED 강연을 통해 이 문제를 심도 있게 다루었다. 2010년 「취약성의 힘」이라는 첫 강연에서 시작해, 2012년 「수치심에 귀 기울이기」라는 주제로 더 깊은 통찰을 나누었다. 특히 2012년 강연에서 그녀는 여성의 수치심을 이렇게 정의했다.

"여성들의 수치심이 무엇이냐고요? 모든 걸 완벽하게 해내야 해요. 하지만 그 과정에서 힘들다는 말은 절대 꺼내면 안 되죠. 한숨조차 못 쉬게 하는 거예요. 사회는 우리에게 이것도 해내고 저것도 해내라고 끊임없이 요구해요. 현실적으로 불가능한 일들인데도 말이에요. 이런 기대들이 거미줄처럼 우리를 옭아매고 있어요. 버둥거릴수록 더 꽉 조여오는 올가미 같은 거죠." 나는 이 말에 전적으로 동의한다. 엄마들은 이 완벽한 이상향에 도달하지 못했다는 수치심에 시달린다. 그리고 바로 이것이 우리를 서로 멀어지게 만든다는 사실을 안다. 그러나 SNS에 비친 반짝이는 순간들이 우리 삶의 전부가 아니라는 걸 알면서도 우리는 그 가면을 벗지 못한다. 지친 몸과 마음을 추스르지 못한 채, 엄마로서의 자신감은 바닥을 친다.

하지만 이런 어둠 속에서도 희망은 있다. 브라운 박사가 전하는 깨달음은 의외로 단순하다. 부끄러움을 이겨내는 길은 역설적이게도 우리의 불완전한 모습을 있는 그대로 보여주는 것이다. 자신의 약점도 숨기지 않는 용기가 필요한 때다. 혼자만 힘들다고 생각하는 많은 엄마처럼 당신도 그렇다면, 완벽하지 않은 일상을 누군가와 나누기가 두려울 수 있다. 불안과 피로, 우울함과 분노를 느끼는 자신의 모습을 드러내기 망설여질 것이다. 하지만 이러한 진심 어린 나눔이야말로 진정한 우정의 기쁨을 경험하는 길이 된다. 당신의 이야기를 용기 있게 들려주

자. 그러면 다른 엄마들도 "저도 사실은……"이라며 공감을 보내올지 모른다.

에이미의 남편이 그녀를 다시 신뢰하기까지는 오랜 시간이 걸렸다. 지금도 둘은 함께하며 서로의 마음을 열고 용서의 길을 걸어가고 있다. 에이미는 그 남자와의 인연을 전부 끊어냈지만, 때로는 그의 생각이 불쑥 떠오르곤 한다고 했다. "우리 사이에는 분명 특별한 무언가가 있었어요." 내 상담실에서 마주 앉아 이야기하는 동안 에이미는 목걸이의 펜던트를 손끝으로 매만지며 나지막이 말을 이었다. "우리는 분명 특별한 인연이었죠. 그런 깊은 마음의 끈이 한번 이어지면, 쉽게 놓아버릴 수가 없어요." 그녀의 목소리에는 후회와 그리움이 뒤섞여 있었다.

그런 무거운 마음을 조금이나마 덜어내고 싶었던 걸까. 에이미는 용기 내어 오랜만에 어린 시절 친구들과 주말을 보냈다. 망설임 끝에 딸과의 관계에서 겪은 아픔을 조심스레 털어놓자 친구들은 뜻밖에도 그녀의 마음을 깊이 이해해주었다. 그들도 자기 자녀와 겪은 힘겨운 시간들을 진심으로 나누어주었다. 이 만남이 큰 위로가 되어 에이미는 동네 친구들과도 더 자주 만나 커피를 마시며 일상의 이야기를 나누기 시작했다.

딸아이의 마음에도 봄바람이 불어왔다. 다른 학교에 다니긴 하지만 예전에 이웃이었던 친구와 다시 만나기로 한 것이다. 한때는 그림자처럼 늘 함께였던 단짝이었지만, 1학년을 마칠 즈음 서서히 멀어져간 친구였다. 이 오랜 친구와 다시 가까워지는 과정에서 딸아이는 잊고 있던 우정의 참된 의미를 새롭게 깨달았다. 이런 경험은 소중한 디딤돌이 되어, 체스와 바이올린 같은 공통의 관심사를 가진 학교 친구들과도 자연스럽게 어울릴 수 있는 자신감으로 자라났다.

이렇게 조금씩 삶의 균형을 찾아가던 어느 오후, 에이미는 학교에서 우연히 다른 엄마들의 대화를 엿듣게 되었다. 그녀의 입가에 장난기 어린 미소가 맴돌았다. "그중 한 엄마도 저처럼 육아에 지쳐 있더라고요. 마치 제 모습을 보는 것 같았어요. 그 엄마도 아이들 눈을 피해 숨어다니고, 사소한 일로 남편과 다투기 일쑤라고 하더라고요."

당신의 친구, 번아웃 상태일까요?

당신의 친구, 혹시 육아로 지쳐 있지 않을까? 이런 신호들이 보인다면 주의 깊게 살펴보자.

- 문자나 카톡 답장이 늦어지고, 전화는 자주 부재중으로 넘어간다.
- "응, 그래"라는 식으로 대화가 짧아지거나, 따뜻하던 문자 톤이 갑자기 건조해진다.

- "요즘 너무 힘들어서"라는 말을 달고 살고, 눈에 띄게 기운이 없어 보인다.
- 아이들 이야기만 나오면 한숨부터 쉬고, 소소한 일상마저 버겁다고 토로한다.
- 늘 차분하던 사람이 갑자기 수다쟁이가 되거나, 반대로 활발하던 사람이 휴대폰만 만지작거린다.
- "왜 이렇게 힘든지 모르겠어"라며 우울한 기색이 오랫동안 이어진다.

친구가 육아로 지쳐 있다는 걸 눈치챘다면, 이제 어떻게 손을 내밀어야 할까?

이런 상황에서는 누구나 망설이게 된다. 다른 사람의 사생활에 지나치게 관여하기가 조심스럽기 때문이다. 하지만 힘든 시기를 보내는 친구에게 다가가는 방법은 의외로 간단하다. 어떤 판단도 하지 말고, 마음을 활짝 열어 진심 어린 관심과 따뜻한 걱정을 전하면 된다. 대부분의 여성은 이렇듯 진정성 있게 다가가는 것에 마음의 문을 연다. "요즘 부쩍 피곤해 보이던데, 괜찮아?" 혹은 "네 생각 나서 연락하고 싶었어"라며 먼저 다가가보자. 혹시 전화하기가 부담된다면 '혼자만의 시간이 필요하겠지'라며 침묵하기보다는 카톡이나 문자라도 보내보자.

처음엔 마음을 열지 않더라도 며칠 뒤에 다시 한번 연락해보자. 진심이 통하기까지는 시간이 필요하다. 때론 다가가려는 시도를 여러

> 번 해야 할 수 있으니 포기하지 말자. 혹시 조금이라도 속마음을 털어놓는다면, 우리도 비슷한 경험이 있는지 돌아보자. "나도 그때 그랬어"라며 먼저 이야기를 꺼내면 마음을 열기가 더 편해질 수 있다. 그리고 정말 그 마음이 공감된다면, 진심을 담아 "그 심정 충분히 이해해"라고 말해주는 것이다.

에이미가 말을 이었다. "어렸을 때처럼 마음 맞는 친구들이 있었으면 좋겠어요. 하지만 새로운 친구를 사귀고 다른 엄마들과 점심이나 커피를 마시자고 먼저 제안하는 게 소개팅만큼이나 어색하단 말이죠." 그녀가 쓴웃음을 지으며 덧붙였다. "그리고 제가 누군가와 관계를 시작할 때마다 어떤 결과가 나오는지, 우리 모두가 잘 알잖아요."

나는 그녀의 눈을 마주 보며 미소 지었다. "평소에 커피 모임에서 만나는 엄마들 중에 마음이 잘 맞는 분과 따로 시간을 가져보는 건 어떠세요? 근처 공원을 산책하거나 조용한 카페에서 점심을 먹으면서 이야기를 나누다보면 자연스럽게 서로를 이해할 수 있을 거예요."

에이미는 잠시 생각에 잠기더니 어깨를 으쓱였다. "그러네요." 오랜 겨울을 지나 첫 봄날을 맞이하듯, 그녀의 얼굴에 따스한 미소가 피어났다. "집 근처에 진짜 속마음을 나눌 수 있는 친구가 생긴다면, 저도 조금씩 변할 수 있을 것 같아요."

엄마 번아웃 극복을 위한 생존 가이드
: 함께하는 즐거움 찾기

일상 속 작은 접점부터 찾아보자. 아파트 단지 테니스장에서 마주치는 얼굴이라든지 학부모 상담 때 스친 미소, 아이들 학원 앞에서 기다리는 이웃은 없을까? 이런 사소한 연결 고리 하나가 대화의 시작점이 될 수 있다.

나만의 시간에 새로운 동반자를 초대해보자. "저 아침 산책하는데 같이 걸으실래요?" "이번 주말에 쇼핑몰 가려고 하는데, 어떠세요?" "동네 서점에서 북토크 한다는데 함께 가보실래요?" 이렇게 먼저 손을 내밀어보는 것이다.

용기를 내보자. 다른 엄마들도 우리처럼 새로운 만남이 설레면서도 조심스럽다. 아마 누군가의 따뜻한 말 한마디를 기다리고 있을지도 모른다. 새로운 모임에서 건네는 "안녕하세요" 한마디가 서로의 긴장을 풀어줄 수 있다.

오늘은 나를 위한 시간을 내자. 온몸이 쑤시고 할 일은 산더미인 데다 현관문 앞에서 아이가 떨어지지 않으려 매달릴 테지만. 그래도 오늘은 용기 내어 친구를 만나러 가보자.

만남의 시간은 온전히 누리자. 점심 약속이든 어떤 만남이든, 그 순간만큼은 마음을 다해 함께하자. 혹시 급한 일이 생길까 걱정된다면 (아이 하교 시간이라든지) 특별한 벨소리를 정해두자. 그러면 휴대폰은 가방 속에 두고, 그 소리에만 집중하면 된다.

우정은 서로가 만드는 길이다. 내 마음을 나누는 것처럼 친구의 이야기에도 귀 기울여주자. 말하기만 편한 사람도, 듣기만 좋아하는 사람도 있지만, 진정한 우정을 쌓으려면 둘 다 필요하다.

보너스 가이드

+

잊었던 우정 되살리기

다음 주까지 세 통의 마음 담긴 전화를 걸어보자. 추억 속 보고 싶은 친구, 어색해진 옛 친구, 그리고 새롭게 알게 된 이웃까지.(카톡이나 문자가 편하겠지만, 이번만큼은 직접 목소리를 들려주자) 그중 한 사람과는 꼭 약속을 잡아 따뜻한 이야기도 나누고 커피도 한잔 마시자.

3장

도와주려는 마음이겠지만
―세대를 가로지르는 육아 갈등

◆
◆
◆

비슷한 경험이 있나요?

엄마로서의 역할에 완전히 지쳐버렸을 때는 정작 도움이 필요하다는 사실조차 알아차리기 힘들다. 가족이나 이웃들의 도움이 절실히 필요하다는 신호들을 하나씩 살펴보자.

- ☑ 정신없이 하루를 보내다보면 제가 열 명쯤 있었으면 좋겠다는 생각이 들어요.
- ☑ 아침부터 저녁까지 아이들 등하원에 학원 셔틀까지 하다보면 제가 엄마가 아니라 전문 운전기사가 된 것 같아요.
- ☑ 잠깐이라도 혼자만의 시간을 갖고 싶은데, 아이 맡기는 비용을 생각하면 그냥 포기하게 돼요.

- ☑ 삶과 죽음에 대해 묻는 아이들에게 제대로 된 답을 해주지 못하고 얼버무려요.
- ☑ 가족들 사이에 생긴 갈등을 아이들에게 숨기려고 괜찮은 척 웃어 보이지만, 마음이 너무 아파요.
- ☑ 집에서도 쉴 틈 없이 이어지는 아이들의 질문이 버거워서 결국 TV 앞에 앉혀두고 말아요.
- ☑ '오늘도 회의에 늦는 거 아니겠지?' 아이들 등교 준비 때문에 매일 아침 불안해요.
- ☑ 너무 피곤해서 '오늘은 동화책 건너뛰어야지' 하다가 결국 짜증을 내고, 나중에는 미안해서 가슴이 아파요.

상담실 문을 열고 들어선 린다는 무거운 한숨을 뱉어내며 자리에 앉았다. 서른아홉, 세 아이의 엄마인 그녀의 얼굴에는 깊은 피로감이 묻어났다. 건강이 좋지 않은 다섯 살 반의 막내 아들과 활기 넘치는 열한 살의 둘째 아들, 그리고 사춘기에 막 접어든 열세 살의 큰딸이 그녀 삶의 전부였다. 대학 시절의 인연으로 시작된 부부의 연은 15년째를 맞이했다. 남편은 건축가로서의 삶을, 린다는 집 근처 베이커리에서 틈틈이 일하며 평범한 일상을 이어갔다.

평범한 일상을 살던 린다가 가족들과 함께 상담실을 찾은 것은 막내의 건강 문제가 온 가족의 어깨를 무겁게 짓누르고 있다고 느꼈기 때문이다. 무엇보다 그녀는 이 힘든 시간을 함께 견디고 있는 가족들이 서로를 더 깊이 이해하고 마음을 나누길 바랐다. 특히 세 아이가 지금의 상황을 어떻게 받아들이고 있는지 살피고 싶었다. 하지만 막내아들의 끊임없는 병수발로 인한 몸의 피로보다 더 린다를 지치게 하는 것은 주변 사람들과의 관계였다. 린다의 친정엄마는 그런 딸을 안타까워하면서도 어떻게 도와야 할지 몰라 발만 동동 굴렀다. 친구들과의 관계도 점점 멀어졌다. 하루하루가 달라진 일상 속에서 서로의 삶을 이해하고 공감하기가 어려워진 것이다.

린다의 이야기는 가슴 아픈 현실을 담고 있지만, 사실 우리 주변의 수많은 엄마가 겪고 있는 일이었다. 아들의 건강 문제로 몸과 마음이 지쳐가는 것도 힘겨웠으나 더 가슴 아픈 것은 그녀를 떠받치던 가족들과의 관계가 하나둘 멀어져가는 현실이었다. 특히 친정엄마, 시어머니와의 관계가 소원해지면서 한 아이의 엄마로서 느끼는 외로움과 무력감은 날로 깊어만 갔다. 홀로 씩씩하게 버텨보려 했지만, 결국 아이를 키우는 데는 온 마을의 지혜가 필요한 법이었다.

그러나 린다에게는 특별한 면이 있었다. 그녀는 자신의 모든 것을 있는 그대로 받아들이는 드문 용기를, 다른 이들의 시선이나 평가에 흔들리지 않는 단단한 내면을 지니고 있었다. "제가 유행을 따르지 않는다는 걸 잘 알고 있어요." 어느 상담일, 마른 어깨 위로 헐렁하게 걸쳐진 손뜨개 스웨터를 다정하게 매만지며 린다가 나직이 말했다. "하지만 저는 제 손으로 옷을 디자인하고 만드는 게 정말 즐거워요. 조금 서툴러 보여도 제가 한 땀 한 땀 만든 옷이라 더 애착이 가네요." 린다는 자신만의 개성이 담긴 수제 장신구들과 정성 들여 짠 코바늘 가방을 당당하게 들고 다녔다.

자신만의 옷과 장신구를 만드는 것 외에도 린다는 지역사회의 든든한 기둥이었다. 학부모회 강연 시리즈를 이끌었고, 계절에 맞춰 봄에는 추억을 모으는 스크랩북 모임에, 겨울에는 따스한 정을 나누는 뜨개질 모임에 참여했다. 마을의 명절 축제나 학교 행사에서는 늘 자원봉사자의 모습으로 분주했다. 운동부 아이들의 새 유니폼이 필요할 때도, 힘겨운 시기를 보내는 가정을 돕는 일이 있을 때도 발 벗고 나서서 이웃들의 마음을 하나로 모았다. 동네에는 늘 함께하는 친구가 많았고, 멀리 타지에 살면서도 마음만은 늘 곁에 있는 둘도 없는 친구가 있었다.

이런 봉사활동만으로도 하루가 빼곡했을 텐데, 린다는 아이들의 일상에도 온 마음을 다해 참여했다. 아들의 미식축구 경기장에서는 치어리더들과 어깨를 나란히 하며 목이 터져라 응원했고, 딸의 축구팀에서는 누구보다 열정적으로 보조 코치 역할을 했다. 손수 만든 티셔츠를 입고 까만 긴 머리를 휘날리며 사이드라인을 종횡무진 누비는 그녀가 "잘한다, 우리 선수들!" 하고 함성을 내지르는 것은 경기장의 또 다른 활력소가 되었다. 그리고 매일 저녁 식사를 마치면 가족 모두가 공원에 나가 달빛 아래 추억을 새겼다.

린다가 직장에서 늦어질 때면 친정엄마가 발 벗고 나서서 아이들을 운동장이나 연습실로 데려다주었다. 어차피 친정엄마도 늘 함께하는 시간이었기에 모두에게 자연스러운 일상이었다. 같은 동네에 사는 부모님은 거의 매주 토요일 밤마다 아이들을 데려가 즐거운 외박을 시켜주었고, 일요일이면 어김없이 온 가족이 모여 저녁 식사를 했다. 내가 그녀를 만나기 전, 린다와 친정엄마 사이에 그나마 있었던 사소한 갈등이라면 문자 메시지에 관한 것뿐이었다. 전화 대신 문자만 보내는 딸이 서운하다는 엄마와 바쁜 와중에도 틈틈이 안부를 전하려 애쓴다는 딸의 살짝 삐쭉한 실랑이 정도 말이다.

상담실에서 린다가 이런 옛이야기를 들려줄 때면 나는 그녀의 달라진 모습에 마음이 아렸다. 그 시절 린다의 일상은 친구들과의 웃음소리로 가득했고 삶의 기쁨이 넘쳐났다. 그녀에게서는 빛나는 생기가 흘러넘쳤으며 발걸음 닿는 곳마다 든든한 지원군이 있었다. 마치 따스한 이웃들의 관심과 사랑으로 촘촘히 짜인 커다란 이불 속에 포근히 감싸여 있는 듯했다. 하지만 지금 내 앞에 앉아 있는 린다의 모습은 그때와는 너무나도 달랐다.

그 모든 것이 변한 건 5년 전 막내아들이 태어나면서였다. 갓 태어난 아기에게서 발견된 희귀 유전병은 린다의 일상을 완전히 바꿔놓았다. 의사들은 앞으로 병원에서 긴 시간을 보내게 될 것이며, 어쩌면 아이가 십대를 넘기지 못할 수도 있다는 소식을 조심스레 전해왔다. 두 아이의 엄마로 바쁘게, 어쩌면 너무나 바쁘게 살아오던 린다는 순식간에 병원 복도를 집처럼 걸어야 하는 세 아이의 지친 엄마가 되어버렸다. 휴대폰 주소록은 의료진들의 연락처로 채워져갔고, 평화로웠던 집 안은 수시로 드나드는 치료사들로 인해 마치 작은 진료실처럼 되어버렸다. 급격한 변화 속에서 린다와 이웃들 사이의 따뜻했던 관계도 서서히 식어가기 시작했다.

그래도 처음만큼은 모든 것이 감사하기만 했다. 몇 달간의 긴 병원생활을 마치고 아기와 함께 집으로 돌아오자 이웃들의 따뜻한 마음이 물결처럼 밀려들었다. 일주일에 한 번씩 누군가가 저녁 식사를 들고 찾아왔고, 우편함은 응원의 카드로 가득했다. "이렇게 마음들 써주시다니, 정말 고마운 마음뿐이에요." 린다는 남편을 바라보며 눈시울을 붉혔다. 특히 아랫집 이웃과는 더 가까워졌다. 힘들 때면 언제든 찾아오라는 그녀의 진심 어린 말에 린다는 몇 주마다 찾아가 차를 마시며 마음을 나누었다. 처음엔 아이가 살아 있다는 것만으로도 감사했고, 주변의 응원에 힘을 얻을 수 있었다. 하지만 시간이 흐르면서 린다의 어깨는 점점 무거워져만 갔다. 몇 달이 지나자, 린다는 조심스레 속내를 털어놓았다. "솔직히 말하면, 너무 지쳐요." 린다는 커피잔을 양손으로 감싸 쥐며 힘없이 말했다. "매주 여러 병원을 전전해야 하는 것도 모자라 멀리 있는 큰 병원은 비행기까지 타고 가야 해요. 집에 돌아오면 또 하루 종일 아이 돌보랴, 치료하랴……" 린다의 목소리가 점점 작아졌다. 잠시 말을 멈춘 그녀는 창밖을 하염없이 바라보다 덧붙였다. "어느 날은 문득 정신을 차려보면 방금까지 뭘 하고 있었는지조차 기억이 안 나요. 그저 기계처럼 움직이고 있더라고요."

하지만 린다의 진심 어린 고백에도 이웃은 그녀의 고통스러운 현실을 이해하지 못했다. "이 근처에도 훌륭한 의사가 많은데, 굳이 여기저기 병원을 찾아다닐 필요가 뭐 있나요?"라며 의아해했고, 심지어 린다가 스스로 불필요한 짐을 짊어지고 있다는 뉘앙스의 말까지 흘렸다. 식탁을 사이에 두고 마주 앉아 있던 린다의 눈가에 눈물이 고였다. 목구멍까지 차오르는 말들을 삼키며 그녀는 마음속으로 되뇌었다. '내 삶을 아무도 이해하지 못해. 정말 아무도.' 그날 이후로 린다는 이 이웃을 포함한 다른 사람과의 관계를 표면적으로만 유지해나갔다. 새로 배운 요리법이나 다른 아이들의 일상적인 이야기처럼 가벼운 대화만 나누었고, 그럴수록 그녀의 마음속 보이지 않는 벽은 점점 더 높아져갔다.

이웃들과의 관계가 점점 더 멀어지는 가운데 다른 친구들도 틈나는 대로 린다를 찾아왔지만 상황은 크게 다르지 않았다. 대화는 어색한 침묵과 깊은 한숨으로 채워지기 일쑤였고, 부엌에 함께 앉아 있는 동안에도 친구들의 시선은 자꾸만 막내아들의 의료 기구들로 향했다. 그들의 눈빛에서 불편함을 읽을 때마다 린다의 마음은 무거워졌다. 더 가슴 아픈 건 놀이터에서 벌어지는 일이었다. 친구의 아이들이 "너희 동생은 왜 저래?"라고 물어볼 때면 그녀의 심장은 조각조각 부서져내렸다. "우리가 부모라면 저런 말은 절대 못 하게 했을 텐데." 결국 린다는 남편 앞에서 참았던 눈물을 터뜨리고 말았다. "다른 아이가 조금 불편하다고 해서, 그 앞에서 손가락질하고 수군거리면 안 된다는 걸…… 그 정도는 가르쳐줄 텐데……."

이런 힘겨운 나날 속에서 친정엄마의 도움은 그나마 숨통을 틔워주는 듯했다. 다른 아이들의 학원과 방과 후 활동을 챙기며 운전기사가 되어주는가 하면, 린다가 잠시나마 숨을 돌릴 수 있도록 틈을 내주기도 했다. 하지만 자주 얼굴을 마주하다 보니 아이들을 돕겠다는 마음이 점점 간섭으로 변해갔다. 정리되지 않은 집 안 구석구석을 지적하고 아이들 저녁거리를 문제 삼더니 급기야는 곧잘 야근을 하는 사위의 태도까지 입에 올리기 시작했다. "네 남편이 아직도 회사에 있다고?" 눈썹을 치켜올리며 못마땅한 눈초리를 보내는 친정엄마의 말투에는 날이 서 있었다.

린다의 상황처럼, 여성이 엄마가 되면 자기 어머니와의 관계가 한층 더 복잡한 실타래처럼 얽혀간다. 조부모들은 오랜 세월의 지혜와 경험이 담긴 조언을 건넬 수 있는데 이런 말들은 종종 초보 엄마들의 마음을 닫아버린다. 그들은 자신만의 방식으로 아이를 키우고 싶어하고, 때로는 자신이 자라온 방식과는 다른 길을 걸으려 한다. 사실 이는 자연스러운 일일지도 모른다. 자신의 어린 시절 경험이 어머니의 적절한 조언조차 거부하게 만드는 심리적 장벽이 되기 때문이다.

시어머니를 포함한 윗세대 어머니들이 마음을 전하는 방식도 제각각이다. 어떤 이는 더 이상 참지 못할 때까지 속으로 삭였다가 한꺼번에 터뜨리고, 또 어떤 이는 날마다 우회적인 비판을 슬쩍슬쩍 던진다. 판단을 유보한 채 필요한 순간에 알맞은 도움을 건네는 이상적인 이도 드물게 있긴 하다.

특히 특별한 돌봄이 필요한 아이가 있는 가정에서는 이런 관계가 한층 더 복잡해진다. 신경 써야 할 부분이 많다보니 조부모들의 걱정과 간섭도 자연히 늘어나기 마련이다. 하지만 안타깝게도 이런 발언들은 선한 의도와 달리 실질적인 도움보다는 또 다른 부담으로 다가오곤 한다.

조부모와 관계가 복잡한 건 나도 예외가 아니었다. 아이들이 아직 어렸을 때의 일이 선명히 기억난다. 식사 시간만 되면 아이들은 온종일 뛰어다녔던 기세를 이어가듯 식탁에 가만히 앉아 있지를 못했다. 그때 친정엄마는 이렇게 제안했다. "차라리 아이들 키에 맞는 작은 식탁을 따로 마련하는 건 어떻겠니?" 나는 '늘 하시는 잔소리겠지' 하며 대수롭지 않게 넘겼다. 그런데 웃기게도 몇 주 뒤, 우리 아들 중 한 명을 담당하던 식사 지도 전문가가 똑같은 제안을 했고, 그제야 시도해본 그 방법은 마치 마법처럼 효과가 있었다.

조금 특별한 일상을 살아가는 엄마들에게

생각보다 많은 아이가 신체적·정서적, 혹은 지적 어려움을 안고 살아간다. 국립교육통계센터의 조사 결과는 이런 현실을 여실히 보여준다. 2014~2015년도에 특수교육의 도움을 받은 3~21세 아동 및 청소년이 무려 660만 명. 전체 공립학교 학생의 13퍼센트에 달하는 이 숫자가 말해주듯, 특별한 돌봄이 필요한 아이들은 우리 가까이에 있다. 이런 아이들에게는 일반적인 돌봄 이상의 세심한 관심과 지원이 필요하다. 그리고 아이들을 돌보는 부모와 가족들 역시 더 많은 도움의 손길을 필요로 한다. 가족 치료사로 일하며 나는 한 가지 깊은 진실과 마주했다. 가족 중 누군가가 힘겨운 시간을 보낼 때, 그 고통은 결코 한 사람만의 것으로 머물지 않는다는 것. 그것은 늘 가족 모두의 짐이 되어간다.

당신의 일상에서도 특별한 여정을 함께하는 이런 가족을 만날 수 있을 것이다. 그들 곁에서 함께 걷고 싶은 마음은 있지만, 어떤 말을 건네고 어떻게 다가가야 할지 망설여질 수 있다. 여기, 그들에게 진심어린 위로와 지지를 전할 수 있는 방법들을 소개한다.

웃음을 선물하자. 쉼 없는 돌봄의 일상 속에서 그들도 작은 쉼표 같은 순간을 반긴다. 커피 한잔의 여유로운 시간이나 마음 터놓고 나누는 대화, 또는 집을 벗어나 잠시나마 모든 걱정을 내려놓을 수 있는 즐거운 순간들이 그들에게는 특별한 선물이 된다.

완벽한 말을 찾으려 애쓰지 말자. 정답이나 현명한 조언을 해야 한다는 부담감을 내려놓자. "어떤 말로 위로해야 할지 모르겠지만, 난 네 곁에서 네 이야기를 듣고 싶어"라고 솔직하게 말하는 것으로 충분하다. 그리고 정말 그렇게 해주면 된다.

관심을 가지고 물어보자. 사람들은 종종 질문하길 망설인다. 하지만 진심 어린 관심과 이해하려는 노력은 형식적인 위로나 애써 외면하는 것보다 훨씬 더 값진 선물이 된다.

작은 정성을 담아 마음을 전하자. 따뜻한 마음을 담은 손 편지를 보내보자. 네일숍이나 서점 기프트카드를 슬쩍 넣어두는 것도 좋다. 자신을 돌보는 시간조차 미루게 되는 친구에게, 잠시나마 자신을 위한 시간을 가질 수 있게 하는 작은 배려가 될 것이다.

숨 돌릴 틈을 만들어주자. 친구가 여유롭게 샤워할 수 있게, 달콤한 낮잠을 즐길 수 있게, 밀린 심부름을 할 수 있게, 혹은 오랜만에 배우자와 데이트를 즐길 수 있게 기꺼이 곁에서 도와주자.

긴 호흡으로 함께하자. 특별한 돌봄이 필요한 아이를 키우는 어머니들의 여정은 쉽게 달라지지 않는다. 그러니 우리도 한결같은 마음으로 그녀들의 곁을 지켜주자.

친정엄마의 지원이 있었음에도 린다의 마음은 늘 무거웠다. 특별한 보살핌이 필요한 막내 때문에 다른 아이들이 엄마의 사랑에서 멀어졌다고 느낄까봐 늘 가슴 한편이 저렸다. 아이들의 운동 연습과 시합에 달려가려 애를 썼지만, 이제 그녀의 시간은 더 이상 자신의 것이 아니었다. 막내의 까다로운 식사 시간과 약 복용 일정을 맞추느라, 한시도 눈을 못 떼고 지켜보느라 온 정성을 쏟아부어야 했다. 새 생명을 맞이한 많은 엄마가 그렇듯 린다 역시 큰아이 둘과 갓난아기 사이에서 마음이 찢어지는 고통을 견뎌야 했다. 특히 더 많은 보살핌이 필요한 막내로 인해 다른 아이들의 소중한 일상을 방치하고 있다는(그녀의 아픈 고백대로) 죄책감이 그녀의 양어깨를 무겁게 짓눌렀다. 이런 고단한 나날이 1년이나 이어지자 린다는 더 이상 하루하루를 버틸 기력조차 없어 모든 자원봉사 활동의 손을 놓았다. 아이들의 경기와 연습에도 간혹 얼굴을 비추는 게 다였고, 학부모회도 그만둘 수밖에 없었다. 베이커리 일만은 그나마 남겨뒀지만, 그마저 일주일에 단 두 번, 몇 시간 짧게 근무하는 게 전부였다. 하지만 린다는 오히려 일터에서의 이 짧은 시간을 통해 잠시나마 숨을 돌릴 수 있었다. "그때는 정말 지쳐 있었어요. 기력도, 시간도 없었죠." 상담 시간에 린다는 그 시절을 떠올리며 말했다.

그런데 그즈음, 지친 린다에게 예상치 못한 단비 같은 순간이 찾아왔다. 평범한 오후 친정엄마가 문을 두드린 것이다. 그녀는 막내를 유치원에서 데려오고 큰 아이들도 학교에서 곧장 데려와 오후 운동 연습장으로 데려다주겠다고 자청했다. "좀 쉬면서 낮잠도 자고, 밀린 빨래도 하고, 여유 있게 목욕도 하렴." 친정엄마의 목소리에는 지친 딸을 향한 애정 어린 걱정이 묻어났다. "오후 동안만큼은 온전히 네 시간으로 보내봐." 게다가 아이들을 씻기고 저녁까지 먹여서 데려다주겠다고 약속하는 것이었다.

린다는 오랜만에 찾아온 자유에 마음이 설렜다. 친정엄마가 막내를 낮잠 재워주고, 나머지 두 아이는 학교에서 시립 운동장으로 데려가 축구 연습을 지켜봐줄 터였다. 그러고는 모두 친정엄마 집으로 가서 저녁을 먹고 씻은 다음, 디저트로 아이스크림까지 먹고 나서야 집으로 돌아올 예정이었다. '온전히 나를 위한 게 여섯 시간이나!' 린다의 마음은 오랜만에 느끼는 자유로 한껏 부풀었다. '드디어 하고 싶은 걸 실컷 할 수 있어!' 린다는 곧바로 달콤한 계획을 세우기 시작했다. 쇼핑도 하고, 까맣게 잊고 지냈던 헬스장도 가고, 여유로운 목욕도 즐기기로 했다. 그녀는 아들의 이마에 다정한 키스를 남기고 친정엄마에게 진심 어린 감사 인사를 전했다. 막내를 데리고 떠나는 친정엄마의 차를 바라보며 린다는 오랜만에 가벼운 발걸음으로 부엌을 향했다.

분주한 계획들로 가득 찼던 오후의 상상과는 달리 린다가 첫 번째로 택한 일은 뜻밖에 아주 단순했다. 아직 한낮인 12시 30분임에도 불구하고 그녀는 망설임 없이 레드와인 한 잔을 따랐다. 와인병을 들고 거실로 향한 린다는 소파에 몸을 기대며 편안히 자리 잡았다. TV에서는 한 남자와 동시에 사귀던 두 여자가 서로를 향해 고성을 내지르는 싸구려 토크쇼가 흘러나오고 있었다. 하지만 린다의 귓가에는 그들의 말소리가 그저 희미한 울림으로만 들려올 뿐이었다. 화면 속 어른거리는 영상만을 멍하니 바라보며, 온몸으로 천천히 스며드는 와인의 달콤한 온기에 자신을 맡긴 채였다. 와인 두 잔을 비우고 나른한 졸음에 빠져들려는 찰나, 현관문이 요란하게 열리더니 큰아들이 숨을 헐떡이며 뛰어 들어왔다.

"엄마! 엄마! 정강이 보호대 어디 있어요?" 아이의 다급한 외침이 고요했던 집 안의 평화를 깨트렸다.

린다는 소파에서 화들짝 일어나다가 와인병을 나무 바닥에 쏟고 말았다. "방금 그 소리 뭐예요?" 축구 정강이 보호대를 흔들며 거실로 뛰어든 둘째 아들이 호기심 가득한 목소리로 물었다. 린다는 할 말을 잃은 채 그 자리에 얼어붙었다. 그때 뒤따라 들어온 친정어머니와 눈이 마주쳤다. 친정엄마는 입술을 굳게 다문 채 싸늘한 눈빛으로 딸을 바라보고 있었다. 친정엄마는 손자의 어깨를 감싸더니 현관 밖으로 데리고 나갔다. "다른 정강이 보호대는 할머니가 갖고 있으니 걱정하지 마." 친정엄마는 애써 밝은 목소리로 말했지만, 현관문을 닫으며 내뱉은 말에는 냉랭함이 배어났다.

"네 엄마가 주스를…… 실수로 쏟은 것 같구나." 마지막 말에는 딸을 향한 쓴웃음 같은 것이 스며 있었다.

내가 린다를 처음 만난 건 그녀의 막내아들이 다섯 살 반이 되었을 때다. 또 한 번의 길고 긴 입원 생활이 끝나던 날, 린다와 남편은 온 가족을 데리고 내 상담실을 찾아왔다. "2월부터 우리 가족은 하루도 빠짐없이 병원에서 지냈어요." 린다의 목소리에는 깊은 피로감이 묻어났다. "병실 창문 너머로 계절이 변하는 모습을 지켜보는 것이 우리에겐 낯설지 않은 일상이 되어버렸죠. 그런데 이번에는 의사 선생님들께서……" 린다는 잠시 말을 멈추고 남편을 바라보았다. "죄송해요, 제가 무슨 말을 하고 있었죠?" 그녀의 눈 밑에는 피로가 짙은 그림자를 드리우고 있었다.

"우리는 아이들이 이 힘든 상황을 어떻게 받아들이고 있는지, 그리고 우리가 늘 함께 있다는 걸 알고 있는지 확인하고 싶었습니다." 남편이 진심 어린 목소리로 말했다. 이제 열한 살과 열세 살이 된 린다의 둘째 아들과 큰딸은 막냇동생의 건강 문제가 얼마나 심각한지 충분히 이해할 수 있는 나이였다.

상담실에 앉아 이들을 바라보며, 나는 이 가족이 겪고 있는 전형적인 패턴을 발견할 수 있었다. 린다의 남편은 일에 평소보다 더 깊이 몰두하고 있었다. 아이의 건강을 마음대로 할 수 없다는 무력감 속에서, 그는 가족을 위해 할 수 있는 가장 큰 일은 안정적인 수입과 든든한 의료보험이 제공되는 직장을 지키는 것이라 굳게 믿고 있었다. 큰아이들은 말수가 적었고, 내가 먼저 물어보기 전에는 아픈 동생에 대해 좀처럼 이야기하지 않았다. 하지만 조심스레 묻고 나면 그들은 동생이 언제 세상을 떠날지 모른다는 끝없는 불안 속에서 하루하루 살아가고 있다고 털어놓았다. 특별한 보살핌이 필요한 아이가 있는 수많은 가정을 상담해온 나에게 이 가족의 모습은 무척 익숙한 것이었다. 아버지는 가족을 지키기 위해 일에 더 깊이 파묻히며, 형제자매들은 가슴속 깊은 걱정을 홀로 삭이고, 결국 어머니는 어쩔 수 없이 가장 많은 돌봄이 필요한 아이를 혼자서 돌보는 무게를 짊어진다.

이어서 린다는 망설이는 눈빛으로 나를 바라보며 물었다. "과연 제가 아이들 모두를 위해 진정한 최선을 다하고 있는 걸까요?" 그때 옆에서 남편이 막내를 위한 린다의 지칠 줄 모르는 인내와 사랑을 칭찬하자, 린다는 시선을 피하며 작은 목소리로 말했다. "전 그저 엄마라면 누구나 할 일을 하고 있을 뿐이에요. 최고의 의사를 찾아 전국 어디든 달려가는 것, 쉴 틈 없이 이어지는 치료 시간도 함께하는 것, 다 너무 당연한 일들이잖아요. 그래도 마음 한구석에서는 늘 뭔가 더 해줄 수 있지 않았을까 하는 생각이 떠나질 않네요."

그렇게 첫 상담을 마친 뒤 나는 린다의 목소리에 배어 있는 깊은 피로감과 지난 몇 년간 그녀가 홀로 짊어져온 무거운 짐들의 무게를 헤아려보았다. 어떤 어머니라도 그녀의 처지에 놓였다면 부담감에 마음이 휘청거릴 수밖에 없었을 것이다. 하지만 많은 엄마는(심지어 건강하게 자라는 아이들을 키우는 이들조차) '내가 조금만 더 잘했더라면' 하는 자책 속에서 자신의 희생과 노력을 외면한다. '혹시 다른 사람들 눈에는 내가 부족한 엄마로 보이지 않을까?' 엄마들은 늘 이렇게 스스로를 몰아세운다.

　몇 달에 걸친 가족 상담 속에서 아이들이 서로, 그리고 부모님과 얼마나 원활하게 소통하게 되었는지를 지켜보며 보람을 느꼈다. 린다의 남편은 눈에 띄게 스트레스가 줄었고, 직장에서의 업무 효율도 높아졌으며, 가족의 미래에 대해 다시금 희망을 품게 되었다고 했다. 우리가 의논했던 대로 가족들은 각자의 개인 시간도 확보하면서 동시에 가족이 함께하는 시간도 더 늘려가고 있었다. 린다의 남편은 아들의 의료진을 더 신뢰하게 되었고, 덕분에 일에 대해 정신적으로 더 여유로워질 수 있게 되었다. 린다의 큰딸과 둘째 아들은 상담 시간에 배웠던 의사소통 방법들을 실천하고 있었다. 사소한 걱정거리라도 서로 나누고, 그런 고민들도 중요하게 여기게 된 것이다. 린다를 제외한 모든 가족 구성원이 긍정적인 변화를 보이고 있었다. 그러나 린다만은 여전히 상담 시간 내내 하품을 하고, 생각이 자주 끊기곤 했으며, 하나를 해결할 때마다 두 개씩 늘어나는 듯한 할 일 목록만 계속 들여다보았다. 가족 단위로 상담을 시작했기에, 나는 이제 필요할 때만 약속을 잡아도 될 정도로 상황이 호전되었다고 편안한 마음으로 전달할 수 있었다.

린다에게서 다시 연락이 오기 전까지 몇 주의 시간이 흘렀다. 그녀는 이번엔 혼자서 상담을 받고 싶다며 조심스레 요청해 왔다. 나는 당연히 막내에 대한 걱정을 털어놓고 마음의 짐을 덜어낼 시간과 공간이 필요한 것이라고 생각했다. 하지만 내 예상은 완전히 빗나가고 말았다.

　　"엄마 때문에 정말 미치겠어요." 린다는 상담실 의자에 앉자마자 한숨 섞인 목소리로 토로했다.

　　그동안 린다의 고민은 자녀들의 문제에 집중되어 있었기에, 이 뜻밖의 고백에 순간 놀라움을 감출 수 없었다. 내가 어떤 질문을 건네기도 전에 린다의 이야기는 둑이 무너지듯 쏟아져 나왔다.

　　"엄마가 우리를 위하는 마음은 잘 알아요. 도와주시려는 거겠죠. 근데 너무 과하시단 말이에요. 아이들 보실 때마다 꼭 선물을 사주시고, 엄마 집에만 가면 햄버거에 피자에…… 아이스크림까지 실컷 먹여주시죠. 자고 가면 더 큰일이에요. 취침 시간이고 뭐고 완전히 무법지대예요. 그러니까 다음 날이면 아이들이 늘 녹초가 되어 있죠. 이게 주말마다 똑같이 반복되고 있어요."

　　나는 조용히 고개를 끄덕이며 그녀의 복잡한 심정에 귀를 기울였다.

　　"엄마가 정말 걱정돼서 하시는 말씀인지, 아니면 뭔가 못마땅해서 하시는 건지 솔직히 너무 헷갈려요." 린다는 친정엄마가 수시로 자신에게 몸 관리는 잘하고 있는지, 끼니는 제때 챙기고 다니는지 물어보실 때마다 복잡한 심정이 된다며 한숨을 내쉬었다. "제가 너무 피곤해 보여서 그러시는 걸까요? 아니면 살이 쪘다고 눈치 주시는 건가. 어떤 땐 또 살이 너무 빠졌다고 걱정하시고…… 진짜 엄마 속마음을 모르겠어요. 겉으로는 걱정하시는 것 같은데, 왠지 꼭 지적하시는 것 같아서 신경 쓰여요." 린다의 친정엄마는 거의 매일같이 들락거려서 이제는 한식구나 다름없었다. 린다는 의자에 깊숙이 기대며 지친 목소리로 말을 이었다. "그래도 사실 엄마가 있어서 진짜 도움이 많이 돼요. 잠깐이라도 쉴 수 있잖아요. 애들 여기저기 데려다주시는 것도 얼마나 감사한지 몰라요. 축구며 수영이며. 심지어 어떤 날은 제가 퇴근하기 전에 저녁까지 해놓고 가시더라고요." 린다는 엄마의 도움이 얼마나 필요한지 뼈저리게 알고 있었다. 하지만 그 도움을 받을 때마다 묘한 부채감이 마음을 짓눌렀다. 그래서 늘 고민이었다. 이대로 엄마의 도움을 받으면서 살아야 할지, 아니면 버거워도 홀로서기를 시작해야 할지.

　가족 간의 관계는 참 미묘하다. 연구 결과에 따르면, 부모님의 애정 어린 관심과 도움이 오히려 가족 간에 팽팽한 긴장감을 만들어낼 수 있다고 한다. 요즘 젊은 엄마들의 현실을 보면, 윗세대에게 조언이나 도움을 청하는 게 달콤한 독과 같다고 여긴다. 한번 문을 열어주면 자기 삶에 끝없이 간섭하게 될까봐 두려워하는 것이다.

내 경험을 나누자면, 시어머님은 종종 육아 관련 기사를 메일로 보내주신다. 주변 친구들처럼 나도 이런 관심이 부담스럽게 느껴질 수 있었지만, 시간이 흐르면서 깨달았다. 그것은 손주를 걱정하는 할머니의 마음이자, 며느리를 배려하는 시어머님의 따뜻한 사랑이었다는 걸 말이다.

린다의 이야기를 듣다보니 문득 떠오르는 내담자가 있었다. 플로리다에 사는 친정엄마를 둔 그녀였다. 그녀가 들려준 이야기가 아직도 생생하다. "참 이상해요. 엄마가 당신 집에 계실 때는 모든 게 평화롭죠. 하지만 플로리다에서 비행기를 타고 오시는 순간 제 일상은 완전히 뒤집혀버려요." 내담자는 친정엄마의 방문을 위해 정성을 다했다. 집 안 구석구석을 깨끗이 닦아내고, 며칠간의 식사 계획을 빈틈없이 세웠다. 엄마가 좋아하는 간식을 챙기는 것은 물론 한시도 외롭지 않도록 모든 시간을 함께하려 애썼다. "엄마가 계시면 일상이 멈춰요. 아이들이 잠든 후에도 TV 보며 이야기하자고 하시는데, 그 시간이 바로 제가 하루를 마무리하는 귀중한 시간이거든요. 설거지도 해야 하고, 아이들 장난감과 숙제도 정리해야 하고, 빨래도 개야 하고, 밀린 업무도 처리해야 하고." 메일 확인을 해야 한다고 하면 친정엄마는 걱정 가득한 표정으로 고개를 저었다. 그리고 늘 하시던 말씀이 이어졌다. "일을 너무 많이 하는 거 아니니?" 그래서 내담자는 확신했다. 엄마는 방문할 때마다 자신의 삶을 관찰하며 부정적인 목록을 만들고, 그걸 플로리다 친구들과 공유하실 거라고.

　모녀관계의 이런 어려움은 비단 내 내담자들만의 이야기가 아니었다. 2012년 클라크대학의 연구 결과는 현대사회의 모녀관계가 얼마나 복잡해졌는지를 잘 보여준다. 조사에 따르면 18세에서 29세 사이 젊은이들의 55퍼센트가 부모와 매일같이 연락을 주고받는다고 한다. 전화, 문자, 메일은 물론 직접 방문까지, 부모 세대와의 관계는 그 어느 때보다 긴밀해 보인다. 이는 긴 학업 기간과 늦어진 결혼 시기라는 사회적 변화를 반영하며, 발달된 통신 기술로 한층 수월해졌다. 하지만 언뜻 바람직해 보이는 이 변화의 이면에는 씁쓸한 진실이 있다. 내가 만난 엄마와 할머니들은 연락을 자주 하는데도 불구하고 진정한 마음의 교감이 부족하다고 토로한다. "문자 보내는 법을 배우지 않았다면 아이들과는 완전히 단절됐을 거예요"라는 한 내담자의 고백이 이 현실을 잘 보여준다. 현대사회에서 엄마와 딸 사이의 진정한 친밀감을 유지하는 일은 새로운 도전이 되어버렸다.

　린다의 상황은 더 복잡했다. 지친 일상과 빡빡한 일정도 버거웠지만 그녀의 마음 한편에는 어린 시절부터 간직해온 말 못할 상처가 깊이 자리 잡고 있었다. 겉으로는 친정엄마와 친밀한 관계 같아도 그들 사이에는 늘 보이지 않는 벽이 존재했다. 이탈리아 출신의 보수적인 부모님 슬하에서 린다는 늘 자신의 진짜 목소리를 내지 못한 채 살아야 했다. 린다의 고백에 따르면 엄마 마음에 드는 옷을 입고, 엄마가 좋다고 하는 사람을 만나고, 엄마의 뜻대로만 살 때에야 비로소 집안에 평화가 찾아왔으며 엄마의 사랑도 받을 수 있었다. 하지만 린다가 진짜 모습을 조금이라도 드러낼라치면, 엄마의 눈빛에 서린 실망감이 그녀의 가슴을 무겁게 짓눌렀다.

시간이 흐를수록 린다의 스트레스는 눈덩이처럼 불어났다. 상담실 의자에서 그녀는 늘 힘없이 등을 구부정한 채 앉아 있었다. 잠들기는 어렵지 않다고 했지만, 할 일이 끝없이 머릿속을 맴도는 탓에 한밤중이면 잠에서 깨어난다고 했다. 어느 오후 상담에서 그녀는 "새벽 2시 30분부터 잠을 못 잤어요"라며 지친 목소리로 말했다. "그 뒤로는 하루 종일 따뜻한 침대 속으로 기어 들어가고 싶은 생각뿐이었어요." 이런 피로감 속에서 린다는 점점 아이들에게 짜증을 내기 시작했고, 남편과도 서서히 마음이 멀어졌다. 물론 남편은 아이들 숙제도 봐주고, 저녁 식사도 준비하고, 뒷정리까지 도맡아 하는 더없이 다정한 사람이었다. 하지만 린다의 눈에는 그저 완벽한 아버지일 뿐, 더 이상 자기 삶을 함께 나눌 동반자로는 보이지 않았다. 그래서였을까. 린다는 매일 저녁 와인 한잔에서 위안을 찾기 시작했다.

소진된 엄마들이 현실 도피의 수단으로 과도한 음주에 빠지기 쉽다는 걸 알기에, 나는 린다가 그 위험한 길에 들어서기 전에 다른 출구를 찾아주고 싶었다. 옷과 장신구를 만드는, 그녀가 평소 즐기던 창작의 세계로 그녀를 다시 이끌어주고 싶었다. 와인이 주는 일시적인 위안 대신 무언가를 만들어내는 기쁨으로 그녀의 마음이 치유되길 바랐다.

그렇게 개인 상담을 시작한 지 몇 달이 지났을 무렵 린다의 가정에 예기치 못한 시련이 찾아왔다. 막내가 독감에 걸려 병원 신세를 지게 된 것이다. 가슴 졸이며 보낸 나흘 동안 아이는 수액을 맞으며 누워 있었고, 심장 박동이 위험 수준으로 떨어질 때마다 모니터에서 울리는 날카로운 경고음은 온 가족의 마음을 옥죄었다. 린다와 남편은 교대로 아들의 작고 여린 손을 붙잡은 채 병상을 지켰고, 다른 한 사람은 병실 구석의 딱딱한 의자에서 잠시나마 지친 몸을 뉘였다. 린다의 친정엄마는 매일 오후면 다른 아이들을 학교에서 데려와 병원에 들렀다가 밤이면 자기 집으로 데려가 정성껏 보살폈다. 하루하루가 지옥 같은 병원생활 속에서 린다는 단 한순간도 편히 눈을 붙이지 못했다.

입원 사흘째 되던 날, 린다는 초췌한 모습으로 상담실을 찾았다. 벌건 눈과 백지장처럼 하얀 얼굴이 그간의 지독한 고통을 말해주고 있었다. "아이들이 물어봐요. 혹시 동생이 죽으면 어디로 가는 거냐고요." 린다는 뺨을 타고 흐르는 눈물을 떨리는 손으로 연신 닦아냈다.

자라나는 모든 아이는 언젠가 반드시 질병과 죽음에 대해 물음을 던진다. 경험상 이런 질문에 대해 스스로도 명확한 답을 갖지 못한 엄마들은 이런 대화를 무척 불편해하고 부담스러워한다. 나는 내담자의 종교와 신념을 떠나 언제나 한결같은 조언을 건넨다. 아이들의 질문에 답하기 전에 먼저 이런 삶의 깊은 물음들에 대해 자신만의 생각을 천천히 정리해보라고. 그리고 이런 과정에서 때로는 확실한 답을 모른다고 말해도 괜찮다고 덧붙인다. 다만 언젠가는 반드시 아이들의 마음에 닿을 수 있는 답을 해주어야 한다. 그것이 곧 아이들이 세상을 이해하고 받아들이는 첫걸음이 되기 때문이다.

영성을 가꾸어 일상의 중심을 잡아가기

지친 엄마의 마음을 달래주는 영성의 길은 우리 삶에 스며드는 따스한 햇살과 같다. 이 여정은 당신만의 특별한 방식으로 걸어가면 된다. 웃음꽃 피는 날에도, 구름이 잔뜩 낀 날에도 영성은 늘 당신 곁에서 든든한 동반자가 되어줄 것이다. 자, 이제 당신이 첫발을 내딛을 수 있는 몇 가지 길을 함께 살펴보자.

하루 중 고요한 시간을 찾아 명상을 시작해보자. 명상에는 정답이 없다. 마음을 울리는 주문을 외우거나, 숨소리에 귀 기울이며 조용히 앉아 있거나, 걸으며 생각을 정리해도 좋다. 각자의 방식에 모두 특별한 가치가 있다. 특히 마음이 흔들리고 불안할 때, 혼자만의 고요 속에서 보내는 이 시간은 영혼을 치유하는 묘약이 된다.

가족과 함께하는 특별한 주간 의식을 만들어보자. 박물관에서 예술의 숨결을 느끼거나, 음악회에서 아름다운 선율에 취하는 것도 좋고, 새로운 배움의 자리에 함께 앉거나, 일요일 아침에 다른 가족들과 따뜻한 식사를 나누는 것도 좋다. 이런 시간들은 우리 시야를 넓히고 삶을 더 풍요롭게 만든다. 게다가 이런 경험들은 가족과 나눌 수 있는 소중한 이야기가 되어 우리 마음을 더 가깝게 이어준다.

가족이 함께 나눔을 실천할 의미 있는 목표를 세워보자. 아이들과 함께 우리 동네를 둘러보며 우리의 따뜻한 마음을 전할 수 있는 곳을 찾아보자. 배고픈 이웃을 위한 푸드뱅크, 외로운 동물들을 위한 보호소, 또는 쉴 곳 없는 이들을 위한 노숙인 쉼터 중에서 정기적으로 방문해 도움을 줄 수 있는 곳을 정하자. 나눔의 기쁨은 우리 가족의 마음을 더 풍요롭게 하고, 삶의 활력을 북돋아줄 것이다.

가족만의 특별한 독서 모임을 시작해보자. 매주 한 명씩 돌아가며 가족의 독서 안내자가 되어, 모두 함께 즐길 수 있는 책을 한 권 선택하자. 그리고 약속된 날, 둥글게 모여 앉아 책 속에서 발견한 반짝이는 이야기를 나누자. 특히 다양한 삶의 빛과 그림자, 그리고 그 안에 담긴 지혜를 담은 책들을 통해서라면 우리 가족의 영혼은 더 깊어지고 성장할 것이다.

2012년 『ISRN』에 실린 흥미로운 연구 결과 하나가 내 눈길을 끌었다. 종교적이거나 영적인 성향이 깊은 사람들이 그렇지 않은 이들보다 정서적으로 더 건강한 삶을 살아간다는 발견이었다. 나는 이 연구 결과를 떠올리며 린다를 바라보았다. 그녀가 정서적 건강을 회복하도록 돕는 것, 그것이 바로 내 목표였다. 물론 종교를 치료법으로 제시할 생각은 없었지만, 어떤 형태로든 영적 수행이 그녀의 마음에 따스한 위안을 줄 수 있으리라 믿었다. 그래서 나는 조심스럽게 제안했다. "이런 질문들에 대해 한번 생각해보면 어떨까요? 린다 씨 혼자서나 가족과 함께 삶의 가치, 영성, 우리를 둘러싼 세계, 그리고 사랑과 상실이라는 깊은 주제들에 대해 이야기를 나누려면 어떤 경험들이 필요할 것 같으세요? 린다 씨가 마음의 안식을 찾을 수 있는 따뜻한 공동체는 없을까요? 혼자서도 좋고 가족과 함께라도 좋으니 다른 이들과 꾸준히 만나며 더 깊은 관계를 쌓아갈 수 있는 보람찬 활동을 찾아보는 건 어떨까요?"

린다는 무언가 깊은 생각에 잠긴 듯 의자에서 몸을 살며시 앞으로 기울였다.

나는 그녀의 표정을 부드럽게 바라보며 말을 이었다. "지금 당장 답을 찾으실 필요는 없어요. 천천히 마음이 가는 대로 생각해보세요."

잠시 생각에 잠기며 나는 내 경험을 나누기로 했다. 나는 평소 아이들과 죽음이라는 주제에 대해 숨김없이 이야기를 나눠왔다. 아이들은 종종 자신이 상상하는 천국을 그림으로 표현했는데, 그럴 때마다 아이들의 표정이 한결 밝아지는 걸 볼 수 있었다. 그림을 그리고 이야기를 나누는 동안 아이들의 마음속에는 작지만 확실한 위로가 자리 잡는 듯했다. 그래서였을까. 얼마 전 우리 집 강아지가 무지개다리를 건넜을 때도, 우리 가족 모두가 깊은 슬픔에 잠겼지만 아이들은 놀랍게도 이 이별을 지혜롭게 받아들였다. 강아지가 더없이 행복한 곳에서 평화롭게 지내고 있다는 믿음이 아이들의 마음을 붙잡아주었기 때문이다.

린다는 마치 자신을 감싸안듯 배 위로 팔짱을 끼며 작은 목소리로 말했다. "지금은 그저…… 아이들에게 해줄 답이 간절히 필요해요." 그녀의 말에 담긴 불안과 간절함이 고스란히 전해져왔다. 나는 잠시 그녀의 마음을 헤아리며 생각에 잠겼다. 질병, 죽음, 그리고 신과 같은 인생의 가장 무거운 주제들에 대해 아이들과 이야기할 때 좀더 지혜롭게 대화를 이끌어갈 수 있는 방법을 찾아주고 싶었다.

아이와 나누는 영혼과 삶에 대한 이야기

아이들은 때때로 인생의 깊은 질문들을 던지곤 한다. 부모로서 이런 질문들을 마주하면 가슴이 덜컥 내려앉곤 한다. 특히나 우리 스스로도 깊이 생각해보지 않은 주제라면 더 그렇다. 많은 부모가 아이들의 마음에 와닿는 말로 이해하기 쉽게 설명하는 것에 어려움을 느낀다.

부모인 당신이 편안하게 느끼는 언어로 시작하자. '저 너머의 세상'이라고 할 수도 있고, '천국'이라 표현할 수도 있으며, 혹은 신을 '우주'라고 부를 수도 있다. 아이와 나누는 대화가 자연스럽게 흘러가려면 부모도 편안함을 느껴야 한다.

아이의 상상력을 대화에 활용해보자. 사랑하는 고양이가 떠난 뒤 그 친구는 어디로 갔는지 물어본다면, 따스하고 사랑이 가득한 곳을 상상해 그림으로 표현해보자고 제안해보자. 아이는 자신만의 방식으로 평화롭고 행복한 장소를 그려내며 위로를 얻을 수 있다.

아이와 함께 '더 큰 존재'에 대해 이야기를 나눠보자. 정확히 무엇이라 이름 짓지 못하더라도 상관없다. 이렇게 나누는 대화는 특정 종교와 관계없이, 아이가 삶과 죽음에 대해 궁금해할 때 함께 이야기를 나눌 시작점이 될 것이다.

다행히 시간이 흘러 린다의 막내아들은 건강을 되찾았다. 하지만 이번 퇴원은 지난번과는 사뭇 달랐다. 시리얼과 초콜릿 칩 쿠키로 저녁을 때우다보니 린다는 문득 예전 생각이 났다. "여보, 기억나? 작년에 첫 퇴원 때는 이웃들이 매일같이 따뜻한 저녁을 들고 찾아왔는데." 목소리에 실린 쓸쓸함이 저녁 공기를 타고 퍼져나갔다. 그동안 이웃들과 단절하다시피 하며 지내온 탓일까. 이제는 서로 어색한 사이가 되어버렸다. 가끔 안부 전화나 점심 초대를 받을 때면, 그간 쌓인 거리감 때문인지 대화를 이어가야 한다는 생각만으로도 머리가 지끈거렸다. 결국 린다는 모든 만남을 피할 수밖에 없었다.

이웃들과의 관계만이 아니었다. 린다의 친정엄마도 점차 발걸음을 줄였다. 손주들 돌보기를 자처하던 예전과는 달리 방문 횟수가 눈에 띄게 줄어든 것이다. 나중에야 알게 된 일이지만, 딸에게 도움을 건넬 때마다 돌아오는 날카로운 목소리에 친정엄마의 마음도 아팠다. 사랑하는 딸도 돕고 싶고 그리운 손주들도 품에 안고 싶었으나 어떻게 다가가야 할지 몰라 망설여졌다. 그러던 어느 오후, 친정엄마는 전날 빨래가 아직도 바구니에 담겨 있는 것을 보았다. 안타까운 마음에 조심스레 말을 꺼냈고, 직접 빨래를 정리해주겠다고 했다. 하지만 그 말에 린다는 또다시 언성을 높였다. "엄마 도움은 이제 필요 없어요!" 그 말을 뱉은 뒤 린다는 묘한 감정에 사로잡혔다. 친정엄마의 따뜻한 손길이 멀어지는 게 서운하면서도, 한편으로는 혼자만의 시간이 주는 편안함이 좋았다. 적어도 잠시 동안은.

하지만 그 편안함은 오래가지 않았다. 막내를 돌보느라 정신없는 와중에도 린다는 다른 두 아이의 운동 연습과 방과 후 수업을 위해 베이비시터를 찾아 동분서주해야 했다. 친정엄마의 도움이 절실했지만, 이미 그 다리는 스스로 끊어버린 후였다. 큰아이들의 학교 행사나 발표회에 참석하지 못할 때면 그녀는 텔레비전 앞에 멍하니 앉아 공허함을 달랬다. 린다는 자신이 끝없는 악전고투를 하고 있다고 느꼈다. 늘 아픈 막내와 건강한 아이들 가운데 누구에게 마음을 쏟아야 할지 가슴 아픈 선택을 해야만 했다. 두 큰아이에게 충분한 사랑과 관심을 주지 못해 마음에 상처를 남긴 것만 같아 죄책감에 시달렸으나 달리 방도가 없었다. 피할 수 없는 현실 앞에서 그녀는 그저 모든 고뇌를 마음 깊숙이 묻어두려 했다.

린다의 예감은 틀리지 않았다. 정기적으로 상담실에 찾아오는 아이들은 엄마에 대해 갈수록 더 서운해하고 있었다. "요즘 엄마는 의사 선생님과 전화하시거나 여러 일을 처리하느라 바쁘세요. 그러다가도 TV만 멍하니 보고 계시죠." 아이들의 목소리에서 외로움이 배어났다. 해마다 큰딸과 함께 준비하던 학교 장기자랑 오디션도 까맣게 잊어버린 지 오래였고, 아이들을 데리러 가는 시간도 곧잘 늦어지기 시작했다. 시간이 지날수록 아이들은 서로를 탓하며 다투는 일이 잦아졌다. 결국 우리의 상담 시간은 대부분 그들의 다툼을 풀어주는 데 쓰이게 됐다.

린다는 가족이 서서히 흔들리는 것을 보았으나 이를 바로잡을 기력조차 없었다. 오히려 아이들의 끊임없는 요구에 지쳐 점점 더 깊은 원망이 쌓여갔다. "애들이 제 에너지를 다 쥐어짜는 것 같아요." 그녀는 이렇게 속마음을 털어놓았다가 죄책감에 사로잡혀 황급히 말을 바꾸었다. "아니에요, 제가 잘못했어요. 전 우리 애들 정말 사랑하는데, 이런 말 하면 안 되는데……." 린다는 자신이 아이들의 요리사이자 운전기사, 가정부, 은행, 심지어 노예가 되어버린 것만 같았다. 다른 엄마들처럼 웃으며 던지는 가벼운 농담이 아니라 진심 어린 고백이었다.

린다의 이런 고단함 속에서 아이들은 또 다른 상처를 안고 있었다. 할머니를 향한 그리움이 날로 커갔던 것이다. "할머니는 이제 왜 우리 연습하는 거 보러 안 오시는 거예요?" 아이들은 서운한 목소리로 물었다. "이번 주말에는 왜 할머니 집에서 자지 않는 거예요?" 린다는 아이들의 순수한 질문 앞에서 할 말을 잃고 대답을 피할 뿐이었다. 린다가 입을 다문 채 몇 분이 흐르면, 아이들은 결국 서운함을 안고 제 방으로 돌아가 문을 쾅 닫아버렸다. 그러다 마침내 어느 날, 린다의 딸이 더는 참지 못하고 터뜨렸다. "할머니가 안 오시는 것도 다 엄마 때문이잖아!" 딸은 눈물 섞인 목소리로 소리치고 방을 뛰쳐나갔다.

시어머니와 관계가 완전히 단절된 한 내담자의 가슴 아픈 사연이 떠오른다. 그녀의 열 살 난 딸아이는 가족 간의 갈등으로 마음속 깊은 상처를 받고 있었다. 아이는 할머니께서 사랑과 정성을 담아 보내신 선물들을 어머니가 모두 돌려보낸다며 작은 목소리로 속상한 마음을 털어놓았다. 할머니와의 통화조차 허락되지 않을 때면 끝내 눈물을 보였다. 학교에서 조부모 참관수업이 있던 날 혼자 덩그러니 남겨진 것도, 친구들과 달리 생일파티에 할머니가 오시지 못하는 것도 아이의 가슴을 아프게 했다. "할머니랑 같이 쿠키도 만들고 싶고, 바느질도 배우고 싶어요. 할머니는 저를 항상 예뻐해주셨거든요"라며 아이는 눈시울을 붉혔다. 결국 이 아이는 자신이 어른이 되면 꼭 할머니를 찾아뵙겠다는 간절한 결심을 하게 되었다. 그때까지 할머니께서 건강히 계시기를 온 마음을 다해 기도하면서 말이다.

린다의 일상은 아이들을 등교시키고 다시 이불 속으로 도망치듯 파고드는 순간부터 깊은 어둠 속에 빠져들었다. 마치 세상과 담을 쌓은 듯 막내아들의 병원 진료 외에는 집 밖으로 나서지 않았다. 하루하루가 힘겨워 샤워할 기운조차 없었고, 온몸을 타고 흐르는 불안감은 숨결이 되어버렸다. 누군가의 말소리에도 날카롭게 반응했으며 끊이지 않는 복통이 삶을 잠식해갔다.

그런 린다의 모습은 마치 수수께끼처럼 예측할 수 없이 변했다. 어떤 날은 동틀 무렵부터 일어나 정성스레 도시락을 싸고 따뜻한 아침상을 차려주며 아이들이 그토록 그리워하던 엄마의 모습으로 돌아왔다. 하지만 또 다른 날엔 큰딸이 힘겹게 동생들의 끼니를 챙기고 있다는 것을 알면서도 무기력하게 이불 속에 파묻혀 있었다. 린다는 날이 갈수록 낯설어지는 자기 모습을 통제하지 못했고, 그런 그녀의 가슴속엔 자책감이 켜켜이 쌓여갔다. "제발 누가 좀 도와주세요." 내 앞에서 흐느끼던 그녀의 떨리는 목소리가 이어졌다. "이대로는 정말 무너질 것 같아요."

엄마(그리고 시어머니)와의 마음 거리 좁히기

때로는 윗세대와의 관계 때문에 머리가 아플 수 있다. 하지만 그분들은 우리에게 크나큰 위안과 도움을 주는 존재가 될 수 있다. 서로를 이해하고 행복한 관계를 만들어가기 위한 지혜로운 방법들을 함께 살펴보자.

그분들의 사랑과 보살핌에 감사하는 마음을 가지자. 완벽하지 않더라도 그분들만의 특별한 방식으로 사랑을 표현하신다는 것을 기억하자.

생각이 달라도 서로를 인정하자. 모든 것에 같은 의견을 가질 필요는 없다. 서로 다른 생각을 가진 채로도 따뜻한 관계를 이어갈 수 있다.

오래된 마음의 매듭은 풀어두자. 과거의 서운함이나 갈등이 더 커지기 전에 진심으로 대화하며 풀어가자.

서로를 위한 양보를 실천하자. 각자의 명절 풍습을 함께 즐기자. 할머니께서 오셨을 때는 아이들의 잠자리를 조금 늦춰도 좋다. 이런 작은 배려가 쌓여 가족의 정이 더 끈끈해진다.

함께하는 즐거움을 찾아보자. 사진첩을 만들거나 맛있는 음식을 해 먹고, 장보기도 함께하며 일상의 소소한 기쁨을 나누자.

마음을 열고 진솔한 대화를 나누자. 어머니들의 인생 이야기에도 귀 기울여보자. 갱년기의 어려움, 자녀들이 독립한 후의 적응기, 은퇴 후의 새로운 일상, 오랜 친구를 떠나보낸 슬픔, 혹은 추억이 가득한 집을 떠나보내며 느낀 감정들을 물어보면서 깊이 있는 대화를 나누자.

강력한 공동체 유대관계가 우리 몸과 마음을 지키는 든든한 버팀목이 된다는 사실은 심리학계의 오랜 지혜다. 19세기 후반부터 이어진 수많은 연구는 사회적 유대의 끈이 약해질 때마다 결핵, 조현병, 알코올중독과 같은 질병의 그림자가 짙어진다는 것을 증명해왔다. 자살이라는 깊은 절망의 늪을 마주하며 연구자들이 가장 먼저 주목한 것도 바로 이 공동체 유대의 힘

이었다. 하지만 아이러니하게도 여성들에게 고등교육과 전문직이라는 새로운 길을 열어준 현대사회는 그들을 차가운 문자 메시지 속으로 밀어넣으며 진정한 인간관계의 정을 희미하게 지워가고 있었다.

바로 그 차가운 현실 속에서 린다도 서서히 무너져가고 있었다. 자신을 품어주던 따뜻한 공동체를 잃으면서 그녀는 소속감을 함께 잃었고, 이 때문에 그녀는 엄마라는 무게에 더 취약해졌다. 다른 여성들과 마음을 나누고 일상의 짐을 덜어낼 기회마저 사라진 자리에는 고독의 그림자만이 짙게 드리운 채 날마다 더 깊어져갔다.

그러던 어느 날, 한 통의 전화가 린다의 평화로운 일상을 산산조각 냈다. 중학교 1학년생인 둘째 아들이 교내에서 대마초를 피우다 적발되었다는 믿기지 않는 소식이었다. 린다는 곧바로 데리러 가겠다는 말만 겨우 내뱉고는 손에서 휴대폰을 놓쳐버렸다. 온몸을 휘감는 충격과 자책감에 어지러워지는 머리를 부여잡은 채 그녀는 주방 바닥에 그대로 주저앉았다. '어떡해…… 애한테는 뭐라고 해야 하지…… 우리 애가 왜 이런 길로 빠진 거야…… 혹시 이게 처음이 아닌 건가…… 도대체 누구랑 어울린 거지…… 학교에선 몇 명이나 알고 있는 거지?'

남편에게 전화를 걸 엄두조차 내지 못했다. 남편이 분노를 폭발시킬 게 불 보듯 뻔했고, 둘째 아들과 남편의 격앙된 감정을 동시에 감당할 자신이 없었다. 그녀는 한참을 휴대폰 화면만 바라보았다. "엄마한테 전화할까 했는데 또 저만 탓하실 게 뻔해서요." 같은 동네에 사는 친구 얼굴도 스쳐갔지만, 마음 깊은 이야기를 나눈 지가 언제인지 가물가물했다. 린다는 깊은 한숨을 내쉬었다. "멀리 이사 간 가장 친한 친구한테 연락할까도 싶었어요. 근데 그동안 한 번도 제대로 연락 못 한 게 너무 미안하고 부끄러워서……" 눈물이 그녀의 창백한 뺨을 타고 흘러내렸다. "예전엔 내 곁에 이렇게 많은 사람이 있었는데…… 따뜻한 정으로 가득했던 내 삶이…… 이제는 이렇게 철저히 혼자가 되어버렸네요."

그녀의 고백을 듣고서야 비로소 깨달았다. 그동안 그녀를 짓눌러왔던 무게의 정체를. 한때는 든든한 버팀목이었던 이들이 하나둘 멀어져가며 그녀는 홀로 서 있게 되었다. 그녀가 혼자서 모든 것을 견뎌내야 한다는 무거운 짐을 내려놓길 바라며, 나는 잃어버린 인연의 끈을 다시 이어가는 것의 소중함을 이야기했다. 이웃에 사는 오랜 친구와의 관계 회복이 그 첫걸음이 될 수 있을 테고, 시간이 걸리더라도 친정엄마와의 관계 역시 반드시 치유될 거라고. 대화를 나누며 린다도 새로운 관점을 발견했다. 친구는 아들의 치료를 위해 병원을 전전하는 일을 온전히 이해하지 못했지만, 겪어보지 않은 삶을 완벽히 이해하는 건 어차피 불가능한 일이다. 그리고 더 중요한 건, 그 친구가 늘 그녀 곁을 지켜주었다는 사실이다. 결국 진정한 마음의 울타리는 완벽한 이해가 아닌 서로를 향한 변함없는 동행에서 피어난다는 것을, 우리는 그날 함께 깨달았다.

엄마 번아웃 극복을 위한 생존 가이드
: 든든한 울타리를 만드는 지혜

삶의 자리마다 힘이 되어줄 사람이 한 명씩은 있어야 한다. 직장에서 서로 의지가 되는 동료, 아이의 학교에서 만난 마음 맞는 학부모처럼. 우리의 작은 공동체는 이렇게 일상 곳곳에서 만난 이들로 채워질 수 있다. 갑자기 급한 일이 생겼을 때 아이를 등교시켜줄 믿음직한 이웃이 있다면, 깊은 속마음까지 나누진 못하더라도 그것만으로 충분한 위안이 된다.

완벽한 통제를 내려놓고 다른 이들을 믿고 의지해보자. 부모님이 아이들 식사를 당신처럼 완벽하게 챙기진 못하더라도, 당신과 배우자의 데이트를 위해 잠시 맡기는 것 역시 좋은 선택이 될 수 있다.

서둘러 집으로 달려가는 대신, 잠시 발걸음을 멈추고 이웃과 따뜻한 인사를 나누자. 우리 주변에 이미 있는 소중한 인연들에게 관심을 기울이고, 그들과 하나씩 천천히 관계를 쌓아보자.

**평소 헬스장에서 자주 마주치는 여성이 있다면, 함께 운동하자고 제

안해보자. 이는 운동을 지속하게 하는 좋은 동기가 되며, 즐거운 운동 시간과 함께 새로운 우정이 피어날 수도 있다.

당신의 관심사를 따라 지역 독서 모임, 뜨개질 동아리, 테니스 클럽, 운동 교실, 사진 수업 등에 참여해보자. 열정이 이끄는 곳에서 새로운 인연과 공동체를 만날 수 있다.

매일의 일상에서 마주치는 이들과 대화를 시작해보자. 경비원, 조경사, 마트 계산원, 동네 빵집 사장님까지, 우리의 하루를 함께하는 모든 사람과 조금씩 친근한 관계를 만들어가자.

당신만의 리더십을 발휘할 기회를 찾아보자. 아파트 입주자 대표나 부녀회 임원, 또는 동네 통장이 되는 등 당신이 진정으로 관심 있어 할 일을 시작하고 이끌어보자. 이는 당신의 에너지를 긍정적인 방향으로 이끌고, 삶에 특별한 의미를 더해줄 것이다.

보너스 가이드

\+

함께 나누는 육아 지혜

우리 아이보다 나이가 많은 아이를 키우고 있는 동네 엄마들을 찾아 인연을 맺어보자. 그들의 육아 경험은 든든한 길잡이가 되어줄 것이다. 어느 학교가 좋은지, 방과 후 수업은 어떤 게 도움이 되는지, 담임 선생님은 어떠신지, 어떤 학원을 보내면 좋을지 등 궁금한 것들을 편하게 물어보자. 이런 선배 엄마들은 우리에게 없어서는 안 될 안내자이자 앞으로 함께 만들어갈 육아 공동체의 버팀목이 되어줄 것이다.

4장

오늘은 '좋아요'를 몇 개나 받았을까?

―SNS에 삼켜진 엄마들의 일상

◆
◆
◆

비슷한 경험이 있나요?

아래 항목 중 세 가지 이상 고개를 끄덕이게 된다면 소셜미디어 사용 습관을 되돌아볼 때다. 한번 살펴보자.

- ☑ 스마트폰 화면을 무의식적으로 넘기다보면 어느새 시간이 훌쩍 지나 있어요.
- ☑ 실제 만남 대신 SNS로 안부를 전하는 데 더 익숙해져버렸어요.
- ☑ 게시물을 올리고 나면 반응이 궁금해서 다른 일에 집중하기 어려워요.
- ☑ 다른 사람들의 완벽해 보이는 일상을 보고 나면 왠지 모를

우울함이 찾아와요.
- ☑ 아이와 놀아주는 와중에도 자꾸만 휴대폰에 손이 가요.
- ☑ 소중한 사람과의 식사 자리에서도 테이블 위에는 늘 휴대폰이 함께 있어요.
- ☑ 아침에 눈뜨자마자 SNS부터 확인하는 게 일상이 됐어요.
- ☑ 일상의 소소한 순간들을 기록하기보다 남들에게 보여주기 위한 순간만 찾고 있어요.
- ☑ 게시물 문구 하나를 쓰는 데도 지나치게 많은 시간과 에너지를 쏟아요.
- ☑ 다른 사람들의 모임 사진을 보며 외로움과 소외감을 느끼는 일이 잦아졌어요.
- ☑ 피곤한 하루를 보내고도 SNS를 보다가 잠드는 날이 많아졌어요.

처음 만났을 때 미셸은 세 살배기 아들을 키우는 스물아홉 살의 젊은 엄마였다. 아이의 아버지와는 얼마 전 결별한 상태였다. 혼인신고는 하지 않았으나 헤어지기 전까지 일 년 반 동안 가족으로 지냈다. 계획에 없이 찾아온 아이였다. 미셸은 마케팅과 영업 부서에서 일했고, 아이의 아버지 또한 같은 회사에서 비슷한 업무를 담당하고 있었다.

미셸이 내게 도움을 청한 것은 세 살배기 아들 때문이었다.

아이의 행동이 날이 갈수록 거칠어진다는 것이었다. 어린이집 선생님들도 아이를 다루는 데 어려움을 호소했으며, 급기야 엄마인 미셸에게까지 폭력적인 모습을 보이기 시작했다. 사실 이런 상담은 드문 일이 아니었다. 학교에서 문제아로 낙인찍히거나 집에서 손쓸 수 없는 아이를 둔 엄마들이 곧잘 찾아왔기 때문이다. 마침 나는 그때 엄마 번아웃 현상을 깊이 연구하고 있었다. 덕분에 미셸의 이야기를 들으면서 아이의 문제행동 이면에 숨은 진짜 원인을 직감할 수 있었다. 그리고 그 실마리를 찾는 데는 그리 오래 걸리지 않았다. 미셸의 과도한 인터넷 사용이 모자관계의 뿌리를 뒤흔들고 있었던 것이다.

소셜미디어는 분명 우리 삶을 편리하게 해준다. 멀리 사는 오랜 친구와 가족들의 소식을 손쉽게 접할 수 있게 해주니 말이다. 인간관계를 유지하는 데 이보다 더 효율적인 도구는 없어 보인다. 새로운 소식이 있을 때마다 일일이 연락할 필요 없이 단 한 번의 게시물로 모든 사람과 소식을 나눌 수 있으니까. 하지만 이런 편리함의 이면에는 치러야 할 대가가 숨어 있다. 이렇듯 수많은 사람을 향해 던져지는 메시지들은 결코 깊이 있는 대화나 진정한 마음의 교감으로 이어지지 못한다. 엄마들은 누군가와 진심 어린 소통을 하길 바라며 인터넷을 찾지만, 역설적이게도 이는 외로움만 더 깊어지게 만들 뿐이다.

미셸과 대화하던 중 우리의 어린 시절이 겹친다는 걸 발견한 순간이 아직도 생생하다. 「올 마이 칠드런」이라는 드라마 얘기가 나오자마자 우리는 웃음을 주체할 수 없었다. 의자에 앉아 배를 부여잡고 한참을 웃어댔다. 어머니인 우리 두 사람이 이 드라마에 푹 빠져 살았다는 사실이 너무나 우스웠던 것이다. 내 어머니는 매일 점심 식사가 끝나면 어김없이 거실로 향하셨다. 노란색과 주황색이 어우러진 쿠션을 가슴에 꼭 안고, 멘솔 향 담배를 나긋나긋 피우시며 화면 속 아름다운 배우들의 세상으로 빠져드셨다. 몸이 아파 학교를 쉬거나 여름방학에 집에 있을 때가 되어서야 깨달았다. 엄마의 시간을 방해하는 건 절대 금물이라는 것을. 지금 생각해보면 이런 어머니의 모습은 쿠바 출신이신 외할머니에게서 물려받은 것이 분명했다. 밤마다 「텔레노벨라」라는 라틴아메리카 드라마를 보실 때의 외할머니도 같은 열정으로 드라마에 빠져드셨기 때문이다.

이 드라마는 단순히 보는 것으로 끝나지 않았다. 「올 마이 칠드런」의 엔딩 크레디트가 끝나기 무섭게 어머니는 전화기 앞으로 달려갔다. 짧은 전화선 때문에 부엌 식탁의 벽 쪽 의자에만 겨우 걸터앉을 수 있었지만, 그마저 감사히 여기며 친구들과 열띤 대화를 나누셨다. 방금 본 에피소드를 처음부터 끝까지 하나하나 되짚어가며 이야기 속 숨은 의미를 찾아가시는 게 일상이었다. 저녁 식사 시간이면 으레 드라마 이야기가 식탁에서 꽃을 피웠고, 덕분에 나는 한 번도 보지 않은 드라마의 모든 이야기를 술술 풀어낼 수 있었다. 드라마는 우리 가족의 일상을 채운 가장 특별한 대화 주제였다. 어머니는 드라마 속 놀라운 반전과 얽히고설킨 관계에 흠뻑 빠져 사셨다. 우리 집엔 「올 마이 칠드런」 보드게임까지 있었으니, 이 드라마를 향한 어머니의 애정이 얼마나 대단했는지 짐작할 수 있을 것이다.

세월이 흘러 내가 엄마가 되고 나서야 비로소 이해하게 되었다. 어머니에게 그 드라마는 단순한 오락거리가 아닌, 삶의 탈출구였다는 것을. 미셸의 어머니도 우리 어머니처럼 매일 같은 시간에 드라마 앞에 앉으셨다. 우리 집에만 보드게임이 있었을 뿐 두 분의 일상은 똑같았다. 끝없는 빨래와 아이들 뒷바라지로 하루하루를 보내시던 그분들에게 드라마는 온전히 자신만을 위하는 시간을 만들어주는 특별한 선물이었다. 현실의 무게를 잠시 내려놓고 아름다운 배우들이 펼치는 열정적인 드라마 속으로 푹 빠져들 수 있는, 그들만의 작은 도피처였던 것이다.

그런데 놀랍게도 미셸과 나는 상담을 시작한 지 6개월이 지나서야 이런 특별한 공통점을 발견했다. 처음 만났을 때만 해도 전혀 알 수 없었던 일이다. 그날 미셸은 대기실에서 휴대폰만 멍하니 들여다보고 있었고, 내 눈에 들어온 건 그녀의 젖어 있는 눈가와 빨개진 코끝, 그리고 무릎 위에 놓인 하얀 티슈 뭉치뿐이었다. "감기 기운이 있으신가봐요." 상담실로 향하는 길에 내가 먼저 말을 건넸다.

"에에취!" 그 순간 미니마우스를 닮은 앙증맞은 재채기 소리가 울렸다. "그런가봐요." 미셸이 쑥스러운 듯 대답했다. "요즘 감기가 유행인가봐요."

"그러게요. 요즘 감기 때문에 고생하시는 분이 많네요." 나는 그녀를 안내하며 말했다.

상담실에 자리를 잡고 앉았지만, 미셸의 손에서는 휴대폰이 떠나질 않았다.

"휴대폰을 계속 손에 쥐고 계시네요. 중요한 연락을 기다리시나요?" 내가 부드럽게 물었다.

미셸은 휴대폰 화면을 슬쩍 내려다보았다. "회사가 너무 바빠서요. 끊임없이 문자가 와요. 이것저것 물어보느라……."

"회사 연락에 항상 신경 쓰고 계셔야 해서 좀 부담이 되시겠어요." 나는 그녀의 상황에 공감하며 말했다.

미셸은 잠시 생각에 잠겼다가, 길고 곱슬거리는 검은 머리카락을 살며시 어깨 뒤로 넘기며 쓴웃음을 지었다. "웃긴 건요, 오히려 회사에서 연락이 안 오면 더 불안할 것 같아요." 잠시 말을 고르던 그녀가 다시 입을 열었다. "제가 이렇게 어른스러운 말을 하고 있다는 게 참 낯설어요. 얼마 전까지만 해도 친구들이랑 매일 술 마시고 놀러 다니고, 클럽 가서 남자들이랑 술도 마시고, 크롭티 입고 막 돌아다녔는데. 저도 제가 이렇게 변할 줄은 몰랐어요."

미셸이 임신 사실을 알게 된 것은 갓 스물네 살, 남자친구와 만난 지 6개월이 되었을 때다. 친구와 가족들은 입을 모아 반대했지만, 미셸과 남자친구는 서로에 대한 믿음으로 한 지붕 아래에서 살기로 했다. 혼인신고도 하지 않은 채 아이를 맞이

하겠다는 그들의 결정에 양가 부모님들은 깊은 실망감을 드러냈다. 속내를 털어놓는 자리에서는 흑인인 미셸과 백인인 남자친구 사이에서 태어날 혼혈 손주에 대한 걱정이 끊이지 않았다. 하지만 그들의 관계를 향한 모든 부정적인 시선과 예측에도 두 사람은 굳건히 서로를 지지하며 새 생명을 맞이할 준비를 해나갔다. 그리고 잠시나마 더없이 행복했다.

하지만 그 행복은 오래가지 못했다. 임신 당시를 회상하며 미셸의 눈빛이 순식간에 서글퍼졌다. 32킬로그램. 임신 기간에 그녀의 몸에 더해진 무게였다. 게다가 달이 지날수록 몸은 점점 더 무거워지고 부어올랐지만, 미셸의 남자친구는 자신의 생활을 즐기느라 그녀를 집에 혼자 두기 일쑤였다. "퇴근하고 나면 곧장 농구하러 가버리고, 주말이면 밤새도록 돌아오지 않았어요." 미셸이 숙인 고개를 들지 못한 채 말했다. 날이 갈수록 깊어지는 외로움을 누군가에게 터놓고 싶었지만 차마 입이 떨어지지 않았다. 친구들에게 털어놓는다 한들 누구도 그녀의 마음을 이해하진 못했을 터였다. 다들 여전히 이십대의 자유분방한 날들을 즐기느라 여념이 없을 때였으니까.

아들이 태어난 지 채 몇 달도 되지 않아 미셸과 남자친구는 결국 갈라섰고 그는 짐을 싸서 떠나갔다. 그녀의 삶이 무너져 내리던 그때, 아이러니하게도 친구들은 하나둘 달콤한 약혼 소식을 전해왔다. 축하한다는 말을 건넸지만 마음 한구석에서는 진심으로 기뻐할 수 없었다. 남자친구의 배신으로 생긴 상처는 깊었고, 이제 그녀의 마음속에는 모든 남자를 향한 불신만이 가득했다.

이런 상황에서 미셸은 홀로 아이를 키우는 젊은 엄마로서의 현실과도 마주해야 했다. 아들의 어린이집에서 그녀는 단연코 가장 젊은 엄마였고, 사람들은 으레 그녀를 아이의 보모로 오해하곤 했다. 종종 다른 엄마들과 어울리긴 했지만 함께 있을 때마다 왠지 모를 거리감이 느껴졌다. 이제 겨우 스물아홉, 홀로 아이를 키우며 새 삶을 시작해야 하는 현실이 그녀에게는 몹시 버거웠다. 이런 삶은 그녀가 한때 꿈꾸던 미래와는 완전히 달랐다.

미셸의 하루는 온통 일터에서 보내는 시간으로 가득했다. 좋은 사람을 만나 결혼하고 싶은 마음은 있지만, 하루하루 지친 몸을 이끌고 집으로 돌아오기도 버거워 데이트 같은 건 생각조차 할 수 없었다. 세 개 주나 떨어진 곳에 사는 오랜 친구와 가족들을 찾아가기란 더더욱 어려웠다. 거기다 집 안의 벽이란 벽은 죄다 자신의 캔버스로 만들어버리는 세 살배기 아들을 돌보느라 눈코 뜰 새가 없었다. 그러다 미셸은 자신도 모르게 해로운 습관의 늪에 빠져들고 말았다.

그러던 중 더 큰 시련이 찾아왔다. 아들이 어린이집에서 퇴원 통보를 받은 것이다. 하루라도 일터를 비울 수 없는 미셸은 눈에 불을 켜고 새로운 어린이집을 찾아 헤맸다. 설상가상으로 아들의 성격은 나날이 조급해지고 예민해져갔다. 어느 날은 아침상을 차리던 미셸이 잠시 회사 문자를 확인하는 그 짧은 순간에도 참지 못하고 엄마의 다리를 물어버렸다. 생계를 위해 일할 수밖에 없는 싱글맘의 현실을 이해하지 못하는 어린 아들의 모습에 미셸의 가슴은 날로 무거워져만 갔다.

힘겨운 나날 속에서도 미셸은 자신만의 작은 위안거리를 찾아냈다. 바쁜 일상 중에도 틈틈이 소셜미디어를 들여다볼 시간만큼은 애써 만들어냈던 것이다. 고작 5분 남짓한 시간이었지만 그 짧은 순간마다 친구와 가족들의 일상을 놓치지 않으려 애썼다. 직접 만나거나 목소리를 전할 여유는 없어도, 이렇게나마 그들의 삶을 들여다보는 것이 그녀에겐 작은 위안이 되었다. 하지만 주변 사람들은 그녀의 상황을 이해하지 못했다. 아들이 일주일의 절반을 아빠와 보내기에, 그들은 미셸이 싱글맘으로서 여유로운 시간을 만끽하고 있으리라 섣불리 짐작했다. 현실은 전혀 달랐다. 아들이 없는 시간조차 밀린 일들을 쫓아 정신없이 보내다보면 어느새 또 하루가 저물어갔다. 결국 미셸은 이 모든 상황을 감당하기 어려워져 내게 도움을 청하러 온 것이었다.

몇 해 전 봄, 우리 가족은 호숫가 펜션에서 며칠간 여유롭게 보내기로 했다. 설렘 가득한 마음으로 차를 몰고 가던 중 문득 등골이 서늘해졌다. 주방 싱크대 위에 휴대폰을 덩그러니 놓고 온 것이었다. '이제 어쩌면 좋지?' 속으로 발을 동동 구르는데, 더 큰 걱정이 밀려왔다. 남편 전화번호 말고는 하나도 기억나지 않는다는 걸 깨닫자 식은땀이 났다. 하필 이런 때 차에 문제라도 생기면 어쩌나, 길을 잃기라도 하면 어쩌나……. 게다가 사흘 동안 쌓여갈 부재중 전화와 문자들을 생각하니 가슴은 더 답답해졌다. 그러다 문득 깨달았다. 내가 이토록 휴대폰에 의존하며 살았다니. 단 하루도 떨어질 수 없을 만큼 즉각적인 소통에 길들여져 있었던 것이다.

걱정했던 것과 달리 휴대폰 없는 며칠은 생각보다 평온했다. 낮에 남편과 내가 아이들을 나눠 데리고 있을 때면, 주변분들께 머쓱한 미소와 함께 전화를 빌리곤 했다. 처음엔 낯선 이들에게 부탁하기가 영 어색했지만 뜻밖에도 모든 분이 선뜻 도와주었다. 휴대폰이 없어도 발이 묶이지 않았고, 남편 곁을 맴돌 필요도 없었다. 며칠 후 집에 돌아와 휴대폰을 확인했을 때는 오히려 웃음이 났다. 그토록 걱정했던 급한 연락 한 통 없이 평온했던 것이다.

오히려 휴대폰을 놓고 온 것은 뜻밖의 축복이었다. 사진으로 모든 순간을 담아야 한다는 강박도, 여행 소식을 수시로 전해야 한다는 부담감도 사라지면서 마음이 한결 가벼워졌다. 밤이 되면 노트북으로 페이스북을 잠시 들여다보긴 했지만, 평소처럼 휴대폰을 들고 소파에 파묻혀 있을 때와는 비교도 안 될 만큼 자유롭게 시간을 보낼 수 있었다. 이 경험은 내게 디지털 연결이 주는 부담감과 진정한 소통의 의미를 다시 한번 생각하게 했다.

이런 생각은 내가 만나온 많은 엄마 번아웃 내담자의 모습과 겹쳐졌다. 그들은 손에서 휴대폰을 놓지 못하면서도 정작 가까운 가족이나 친구들과는 점점 멀어져만 간다. 현실에서 벗어나고 싶어 온라인을 떠돌지만, 그들이 찾는 진짜 위로는 어디에도 없다. 미셸도 그랬다. 남자친구와 헤어지고 혼자 아이를 키우게 된 새로운 삶이 그녀에겐 너무 힘들었다. 혼자서도 아이를 잘 키울 수 있다는 확신과 용기를 찾아 소셜미디어에 의지했지만, 그곳에서도 또 다른 외로움을 마주할 뿐이었다. 자신처럼 혼혈 아이를 키우는 싱글맘의 이야기는 어디에도 없었다. 그렇게 그녀의 외로움은 더 깊어졌고, 결국 이 세상 어디에도 자신의 자리가 없다고 느꼈다.

미셸과의 상담이 이어지면서 그녀의 일상이 조금씩 선명하게 그려지기 시작했다. 매일 아침, 그녀는 요란한 휴대폰 알람 소리나 장난꾸러기 세 살배기 아들의 작은 발뒤꿈치가 이마를 찌르는 것으로 하루를 시작했다. 아직 이불 속의 따스함이 남아 있는 그 순간에도 그녀의 손가락은 본능적으로 휴대폰을 더듬었다. 메일함을 들여다보고, 뉴스 피드를 훑어보고, 페이스북 타임라인을 스크롤했다. "밤새 무슨 일이 있었나 궁금해서요." 그녀는 멋쩍게 웃으며 말했다. 그렇게 한참 동안 휴대폰을 들여다보고 나서야 눈가에 남은 마지막 잠기운을 문지르며 겨우 침대에서 몸을 일으켰다.

미셸은 양치질을 하면서도 혹시나 하며 거울 옆에 휴대폰을 세워두었다. 아무도 연락하지 않을 이른 시간이라는 걸 알면서도 그 작은 불안을 떨쳐낼 수 없었다. 그렇게 불안한 마음을 안고 목욕 가운 주머니에 휴대폰을 넣으며 그녀는 깊은 한숨을 내쉬었다. 이제 곧 세 살배기 아들의 옷을 입히고, 아침을 먹이고, 집을 나서기까지의 고된 일과가 시작될 터였다.

그렇게 하루가 흘러가는 동안, 잠시라도 한가한 시간이 생기면 미셸의 손은 어김없이 휴대폰을 향했다. 소셜미디어 확인이 습관이 되어버린 그녀는 어느 오후엔 화장실에서 휴대폰을 변기에 빠뜨리기까지 했다. 운전할 때도 예외는 아니어서, 혹시나 걸려올 전화나 문자를 놓칠세라 차량 콘솔에 휴대폰을 올려두는 일이 잦았다. 친구들과 만나는 점심 자리건, 중요한 업무 미팅이건 상관없이 그녀의 휴대폰은 늘 테이블 위에서 자신의 존재감을 드러냈다.

미셸은 직원 회의 중에도 휴대폰 화면에서 눈을 떼지 못했다. 그러다 자신의 발언 순서를 놓친 게 한두 번이 아니었다. 어느 날은 동료의 프로젝트 보고가 길어지자 습관처럼 페이스북 피드를 넘기기 시작했다. 그러다 우연히 발견한 사진 한 장에 손가락이 멈췄다. 지난 주말 친한 친구 둘이 자신을 빼고 저녁을 함께했던 것이다. 하필이면 그 주말은 아들이 없는 날이라 얼마든지 시간을 낼 수 있었던 터였다. 순간 화가 치밀어 올랐다. 친구들의 즐거워 보이는 사진들에 빠져들수록 감정이 더 격해졌고, 올랐고, 그사이 업무 보고를 요청하는 상사의 목소리는 허공 속으로 흩어졌다. 옆자리 동료가 테이블 아래로 슬쩍 발길질을 한 뒤에야 정신을 차렸지만 이미 상사는 차가운 눈으로 그녀를 바라보고 있었다. 회의가 끝날 때까지 상사의 서늘한 눈빛은 그대로였다.

직장에서의 이런 실수들은 일부에 불과했다. 진짜 전쟁은 집에서 시작됐다. 아침이면 옷 입기 전쟁을 치러야 했고, 식탁에서는 밥 한 숟가락이라도 더 먹이려 으름장을 놓아야만 했다. 어린이집에 도착하면 엄마 치맛자락 뒤로 숨어드는 아들을 달래며 교실로 들여보내야 했고 저녁 시간이면 크림치즈 바른 빵 한 조각으로 밥을 때우려는 아이에게 목이 쉬어라 소리를 질러댔다. 잠자리에 들 시간이면 양치질하고 잠옷을 입히기 위해 애원하다가도, 아빠에게 전화해서 데리러 오라고 해달라는 아이의 고집을 꺾느라 애를 썼다. 아빠 집에 있을 때는 엄마를 찾고, 엄마인 자신과 있을 때면 아빠를 찾는 아이의 모습에 미셸의 마음은 무너져 내렸다. 둘로 나뉜 가정 사이를 오가며 늘 한쪽의 빈자리를 그리워하는 아이를 바라보는 건 부모로서 감당하기 힘든 아픔이었다. 그렇게 밤 9시가 되면 미셸의 눈은 이미 접시처럼 커져 있었고 목은 따끔거렸다. 아들은 여전히 방 안을 난리법석 떨며 뛰어다녔지만 녹초가 된 그녀에겐 아이를 달랠 기력조차 없었다. 결국 방문을 닫아버리고 모른 척할 수밖에 없었고, 잠시 후면 아들이 살금살금 그녀의 방으로 와서 잠자리를 찾아 엄마 침대로 폴짝 뛰어올랐다. 하루 종일 아들에게 쏟아부어야 하는 관심과 에너지에 그녀의 기력은 바닥을 드러냈다. '이게 정말 내 삶이 맞나?' 하는 의문이 끊임없이 머릿속을 맴돌았다. 하지만 고요한 밤, 아들의 보드라운 뺨을 쓰다듬으며 하루 동안 아들이 재잘재잘했던 이야기들을 떠올리는 시간만큼은 특별했다. 아들의 천진난만한 모습들을 하나하나 되새기다보면 온종일 쌓였던 피로가 달콤한 위안으로 바뀌었다. 미셸은 아들을 한없이 사랑했다. 다만 혼자 감당해야 하는 육아의 무게가 너무 버거웠고, 아이와 마음 편히 놀아주거나 그저 함께 있을 시간조차 없다는 현실이 가슴을 아프게 할 뿐이었다.

지친 일상 속에서 미셸은 문득 아들과의 짧은 여행을 계획했다. 숨 막히는 일상에서 잠시나마 벗어나 새로운 추억을 만들 시간이 절실했다. 스키장이라면 둘 다 즐거울 것 같았고, 특히 아들이 하얀 슬로프를 맘껏 누비며 넘치는 활력을 발산할 수 있을 터였다. 여행을 떠나기 2주 전부터 그녀는 설레는 마음으로 숙소를 예약하고, 까다로운 아들의 입맛에 맞는 식당들을 하나하나 꼼꼼히 찾아보며 마음을 쏟았다.

아들과 단둘이 떠나는 첫 여행, 설렘보다는 걱정이 앞섰다. 자신의 짐은 물론 아들의 짐까지 챙겨야 하는데 아이는 스스로 들 수 있는 게 아무것도 없었다. 열 번이나 집과 차를 오가며 짐을 실어야 했으니 여행은 시작부터 녹록지 않았다. 출발한 지 한 시간, 턱이 뻐근해지는 걸 느꼈다. 정신없이 이를 악물며 운전한 탓이었다. 그제야 깨달았다. 자신이 도로 위의 모든 차를 맹렬히 추월해왔다는 것을. 가속 페달에서 천천히 발을 떼고 깊은숨을 들이마셨다. 앞으로 펼쳐질 즐거운 시간들을 생각하며 차분히 마음을 가라앉혔다.

호텔에 도착했지만 미셸의 고생은 여전히 계속됐다. 차에서 짐을 내리고 방까지 옮기는 모든 일을 혼자서 해내야 했다. 겨우 짐을 풀고 정리를 마쳤을 때는 온몸이 쑤셨고, 잠시라도 눈을 붙이고 싶은 심정이었다. 밤이 되자 미셸의 머리가 지끈거리기 시작했다. 아들은 모든 것에 엄마의 손길을 필요로 했다. 이를 닦는 것도, 잠옷을 입는 것도, 심지어 코를 푸는 것조차 혼자서는 할 수 없었다. 이 나이의 아이들이 다 그렇다는 걸 이해하면서도, 단 한 가지라도, 정말 뭐든 좋으니 스스로 해내길 간절히 바랐다. 그녀의 몸과 마음은 이미 지쳐 있었다. 그 순간 문득 떠오른 것은 아이 없는 친구들의 휴가 사진이었다. 홀로 해변에서 책을 읽고, 예쁜 장식 우산이 꽂힌 칵테일을 즐기며, 연인과의 밤을 위해 설레는 마음으로 차려입은 모습들이 스쳐 지나갔다. "저는 왜 그런 삶을 가질 수 없는 걸까요?" 미셸은 나와의 상담에서 물었다. "혼자 이 모든 걸 감당하는 게 어떤 날은 너무 힘들어요. 아이를 위해 씩씩한 척하지만, 사실 곳곳에서 제 한계를 느껴요. 이렇게 계속 혼자서 잘해낼 수 있을지…… 솔직히 자신이 없어요."

상담실에서 이런 절망 어린 한숨을 마주할 때면 나는 직감적으로 알아차린다. 한 엄마가 마지막 힘으로 내미는 도움의 손길이라는 사실을. 현실의 무게에 짓눌려 자신을 돌볼 여유조차 잃은 채 뜬눈으로 밤을 지새우는 그녀가, 엄마라는 이름 앞에서 깊은 좌절감과 무력감으로 힘겨워하고 있다는 걸.

어느덧 상담을 시작한 지 한두 달이 흐른 어느 날, 일주일간 보이지 않던 미셸이 깊은 기침 소리와 함께 나타났다. 쉰 목소리로 힘겹게 말을 이어가며, 그녀는 기관지염이 조금씩 호전되고 있다고 했다. 잦은 병치레가 걱정되어 조심스레 물어보니 지난 1~2년간 단 몇 주도 온전히 건강했던 적이 없다고 했다. 세월이 한참 흐른 뒤에야 나는 알게 되었다. 엄마 번아웃으로 지친 많은 엄마가 자주 아프다는 것, 그리고 그 원인이 바로 스트레스로 인한 면역력 저하라는 것을. 하지만 그때는 그저 사소한 특이 사항 정도로만 기억해두는 것으로 그쳤다.

"제가 실수한 것 같아요." 상담실에 자리를 잡은 그녀가 걱정스러운 표정으로 말을 꺼냈다.

나는 그저 조용히 고개를 끄덕이며 그녀의 이야기를 기다렸다.

"아들에게 아이패드를 사줬어요."

"그랬군요."

"이런 말씀 드리기가 좀 그런데요. 제가 너무 편한 길을 택한 것 같아서요. 사실 아이가 하루 종일 저만 찾아요. 놀아달라, 봐달라, 뭔가를 해달라며 끊임없이 저를 찾아요. 잠깐만 자리를 비워도 울면서 따라오고, 화장실 가는 것조차 쉽지 않을 정도예요. 하루 종일 저한테 매달려 있으니까 솔직히 지칠 때도 많고……."

이런 고민을 혼자 끌어안고 있다가 결국 페이스북 육아 모임에 용기를 내어 글을 올렸다고 했다. '혼자서는 전혀 놀 줄 모르는 외동, 다들 어떻게 하시나요?' 그러자 뜻밖에도 같은 고민 끝에 아이패드를 선택했다는 답변들이 이어졌다는 것이다. "한 엄마는 엘모의 알파벳 사랑하기 같은 교육용 영상을 다운받아 준다더라고요"라며 그녀는 조심스레 덧붙였다.

나는 조용히 고개를 끄덕였다.

"처음에는 정말 좋은 방법이라고 생각했어요. 저도 잠시 숨 돌릴 틈이 생기고, 아이도 뭔가 배울 수 있을 것 같았거든요. 근데 이제는 아이패드를 거두려고 하면 아이가 발버둥 치며 난리를 피워요." 미셸은 목이 아픈 듯 말을 멈추고 가방에서 목캔디를 찾아 꺼냈다.

"그 모임에 대해 좀더 들려주시겠어요? 서로의 개인적인 이야기도 나누나요? 미셸 씨의 상황을 그분들이 알고 계신가요?"

"그냥 싱글맘들의 온라인 공간이에요. 서로 얼굴도 모르는 사이지만 누군가 고민을 올리면 다들 진심 어린 조언을 해주죠." 미셸은 잠시 머뭇거리다 작은 목소리로 덧붙였다. "제가 아이패드를 사준 게…… 정말 실수였을까요?"

나는 잠시 그녀에게 건넬 말을 신중히 고르며 생각했다.

"아이가 아이패드를 하는 동안 미셸 씨가 잠시라도 휴식을 취하실 수 있다는 점은 충분히 이해해요. 하지만 솔직히 말씀드리면, 아이가 몇 시간씩 화면에 노출되는 것은 결코 좋지 않아요." 나는 천천히 설명을 이어갔다. 아이패드는 분명 유용한 도구가 될 수 있지만, 그것은 반드시 적절한 규칙과 제한이 있을 때의 이야기다. 하루 종일 사용을 허락하거나 울고 보채는 아이를 달래는 수단으로 쓰다보면 문제가 생기기 마련이다. 아이들은 시간이 흐를수록 자극을 찾아 아이패드에 더 의존하게 된다. 연구에 따르면 특히 ADHD가 있는 아이들은 화면 시청 시간을 지속적으로 늘리려는 성향을 보인다.

"아이패드를 빼앗으려고 하면 아이가 어떻게 반응하나요?" 내가 조심스레 물었다.

"완전히 난리가 나요. 울면서 발버둥 치고 난리를 피우죠. 결국 제가 애초에 아이패드를 사준 이유가 무색해지는 거예요. 그저 저만의 시간을 갖고 싶었을 뿐인데…… 이제는 아이가 아예 중독된 것 같아요."

"이런 상황을 어떻게 다루고 계신가요?"

"솔직히 저도 어떻게 해야 할지 모르겠어요. 그래도 밥 먹을 때나 잠잘 때만큼은 아이가 얌전히 있어주니까요. 예전처럼 '엄마, 엄마' 하면서 계속 매달리지도 않고요. 그러다보니 한편으로는 이게 과연 맞는 건가 싶은데…… 이렇게라도 해야 숨통이 트이니까요." 그녀의 목소리가 점점 작아졌다.

스마트 기기를 아이들의 디지털 보모로 활용하는 건 미셸만이 아니다. 내가 상담했던 다른 엄마들 중에도 비슷한 경험을 털어놓는 이들이 많았다. 한 엄마는 차 안에서 끊임없이 다투는 아이들 때문에 결국 각자 개별 화면을 설치할 수 있는 새 차를 구입하기에 이르렀다. 또 다른 엄마는 차 안에 늘 비상용 아이패드를 챙겨두었다. 혹시라도 아이가 쓰던 아이패드의 배터리가 방전되거나 고장 나는 상황에 대비한 일종의 보험 같은 것이었다. "아이가 아이패드에 빠져 있지 않으면 저는 아무것도 할 수 없어요. 쇼핑은커녕 친구와의 점심 약속조차 꿈도 못 꾸죠"라며 그녀는 체념한 듯 말했다. "아이가 좋아하는 영상에 빠져 라면을 먹다가 국물을 흘려도 전혀 눈치채지 못해요. 마음이 아프지만, 이것만이 하루 동안 어른들과 대화하고 일상을 꾸려갈 유일한 방법이네요." 어떤 엄마들은 아이패드로 보는 만화나 영상 소리가 거슬려서 헤드폰까지 사준다고 했다. 더 안타까운 것은, 자녀와의 식사 시간에조차 대화를 피하려고 스마트 기기를 건넬 때가 많아지고 있다는 사실이다.

우리 사회는 지금 지루함과 무위의 시간이 가진 가치를 잃고 있다. 그러나 바로 이런 시간이야말로 창의성의 씨앗을 틔우는 비옥한 토양이 된다. 부모라면 한 가지 잊지 말아야 할 진실이 있다. 아이들이 건강하게 자라려면 계획된 활동도 중요하지만, 그만큼 자유로운 시간도 필요하다는 것이다. 여유 속에서 아이들은 스스로 문제를 해결하며 비판적 사고력과 정서 지능을 키워나간다. 그러나 우리는 아이들이 깨어 있는 모든 순간을 즐겁게 만들어주어야 한다는 부담감에 짓눌려 있다. 이것이 현실적으로 불가능하다는 걸 알기에 빈 시간을 메우고자 손쉽게 스마트 기기를 건넨다. 교육용 게임이라는 명분으로 양심의 가책을 달래고 있는 것이다.

나 역시 삶을 통해 이러한 교훈을 체득했다. 평소 아이들의 스마트 기기 사용을 엄격하게 제한했지만, 차 안에서만큼은 예외였다. 아이들은 장거리 여행 내내 뒷좌석 모니터로 영화나 TV 프로그램을 볼 수 있었다. 그런데 이상하게도 목적지에 도착하면 아이들은 유독 짜증을 내곤 했다. 처음에는 이런 짜증이 모니터 때문이라고는 전혀 생각지 못했다. 그러다 우연히 모니터가 없는 새 차로 바꾸면서 놀라운 변화를 경험했다. 모니터가 사라지자 차 안의 분위기가 달라진 것이다. 아이들과 자연스레 대화를 나누게 되었고, 함께 오디오북을 듣기 시작했다. 이제는 목적지에 도착해도 아이들의 기분이 한결 밝았다. 모니터의 부재가 차 안에서의 대화나 오디오북 같은 더 풍성한 활동으로 자연스레 채워진 것이다.

"온라인 커뮤니티에서 육아 조언을 구하실 때가 많은가봐요?" 미셸에게 조심스레 물었다.

"네, 그런 편이에요. 좋은 조언도 있고 그렇지 않은 것도 있지만…… 다른 방법이 없어서요. 솔직히 육아 고민을 털어놓을 만한 엄마 친구가 한 명도 없거든요. 제 친한 친구들은 아직 아기가 없거나, 저처럼 혼자 애 키우는 처지가 아니라서요. 주변에 제 상황을 진심으로 이해해줄 사람이 없어요."

비단 한 사람만의 고민이 아니다. 요즘 많은 엄마가 온라인에서 육아 지침을 찾고 있다. 2015년 퓨 리서치의 연구 결과에 따르면, 소셜미디어를 통해 육아 정보를 검색하는 비율은 아빠들보다 엄마들에게서 현저히 높다. 특히 엄마들은 육아와 관련된 고민을 해결하기 위해 소셜미디어 네트워크를 더 적극적으로 활용한다. 이런 현상이 과연 바람직한 것일까? 꼭 그렇지만은 않은 게 확실하다.

온라인 육아 상담의 가장 큰 맹점은 소통의 불완전성에 있다. 육아 조언을 찾아 온라인 공간에 들어서는 순간 대화 상대를 알 수 없게 될뿐더러 맥락도 사라진다. 자신의 고민을 온전히 전달하지 못하는 것은 물론, 답변자의 전문성도 부모라는 사실 외에는 확인할 수 없다. 이런 불완전한 소통은 이미 지친 엄마들을 더 큰 혼란 속으로 밀어넣는다. 상충하는 조언과 실패한 시도들은 결국 엄마들의 자존감을 무너뜨리고 만다.

"온라인으로 서로 위로하고 이해받을 공간을 찾으신 것도 정말 의미 있는 일이에요. 그런데 혹시…… 그 관계들을 오프라인으로도 조금씩 넓혀가보는 건 어떠실까요? 어린이집 등하원 시간에 마주치는 다른 엄마들이랑 티타임도 가져보고, 동네 놀이터에서 만나는 이웃 엄마들과도 이야기 나눠보시고…… 그렇게 한 분 한 분 실제로 만나면서 육아 고민도 털어놓을 수 있는 관계를 만들어가보시는 게 어떨까 해요." 이어서 나는 잠시 망설이다 조심스레 물었다. "그런데 한 가지 여쭤보고 싶은 게 있어요. 어떤 마음에 자꾸 휴대폰을 찾게 되시는 걸까요?"

"마치 카지노의 슬롯머신 같아요." 그녀는 말했다. "혹시 새 메일이 왔나, 문자가 와 있나, 내가 올린 글에 누가 반응을 했나…… 자꾸만 확인하게 되거든요." 미셸은 목을 가다듬으며 스스로를 돌아보듯 말을 이었다. "누군가 따뜻한 말 한마디라도 남겼을까 하는 마음에, 그 작은 기대감으로 자꾸만 화면을 들여다보게 되는 거예요."

이러한 미셸의 고백은 단순한 비유가 아닌 정확한 통찰이었다. 실제로 도박에 빠진 사람처럼 문자 한 통, '좋아요' 하나에도 뇌에선 도파민이 분비되며 작은 희열을 느낀다. 하지만 이 달콤한 순간은 순식간에 사라지고, 같은 기분을 맛보려 더 많은 자극을 찾아 헤매게 된다. 우리의 시선은 현재를 놓친 채 기분 좋은 자극만을 좇는다. 특히 스트레스와 엄마 번아웃으로 지친 엄마들은 중독성이 높은 인터넷과 소셜미디어의 유혹에 더 취약해진다. 그러다 문득 정신을 차려보면 우리의 행동은 이미 통제력을 잃은 채 소중한 이들의 일상까지 무너뜨리고 있다. 주변과의 진정한 관계가 결핍된 상태에서 우리는 디지털 세상의 허상에 더 쉽게 빠져든다. 특히 번아웃 상태일 때는 조언과 관계를 갈구하며 소속감을 찾아 헤맨다. 자기 삶의 민낯을 누군가에게 드러내기가 부끄럽고 두려워, 차라리 온라인 속 낯선 이들에게 질문을 던지고 그들의 이야기에 기대어 위안을 찾는다. 깊은 교감 없이도 피상적으로나마 연결된 느낌을 받을 수 있지만 이는 가족들의 일상을 침식한다. 아이들이 숙제를 도와 달라고 하거나 엄마의 관심이 필요할 때마다 '잠깐만'이라는 말로 미루다보면 아이들은 관심을 받으려 필사적으로 몸부림치거나, 아니면 깊은 상실감 속에서 체념해버리고 만다.

이렇듯 온라인 세상에 몰입하는 일은 때로 더 극단적인 형태로 나타나기도 한다. 한 내담자의 사례가 이를 잘 보여준다. 그녀는 또래들과의 대화에 목마른 나머지 밤이 깊어갈 동안 비디오 게임의 가상세계를 헤매거나 전국 각지의 친구들과 끝없이 문자를 나누며 새벽을 맞이하곤 했다. 잠을 쫓기 위해 하루 종일 커피를 들이켜야 했고, 졸음 속에서 운전대를 잡다가 아찔한 사고 직전까지 간 것도 여러 번이다. 이 모든 위험한 선택은 누군가와 나눌 대화가 간절했던 그녀가 달콤한 잠마저 기꺼이 포기할 만큼 외로웠기 때문이다.

최근 한 소셜미디어 연구는 소셜 네트워크가 겉으로는 우리에게 인정과 위안을 주는 것처럼 보여도 실상은 피상적인 위로에 그친다는 사실을 밝혀냈다. 현실세계의 진정한 소통과 달리 소셜 네트워크의 소통은 마치 깊은 갈증을 일시적으로 달래주는 한 모금의 물처럼 순간적인 위안만 준다는 것이다. 미셸의 이야기가 이를 잘 보여준다. 그녀는 자신의 게시물에 '좋아요'나 댓글이 달릴 때마다 잠시나마 위안을 얻었다. 어느 날은

'슬퍼요'라는 짧은 한마디를 올리자 세 명이나 개인 메시지로 안부를 물어왔다. "힘든 하루를 보내고 있다고 적으면, 댓글로 응원의 메시지가 쏟아지는 걸 보며 순간적으로나마 위로를 받았죠"라고 그녀는 말했다. "하지만 지금 이렇게 말하고 보니, 그게 진정한 위로였나 싶네요. 결국 일시적인 위안일 뿐이었던 것 같아요." 우리는 이런 소셜미디어의 허상을 일상 곳곳에서 마주친다. 얼마 전 야구장에서 있었던 일이 떠오른다. 한 젊은 여성이 들뜬 목소리로 말했다. 쿠어스 라이트 맥주를 들고 야구장의 전광판을 배경으로 일몰 사진만 찍어도 '좋아요' 500개는 거뜬하다고. 눈앞에서 펼쳐지는 경기의 생생한 감동 대신 차가운 디지털 숫자의 환호에 취해 있는 그녀의 모습은 소셜미디어가 만든 우리 시대의 아이러니를 보여주는 듯했다.

이 현상을 깊이 들여다보고 수많은 엄마의 이야기에 귀 기울이면서 나는 분명한 깨달음을 얻었다. 여성들은 그때그때 자신에게 필요한 것들을 인터넷에서 찾아 헤맨다. 누군가의 인정이 필요할 때도, 조언이 필요할 때도, 외로움을 달래고 싶을 때도, 단순히 호기심을 채우고 싶을 때나 자존감을 높이고 싶을 때도, 그리고 때로는 다른 이의 불행을 보며 위안을 얻고 싶을 때도 인터넷으로 향한다. 살이 부쩍 찐 고등학교 시절 앙숙의 근황 사진에 안도하고, 온종일 떼쓰는 아이들과 씨름하는 친구들의 고군분투 게시물에 공감하며, 한때 당신을 무시했던 이의 이혼 소식에서 묘한 만족감을 느낀다. 타인의 불완전한 일상이나 실패가 달콤한 위안으로 다가오는 것이다.

하지만 때로는 정반대의 감정을 찾아 헤매기도 한다. 이별 후에 애절한 사랑 노래를 반복해서 들으며 그 순간의 감정에 빠져들듯이, 우울한 감정 속에 잠시 머물고 싶어질 때가 있다. 그저 한동안 그 쓸쓸한 감정 속에 머물고 싶은 것이다. 소셜미디어는 우리의 이런 욕구도 완벽하게 채워준다. 근심 걱정 없이 세계를 여행하고, 로맨틱한 데이트를 즐기며, 화려한 경력을 쌓아가는 사람들의 완벽한 일상이 우리 눈앞에 펼쳐진다. 그리고 우리는 그들의 삶을 질투하는 감정에 너무나도 쉽게 빠져들고 만다.

나의 소셜미디어 생활, 건강한 걸까?

소셜미디어가 내 삶에 어떤 영향을 미치고 있는지 가장 분명하게 알 수 있는 방법은 바로 내 일상을 돌아보는 것이다. 지금부터 아래의 다섯 가지 모습과 비교하며 나의 소셜미디어 사용이 건강한지 살펴보자.

건강한 사용 습관
- 다른 사람들과 따뜻한 대화를 나누며 소통해요.
- 신뢰할 수 있는 이웃들에게 조언과 경험담을 구해요.

- 재미있는 콘텐츠로 하루의 스트레스를 풀어요.
- 세상 돌아가는 소식을 꾸준히 살펴봐요.
- 나와 비슷한 관심사를 가진 이들과 이야기를 나눠요.

경계해야 할 사용 습관
- 해야 할 일을 미뤄가며 시간을 허비해요.
- 가족과 대화가 단절되어 SNS에서만 속마음을 털어놔요.
- 무료한 시간을 그저 스크롤하며 채워요.
- 친구들과 직접 만나거나 통화하진 않고 SNS로만 소식을 전해 들어요.
- 아이들과의 생활에 하루 종일 지친 후, 어른들과 대화하고 싶은 갈증을 SNS로만 달래요.

    우리는 모두 소셜미디어라는 현대의 무대에서 각자의 이야기를 펼치며 특별한 만족감을 맛본다. 그렇지 않다면 이토록 열정적으로 무대에 오르지 않을 테다. 오랜 관찰과 연구 끝에 나는 이 디지털 극장에서 펼쳐지는 다채로운 '공연 스타일'들을 발견했다. 지금부터 그중 가장 흥미로운 유형들을 소개하고자 한다.

- **관심 추구형**: '힘든 일이 있어요, 위로가 필요해요' '대박! 엄청난 일이 생겼어요' 같은 글로 관심과 인정을 갈구한다.
- **자랑 대장형**: 세상에 자신의 성공만 알리고 싶어한다. 아이들의 수상 소식부터 자신의 다이어트 성공, 승진 소식까지 오직 빛나는 순간만을 공유한다.
- **일상 기록형**: 점심을 뭘 먹었는지, 커피는 뭘 마셨는지, 저녁 영양제는 뭘 복용하는지 등등 하루의 자잘한 순간들을 빠짐없이 기록한다.
- **홍보 알림형**: 자신이 파는 물건, 살아가는 방식, 좋아하는 음악 등을 끊임없이 알린다.
- **유머 공유형**: 재미있는 밈이나 영상을 나누며 웃음을 전파한다.
- **가족 추억형**: 가족과의 여행이나 일상의 즐거운 순간들을 소중한 추억으로 남기고 공유한다.
- **정치 논객형**: 자신의 정치적·사회적 견해를 적극적으로 표현하며, 댓글난에서 반대 의견과 치열하게 논쟁한다.
- **동기 부여형**: 명언, 영상, 성공 스토리로 매일 새로운 영감을 전한다.
- **옹호자형**: 의료, 사회, 교육 문제나 모금 활동 등 특정 대의를 위해 꾸준히 목소리를 낸다.
- **간헐적 참여형**: 때때로 좋은 일이 있을 때만 가볍게 소식을 전한다.

소셜미디어는 이제 우리 삶에서 떼려야 뗄 수 없는 공기 같은 존재가 됐다. 거대한 디지털 광장과도 같은 공간에서 우리는 매일 이야기꽃을 피우며 서로의 일상을 나눈다. 하지만 이 매혹적인 공간에서 우리는 종종 시간과 내용의 균형을 잃어버리곤 한다. 균형 잃은 발걸음을 바로잡으려면 먼저 자신을 들여다봐야 한다. 게시물을 올리는 자신만의 이유와 방식을 돌아보는 일은 길을 잃었을 때 방향을 알려주는 나침반처럼, 우리가 서 있는 자리를 다시 보게 하는 거울이 되어준다. 더불어 우리의 게시물을 읽을 이들의 마음까지 헤아리는 지혜도 필요하다. 친구들의 즐거운 식사 자리 사진을 보며 느낀 미묘한 소외감을 기억하는가? 우리의 작은 게시물 하나가 누군가에게 상처가 되지 않도록, 더 깊이 배려하며 사려 깊게 소통할 필요가 있다.

나 역시 한 줄의 게시물 때문에 깊은 상처를 받은 적이 있다. 매년 연말이면 찾아오던 특별한 약속이 있었다. 친구 부부가 여는 홈파티는 나와 남편에게 한 해를 마무리하는 가장 달콤한 순간이었다. 그러던 어느 해, 기다리던 초대장이 오지 않았다. 처음에는 '올해는 파티를 안 여나보다' 하고 무심코 넘겼다. 하지만 그것은 순진한 착각에 불과했다. 어느 날 문득 마주친 소셜미디어 속 화려한 파티 사진들은 내 마음을 산산조각 내버렸다. '혹시 내가 무심코 실수라도 한 걸까, 아니면 초대장이 길을 잃은 걸까?' 밤새도록 이런 생각들이 나를 괴롭혔다. 끝내 이 일에 대해 친구에게 물어보지는 못했다. 그후로 몇 년의 시간이 흘렀지만, 여전히 그 친구를 만날 때마다 차갑게 얼어붙은 어색함이 우리 사이를 맴돈다.

한편 미셸의 일상은 점점 더 깊은 디지털의 늪으로 빠져들고 있었다. '잠깐만 기다려, 금방 끝낼게'라는 말은 이제 그녀의 입에 붙어사는 주문이 되었고, 아들을 향해야 할 시선은 늘 문자 메시지 속에 갇혀 있었다. 아이의 울음소리가 터져 나와도 그녀는 노이즈 캔슬링 헤드폰으로 그 소리를 완벽히 차단한 채 페이스북이라는 가상세계에 자신을 가두었다. 아들이 TV 속 「슈퍼 와이」에 홀린 듯 빠져 있는 동안, 그녀 역시 「길모어 걸스」라는 달콤한 도피처에서 현실을 외면했다.

미셸의 이런 모습을 지켜보며 나는 놀라운 사실을 하나 발견했는데, 우리를 키워주신 어머니들이 보였던 그 집착의 그림자가 이제는 다른 모습으로 드리워져 있다는 것이었다. 다만 그녀의 중독은 인터넷이라는 새로운 형태를 띠고 있을 뿐이다. 우리 어머니들이 드라마 속 주인공들의 삶에 깊이 빠져들었듯이 미셸은 소셜미디어 속 타인의 일상에 자신을 투영하고 있었다. 끊임없이 게시물을 올리고 문자를 보내며 온라인 속 누군가와 필사적으로 관계 맺으려 했다. 그녀에게 소셜미디어는 실시간으로 펼쳐지는 현실판 「올 마이 칠드런」이었다.

그러던 어느 날 미셸은 충격적인 장면을 목격했다. 수많은 장난감으로 가득한 놀이방에서 아들은 초조한 나비처럼 이 장난감, 저 장난감으로 쉴 새 없이 옮겨다니다가 순식간에 흥미를 잃어버렸다. 그러다 문득 아직 정리하지 못한 아기 시절 장난감들로 발걸음을 향하는 것이었다. 단순한 종소리, 반짝이는 불빛, 짧게 반복되는 음악 소리가 아이의 시선을 붙잡았다. 상상력을 키워줄 수 있는 정교한 기차 세트는 관심 밖이고, 오직 화면 속 반복되는 토마스 기차 게임에만 몰두했다.

그해 무더운 여름날, 미셸이 눈가에 눈물을 머금은 채 내 상담실 문을 열었다. 떨리는 목소리로 그녀는 조심스럽게 물었다. 혹시 자기 아들이 ADHD 같진 않으냐고. 사실 이런 상담은 낯선 게 아니었다. 수많은 영유아 부모가 비슷한 걱정을 안고 찾아오곤 했으니까. 하지만 우리는 일곱 살 전까지는 이런 검사를 진행하지 않는다. 유아기 아이들이 활발하고 충동적인 모습을 보이는 건 자연스러운 일이기 때문이다. 겨우 네 살배기인 미셸의 아들은 검사를 시행하기엔 너무 어렸다. 하지만 나는 그녀의 이야기에 귀 기울이기로 했다. 도대체 무엇이 이 젊은 엄마의 마음을 이토록 무겁게 짓누르고 있는 걸까.

미셸은 무거운 한숨과 함께 이야기를 풀어냈다. 아들은 마치 망가진 레코드판처럼 "엄마"라는 말을 백 번도 넘게 되풀이했다. 식탁에서는 겨우 몇 숟가락 뜨고는 자리를 박차고 일어나 집 안을 정처 없이 떠돌기 일쑤였다. 양말이며 신발, 장난감 부품까지 온갖 물건들이 하루에도 몇 번씩 종적을 감추었다. 모두 성장 과정의 자연스러운 모습이라고 스스로를 위로했지만, 미셸의 인내심은 이미 한계점을 향해 달려가고 있었다. 그러던 어느 날 밤, 결정적인 사건이 일어났다. 아들과 함께 동화책을 읽던 평화로운 순간에 문자 알림음이 울렸다. 단지 발신인을 확인하려 휴대폰을 들었을 뿐이었다. 아들은 눈부신 속도로 휴대폰을 낚아채 방 반대편으로 내던져버렸다. 그 순간, 미셸은 자신과 아들 사이의 관계가 휴대폰처럼 산산조각 나고 있음을 직감했다.

"음…… 지금 아이는 휴대폰과 엄마의 관심을 두고 조용한 싸움을 하고 있는 것 같아요." 나는 부드럽게 말을 꺼냈다. "아마 많이 답답했을 거예요. 네 살배기가 '엄마, 내 마음 좀 봐주세요' 하고 말로 표현하기는 어렵잖아요. 그래서 그 순간 휴대폰을 던지는 것 말고는 달리 방법이 없었을 거예요."

"네……?" 미셸의 눈동자가 흔들렸다. 그녀는 의자에 깊숙이 몸을 기대며 연분홍빛 민소매 상의를 무의식적으로 매만졌다.

"휴대폰이 울릴 때마다 엄마를 잃어버린 듯한 느낌이 들었을 거예요. 엄마의 시선과 관심이 순간 다른 곳으로 향하니까요. 아직 어린 아이가 '5분만'이나 '잠깐만'이라는 시간을 이해하긴 어려워요. 그저 그 자리에 홀로 남아 엄마가 돌아오기만을 기다리고 있는 거죠."

깨달음이 미셸의 얼굴을 스쳐 지나갔다. 그녀는 마치 무거운 짐을 내려놓듯, 조용히 휴대폰을 테이블 위에 내려놓았다.

정신 질환 진단의 기준서인 『정신질환의 진단 및 통계 편람 DSM』의 최신판 편찬 과정에서 열띤 논의가 있었다. 현대사회의 새로운 질환으로 대두된 인터넷 중독을 정신 질환으로 인정할 것인가 말 것인가에 대한 논의였다. 신중한 검토 끝에 편집진은 더 많은 연구가 필요하다는 결론을 내렸다. 그러나 나는 다음 개정판에서는 이 진단명이나 관련 분류 기준이 반드시 포함될 것이라 확신한다. 그래서 공식적인 진단 기준이 마련되지 않은 현 상황에 나만의 비공식적인 진단 기준을 만들어 적용하고 있다. 2009년 『정신의학』 지에 발표된 「DSM-V는 인터넷 중독을 정신 질환으로 지정해야 하는가?」라는 논문의 연구 결과와 일반적인 중독 증상의 특징을 바탕으로 개발한 것이다. 나는 이런 기준을 바탕으로 엄마들에게 휴대폰 사용을 중단해야 할 적절한 시점을 제시하고 있다.

디지털 세상에 너무 깊이 빠져 있지는 않나요?

단순히 온라인에서 보내는 시간만이 아니라 얼마나 자주 스마트폰을 들여다보는지가 더 중요한 신호라 하겠다. 다음의 질문들을 스스로에게 던져보자.

- 아침에 눈뜨자마자 가장 먼저 스마트폰부터 확인해요.

- 화장실에 갈 때도 휴대폰이 없으면 불안해요.(믿기 어렵겠지만, 주변에서 휴대폰을 변기에 빠뜨린 사례를 수없이 봤다!)
- 잠깐의 여유만 생겨도 습관처럼 인터넷부터 해요.

온라인 세상과의 연결이 끊긴다면, 당신은 어떤 모습을 보일까? 휴대폰을 잃어버리거나 어딘가에 두고 왔을 때를 상상해보자.
- 휴대폰 생각이 머릿속을 끊임없이 맴돌아요.
- 알몸으로 거리를 걷는 듯한 불안과 초조함이 밀려와요.
- 산소가 부족한 것처럼 숨이 막힐 듯 답답해요.
- 통제할 수 없는 짜증과 분노가 치밀어 올라요.(잠시 불안하다가 오히려 휴대폰과 인터넷에서 벗어난 자유로움을 느낄 수 있다면, 이는 아직 중독이 아닌 의존 수준이라 할 수 있다.)
- 단순히 '갖고 싶은 물건'이 아닌, '반드시 있어야만 하는 것'을 잃어버린 듯 절박함이 느껴져요.
- 어떤 대가를 치르더라도 휴대폰을 되찾는 게 최우선 과제가 돼버려요.

소셜미디어가 당신의 삶에 드리운 그림자를 마주하고 있지는 않은가? 다음의 질문들로 스스로를 돌아보자.
- SNS에 빠져들다보니 가족과의 시간을 일부러 피하기도 해요.
- 가족이나 친구들과 함께 있어도 마음은 늘 SNS에 가 있어요.
- SNS에서 보는 남들의 빛나는 일상과 자신을 비교하며 우울해질

때가 있어요.
- SNS 속 완벽해 보이는 모습들을 좇다가 너무 높은 목표를 세우곤 해요.
- 다른 아이들의 눈부신 성과를 우리 아이는 이루지 못하고 있다는 생각에 자책하게 돼요.
- 아이들이 친구들의 즐거운 모임에서 소외된 걸 보며 마음 아파 해요.

    나는 미셸에게 처음으로 의미 있는 과제를 내주었다. 일상에서 조금이라도 시간을 내서 친구와 커피 한잔 하거나 공원에서 산책을 하라고. "이제 천천히 일상으로 돌아가서 주변 사람들과 마음을 나누는 시간을 가져보는 게 어떨까요?"

    얼마 후 미셸은 용기 내어 고등학교 동창에게 연락했다. 뜻밖에도 그 친구는 미셸의 집에서 멀지 않은 지역에 살고 있었다. 친구의 소셜미디어에서 '기도가 필요해요'라는 글을 본 미셸은 만남을 제안했다. 함께 이야기도 나누고 자신이 도움이 될 수 있기를 바라는 마음에서였다.

    대화가 무르익을수록 미셸은 오히려 자신의 깊은 속마음을 고등학교 동창에게 하나둘 털어놓았다. 갈수록 인터넷에 빠져드는 아들을 어떻게 해야 할지 모르는 답답함, 끝없는 피로감에 짓눌린 하루하루, 남자친구와 헤어진 후 여물지 않은 상처, 새로운 인연이 다시 찾아올 수 있을까 하는 불안까지. "사실 우리 아이는 예상치 못한 선물이었어." 미셸의 목소리가 살짝 떨렸다. "아이를 낳고 나서는 내 청춘도, 몸매도, 그리고 여자로서의 매력까지 전부 잃어버린 것 같아. 누가 애 키우는 싱글맘한테 마음을 주겠어?"

미셸의 친구는 마치 의례적인 절차처럼 '동정 어린 눈빛'을 보내며 모든 것이 잘될 거라는 건조한 위로를 건넸다. 그러고는 서둘러 자신의 아픈 고양이 이야기와 회사생활의 불만으로 화제를 돌렸다. 미셸의 진심 어린 고백은 그렇게 허무하게 끝나버렸다. 계산서가 나올 때까지 두 사람은 차가워진 커피잔만 바라보며 무거운 침묵에 잠겨 있었다.

"우리 사이엔 더 이상 나눌 이야기가 남아 있지 않더라고요." 미셸이 쓸쓸한 목소리로 말했다. "세월이 너무 많이 흘렀나봐요. 이제 서로에게 그저 옛 친구일 뿐이더라고요." 미셸은 잠시 말을 멈추었다가 이어갔다. "대화가 너무 하고 싶었나봐요. 오랜만에 만난 그 친구한테 그런 속마음까지 다 털어놓다니…… 창피해서 다시는 얼굴도 못 보겠어요."

이는 우리 모두가 한번쯤 겪어본 경험이다. 오래된 친구를 만나면 마치 오래된 자전거를 다시 타는 것처럼 그때의 감정들이 자연스레 되살아난다. 서로의 비밀 이야기를 나누던 그 시절로 순식간에 돌아가게 되는 것이다. 미셸이 거리낌 없이 속마음을 털어놓은 것도 그런 이유에서였을 테다. 하지만 안타깝게도 그녀의 말처럼 세월은 이미 그들을 전혀 다른 사람으로 만들어버린 뒤였다.

몇 달이 흐른 어느 날, 미셸이 다급한 발걸음으로 상담실 문을 열었다. 울음 섞인 그녀의 목소리는 가을바람에 떨리는 낙엽처럼 불안정했다. 그날의 사건은 이제 갓 다섯 살이 된 아들이 토요일 아침 6시에 잠에서 깨어나는 바람에 시작된 것이었다. "마감이 급한 업무가 있어서, 시리얼 한 그릇에 아이패드에다 헤드폰 껴서 아이 손에 쥐여주고는 메일 몇 통만 보내려 했죠. 그게 제 실수였어요." 미셸은 그날을 떠올리며 힘겹게 말을 이어갔다. "처음엔 5분만 더, 10분만 더 하면서 시간을 늘렸어요. 정신을 차려보니 한 시간이나 지나 있었고…… 결국 아들은 기기에 흥미를 잃어버리고 말았죠."

미셸은 잠시 숨을 고르더니 다시 이야기를 시작했다. "그때 아들의 기억 속에 어린이집 놀이터에서 있었던 일이 떠올랐나봐요." 그녀의 목소리가 다시 한번 떨렸다. "친구들이 '찌찌'나 '고추' 같은 낯선 단어들을 주고받으며 웃고 떠들던 게 궁금했나봐요. 저를 계속 부르면서 팔을 잡아당겼는데……" 미셸은 죄책감에 잠시 말을 잇지 못했다. "전 바쁘다는 핑계로 대충 달래고 메일만 쓰고 있었죠. 그런데 우리 아이가…… 평소 제가 유튜브 영상 찾는 걸 유심히 보면서 구글 검색하는 법을 배웠더라고요. 그 호기심 많은 아이가 궁금했던 단어를 한 글자씩 입력하고…… 이미지까지 찾아보게 될 줄은 꿈에도 몰랐어요."

"아이의 화면을 발견하기까지 얼마나 많은 시간이 흘렀는지 모르겠어요." 미셸의 목소리가 점점 작아졌다. "제가 본 화면은…… 말로 표현하기도 어려울 만큼 적나라했어요. 어른인 제가 봐도 당황스러울 정도였으니까요. 아직 세상 물정 모르는 다섯 살배기가 저런 것들을 봤다고 생각하니까…… 아직도 머리가 멍해요."

"그걸 보셨을 때 어떻게 대처하셨나요?" 내가 조심스레 물었다.

"순간 저도 모르게 아이패드를 홱 낚아챘어요. 그러면서 아이 머리에 끼워져 있던 헤드폰까지 확 벗겨져나갔죠. 깜짝 놀란 아이는 울음을 터뜨렸고, 저도 정신없이 소리치고 있었어요. 그야말로 아수라장이었죠." 미셸은 그 순간을 떠올리며 깊은숨을 들이마셨다. 그녀는 아들에게 그 단어를 어디서 알게 됐는지 물었고, 아이는 운동장에서 친구들이 하는 말을 들었다고 대답했다. "그럼 왜 엄마한테 먼저 물어보지 않았니?" 미셸은 잠시 말을 멈추고 감정을 추스르려 애썼다. 아이의 대답은 그녀의 마음을 아프게 했다. "엄마, 난 물어보려고 했어요. 근데 기다리라고만 하고 돌아오지 않았잖아요."

아이가 엄마의 관심을 받지 못한 채 문제 상황에 빠지는 이런 일은 상담실에서 너무나 자주 마주하는 사례다. 게다가 현실적으로 엄마들도 아이와 함께 있는 동안 적절한 경계선을 그을 줄 알아야 한다. 그래서 나는 미셸에게 구체적인 제안을 했다. 집에 있을 때만큼은 일하는 시간과 아이와 함께하는 시간을 확실히 구분하고, 이 둘을 절대 섞지 말아야 한다고. 아이들은 생각보다 이해심이 깊다. 나중에 엄마가 자신에게 온전히 집중해줄 거라는 믿음만 있다면 기다릴 줄도 안다. 이렇게 지켜진 약속들이 쌓여 부모와 자녀 사이의 단단한 신뢰가 자라나는 것이다.

엄마 번아웃 극복을 위한 생존 가이드
: 현명한 소셜미디어 사용법

우리와 아이들을 위해 분명한 경계선을 그어두자. 가정 안에는 디지털 기기로부터 자유로운 시간과 공간이 반드시 있어야 한다.

온라인과 오프라인에서 나눌 대화는 분명히 구분되어야 한다. 너무 사적인 이야기는 온라인에 기록으로 남기지 않는 것이 좋다. 온라인에서 얻은 조언들은 참고는 하되, 절대적 진리로 받아들이지는 말자.

인터넷에 한번 남긴 기록은 영원히 지워지지 않는다. 아이들에게 강조하듯, 우리도 떳떳이 보여줄 수 있는 내용만 올리자. 후회로는 이미 새겨진 기억을 지울 수 없다.

지금 이 순간, 곁에 있는 사람이 가장 소중하다. 휴대폰은 조용히 두고, 마주 앉은 이에게 진심 어린 관심을 보이자.

보너스 가이드

+

잊고 있던 나만의 순간 되찾기

셀카를 찍느라 정작 그 순간을 놓치고 있지는 않은가? 아이들의 귀여운 모습을 카메라에 담느라 정작 그들과 눈을 마주치지 못하고 있지는 않은가?

많은 부모가 그러하듯 우리도 완벽한 순간들을 기록해 다른 이들과 나누고 추억으로 간직하고 싶어한다. 하지만 그때의 설렘과 행복, 그 특별한 감동은 굳이 사진으로 찍지 않더라도 우리 마음속에 고스란히 남는다.

당신의 마음을 가장 따뜻하게 적시는 사진 한 장을 찾아보자. 그 사진 속에 담긴 특별한 감정과 행복했던 순간을 천천히 떠올려보자. 그때 당신의 마음은 고요했는가, 아니면 설렘으로 가득했는가? 환한 미소를 띠고 있었는가? 혹시 그때 아이들은 곁에 없었는가?

그때의 특별했던 감정을 다시 한번 느끼기 위해 지금 할 수 있는 일들을 살펴보자. 가령 해변에서 찍은 사진 속 평온한 당신의 모습이 좋았다면, 그런 고요함을 위해 마사지를 받거나, 운동 수업에 참여하거나, 홀로 산책을 즐기는 것도 좋은 방법이다. 물론 그때의 감정과 완벽히 일치하진 않겠지만 분명 마음의 안정을 찾는 데 도움이 될 것이다. 더군다나 가장 좋은 점은, 이런 활동을 하는 동안에는 휴대폰으로부터 자유로워질 수 있다는 것이다!

5장

내 아이만큼은 완벽하게
— 완벽한 엄마(라는 환상)의 무게

◆
◆
◆

비슷한 경험이 있나요?

선택지는 끝없이 펼쳐진다. 최고의 엄마라는 환상을 좇다보면 우리는 어느새 복잡한 선택의 미로 속에 갇힌다. 이제부터 소개할 모습들이 당신의 일상에서 보인다면, 과감히 선택의 폭을 좁힐 때가 된 것이다.

- ☑ 이것보다 더 좋은 게 있으리란 생각에 결정을 내리고도 불안해져요.
- ☑ 최고의 제품, 서비스, 학원을 찾아 헤매다보니 하루가 어떻게 가는지 모르겠어요.
- ☑ 이것도 좋고 저것도 좋아서 결국 둘 다 사게 되는 제 모습을

발견해요.
- ☑ 오늘 내린 선택들이 옳았을까…… 밤마다 이불 속에서 후회하곤 해요.
- ☑ 새로운 결정을 앞두면 머릿속이 복잡해져서 한숨만 나와요.
- ☑ 쇼핑하고 돌아오면 몸보다 마음이 더 지치는 것 같아요.
- ☑ 아이 양말 하나 사는데도 밤새 리뷰를 보다가 결국 아무것도 사지 못해요.

이제 메리의 이야기를 소개하려 한다. 그녀는 마흔여섯 살의 기혼 여성으로, 십대에 접어든 쌍둥이 아들을 두고 있었다. 서른 살에 쌍둥이를 낳았으니 내가 그녀를 처음 만났을 때는 결혼한 지 열아홉 해가 되던 무렵이었다. 영양학 전공자였지만, 쌍둥이를 키우는 일이 워낙 버거워서 전공을 살려 일할 엄두를 내지 못했다. 남편은 벤처 캐피털리스트로 일하고 있었다.

처음에 메리는 두 아들을 데리고 상담실을 찾아왔다. 아이들은 학교에서 다른 아이들을 괴롭히고 선생님들과 맞서는 데다 집에서도 메리의 말을 완전히 무시하는 등 끊임없이 문제를 일으키고 있었다. "도대체 왜 이렇게 된 건지 모르겠어요." 첫 상담 전 통화에서 말하는 메리의 목소리에는 절망감이 가득했다. "이렇게 키우지 않은 것 같은데……" 그녀는 자책하듯 덧붙였다. 상담 세션 중 아들 하나가 자리를 박차고 나갔고, 이를 계기로 우리는 아이들의 치료를 잠시 미루고 메리의 개인 상담에 집중하기로 했다. 그제야 나는 메리가 겪고 있는 진짜 문제를 발견할 수 있었다. 수많은 엄마처럼 메리 또한 우리 아이에겐 최고만을 주어야 한다는 강박관념에 사로잡혀 끝없는 선택의 늪으로 빠져들고 있었던 것이다.

아이 운동화 하나를 사는 데도 백화점부터 아웃렛까지 온종일 발품을 팔고, 방학 영어캠프 하나를 고르는 데도 맘카페는 물론 블로그까지 밤새도록 뒤지는 일상이 반복됐다. 아이들이 자라면서 학업과 방과 후 활동에 대한 선택지는 더 늘어났고, 그럴수록 메리는 결정 앞에서 한 걸음도 내딛지 못한 채 우왕좌왕했다. 선택지가 많으면 많을수록 좋을 거라 믿는 엄마들이 많지만, 내가 깨달은 진실은 달랐다. 끝없이 늘어나는 선택지는 결국 엄마들을 지치게 만들 뿐이었다.

메리의 이야기를 듣다보니 문득 나의 기억이 한 조각 떠올랐다. 1년 전쯤 따스한 햇살이 내리쬐던 어느 오후, 나는 세 살배기 막내아들과 함께 동네 아이스크림 가게로 향했다. 남다른 가게였다. 수십 가지 맛으로 소문난 메뉴판이 벽면을 가득 메울 정도였다. 알록달록한 아이스크림이 가득한 유리 진열장 앞에서 아들은 한 걸음 한 걸음 신중하게 걸었다. 새로운 맛을 발견할 때마다 아이의 눈은 더 반짝였고, 입가의 웃음은 점점 더 환하게 피어났다.

진한 초콜릿부터 형형색색의 과일과 사탕이 어우러진 순백의 바닐라까지, 온갖 아이스크림이 진열장을 가득 메웠다. 그 사이로 새콤달콤한 분홍빛 딸기 아이스크림, 솜사탕처럼 포근한 하늘색 아이스크림, 초콜릿 칩이 별처럼 박힌 상쾌한 민트 맛이 반짝였다. 그런데 진열장 중간쯤에 이르자 아이의 환한 미소가 서서히 사라지기 시작했다. 마지막 맛에 다다를 무렵엔 양 볼에 눈물이 뚝뚝 떨어지고 있었다. "뭘 골라야 할지 모르겠어요……." 아이가 내게 달려와 훌쩍이며 말했다. 나는 얼른 선택지를 초콜릿 칩과 딸기 두 가지로 추려주었고, 그러자 아이의 눈동자가 다시 빛나기 시작했다. "딸기요!" 방긋 웃으며 외치는 아이는 곧 행복한 표정으로 아이스크림을 맛보기 시작했다.

어린아이들에게 지나치게 많은 선택권을 주면 오히려 독이 된다는 것은 이미 잘 알려진 사실이다. 아이들은 불안해하고, 울음을 터뜨리거나 소리를 지르기도 하며, 때로는 아예 멍하니 굳어버리고 만다. 선택의 폭이 너무 넓으면 아이들은 방향을 잃기 마련이다. 그렇다면 어른들은 어떨까? 놀랍게도 메리의 이야기는 이 아이스크림 가게의 장면과 크게 다르지 않다. 우리 또한 감당하기 힘든 수많은 선택의 기로 앞에 홀로 설 때, 그 아이처럼 혼란과 고통을 겪는다.

"어서 와요, 메리." 대기실로 나가 맞이하자 그녀는 반갑게 손을 내밀며 환한 얼굴로 다가왔다. 우리는 그때까지 약 6개월간 개인 상담을 이어오고 있었다. "안녕하세요." 메리는 언제나처럼 포근한 미소를 지으며, 내가 '속삭임'이라 부르게 된 그녀만의 부드러운 목소리로 말했다. 상담실로 향하는 길에 그녀는 내 팔을 살며시 잡았다. "선생님, 이번 주는 어떻게 지내셨어요?" 몸을 살짝 기울이며 그녀가 나직이 물었다.

"좋았답니다." 내가 답했다. "메리 씨는 이번 주 어떠셨나요? 화장실 공사는 잘 진행되고 있나요?"

메리는 상담실로 들어서며 부드럽게 말을 이었다. "지금은 잠시 중단한 상태예요. 벽에 페인트 색상 견본을 열 가지나 붙여놓았는데, 어떤 걸 골라야 할지 도무지 결정이 안 나더라고요. 문득 '이거다!' 싶은 순간이 올 때까지 기다려보려고 해요." 메리는 살며시 웃으며 자리에 앉았다. 그러고는 가방에서 머핀 두 개가 든 작은 종이봉투를 꺼냈다. "어느 것을 드시겠어요?" 메리는 내게 머핀을 건네며 말했다. "하나같이 다 맛있어 보여서 도저히 하나만 고를 수가 없었거든요." 메리는 다시 한번 그 특유의 따스한 미소를 지었다.

"감사해요." 나는 애플시나몬 머핀을 받으며 말했다. "쉬는 시간에 차를 곁들여 먹어볼게요. 그런데 이번 주에 시부모님이 오셨다고 했잖아요. 아이들은 잘 적응하고 있나요?"

메리는 깊은 한숨을 내쉬었다. "있죠, 늘 그렇듯 우리 아이들이 또 일을 망쳐놨어요." 그녀는 잠시 숨을 고르더니 다급하게 말을 이었다. "할머니 할아버지께서 오셨는데도 인사조차 안 하지 뭐예요. 게임에만 정신이 팔려 고개 한번 들지 않더라고요. 정말 땅바닥에 꺼지고 싶을 만큼 부끄러웠어요." 메리는 다시 한번 가쁜 숨을 들이켰다. "그땐 정말 어떻게 해야 할지 막막하더라고요. 아이들은 저마저 무시하고, 시부모님은 그저 그 자리에 서서 눈앞의 상황을 믿을 수 없다는 표정을 지으셨죠. 그리고……"

"메리." 나는 차분히 그녀를 불렀다.

"네." 그녀의 시선이 곧바로 나에게 향했다.

"천천히 말씀하세요. 잠시 함께 심호흡을 해볼까요?" 내가 제안했다.

메리는 의자에 등을 기대고 깊은숨을 들이쉰 후 다시 입을 열었다. "우리 친정엄마마저 절 못난 엄마로 여기는 것 같아요. 어렸을 때 저는 얼마나 모범적이었는지 자꾸만 상기시키면서요." 메리는 절망적인 몸짓으로 두 팔을 허공에 들어올렸다. "이 녀석들은……" 메리는 입술을 깨물며 말끝을 흐렸다. "도저히 통제가 되질 않아요. 제가 도대체 뭘 잘못하고 있는 걸까요?"

메리의 두 아들과 함께한 몇 차례의 상담 시간 동안 그들은 과묵하고 조용했으며 마음을 쉽게 열지 않았다. 그럼에도 나를 존중하는 태도를 잃지 않았다. 묻는 말에도 성실히 답했다. 그들은 자신들이 사랑 넘치는 부모님 아래에서 좋은 친구들과 어울리며, 원하거나 필요로 하는 것이라면 뭐든지 누리며 자랐다는 사실을 인정했다.

"우리 삶은 지금 이대로 완벽해요." 한 아이가 당당하게 말했다. "그런데 왜 우리가 바뀌어야 하나요?" 다른 아이가 재빨리 거들었다. 쌍둥이는 자신들의 장난을 단순한 재미로만 여겼고, 그 행동의 불편한 진실을 지적하면 번번이 그럴듯한 변명을 늘어놓았다. 그들은 스스로를 바꿔나가겠다는 어떤 동기도 보이지 않았다. 오히려 메리를 자신들 마음대로 다룰 수 있는 만만한 상대로 여기며, 그녀의 약점을 손바닥 보듯 훤히 알고 있다는 사실에 은근히 우쭐거렸다.

아이들은 자신들만의 세상에 머무르고 싶어했고, 나는 이런 모습이 심히 걱정되었다. 어렵사리 마련된 몇 차례의 가족 상담은 시작부터 끝까지 가시밭길이었다. 메리 부부는 애타는 마음으로 아이들의 변화를 호소했으나 마치 허공에 대고 말하는 듯했다. 결국 세 번째 상담에서 쌍둥이 중 한 명이 중간에 자리를 박차고 나가버렸고, 그후로는 메리 혼자 상담실을 찾아오게 된 것이다.

집 안에서든 동네에서든 아이들의 버릇없는 행동은 나아질 기미를 보이지 않았다. 메리가 엄하게 나무라면 되레 목청을 높여 대들었고, 식사 시간에는 휴대폰을 내려놓으라는 말조차 들으려 하지 않았다. 공기총으로 동네 아이들을 겨누고 다니는 것은 물론 이웃집 담장과 나무에 화장지를 걸어두며 못된 장난을 일삼았다. 급기야 이웃집 지붕에 올라가 지나가는 사람들에게 물풍선 세례를 퍼붓는 위험한 장난까지 저질렀다. 그럴 때마다 메리는 이 모든 것이 순진한 아이들의 장난일 뿐이라며,

자신을 달래듯이 되뇌었다.

그러던 어느 날 오후, 옆 동네에 사는 메리의 친구 제인이 메리의 집 앞을 조깅하고 있을 때였다. 마침 메리가 우편함을 확인하러 밖으로 나왔고, 제인은 운동을 멈추고 그녀에게 다가왔다. "아이들은 잘 지내고 있니?" 그녀가 걱정 가득한 눈빛으로 물었다.

"물론이지. 왜?" 메리는 늘 그렇듯 환한 미소를 지어 보였다.

"네 아들들 소문이 동네에서 좋지 않게 돌고 있어……."

"누군가를 해치려는 의도는 아니었을 거야." 메리는 등을 곧게 펴며 말했다. "남자애들 다 그렇게 크는 거잖아."

이런 상황은 메리에게 더 이상 새롭지 않았다. 아이들이 더 어렸을 때부터 그녀는 규칙을 정하는 데 어려움을 겪어왔다. 지하실 카펫은 아이들의 낙서장이 되었고, 소중한 유리 화병은 실내 축구 골대로 전락했으며, 불쌍한 고양이는 거친 장난감 신세를 면치 못했다. "솔직히 남자애들을 이해하질 못하겠어요." 메리는 한 손으로 머리를 받친 채 지친 목소리로 말했다. "남편이 퇴근하고 들어오면 거실이 난장판이 되는 건 시간문제예요. 남자 셋이 소파에서 뒹굴며 레슬링을 하는데, 베개는 이리저리 날아다니고 담요는 걸레가 되어버리죠. 저러다 다치지는 않을까 마음이 다 조마조마한데 셋은 신나서 야단이에요."

사춘기에 접어들며 아이들의 장난은 점점 도를 넘어섰고, 그러다 결국 돌이킬 수 없는 사고가 터지고 말았다. 그것은 메리가 내게 도움을 청하기 바로 전주의 일이었다. SNS에서 수많은 팔로워를 거느린 쌍둥이가 이번에는 학교의 학생 하나를 표적 삼아 못된 짓을 저질렀다. 팔로워들을 선동해 그 아이에게 부적절한 사진을 무차별적으로 보내게 했을 뿐 아니라 끝내 그 아이의 개인정보와 얼굴 사진까지 온라인상에 유포했다. 결국 아이들은 일주일간의 정학 처분을 받았고, 남은 학년 동안 특별 관리 대상이 되었다.

개인 상담을 시작한 지 반년, 아이들의 끊임없는 말썽에 메리의 삶은 점점 더 무너져 내리고 있었다. "이제는 설거지할 기운도 없어서 일회용 그릇을 쓰기 시작했어요." 그녀의 목소리에는 지친 기색이 역력했다. 식사도 배달 음식과 냉동식품으로 때우는 날이 잦아졌고, 산더미처럼 쌓여가는 빨래를 감당할 힘도 없었다. 아이들은 매일 깨끗한 교복을 필요로 했기에 결국 새 교복을 온라인으로 구매하는 것으로 상황을 모면했다. 그럼에도 메리는 이런 내면의 고단함을 늘 환한 미소 뒤에 감추었다.

9월 중순이 되자, 대학 진학을 앞둔 자녀를 둔 학부모들이 많이들 그러하듯 메리도 대학 선택이라는 끝없는 미로에 발을 들였다. "정말 난감한 상황에 빠진 것 같아요." 메리가 상담실 의자에 몸을 기대며 말했다. 가벼운 겉옷을 의자 팔걸이에 걸치면서도 그녀의 초조한 마음은 들썩이는 무릎에 고스란히 드러났다. 아이들은 주 내의 대학은 고려하지도 않았으며 가능한 선택지를 모두 살펴보고 싶어했다. 이제 메리의 하루는 대학 탐방 일정을 조율하고 캘리포니아, 보스턴, 뉴욕행 비행기 표를 예약하는 일로 가득 찼다. 그리고 이 끝없는 여정은 이제 겨우 첫발을 뗀 참이었다.

아이들의 머릿속엔 신나게 놀 수 있는 대학을 찾는 것 외에 아무런 계획도 없었다. 그래서 메리는 혼자 전국 방방곡곡의 온갖 학교를 찾아다닐 수밖에 없었다. 장래에 무엇을 공부하고 싶은지 물어봐도 시큰둥한 반응뿐이고, 전공 이야기만 꺼내면 슬그머니 자리를 피했다. 그러다 어느 날 아들 중 한 명이 친구와 나누는 대화가 우연히 귀에 들어왔다. 게임 개발자가 되고 싶다는 이야기였다. 상담 중에 이 말을 전하는 메리의 목소리에는 한숨과 분노가 뒤섞여 있었다. "한 해 학비로 6만 5000달러나 들여가며 대학에서 게임이나 더 하게 만들어야 한다는 거죠?"

국립교육통계센터에 따르면, 2012~2013학년도 미국에 존재하는 4년제 대학은 3000개가 넘었다. 이 말은 곧 메리가 검토해야 할 학교가 그만큼이나 많다는 뜻이었고, 그녀는 이 압도적인 숫자의 선택지들 앞에서 점점 더 큰 혼란에 빠져들었다. 소규모 교양대학부터 대형 종합대학까지, 공립과 사립을 넘어 남학교, 온라인 학교, 예술학교, 직업학교, 전문대학까지. 아들들이 갈 수 있는 학교는 끝이 없어 보였다. 마치 수십 가지 아이스크림 맛 앞에서 우왕좌왕하는 어린아이처럼 메리의 머릿속은 이 넘쳐나는 선택지들을 감당하기 힘들어했다. 그녀는 선택의 홍수에 완전히 압도되어 있었다. 게다가 메리는 정작 당사자인 아들들보다 이 결정에 더 깊이 빠져 있었다. 대학 선택은 결국 아들들이 해야 할 일이었지만, 메리는 그들이 모든 가능성을 놓치지 않기를 간절히 바랐다.

이후 몇 주 주말에 걸쳐 메리와 남편은 각각 한 아들씩 맡아 전국의 대학들을 돌아다녔다. 남편의 캠퍼스 투어는 늘 즐거워 보였다. 맛있는 저녁을 먹으며 찍은 사진이나 재미있는 순간들을 보내오곤 했으니까. 하지만 메리와 다른 아들의 시간은 무거운 침묵과 어색한 대화로 채워질 뿐이었다. 아들들을 번갈아가며 동행했지만, 이런 상황은 주말마다 되풀이됐다. 아이들이 자라다보면 자연스레 더 가까워질 수 있으리라 믿어왔는데, 이제는 그들이 자신을 진정으로 사랑하게 될 날이 과연 올지조차 의문이었다.

평일이 되면 메리는 방문했던 학교들을 하나하나 표로 정리하는 일에 몰두했다. 등록금부터 직항 노선 여부, 동아리 문화, 코딩 및 프로그래밍 전공의 학생 비율까지 그녀가 중요하다고 생각하는 모든 요소를 꼼꼼히 기록해나갔다. 하지만 정작 아들들에게 각 학교에 대한 생각을 물어보면 그들은 어느 학교가 어디였는지조차 기억하지 못했다. "너무 많은 학교를 둘러봤잖아요. 머릿속에서 정리하기가 너무 어려워요"라고 한 아들이 말했다. "새로운 학교를 더 찾아보기보다는 이제 목록을 줄여나

가야 하지 않을까요?"라고 다른 쌍둥이는 제안했다. 하지만 메리는 한 학교를 목록에서 지울 때마다 새로 추가할 학교를 세 개씩 더 찾아내고 있었다.

"이제 그만할래요." 전국 대학 투어가 반쯤 진행되었을 때 메리가 지친 목소리로 말했다. "더는 못 하겠어요. 대학 컨설턴트를 고용해서 모든 걸 맡겼어요. 앞으로의 투어 일정이며 아이들이 어느 대학에 지원할지도 그분이 알아서 결정하도록 할 거예요." 메리의 눈가에 눈물이 고였다. "선택지가 너무 많아서 오히려 아무것도 결정할 수가 없어요. 제가 대학 갈 때만 해도 그냥 집 근처에 있는 학교 두 개 중에 고르면 됐어요. 그래도 대학생활 잘했고, 석사까지 무사히 마쳤잖아요. 요즘은 왜 이렇게 대학 선택이 복잡하고 힘든 일이 되어버린 걸까요?" 메리는 잠시 말을 멈추었다가 덧붙였다. "정작 아이들은 자기들이 어디로 가게 될지 별로 신경도 쓰지 않는 것 같아요."

현명한 선택과 결정의 기술

현대를 살아가다보면 청바지 하나를 사는 것부터 휴대폰을 고르는 일까지 일상 속 모든 순간에서 끝없는 선택지를 마주하게 된다. 이처럼 선택지가 다양하게 있는 게 즐거울 때도 있지만, 이는 우리 삶을 복잡하게 만들고 효율성을 떨어뜨린다. 지금부터 이런 과도한 선택의 부담을 덜어내는 실질적인 방법들을 함께 알아보자.

고민되는 모든 선택지를 종이에 정리해보자. 눈앞에서 직접 비교하면 결정이 한결 수월해진다.

진정 필요한 게 무엇인지 파악하자. '하고 싶은 것'과 '반드시 해야 할 것'을 명확히 구분하면 선택이 더 분명해진다.

하루 중 컨디션이 가장 좋은 시간대를 찾아보자. 머리가 맑을 때 중요한 결정을 내리면 더 현명한 선택을 할 수 있다.

매일 일정 시간 동안 디지털 기기를 멀리하자. 잠시라도 스마트폰과 컴퓨터에서 벗어나면 우리 뇌는 더 선명하게 사고할 수 있다.

한 번에 한 가지 일에만 집중하자. 특히 중요한 선택을 앞둔 시점에는 그것 하나에만 온전히 집중하는 게 현명하다.

컬럼비아 경영대학원의 시나 아이엔거 교수는 주목할 만한 연구 결과를 발표했다. 그녀의 연구에 따르면, 과도한 선택지는 우리 결정을 방해하고 만족도도 떨어뜨린다. 심지어 아예 선택을 포기하게 만들기도 한다. 이는 퇴직연금 상품 연구에서 특히 잘 드러났다. 선택할 수 있는 퇴직연금 상품이 10개씩 늘어날 때마다 가입률은 1.5에서 2퍼센트씩 감소했다. 이러한 현상은 일상적인 소비재에서도 동일하게 나타났다. 잼이나 초콜릿과 같은 제품을 대상으로 실험했을 때도 결과는 같았다. 다양한 선택지는 처음에는 사람들의 호기심을 자극한다. 하지만 실제로 결정을 내려야 할 때는 오히려 부담이 된다. 이는 선택의 자유가 반드시 더 나은 결과나 만족도로 이어지진 않는다는 점을 보여준다.

선택은 본질적으로 우리 삶에 긍정적인 영향을 준다. 우리는 선택을 통해 자신의 힘과 통제력을 느끼고, 독립된 개인으로서의 정체성을 확립하며, 창의적인 생각을 펼칠 수 있다. 하지만 선택지가 너무 많아지면 문제가 시작된다. 끝없는 선택지의 홍수 속에서 뇌는 경고 신호를 보내고 스트레스 반응을 일으킨다.

가장 최근의 구매 경험을 떠올려보자. 유모차를 고르거나, 아이 침대를 사거나, 중학생 자녀의 농구화를 고르거나, 혹은 가족 휴가지를 정하던 순간 말이다. 이런 상황에서 당신은 어떤 유형인가? 완벽한 선택을 위해 끝없이 정보를 찾아보는 '투쟁형'인가? 선택의 부담에 지쳐 중간에 포기해버리는 '도피형'인가? 아니면 결정 자체가 두려워 아예 멈춰버리는 '경직형'인가? 때로는 이런 모습도 보일 수 있다. '곧 할게'라고 배우자에게 말해놓고는 갖가지 다른 일을 만들어가며 교묘하게 피해가는 것이다. 여기서 아이러니한 점은 세 반응 중 어떤 것을 선택하더라도 결국 문제는 해결되지 않는다는 사실이다. 적어도 제때 스트레스 없이 해결되는 일은 거의 없다.

 만딸의 유치원 입학을 앞두고 나 역시 이런 선택의 기로에 서 있었다. 덴버의 교육 환경은 마치 미로와도 같은데, 이곳에서는 모든 학부모가 '우리 아이에게 최고의 교육을'이라는 생각에 사로잡힌다. 우리 지역에는 207개의 공립학교와 82개의 사립학교가 있다. 116제곱킬로미터 반경 안에 학교가 300개 가까이 있다니 놀라울 따름이다. 교육과정도 실로 다양하다. 유아 교육부터 초중등 교육까지, 몬테소리 교육, 차터 스쿨, 혁신학교가 있고, 교복 착용 여부나 수업 시간도 학교마다 다르다. 여학교와 남학교는 물론 생태 친화적인 학교, 농장을 운영하는 학교, 모험 교육이나 예술 교육에 중점을 둔 학교도 있다. 급식 체계도 다양해서 산지 직송 식재료를 사용하거나 천연 재료로 직접 조리하는 방식을 채택한 학교도 있다. 과학기술 특성화 과정, 국제 바칼로레아IB, STEM, STEAM, 영재 교육(HGT나 GT) 등 특별 프로그램도 운영된다. 이제는 '전통적인 교육과정'이라는 말까지 생겼다. 그렇다. 우리가 다녔던 평범한 학교조차 특별한 이름표를 필요로 하는 시대가 된 것이다.

 운명을 결정하기라도 하듯 나는 여덟 개의 학교를 직접 발로 뛰며 둘러보았다. 수많은 학부모와 만나 그들의 선택 이야기에 귀 기울였고, 각 학교가 자랑하는 특별한 장점들을 낱낱이 조사하느라 밤낮을 가리지 않았다. '유치원 생활은 단 한 번뿐이야. 절대 실수해선 안 돼.' 이런 생각이 머릿속을 떠나지 않았다. 최종 결정의 순간까지도 세 번이나 마음이 흔들렸지만 마침내 한 유치원을 선택했다. 그러나 입학 2개월 만에 문제가 생겨 교장실을 찾아가야만 했고, 결국 아이가 1학년이 되자 다시 한 번 전학을 선택하고 말았다.

선택이라는 미로를 연구하는 학자들이 발견한 흥미로운 사실이 있다. 선택의 폭이 넓어질수록 사람들의 기대치는 하늘 높은 줄 모르고 치솟는다는 것이다. 그리고 이렇게 높아진 기대와 함께 어깨를 무겁게 짓누르는 책임감도 커져간다. 일상 속 예시를 살펴보자. 유명 온라인 쇼핑몰에서 여성용 샌들을 검색하면 6000개가 넘는 제품이 화면을 가득 채운다. 기저귀를 검색하면 더 놀라운데, 무려 40만 개의 선택지가 우리를 기다린다. 대형 마트 온라인몰에서는 단순히 초코칩 쿠키 하나를 고르는 데도 5페이지나 되는 목록을 살펴봐야 한다. 이렇게 넘쳐나는 선택지 앞에서 우리는 생각한다. '이렇게 많은 선택지 중엔 분명 완벽한 게 있을 거야. 나한테 딱 맞는 최고의 선택지 말이야.' 메리도 같은 생각에 사로잡혀 있었다. 또한 만약 아들들이 대학생활에 적응하지 못한다면 그것은 전적으로 자신의 잘못이라고 믿었다.

숨 가쁘게 이어졌던 대학 투어가 마무리 단계에 접어들면서 메리의 마음속 불안감도 조금씩 걷혀갔다. "이제 정말 끝이 보여요"라며 그녀는 말했다. 더 이상 복잡한 선택지들과 아이들의 행동 때문에 밤잠을 설칠 필요가 없었다. 이제는 아이들의 장난스러운 모습을 떠올리며 푹 잠들 수 있으리라는 기대만이 남아 있었다. 대학 컨설턴트와의 마지막 상담이 다가올수록 그녀의 가슴은 설렘으로 부풀어 올랐다.

그토록 기다리던 대학 컨설턴트와의 마지막 상담이 끝난 후, 메리는 그 자리에서 오갔던 대화를 이렇게 들려주었다.

"정말 눈코 뜰 새 없이 바쁘게 지내셨네요." 컨설턴트가 운을 뗐다. "지난 8주 동안 주말마다 전국 방방곡곡을 누비며 열여섯 개나 되는 도시를 다녀오셨죠. 도시마다 최소 한 곳, 때로는 그 이상의 학교를 둘러보셨고요. 자, 이제 두 아드님께서는 원하는 학교를 조금이나마 추려보셨나요?" 컨설턴트가 물었다.

메리의 심장이 쿵쾅거리기 시작했다. 드디어 이 순간이 왔다며 그녀는 마음속으로 중얼거렸다. 아이들이 지원할 학교 목록만 내놓으면 이 길고 긴 여정이 끝날 터였다.

쌍둥이는 먼저 서로를 흘깃 쳐다보았다. 그러고는 메리를 바라봤지만, 아무 말도 하지 않았다.

"어떻게 됐니?" 메리는 평소처럼 따스한 미소를 지으며 물었다.

쌍둥이 중 한 명이 무거운 목소리로 입을 열었다. "저는 내년에 대학에 가지 않기로 했어요. 갭이어gap year(고등학교 졸업

후 대학 진학을 잠시 미루고 자아 성찰, 진로 탐색, 봉사활동, 여행 등 다양한 경험을 쌓는 1년 정도의 시간을 의미한다. 주로 미국, 영국 등에서 보편화된 제도로, 자신의 적성과 꿈을 찾는 기회로 활용된다. — 역자 주)를 가져보고 싶어요."

첫 충격이 가시자, 메리는 쓰러질 듯 피곤한 몸을 이끌고 아들을 위한 최고의 갭 이어 프로그램을 찾아나섰다. 조사를 시작한 지 얼마 지나지 않아 그녀는 놀라운 사실을 발견했다. 하버드를 비롯한 최상위권 대학들이 갭 이어를 적극 권장한다는 것이었다. 이러한 발견은 메리의 마음에 희망을 심어주었다. 갭 이어가 아들의 대학 진학에 새로운 전환점이 될 수 있다는 생각에 그녀는 이제 완벽한 프로그램만 찾으면 된다고 결심했다.

"세계 어디든 좋아! 제삼세계 국가든, 유럽이든 상관 없어!" 메리는 컴퓨터 화면에 시선을 고정한 채 어깨너머로 아들에게 열성적으로 외쳤다. "예술활동도 할 수 있고, 봉사활동으로 집도 지을 수 있어. 군사 프로그램도 있고, 세계 일주 여행도 가능해. 네가 원하는 건 뭐든 할 수 있어! 게다가 대학 학점도 인정받고, 운이 좋으면 장학금도 받을 수 있대!" 메리는 매일 새로운 기회들을 찾아내 아들에게 소개했다. 더 완벽한 프로그램을 찾기 위해 친구들과의 만남도 미루고 전화도 받지 않았다. 메리는 진심으로 아들에게 최고의 기회를 주고 싶었다. 하지만 동시에 체면을 지키고 싶은 마음도 컸다. 두 아들이 내년에 무엇을 할지도 모르는 상태에서는 자녀들의 앞길이 모두 정해진 친구들과 마주 앉아 이야기를 나눌 수 없다고 생각했다. 그녀에게는 반드시 계획이 필요했다.

메리의 아들들은 그녀 뒤에서 '엄마가 미쳐가는 것 같아'라며 수군거리기 시작했다. 하지만 그들의 목소리에는 비웃음보다 두려움이 더 깊이 배어 있었다. 날이 갈수록 아침을 맞이하는 것이 마치 복불복 게임 같았다. 매일 아침 어떤 엄마를 마주하게 될지 알 수 없었다. 어떤 날은 다정한 엄마가, 어떤 날은 모든 것을 내려놓은 엄마가, 또 어떤 날은 화가 난 엄마가 그들을 맞이했다. 늘 정성껏 도시락을 챙겨주던 메리는 이제 돈만 건네줄 뿐이었다. 평소라면 절대 허용하지 않았을 일이다. 그 돈으로 친구들과 학교 밖에서 피자나 패스트푸드를 사 먹을 게 뻔했기 때문이다. 하지만 이제 메리는 그런 일상적인 걱정조차 할 여력이 없었다. "더는 버틸 힘이 없어요"라고 그녀는 힘없는 목소리로 털어놓았다. 결국 엄마의 갑작스러운 변화에 혼란을 느낀 아들들은 다시 한번 나를 찾아오기로 했다.

"갭 이어 프로그램을 찾기 시작하면서 엄마는 완전히 딴사람이 돼버렸어요." 한 아들이 말했다. "요즘은 하루 종일 이 얘기밖에 안 하세요."

"그냥 중년의 위기를 겪고 계신 것 같아요." 다른 아들이 덧붙였다.

메리만 그런 것이 아니었다. 나에게는 아들의 피아노 교사를 찾는 일에 광적으로 매달리는 또 다른 내담자가 있었다. 그녀는 최고의 교사를 찾겠다는 일념으로 지역의 모든 피아노 교사를 조사하기 시작했다. 다른 학부모들을 만나 정보를 수집하고, 교사들을 직접 만나 이력을 낱낱이 확인했다. 그녀는 이런 심문 같은 과정을 '인터뷰'라 불렀다. "어떤 분께 배우셨나요?" "지금까지 어떤 제자들을 배출하셨나요?" "어떤 무대에서 연주하셨나요?" "학생들에게 무엇을 요구하시나요?" 질문은 끝없이 이어졌고, 매번 그녀는 다른 교사를 더 만나봐야 할 그럴듯한 이유를 찾아냈다.

그녀는 이 지난한 과정에 점점 지쳐갔지만, 마치 강박에 사로잡힌 듯 멈출 수가 없었다. 마침내 한 교사를 선택했음에도 그녀의 불안은 가시지 않았다. 자신의 선택을 끊임없이 의심했고, 그 교사의 작은 결점조차 지적하지 않고는 못 배기곤 했다. 아이를 위해 최고만을 추구하는 과정에서 자신의 어깨가 무거워지는 것도 모른 채, 그녀는 아이의 마음속에 더 큰 부담을 쌓고 있었다. "엄마가 최고의 선생님을 찾는다고 그토록 많은 시간과 정성을 쏟으셨잖아요." 그녀의 아들이 나와 단둘이 있을 때 조심스레 말을 꺼냈다. "이제는 저도 최고가 되어야만 할 것 같아서 숨이 막혀요."

완벽한 엄마가 되기 위한 여정은 많은 엄마가 시작하는 길이지만, 결국 며칠, 몇 주, 때로는 몇 달 뒤쯤이면 모두 탈진 상태에 이르고 만다. 이런 완벽 추구의 뿌리엔 우리가 선택하는 물건이나 프로그램 자체의 가치보다 그것들이 '내가 어떤 사람이고, 어떤 엄마인가'를 증명하는 시험대가 되어버린 현실이 자리 잡고 있다. 이런 강박에 사로잡힌 엄마들은 밤늦도록 온·오프라인 매장을 뒤지며 친환경 매트리스를 찾아 헤맨다. '우리 아이 침대에 친환경 매트리스를 사주지 않는다면 난 나쁜 엄마가 될 거야.' 이런 자책은 끝없이 이어진다. 아이들 음식은 더 까다롭다. 반드시 유기농이어야 하고, 지역 농산물이어야 하며, GMO 식품과 액상과당은 절대 안 된다. 물병은 BPA가 없어야 하고 비누와 세제는 염료와 향료가 전혀 들어 있지 않아야 한다. 이 기준들을 하나라도 지키지 못하면 스스로를 아이들에게 무관심한 나쁜 엄마로 규정한다. 그래서 오늘도 가장 안전한 도시락통을 찾아 한밤중에 인터넷을 헤매는 것이다.

하지만 더 흥미로운 것은, 연구자들이 발견한 또 다른 현상이다. 우리의 완벽 추구는 특히 모든 선택지를 한눈에 볼 수 없을 때 극에 달한다는 것이다. 더 좋은 제품이 어딘가에 있을 거라는 기대감이 우리를 끊임없이 다음 페이지로 이끈다. 이런 온라인 쇼핑의 유혹에 넘어가본 경험, 누구나 한번쯤은 있을 것이다. 요가복 하나를 잠깐 검색해보려 했을 뿐인데 어느새 한 시간 반이 지나 있다. 수많은 후기를 읽어대다 문득 정신을 차려보면 아이들 하교 시간이 눈앞인데, 아직도 결제는 하지 못한 상태다. 페이지를 넘길 때마다 새로운 제품이 눈길을 끌고,

'이 옷이 더 날씬해 보일 것 같은데……'라는 생각에 또 다른 사이트로 들어가고, 할인 행사에 이끌려 새로운 페이지를 열어본다. 오프라인 매장은 이런 면에서 차라리 낫다. 선택지가 많긴 하지만, 적어도 모든 것을 한눈에 보고 비교할 수 있기 때문이다.

바로 이 지점에서 연구자들은 의사결정 과정의 중요한 특징을 발견했다. 우리 눈앞에 여러 선택지가 없을 때면, 더 나은 무언가가 있을 거란 막연한 기대를 버리지 못한다. 그러다보니 현실의 선택지들을 비현실적인 이상과 비교하며 결정을 미루게 된다. 반면 여러 선택지를 한자리에서 볼 수 있을 때는 다르다. 실제 대안들을 서로 비교하며 현실적인 판단을 내릴 수 있고, 그렇게 내린 선택에 더 큰 만족감을 느낀다.

완벽이라는 굴레에 갇혀 있지는 않나요?

부모라면 누구나 아이들에게 최고만을 주고 싶다는 마음을 품고 산다. 하지만 그 대가로 치르는 희생이 너무 클 때도 있다. '완벽'을 향한 끝없는 추구가 일상의 평화와 행복을 갉아먹고 있다면, 이제는 다른 길을 모색할 때다. 현실적으로 실천 가능한 적절한 선택이 오히려 더 건강한 삶의 방향이 될 수 있다. 아래 경험들을 잘 살펴보자.

엇비슷한 경험을 꽤나 했다면, '완벽 추구의 강박'에서 벗어나야 할 때다.

- 뭐 하나 결정할 때마다 '이게 맞는 선택일까?' 하는 생각이 끊임없이 따라다녀요.
- 아이한테 한 행동이 걱정돼서 새벽에 맘카페를 뒤지며 비슷한 경험담을 찾아봐요.
- 업무 중에도 자꾸 취업 사이트에 들어가서 다른 회사의 연봉과 복지를 비교해요.
- 상위권 제품 세 개를 질리도록 비교 분석했는데도 '과연 이게 최선일까?' 하고 계속 고민해요.
- 아이에게 딱 맞는 수영장을 찾겠다고 블로그 후기까지 다 찾아보다가 결국 원하는 시간대가 마감되고 말아요.
- 휴가 준비로 백화점에 왔는데 한 시간 안에 옷을 골라야 할 때, 수많은 브랜드 매장 사이에서 발만 동동 구르게 돼요.
- 아기 용품 매장의 카시트 앞에서 가격 비교 앱까지 켜놓고 이것저것 살펴보다가 결국 아무것도 결정 못 하고 멍해져요.
- 연인이나 친구들과 식사할 때 식당을 고르는 역할이 주어지면 스트레스로 머리가 지끈거려요.

메리 앞에 펼쳐진 교육 프로그램들은 끝없는 미로처럼 그녀를 혼란스럽게 했다. 이번이 아들을 명문 학교에 보낼 수 있는 마지막 기회일지도 모른다는 생각에 그녀의 마음은 더 무거워졌다. 지금까지 아들들을 키우며 늘 자신은 부족한 엄마였다고 자책해온 그녀였다. 이번만큼은 반드시 '올바른 선택'을 해내 좋은 엄마로 거듭나고 싶다는 간절한 염원이 그녀의 가슴속 깊이 자리 잡고 있었다.

아들의 진로를 위한 치열한 정보 검색의 나날 속에서 메리는 그날만큼은 가족의 저녁 식사 준비에 집중하기로 했다. 바로 전날 저녁, 남편이 이틀 연속으로 냉동 피자를 먹은 점을 꼬집으며 불만을 터뜨렸던 터였다. 메리가 가스레인지 앞에서 요리에 전념하는 동안 두 아들은 주방을 운동장 삼아 미식축구 공을 주고받으며 난장판을 벌였다. 평소와 달리 일찍 퇴근한 남편은 거실 소파에 편히 누워 텔레비전 속 세상에 빠져 있었다. 부글부글 끓어오르는 토마토소스를 저으며 메리는 어깨너머로 날카롭게 내뱉었다. "야! 너희 지금 주방에서 공놀이하는 거야? 당장 그만해!"

두 아들은 엄마의 잔소리를 비웃기라도 하듯 깔깔대더니 오히려 목소리를 높여가며 신나게 공을 주고받았다. 메리의 관자놀이로 통증이 밀려들었다. 목덜미는 쇠막대기처럼 뻣뻣하게 굳어왔지만, 그녀는 이 모든 상황을 애써 모른 척하며 요리에만 집중했다.

"여보, 식사 좀 차려줄래?" 소파에 편히 누워 있는 남편을 향해 그녀가 소리쳤다.

"알았어, 금방 갈게." 남편은 손가락 하나 까딱하지 않은 채 건성으로 대답했다.

그 순간이었다. 메리가 보글보글 끓는 토마토소스를 조심스레 식탁으로 옮기려던 찰나, 아들 중 하나가 던진 공이 그녀의 손에 정통으로 맞았다. 균형을 잃은 메리의 손에서 냄비가 떨어졌고, 뜨거운 토마토소스가 하얀 주방 타일 바닥 여기저기 붉은 물감처럼 튀었다. 남편은 요란한 소리를 듣고서야 화들짝 놀라 부엌으로 달려왔다.

메리는 하얀 타일 바닥 위에 흩뿌려진 붉은 토마토소스를 내려다보며 이를 악물었다. 천천히 고개를 들어 공을 던진 아들을 노려보았다. "망할 새끼!" 그녀의 목소리가 터져나왔다. "너도! 당신도! 망할 새끼들!" 다른 아들과 남편을 차례로 가리키며 그간 쌓였던 분노를 폭발시켰다. "내가 왜! 밤새도록 컴퓨터 들여다보면서 너희 대학이랑 프로그램 찾아보고 있는 줄 알아? 엄마가 너희 앞길 하나만 보고 새빠지게 고생하고 있는데 이게 너희 눈에는 그냥 웃기기만 하니? 재밌어? 그래서 이렇게 날 미치게 만드는 거야?"

메리의 격한 분노 앞에 아들들과 남편은 얼어붙었다. 눈만 동그랗게 뜨고 서로를 힐끗거리다 다시 메리를 바라봤지만, 누구 하나 입을 열 엄두를 내지 못했다.

메리는 분노에 목소리를 떨며 선언했다. "있잖아, 나 이제 그냥 그만두려고. 이제부터는 너희끼리 알아서 해." 메리는 주방 조리대에 놓인 차 키를 거칠게 낚아채더니 현관문을 쾅 닫고 집을 뛰쳐나갔다. 생각할 겨를도 없이 친구 제인의 집으로 차를 몰았다.

일주일 뒤 상담실에서는 적어도 그날 일을 이야기하며 웃을 수 있을 만큼 여유를 되찾은 상태였다. "웃긴 게요, 제인도 저랑 똑같은 지옥에서 살고 있더라고요, 애들 물건은 집 안 여기저기 흩어져 있고, 제인이 뭘 시킬 때마다 애들은 짜증을 내고, 남편은 밥때 되면 얼굴 비치는 게 전부래요." 메리는 고개를 저으며 쓴웃음을 지었다. "제인이 그러더라고요. 제가 그렇게 확 뛰쳐나가버린 게 대리만족이 됐다나 뭐라나."

메리가 친구 제인의 집에 있는 동안, 집에서는 쌍둥이와 남편이 보내는 문자 메시지가 봇물 터지듯 쏟아졌다. "엄마, 언제 들어오세요?" 한 아들이 애타게 물었고, "저녁 식사 남겨둘까요?" 하며 다른 쌍둥이가 걱정스레 물었다. "여보, 이제 이혼 전문 변호사라도 불러야 하나요?" 남편은 장난스러운 이모티콘과 함께 메시지를 보냈다. 메리는 앞으로 몸을 기울이며 들뜬 목소리로 말했다. "그런데 이 이야기의 백미는 결말이에요. 집에 돌아왔을 때 눈앞에 펼쳐진 광경이란!" 집 안은 마치 새집처럼 깨끗했고, 아이들의 다음 날 도시락까지 완벽하게 준비되어 있었다. 더 놀라운 건, 다음 날 아침 모두가 알아서 일어나 아침까지 챙겨 먹었다는 것이다. "정말 꿈나라에 온 것만 같았어요." 메리는 그 순간을 떠올리며 행복한 미소를 지었다.

그런 뒤 메리는 무거운 한숨과 함께 의자에 등을 기댔다. 방금 전까지 반짝이던 그녀의 눈빛이 구름 낀 하늘처럼 흐려졌다. "정말 아이들을 어떻게 해야 할지 모르겠어요." 그녀의 목소리가 떨렸다. "아이들 키우는 것밖에 없는 인생인데…… 그런데 이것조차 제대로 못 하다니!" 메리의 목소리가 점점 커지며 뜨거운 눈물이 뺨을 타고 흘러내렸다. "애들은 정말…… 하루 종일 쉴 새 없이 온 집 안을 쑥대밭으로 만들어요. 소파에서 침대로, 침대에서 책상으로 마치 정글짐처럼 기어다니고, 밥 먹다가도 트림 대회를 벌여요. 내 배 속에서 나온 아이들인데 왜 이렇게 이해가 안 되는 걸까요! 우리 집엔 그냥 테스토스테론이 너무 많아요. 가끔 생각해요. 여자애들이었다면 얼마나 좋았을까……. 여자애들인 조카들과 있을 땐 이렇게 마음이 통하고 편한데, 내 아들들과는 왜 이렇게 다른지 모르겠어요." 메리는 떨리는 손으로 눈물을 닦아냈다. "매일매일 아이들과 부딪치다 보면 '난 정말 엄마 자격이 있는 걸까' 하는 생각이 들어요." 메리는 고개를 푹 숙이며 떨구었다. "일도 그만두고 육아에만 전념했는데…… 아이들은 끊임없이 사고를 치고…… 철이 들 때까지 기다린다고 기다렸는데, 초등학교 때는 학교 폭력에 중학교 때는 친구관계, 이제는 대입 문제까지…… 결국 평생 아이들 뒷바라지만 하면서 살게 될 것 같아요."

아이들을 향한 메리의 복잡한 심정을 듣다보니 문득 2005년에 접했던 의미심장한 테드 강연이 떠올랐다. 심리학자이자 작가인 배리 슈워츠의 「선택의 역설」이라는 강연이었다. 슈워츠 박사는 우리 시대의 아이러니를 짚어냈다. 더 많은 선택권이 주어지면 삶이 더 자유롭고 행복해질 것 같지만, 현실은 종종 정반대라는 것이다. 모든 선택에는 반드시 기회비용이 따라온다. 하나를 선택하는 순간, 다른 가능성들을 포기해야만 한다. 선택지가 늘어날수록 우리가 놓치는 기회도 함께 불어나는 것이다. 나 역시 주말마다 이런 고민에 빠진다. 파티에 가 있으면 학교 행사가 아쉽고, 학교 행사장에 있으면 아이들과의 운동 경기가 그립다. 결국 어디에 있든, 지금 이 순간 다른 곳에 있을 수도 있었다는 생각이 끊임없이 마음을 괴롭힌다.

영양사로서의 경력을 포기한 것. 이것이 바로 메리가 치른 대가였다. 아들들을 바라볼 때마다 그녀의 머릿속에는 '내가 정말 좋아하고 잘할 수 있었던 일'에 대한 아쉬움이 그림자처럼 따라다녔다. 1장에 나왔던 스테이시의 이야기가 떠오른다. 어린 쌍둥이 딸을 키우는 그녀 역시 자신만의 삶과 자유를 빼앗아 간 아이들에게 깊은 상실감을 느꼈으니까. 2장에서 만난 에이미의 사례는 더 복잡했다. 채워지지 않는 정서적 갈증으로 외도 직전까지 갔던 그녀는 자신이 꿈꾸던 완벽한 아이들의 모습이 산산조각 나고, 예상을 훨씬 뛰어넘는 시간과 노력을 요구하는 현실에 깊은 좌절감을 느꼈다. 사실 이런 감정의 소용돌이는 엄마 번아웃을 겪는 대부분의 엄마가 공유하는 비밀이다. 엄마라는 이름표를 달기 위해 포기했던 것들이 마음 한구석에서 끊임없이 되살아나는 것이다. 하지만 그들은 이런 감정을 인정하고 싶지 않아한다. 차라리 그런 선택들이 처음부터 없었다는 듯, 혹은 별로 중요하지 않다는 듯 스스로를 속인다. 그러면서도 일상의 작은 순간마다 끊임없이 그것들을 그리워하며 살아가고 있는 것이다.

메리의 깊은 좌절감과 무력감이 내게도 고스란히 전해져왔다. 그녀에게 꼭 해주고 싶은 말이 있었다. "메리, 당신이 지금까지 내린 선택들이 앞으로의 삶을 결정짓지는 않아요. 새로운 선택은 언제라도 할 수 있으니까요." 아들들이 곧 독립할 시기였고, 그때가 되면 메리도 드디어 자신만의 시간을 가질 수 있을 터였다. 우리는 몇 번의 상담을 통해 그녀의 새로운 삶을 함께 그려나갔다. 처음에는 조심스럽게 꺼내놓던 작은 꿈들이 하나둘 구체적인 계획으로 모습을 갖춰갔다. 그리고 마침내 메리는 대학병원 영양과의 파트타임 자리를 받아들였다. 그것은 단순한 직장 복귀가 아닌, 그녀가 오랫동안 꿈꿔온 새로운 삶의 시작이었다.

엄마 번아웃 극복을 위한 생존 가이드
: 현명한 선택으로 마음의 짐 덜기

나 자신과 아이들의 마음을 들여다보자. 아이들은 백화점이나 대형마트의 활기찬 분위기를 좋아한다. 하지만 때로는 그런 곳에서 쉽게 지치기도 한다. 나는 또 어떨까? 우리 가족 모두가 편하게 즐길 수 있는 것이 무엇인지 살펴보고, 벅차다 싶은 계획은 과감히 바꿔보자.

아이들과 나 자신을 위해 선택지를 단순화하자. 두세 가지의 적절한 선택지만 두면 불필요한 고민과 불안을 줄일 수 있다. 기억하자. 선택지가 많아질수록 우리 마음은 더 쉽게 흔들리고 무너진다.

우리 가족만의 기준을 세워보자. '이 선택이 우리 가족에게 진정한 기쁨을 줄까?' 늘 자문해보는 습관이 필요하다. 요즘은 주말마다 아이들 각자의 활동을 좇느라 가족이 흩어져 지내는 시간이 많아졌다. 때로는 개인의 선호보다 가족이 함께하는 시간이 더 의미 있을 수 있다. 양자택일의 결정 대신, 서로를 배려하는 지혜로운 중간 지점을 찾아보자.

'최고' 대신 우리 가족에게 맞는 행복을 찾아보자. 최고의 학교, 최고의 교육이라는 포장된 가치를 좇다보면 불필요한 부담만 커진다. 때로는 부족함 속에서 더 큰 가치가 자라난다.

건강한 마음의 경계를 지켜나가자. 우리 곁의 사람들은 삶에 기쁨을 더해주는 존재여야 한다. 좋은 친구는 일용할 양식과도 같은 소중한 존재다. 수많은 관계보다는 진정성 있는 우정을 쌓아가는 게 더 가치 있다.

보너스 가이드

+

선택 줄이기로 찾는 마음의 여유

이번 주만큼은 특별한 실험을 해보자. 모든 선택의 순간에 선택지를 최대 세 개까지로 제한하는 것이다. 그리고 이 작은 실천이 우리의 일상에 가져온 변화를 지켜보자. 끝없는 정보 검색에 빼앗겼던 시간은 얼마나 줄어들었는지, 선택의 부담은 얼마나 가벼워졌는지 기록하다보면 새로운 깨달음을 얻을 수 있다.

6장

남편은 언제쯤
내 마음 좀 알려나

―번아웃이 흔드는 부부관계

◆
◆
◆

:

비슷한 경험이 있나요?

부부 사이의 일상적인 갈등이 엄마 번아웃으로 이어지는 일이 드물지 않게 벌어진다. 다음의 상황이 익숙하게 느껴진다면 잠시 발걸음을 멈추고, 배우자와의 관계를 어떻게 회복할 수 있을지 깊이 생각해보자.

- ☑ 정신없이 아이들 뒷바라지하느라 남편한테는 신경 쓸 겨를도 없어요. 하루가 멀다 하고 아이들 걱정뿐이라, 남편이 퇴근했을 때 '오늘 하루 어땠어?'라고 묻는 것조차 잊어버리게 돼요.
- ☑ 대화를 해도 아이들 얘기, 특히 서로의 양육 방식 차이로 티

격태격하기 일쑤예요. 아이 키우는 문제만 나오면 도통 서로의 마음을 이해하기 어려워요.
- ☑ 부부 사이에 풀어야 할 매듭이 있는데도 마음만 답답하고 자꾸 외면하게 돼요. 이야기를 꺼내면 또 싸움으로 번질까 봐 혼자 속앓이만 하고 있어요.
- ☑ 남편과 포근하게 안고 달콤한 스킨십도 하고 싶지만, 그게 부부관계로 이어질까봐 자꾸 망설여져요. 그러다보니 남편의 손길도 피하게 되고, 저도 먼저 다가가지 못하고 있어요.

    기혼 여성인 헤더는 마흔한 살의 외과 의사였다. 의과대학 교수이기도 한 그녀에게는 다섯 살 난 딸과 두 살배기 아들이 있었다. 기술 영업직으로 외근을 하는 남편과의 결혼생활은 어느덧 열한 번째 해가 되었다.
    처음 이 부부가 내 상담실을 찾아온 것은 딸아이의 공격적인 행동 때문이었다. 하지만 상담이 진행될수록 그 이면에 부부 사이의 깊은 골이 있다는 게 드러났다. 특히 전통적이지 않은 가정 내 역할 분담과 육아 방식 차이가 큰 갈등 요소였다. 남편 크리스에게는 일상적인 고민거리 정도였지만, 아내 헤더에게는 감당하기 힘든 무게로 다가왔다. 그녀는 일에 집중하지 못하고 온종일 불안에 시달렸으며, 집으로 돌아가는 발걸음마저 무거워졌다.

비단 이 부부만의 문제가 아니다. 많은 엄마가 한계에 다다르면 남편에게 도움을 기대하지만 안타깝게도 남편들은 그런 도움을 주지 못할 때가 많다. 남녀의 본질적인 차이로 인해 스트레스를 받아들이고 대처하는 방식이 다르며 아이를 키우는 철학과 방식도 같을 수 없기 때문이다. 부부가 서로의 다른 양육 방식을 인정하고 각자의 방식대로 자녀에게 기여하는 걸 이해할 때 부부관계는 더 깊어지며, 엄마들은 심각한 번아웃을 피할 수 있다. 하지만 많은 엄마가 무의식중에 남편에게서 '엄마 친구'와 같은 완벽한 육아 공감을 기대하고, 그 기대가 충족되지 않아 더 큰 상실감을 겪는다.

헤더와 크리스 부부의 상담이 몇 달째 이어지고 있을 무렵, 크리스가 한 이야기를 들려주었다. "작년 크리스마스 직전에 있었던 일인데요. 헤더가 힘들어 보여서 제가 애들 데리고 쇼핑몰에 가겠다고 했거든요." 크리스는 아내와 함께한 상담 시간에 이렇게 설명했다.

"설마 당신이 그 얘기까지 꺼내다니." 헤더는 날카롭게 쏘아붙였다. 남편 옆자리에서 자세를 바꾸며 짙은 금발을 귀 뒤로 넘겼다.

"헤더가 또 스트레스 폭발 상태였거든요." 크리스는 양손으로 따옴표를 그리며 말을 이었다. "그래서 다들 집을 비우는 게 최선이라 생각했죠."

나는 고개를 끄덕이며 부부의 표정을 번갈아 살폈다.

"어쨌든요." 크리스가 말을 이어갔다. "선생님도 아시잖아요, 애 둘한테 겨울옷 입혀서 밖에 데리고 나가려면 얼마나 정신없는지. 애들한테 두꺼운 패딩이랑 장갑 입히느라 전쟁을 치르는데, 헤더는 옆에서 쇼핑 목록만 줄줄이 불러대고 있더라고요."

"현관문이 딱 닫히는 소리가 들리고", 헤더가 크리스의 말을 자르며 끼어들었다. "차가 후진하는 소리, 그리고 차고 문이 닫히는 소리까지 들렸죠. 그제야 '아, 드디어 혼자만의 시간이구나' 하는 생각이 들었어요." 헤더의 표정이 잠시 밝아졌다가 이내 씁쓸해졌다. "그런데 그때 부엌 식탁에 놓인 쿠폰들이 눈에 들어왔어요. 남편이 쇼핑몰에서 꼭 써야 할 쿠폰이었거든요. 아직 진입로에 있을 거라 생각하고 쿠폰을 들고 급하게 밖으로 나갔는데……" 헤더는 잠시 말을 멈추었다. "차 안에는 아이들만 덩그러니 앉아 있었어요. 이상하다 싶어서 아이들에게 물어보려던 찰나, 뒷마당 모퉁이에서 바지 지퍼를 올리며 나타나는 남편을 보게 된 거예요." 헤더의 목소리에 실망감이 묻어났다. "그때의 충격이란…… 도대체 뭐 하는 거냐고 물을 수밖에 없었죠."

나는 크리스를 바라보며 물었다. "무슨 일이었나요?"

"집 옆 덤불에서 소변을 봤습니다." 크리스는 웃음을 꾹 참으며 말했다.

헤더는 양손으로 얼굴을 가렸고, 나는 입술 안쪽을 깨물며 최대한 심각한 표정을 유지하려 애썼다.

"당신 미쳤어? 정신 나갔어? 이웃집에서 다 보일 수 있다고!" 크리스는 아내의 목소리를 흉내 내며 말했다.

그러더니 웃음을 터뜨리며 덧붙였다. "아내가 완전 뭐라고 하더라고요! 아내가 얼마나 무서웠으면 제가 영하의 날씨인데도 집에 들어가기 무서워서 밖에서 소변을 봤겠어요. 근데 결국 또 혼났죠, 뭐!"

이런 농담까지 할 수 있게 된 그들의 모습을 보며, 나는 처음 상담실을 찾아왔던 날을 떠올렸다. 당시 그들은 서로를 마주 보는 것조차 힘들어했다. 크리스가 '우리 딸은 괜찮아요'라고 말을 꺼내려 하면 헤더는 곧바로 말을 끊어버렸고, 헤더가 '절대 괜찮지 않다'라며 말을 이어갈 때면 크리스는 짜증스레 눈을 굴렸다. 나는 이 부부가 진정한 의미의 대화를 나누지 못한 지 꽤 오래되었다는 걸 직감했다.

헤더와 크리스는 13년 전 캘리포니아에서 처음 만났다. 당시 헤더는 의과대학에 다니고 있었고, 크리스는 IT 업계에서 일하고 있었다. "우리는 첫눈에 통했어요." 첫 상담 때 헤더가 들려준 이야기다. "제가 원래 수줍음이 많거든요. 책 읽기를 좋아하고 차분한 편이에요. 좀 진지한 성격이기도 하고요. 근데 크리스는⋯⋯ 정말 매력덩어리였어요. 모임만 가면 언제나 분위기 메이커였고, 다들 크리스만 기다릴 정도로 재미있는 사람이었거든요. 아마 그래서 더 끌렸던 것 같아요. 저처럼 무거운 사람을 이렇게 웃게 만들어주는 사람이라니⋯⋯ 정말 매일매일이 설렜죠. 그땐 그저 행복하기만 하면 된다고 생각했어요."

헤더는 의대를 졸업하고 펠로 과정까지 마친 후 드디어 덴버의 한 병원에서 외과 의사 자리를 얻었다. 의과대학에서 강의도 하고 매주 수술실에도 들어가는, 그야말로 꿈의 직장이었다. "말 그대로 제가 꿈꿔왔던 자리예요." 헤더가 설렘 가득한 목소리로 말했다. "대학생 때부터 이런 자리에 오르는 게 목표였거든요. 정말 피땀 흘려가며 노력했어요." 헤더가 병원에서 근무 제안을 받고 얼마 지나지 않아 둘은 약혼했다. 크리스도 회사와 협의해 덴버에서 재택근무를 할 수 있게 되었다. "제 커리어는 완벽하게 자리 잡았고, 크리스도 일자리 문제가 잘 해결됐죠. 우리는 함께였어요. 이제 해피엔딩이라고 믿었죠."

크리스가 말을 이었다. "처음에는 재택근무라고 해서 완전 대박이라고 생각했죠. 새벽부터 서둘러 회사 갈 필요도 없고, 매일 정장 차려입을 필요도 없고, 누가 언제 출근하고 퇴근하는지 신경 쓸 필요도 없으니까요. 진짜 천국이 따로 없다 싶었죠." 하지만 재택근무의 현실은 그의 예상과는 달랐고, 오히려 더 큰 스트레스로 다가왔다. 크리스는 자신의 사교적인 성격을 전혀 고려하지 못했던 것이다. "진짜 몰랐어요. 매일 보던 직장 동료들 얼굴 한번 보는 게 이렇게 힘들 줄은요. 예전엔 그저 당연하게 여겼던 것들, 예를 들어 점심 시간 되면 '오늘 뭐 먹지?' 하면서 팀원들이랑 수다 떨고, 손님들이랑 커피 마시면서 이야기 나누고…… 그런 소소한 것들이 이렇게나 소중했다는 걸 재택근무 하면서 깨달았어요." 그가 씁쓸한 표정으로 말했다. "재택근무는…… 생각보다 많이 외로운 일이더라고요."

반면 헤더는 그야말로 인생의 전성기를 맞이하고 있었다. 그녀는 의료계에서 승승장구하며 자신만의 레지던트 팀을 이끌게 됐다. 의과대학에서는 그녀의 강의가 매번 문전성시를 이루었고, 발표하는 논문마다 학계의 찬사가 쏟아졌다. 거기다 환자를 따뜻하게 보살피는 실력 있는 외과 의사라는 명성까지 얻었다. "아, 진짜 이 일 하길 잘했다는 생각이 자주 들어요. 제가 이런 말 하면 좀 쑥스럽지만…… 나름 소질도 있고 잘해내고 있다는 걸 느끼거든요. 그리고 제일 큰 건, 제가 한 일이 누군가의 인생에 조금이라도 도움이 된다는 거? 그럴 때 보람이 확 밀려와요."

헤더가 일에서 느끼는 성취감과 자부심이 점점 더 커지는 반면, 크리스는 자신의 업무 환경에 대한 열정을 조금씩 잃어가고 있었다. 그래도 둘이 함께할 때만큼은 여전히 행복했다. "아이 둘을 터울 없이 갖기로 했어요." 헤더가 말을 이어갔다. "저도 여동생이랑 두 살 차이인데, 정말 친하게 자랐거든요." 그러다 문득 헤더의 눈가에 눈물이 맺혔다. 잠시 크리스를 바라보던 그녀는 나직한 목소리로 물었다. "우리 그때는 참 행복했던 것 같은데, 그 시간들은 다 어디로 간 걸까?"

초기 상담 과정에서 헤더는 자신의 평범한 일상을 들려주었다. 병원에서 그녀의 하루는 시곗바늘처럼 쉼 없이 돌아갔다.

환자들을 진료하고, 터진 맹장 제거나 탈장 수술을 집도하며, 하루의 끝자락엔 레지던트들과 회의를 했다. 하지만 오후 5시만 되면 울리는 크리스의 문자 소리에, 그녀는 늘 죄책감을 안고 회의를 서둘러 마쳐야 했다. "제가 둘로 쪼개져서 이것도 하고 저것도 할 수 있다면 얼마나 좋을까요." 그녀는 깊은 한숨과 함께 말을 흘렸다.

헤더는 차에 올라 안전벨트를 매고 추위를 피하듯 재킷을 몸에 바짝 감싼 뒤 집에 있는 크리스에게 전화하려고 휴대폰을 집어들었다. 매일 같은 시간, 같은 자리에서 그녀는 휴대폰 화면만 뚫어지게 보며 꼬박 1분을 망설였다. 퇴근했다는 간단한 문자 하나를 보내는 것조차 그녀에겐 무거운 짐이었다. 대부분의 밤에 그녀는 결국 휴대폰을 조수석에 내려놓고 말았다. 온통 정신없는 집 안으로 들어가기 전에, 운전하는 동안만이라도 여유를 갖고 싶었던 것이다. 그녀는 가방에서 초콜릿 바를 꺼내 두 입을 베어 문 다음에야 시동을 걸었다.

운전하는 내내 헤더는 초콜릿을 한 조각씩 베어 물며 온몸을 휘감는 불안감과 맞서야 했다. "집에 들어서기 전에 마음의 준비를 단단히 해둬야 해요." 그녀가 힘없이 설명했다. 머릿속에선 이미 집 안 풍경이 그려졌다. 아이들 장난감이 바닥 곳곳에 어지럽게 널려 있을 테고, 아이들 중 하나는 크리스가 차려놓은 저녁 식사를 두고 울음을 터뜨리고 있을 터였다. 다섯 살배기의 숙제가 끝나 있을 가능성은 고작 반반이라 생각했다. 차를 주차하면서도 헤더는 마지막 희망을 품고 음성 메시지와 메일을 확인했다. 혹시라도 누군가 자신을 필요로 한다는 연락을 하지는 않았을까 해서였다. 마침내 헤더는 다 먹은 초콜릿의 구겨진 포장지를 가방 속으로 밀어넣었다. 마지막 순간까지 미뤄왔던 일상으로의 귀환을 앞두고 깊은숨을 한번 들이마셨다. 그러고는 천천히 차 문을 열었다.

대부분의 밤에 헤더는 현관문을 열고 들어서자마자 아이들에게로 곧장 향했다. 하지만 그 4~5미터 남짓한 짧은 거리조차 순탄치 않았다. 바닥에 굴러다니는 작은 탱탱볼이나 장난감에 걸려 비틀거리거나, 쏟아진 주스 웅덩이에 미끄러지기 일쑤였다. 겨우 균형을 잡거나 바닥의 장난감을 주워들면서 헤더는 크리스를 향해 날카로운 눈길을 던졌고, 입안에서만 맴도는 작은 목소리로 '안녕'이라고 중얼거렸다.

"우리 애가 그래요. 매일 저녁 똑같은 상황이 펼쳐지는데…… 크리스가 열심히 차려놓은 저녁 반찬을 보면서 '이거 안 먹을 거야!' 하고 떼를 쓰는 거예요. 당근이든 브로콜리든 뭐든 채소만 보면. 근데 그때쯤 되면 전 진짜 녹초가 돼 있거든요. 새벽 5시부터 하루를 시작했는데 누가 그 고함을 견딜 수 있겠어요? 그래서 그냥 '안 먹고 싶은 거 억지로 먹지 마, 그냥 남겨둬' 이러고 말아요. 근데 그때마다 크리스는…… 아…… 폭발하듯이 화를 내면서 서재로 쏙 들어가버려요. 마치 도망치는 것처럼 말이에요." 헤더의 목소리에는 깊은 피로감이 배어 있었다.

"아이들 문제에는 규칙대로 하자고 약속해놓고는, 애들이 조금만 칭얼거려도 바로 무너져요." 크리스가 답답하다는 듯 대화에 끼어들었다. "저는요, 식탁에서 이렇게 물어보거든요. '오늘은 브로콜리랑 당근 중에 뭐 먹어볼래?' 이러면서 자기가 고른 거니까 한 숟가락이라도 먹어보라고 다독이고. 울고 떼쓰면 옆에서 끝까지 기다려줘요. 시간이 걸리더라도 애들이 진정될 때까지 계속 같이 있어주면 결국엔 먹거든요. 근데 헤더는 왜 이렇게 금방 포기해버리는지 모르겠어요."

헤더는 남편의 마지막 말에 짜증 섞인 눈길을 굴렸다. 그리고 남편이 발소리를 쿵쿵 울리며 부엌에서 나가면 으레 딸아이가 아들을 꼬집거나 때리거나 어떻게든 괴롭히기 시작한다고 설명했다. "그러면 아들은 또다시 울음을 터트리면서 의자에 앉은 채로 누나를 마구 휘두르며 때려요." 헤더는 그 장면을 떠올리며 지친 듯이 관자놀이를 문질렀다. "제가 그러죠. '저기 구석에 가서 서 있어!' 이러는데…… 아휴, 뻔한 거 아니겠어요? 꼼짝도 안 하고 버티는 거예요. 그때쯤 되면 전 이미 녹초가 돼서 그냥 의자에 털썩 주저앉아요. 밥그릇만 몇 번 뒤적뒤적하다가 결국 포기하고 치우는 거죠. 설거지라도 해야 하니까…… 저녁마다 이 꼴이에요."

저녁 식사가 끝난 뒤에도 헤더는 크리스가 오후에 이미 봐준 딸아이의 숙제를 다시 한번 확인했다. 크리스가 그날 개어놓은 빨래도 하나하나 다시 갰다. '하…… 저이는 진짜 뭐 하나 제대로 하는 게 없네'라고 그녀는 혼잣말을 했다. 그리고 위층으로 올라가기 전, 식료품 저장실에 몰래 들러 쿠키 몇 개를 입 안에 밀어 넣었다.

상담 시간마다 크리스는 헤더가 집에 들어오자마자 자신에게 인사조차 하지 않고 모든 것을 장악해버리는 데 대해 불만을 터뜨리곤 했다. "문을 열고 들어설 때 내 쪽은 아예 쳐다보지도 않아요." 크리스가 아내를 향해 원망 섞인 목소리로 말했다. "당신 눈에는 내가 뭐야? 그냥 애들 진짜 엄마 올 때까지 잠깐 봐주는 베이비시터? 내가 애들 아빠라고 생각하긴 해?" 크리스가 나를 바라보았다. "집에 들어와서 인사는커녕 눈도 안 마주치려고 해요. 이게 말이나 돼요?"

"내가 말을 안 하게 된 데는 다 이유가 있어. 퇴근하고 현관 문만 열면 '이제 오냐'며 타박하고, 애들 문제로 시비 걸 것처럼 쳐다보니까 그런 거라고. 당신은 내 얼굴만 보면 불평불만부터 쏟아내잖아. 그러고는 서재로 쏙 들어가서 혼자 골이나 부리고." 헤더가 참았던 말을 한꺼번에 쏟아내듯 쏘아붙였다. "당신이 오후 내내 애들 보느라 힘들다는 것도 알아. 근데 나도 일하느라 힘들다고."

크리스가 의자에서 벌떡 일어나며 비웃음을 띤 목소리로 말했다. "일을 한다고? 일을 해? 나는 뭐 안 하는 줄 알아? 나도 일해. 내가 뭐 베이비시터야? 당신은 자꾸 잊어버리는 것 같은

데, 나도 엄연히 직장인이라고! 애들 때문에 일찍 퇴근하는 것도 모자라 당신이 시키는 심부름까지 다 해주고 있잖아!" 크리스가 깊은 한숨을 내쉬었다. "그리고 진짜 화나는 게 뭔 줄 알아? 당신이 부탁한 일 한다고 내가 이리저리 시간 쪼개가면서 애쓰는데, 당신이 먼저 싹 다 해치워버리잖아. 도대체 왜 이러는 건데? 그럴 거면 애초에 나한테 부탁하질 말든가!"

헤더가 의자에 등을 기대며 놀란 듯이 물었다. "내가 정말 그래?"

"늘 그러잖아!" 크리스가 격앙된 목소리로 말했다. 그의 얼굴이 점점 붉어졌다. "재택근무가 뭔 줄 알아? 이게 얼마나 힘든 건지 알기나 해? 우리 아버지는 내가 눈뜰 때는 이미 집에 없었고, 저녁 먹을 때나 돌아오셨다고. 그게 다였어, 전부! 난 그런 아버지가 되기 싫어서…… 진짜 이러고 싶어서 이러는 줄 알아? 애들하고도 더 있고 싶고, 당신한테도 더 잘하고 싶어서 이러는 거라고!" 크리스가 잠시 숨을 고르며 말을 이었다. "그래, 애들이랑 같이 있을 수 있어서 좋아. 진짜 좋아…… 근데 말이야, 나도 일하는 사람이라고. 이것만은 알아줬으면 좋겠어." 헤더는 시선을 떨구며 무릎을 내려다보았다. "알아…… 당신이 열심히 일하는 거…… 아까 그런 말 해서 미안해."

크리스와 헤더 부부처럼 전통적인 성역할을 벗어난 가족의 모습이 이제는 더 이상 낯설지 않다. 퓨 리서치가 발표한 흥미로운 연구 결과를 보면 1965년 이후 가정 내 아버지의 모습이 크게 달라졌다는 것을 알 수 있다. 50년 사이에 아빠들이 집안일하는 시간은 두 배 이상, 아이들과 보내는 시간은 무려 세 배나 늘었다고 한다. 같은 기간에 여성들의 사회 진출도 눈에 띄게 활발해졌다. 미국진보센터의 2015년 조사 결과에 따르면, 전체 여성의 42퍼센트가 가정의 주된 생계 부양자이거나 혼자서 가계를 책임지고 있다고 한다. 쉽게 말해, 이들이 집안 수입의 절반 이상을 벌어들이고 있다는 뜻이다. 하지만 세상의 모든 변화가 그렇듯, 이런 가족 역할의 변화에도 양면성이 있다. 부모와 자녀 모두에게 새로운 기회가 열린 것은 분명하지만, 그만큼 예상치 못한 갈등도 함께 찾아오고 있는 게 현실이다.

헤더와 크리스가 각자의 역할의 중요성을 두고 팽팽한 신경전을 벌이는 동안, 내가 알고 있는 또 다른 부부가 떠올랐다. 그들은 우리 사회에서 이야기하는 좀더 전통적인 가족의 모습을 하고 있었다. 아내는 집에서 아기를 돌보고, 남편은 밖에서 일을 하는 형태의 가정이었다.

최근에 그 남편은 자신이 예전부터 좋아하던 기타를 다시 잡았다. 아기가 잠든 뒤에는 매일 밤 연습을 하곤 했다. "정말 완벽해요." 아내가 내게 말했다. "남편은 지하실에서 기타를 치고, 딸아이는 아기 침대에서 쌔근쌔근 잠들어 있어요. 덕분에 저는 잠들기 전까지 침대에서 나만의 시간을 가질 수 있죠. 보그 잡지도 보고, 가벼운 TV 프로그램도 보면서요."

모든 것이 평화롭게 흘러가던 일상이었다. 그러던 어느 날 밤, 남편의 머릿속에 아내를 위한 특별한 아이디어가 반짝였다. "여보!" 토요일 저녁, 기타를 들고 침실로 들어서며 그가 상기된 목소리로 외쳤다. "나한테 정말 좋은 생각이 났어!"

아내는 손에 들고 있던 잡지에서 천천히 시선을 떼어 남편을 바라보았다.

"당신, 예전에 노래 정말 잘했잖아. 내가 기타 칠 때 옆에서 함께 노래해보는 건 어때? 이렇게라도 우리 둘만의 시간을 이렇게라도 가져보면 좋을 것 같아서."

먼저 아내의 속이 뒤틀렸다. '장난하냐?' 순간 그런 생각이 스쳤고, 이내 분노가 치밀어올랐다. '말도 안 되는 소리. 나 혼자만의 시간이 얼마나 소중한데! 애 보느라 정신없는 걸 알면서도 내 마음은 하나도 모르는구나. 지하실에서 기타 반주에 노래까지 하자고? 진짜 제정신이야?' 그녀의 직감은 틀리지 않았다. 남편은 그녀의 마음을 전혀 이해하지 못하고 있었다. 어쩌면 당연했다. 하루 종일 아이와 씨름하며 지친 엄마의 마음을 그가 어떻게 진정으로 이해할 수 있을까.

크리스와 헤더도 각자의 육아 경험을 두고 날 선 충돌을 겪고 있었다. "당신은 진짜 엄마가 된다는 게 어떤 건지 감도 못 잡나봐. 이렇게 말해도 모르겠지?" 상담 중에 헤더가 크리스에게 토로했다. "예전엔 내 말이라면 다 알아듣고, 힘들 때마다 버팀목이 되어줬잖아. 근데 지금은? 애들 생기고 나서부터는 내가 다른 별에서 온 사람이라도 된 것처럼 구는 거야. 예전에 보여주던 그 이해심은 온데간데없고…… 멀리 사는 친구들이 내 상황을 당신보다 더 잘 이해한다니까." 헤더는 흐르는 눈물을 닦으며 휴지를 집어들었다. "내가 얼마나 지쳐 있고 힘든 상태인지…… 당신은 정말 모르는 거지?"

"당신 말이 맞아. 내가 엄마로서 당신의 경험을 완벽히 이해할 순 없겠지." 크리스가 기가 막힌다는 듯 말했다. "나는 아빠니까."

크리스의 말투가 아내를 비꼬는 것임을 알면서도 나는 그의 말이 일리 있다고 여겼다. 남녀의 사고방식이 다르다는 건 이미 잘 알려진 사실이다. 여성의 뇌와 호르몬은 특별해서, 스트레스 상황에서든, 누군가와 교감하고 싶을 때든, 심지어 금요일 저녁에 영화 한 편을 고를 때조차 우리를 특정한 방향으로 이끈다. 하지만 상담실에 찾아온 부모들은 엄마와 아빠의 경험이 이토록 다르다는 사실에 매번 충격을 받는다.

퓨 리서치의 최근 보고서에 따르면, 엄마들은 자녀에 대해 헬리콥터 부모의 성향을 더 많이 보이는 것으로 나타났다. 내 상담실을 찾는 부부들 사이에서도 이런 과보호가 갈등의 불씨가 될 때가 많다. '우리 아내는 아이가 조금만 아파도 병원부터 찾고, 놀이터에서 놀 때도 옆에서 눈을 떼지 못해요'라며 아빠들이 토로한다. 그러면 아내들은 즉시 반박한다. 남편이 취침 시간에 아이들과 너무 거칠게 놀아대고, 집 안 물건의 위치조차 제대로 모른다면서 말이다. "우리 애가 태어난 지 벌써 6개월이나 됐는데, 매일 보는 서랍인데도 우리 남편은 기저귀 갈 때마다 '여보, 애기 옷 어디 있어?' 하고 묻더라고요. 첫날부터 지금까지 그 서랍에는 우주복만 넣어뒀는데 말이에요." 한 내담자가 털어놓았다. "도와준다고는 하는데 실상은 전혀 도움이 안 되니까 속이 터질 것 같아요!"

이러한 부부간의 차이와 현대 육아가 직면한 수많은 난관은 가정에 어려움을 안겨주고, 결국 스트레스를 쌓는다. 이때 남녀의 근본적인 차이가 가장 선명하게 드러난다. 남성과 여성은 서로 다른 상황에서 스트레스를 받으며 그것을 해소하는 방식도 전혀 다르기 때문이다. 남성들은 주로 승진이나 가족 부양, 좋은 동네에 좋은 집을 마련하는 것처럼 눈에 보이는 성과와 관련된 일들에서 스트레스를 느낀다. 반면 여성들은 내면의 목소리에 더 귀 기울이며, 천성적으로 소통을 추구한다. 특히 인간관계에서 오는 스트레스에 민감하고, 무엇보다 자신과 아이들의 안전을 지키는 일에 노심초사하며 산다.

1장에서 살펴보았듯이 스트레스에 대한 반응은 성별에 따라 확연하게 다르다. 남성들은 위기 상황에서 싸우거나 도망가거나 얼어붙는 방식을 보이는 반면, 여성들은 보살피고 유대관계를 강화하는 방향으로 대처한다. 자녀 문제로 인한 스트레스 상황에서도 마찬가지다. 아빠들은 문제 자체를 해결하는 데 몰두하지만, 엄마들은 아이의 마음을 헤아리는 데 더 관심을 둔다. 이런 근본적인 차이는 부부관계에서 갈등의 원인이 되곤

하는데, 크리스와 헤더 부부의 사례가 이를 잘 보여준다. 헤더는 딸아이가 다른 아이들에게 공격적으로 구는 근본적인 이유를 함께 고민하고 싶어했다. 반면 크리스는 오직 딸의 문제 행동을 즉각 중단시킬 방법만을 찾고 있었다.

    같은 공간에서 같은 대화를 나누는 것 같았지만, 두 사람이 그 대화를 통해 얻고자 했던 것은 전혀 달랐다. 헤더는 크리스가 마치 친한 여자친구처럼 자신의 고민을 여러 각도에서 함께 들여다보고 마음을 나누며 이해해주길 바랐다. 여성들은 남편에게서 이런 식의 깊은 지지와 공감을 기대하곤 한다. 하지만 대부분의 남성은 이런 방식의 소통에 익숙하지 않다. 물론 그들도 나름의 방식으로 지지하고 공감한다. 다만 그것을 표현하는 방식이 다를 뿐이다. 결국 크리스가 아무리 노력해도 헤더의 여자친구들이 해줄 수 있는 그런 방식의 위로와 공감을 해줄 수는 없었다.

    크리스는 상황을 더 이상 분석하지 않고 새로운 해결책을 찾아 행동으로 옮기길 원했다. 그는 헤더가 자신과 함께 행동하는 사람이 되어주길 바랐다. 하지만 자신이 제시하는 실행 계획을 헤더가 무심함으로 해석하자 혼란스러워하며 좌절감을 느꼈다. "저는 정말 우리 딸을 위해 최선을 다하고 있다고 생각하거든요. 그런데 아내는 제가 뭘 하든 저쪽 끝에서 입술을 꾹 다문 채로 고개를 절레절레 젓더라고요. 제가 이 집에서 하는 모든 게 다 틀렸다는 것처럼요." 크리스가 상담 중에 말했다.

크리스와 헤더는 서로가 줄 수 없는 것을 바라고 있었고, 그 차이점만을 바라보고 있었다. 두 사람에게 정말 필요했던 것은 서로 다른 양육 방식과 각자의 장점을 이해하고 받아들이는 것이었다. 하지만 이는 하루아침에 이룰 수 있는 일이 아니었다. 그들은 매일 말을 주고받고 있었지만, 진정한 의미의 소통과는 거리가 먼 겉도는 대화만 하고 있었다.

부부를 위한 스트레스 관리법

남편과 아내는 서로 다른 이유로 스트레스를 받고, 그것을 느끼는 방식도 전혀 다르다. 따라서 스트레스를 다스리는 방법 역시 남녀의 특성에 맞게 달라져야 한다. 부부가 함께하는 맞춤형 스트레스 관리법을 간단히 소개한다.

엄마들을 위한 스트레스 해소법
- 살을 빼야 한다는 생각은 잠시 접어두고, 즐겁게 몸을 움직이며 스트레스를 날리는 데 집중해보자. 평소 즐거움을 느낄 수 있는 활동을 찾는 것이 먼저다. 아이들과 함께 공원을 거닐거나, 가족들이 모두 나간 사이 좋아하는 음악을 크게 틀어놓고 신나게 춤을 추는 것도 좋다. 중요한 건 나만의 작은 행복을 찾고 그것을 꾸준히 이어가는 것이다.

- 힘들 땐 마음 맞는 친구들에게 전화를 걸어보자. 때로는 울면서, 때로는 하소연하면서, 때로는 그저 수다를 떨면서 마음을 나눠보자. 남편에게 친구와 같은 역할까지 기대할 필요는 없다. 당신의 이야기를 듣고도 공감은 뒷전이고 해결책부터 제시하려는 남편에게 실망할 필요도 없다. 답답한 마음이 든다면, 그건 아마 남편이 당신의 솔직한 마음을 나눌 알맞은 이야기 상대가 아니기 때문일 테니까.

- 아이들 접시에 남은 감자튀김을 집어 먹거나, 아이들이 양치질하는 사이 몰래 과자를 찾아 먹는 엄마들이 많다. 하지만 이런 건강하지 않은 음식들은 순간의 달콤함을 주는 듯해도 오히려 기분을 더 우울하게 만들 수 있다. 신선한 과일, 아삭한 채소, 고소한 견과류처럼 몸과 마음이 함께 건강해지는 음식을 선택하는 것이 현명하다. 달콤한 것이 생각날 때는 질 좋은 다크초콜릿 같은 간식을 고르면 어떨까? 좋은 재료로 만든 간식 하나가 주는 진정한 만족감은 훨씬 더 특별할 것이다.

- 스트레스에 짓눌려 더 이상 버티기 힘든 순간이 찾아올 때가 있다. 그럴 때는 20분간 짧게 낮잠을 자보자. 이 작은 휴식은 머리를 맑게 해주고, 눈앞의 문제들을 새로운 시각으로 바라볼 에너지를 채워준다. 알람 설정만 잊지 않는다면 이보다 더 좋은 재충전 방법도 없을 것이다.

- 아침에 눈을 떴을 때, 아침의 포근함을 만끽하며 오늘 하루의 다짐을 포스트잇에 적어보자. 거창할 필요는 없다. 하나의 목표면

충분하다. 이렇게 적은 작은 쪽지를 지갑이나 열쇠고리, 혹은 늘 손에 쥐는 휴대폰 케이스에 살짝 붙여두면 그 쪽지가 하루 종일 당신을 살며시 일깨워줄 것이다.
- 매일 점심 시간 전 단 5분만이라도 온전히 나를 위한 시간을 가져보자. 조용한 곳을 찾아 눈을 감고 깊은숨을 들이마시며 잠시 일상에서 벗어나보는 것이다. 이 고요한 순간은 지친 감각을 쉬게 하고, 하루의 균형을 잡아주는 특별한 시간이 될 것이다.

아빠들을 위한 스트레스 해소법
- 남성들은 골똘히 생각하는 것보다 몸을 움직이며 무언가를 할 때 스트레스가 더 잘 풀린다. 당신의 반려자가 일상에 지쳐 보이거나 마음이 무거워 보일 때는 그만의 방식으로 숨을 돌릴 수 있게 해주자. 시원한 바람을 맞으며 드라이브를 떠나거나, 상쾌한 공기를 마시며 자전거를 타거나, 묵묵히 집안일에 몰두하면서 마음의 짐을 덜 수 있게 하는 것이 좋다. 이런 작은 활동들이 남성들에게 가장 효과적인 위로가 돼주곤 한다.
- 운동을 즐기는 남편에게 동네 스포츠 동호회 활동을 살짝 권해보자. 좋아하는 운동을 하면서 스트레스도 풀고, 이웃들과 정다운 만남도 가질 즐거운 기회가 될 것이다.
- 아이들과의 신나는 놀이 시간은 저녁밥 먹기 전으로 정하자. 거실 마루에서 깔깔대며 씨름도 하고, 숨바꼭질도 하면서 아빠와 아이들이 실컷 어울리는 시간을 가져보자. 다만 잠자리에 들기

- 전의 격한 놀이는 삼가는 게 좋다. 아이들도, 아빠도 포근한 이불 속에서 편안한 잠을 청할 수 있어야 하니 말이다.
- 스트레스를 푼다며 밤늦게까지 인터넷을 떠돌거나 게임에 빠져 들지 말고 하루 8시간의 건강한 수면을 지키도록 하자. 편안한 잠자리에 들기 한 시간 전에는 스마트폰을 내려놓는 지혜가 필요하다.
- 웃음을 나누는 시간도 소중하다. 서로 재미난 영상을 보내주거나, 일주일에 한 번쯤은 같이 좋아하는 코미디 영화를 보며 온 가족이 함박웃음 짓는 시간을 가져보자. 이렇게 함께 나누는 웃음이 우리 가족의 마음을 밝히는 비타민이 될 것이다.
- 주말에는 자연으로 발걸음을 옮겨보자. 동네 산책로나 근처 공원을 거닐며 맑은 공기를 마시고, 서로의 마음을 나누는 시간을 가져보는 건 어떨까? 이런 여유로운 산책만으로도 일상의 피로가 녹아내리는 걸 느낄 수 있을 것이다.

달이 지나고 또 지나도 헤더와 크리스는 딸아이 문제로 끊임없이 갈등을 빚었다. "이런 심각한 상황을 당신은 정말 심각하게 생각하지 않는 거야?" 헤더가 의자에서 몸을 앞으로 힘주어 기울이며 남편을 날카롭게 노려보았다. 그녀의 뺨은 점점 붉어져갔다. 커피잔을 들어 한 모금 마시고는 나를 바라보았지만, 나는 침묵을 지켰다.

"애가 그런 그림 하나 가지고 왜 이렇게 난리야? 뭐가 그렇게 큰 문제라는 거야?" 크리스는 의자에 등을 기대며 팔짱을 끼었다. 그는 잠깐 나를 흘긋 쳐다보더니 이내 아내를 향해 말을 이었다. "우리 애가 그날 그냥 좀 기분이 안 좋았나보지. 그래서 울고 있는 그림 그린 건데, 당신이 너무 과민 반응하는 거 아니야?"

"구름까지 울고 있잖아! 이런 그림을 벌써 네 번이나 받았다고!" 헤더가 소리치다가 결국 자신도 눈물을 터뜨렸다. "이제 겨우 여섯 살짜리가 이렇게 마음 아파하고 있는데, 당신은 정말 아무것도 못 보는 거야?" 헤더가 훌쩍이며 말을 이었다. "당신, 어제 담임 선생님 말씀 들었잖아. 우리 애가 여자애들 사이에서 자꾸 분란을 일으킨다고. 이게 다 우리 때문이잖아. 맨날 이렇게 티격태격하는 우리 모습을 보면서 자란 애가, 친구들하고도 똑같이 하고 있는 게 당신 눈에는 정말 안 보여?" 헤더는 의자에 깊숙이 등을 기대며 떨리는 손으로 무릎 위의 치마를 가지런히 폈다.

이제 부부는 동시에 나를 바라보고 있었다.

"우린 정말 제일 친한 친구 사이였어요." 헤더가 말했다. "처음엔 정말 뭐든 척하면 척이었는데. 선생님, 어쩌다가 이렇게 됐는지 모르겠어요. 아기 낳고 첫달도 안 됐을 때였어요. 제가 육아휴직 중이었는데, 하루 종일 빨래 더미랑 전쟁을 치르면서 살았거든요. 아기 토한 자국은 옷에 딱딱 말라붙어 있지, 그날만 해도 기저귀가 세 번이나 터져서 온통 난리도 아니었는데…… 진짜 더는 못 하겠더라고요. 결국 애기 방바닥에 그대로 드러누워서 엉엉 울었어요. 근데 그때 남편이 들어와서는 막 피식피식 웃는 거예요."

"아니, 나는 그냥 그 무거운 분위기 좀 풀어보려고 했던 거야." 크리스가 급하게 끼어들었다. "당신이 너무 심각하게, 너무 과하게 반응하는 것 같아서. 애들은 원래 응가도 하고 토도 하고 그러는 거잖아. 육아가 다 그렇지 뭐."

"남편은 제가 애들 일에 너무 과민 반응 한다고 맨날 그러더라고요. 얼굴에 약간 기스만 나도, 콧물만 좀 흘려도 오버한다고 생각하나봐요." 헤더가 눈가에 눈물을 머금은 채 말했다. "전 오히려 남편이 너무 무심한 게 더 큰 문제라고 봐요. 애들 일이라면 뭐든 대수롭지 않게 넘기려고만 하니까요. 애들 건강이랑 안전은 엄마인 제가 혼자 떠안아야 할 일이 되어버린 것 같아요." 헤더의 입술이 서운함에 삐죽 나왔다. "애들이 열이 나도 눈치채지도 못할 정도라니까요."

상담 중에 이런 얘기를 하는 엄마들이 많다. 그들의 생각은, 남편들은 아이들의 상태나 변화를 자신들만큼 세심하게 알아채지 못한다는 것이다. 남편이 아이들에게 진정한 관심이 있기나 한 건지 의심이 들 정도라며 마음 아파하는 엄마도 있다. 얼마 전에도 비슷한 사례가 있었다. 해당 사례에서는 부부의 중학교 2학년 딸이 동성애자라며 커밍아웃을 했다. 그런데 엄마는 전혀 놀라지 않고 딸에게 변함없는 사랑과 지지를 보여주고 싶어한 반면, 아빠는 딸의 고백을 받아들이길 망설이는 것이었다.

"열세 살밖에 안 된 아이가 자신이 동성애자라는 걸 어떻게 확신할 수 있다는 거죠?" 그가 아내와 나를 불안한 눈빛으로 번갈아 보며 말했다. "이런 중요한 결정을 내리기엔 아직 너무 어린 나이 아닌가요?"

"아니, 그동안 눈치 못 챘어?" 엄마가 안타까운 듯한 목소리로 말했다. "우리 애는 어릴 때부터 원피스는 질색이라면서 손사래 치고, 동네 친구들이랑 밖에서 흙탕물 튀기며 노는 걸 제일 좋아했잖아. 여자애들 다 거친다는 그 공주병 시기도 없었고, 공주놀이 하자고 하면 질색팔색하던 것도 기억나지? 지금까지도 남자 얘기나 아이돌 오빠 얘기 한번 입에 올린 적 없잖아." 아내는 답답하다는 듯 고개를 가로저었다. "이런 걸 보면서 난 우리 애가 어떤 아이인지 진작 알아챘어."

"당신이 그걸 대체 어떻게 알 수 있다는 거야?" 남편이 따져 물었다. "여자애들이라고 다 공주님 놀이에 환장하는 건 아니잖아. 부모한테 이성을 언급하기가 쑥스러운 걸 수도 있고. 도대체 뭘 보고 그렇게까지 확신하는 거야? 그리고 말이야, 우리 애는 또 어떻게 안다는 거야? 이런 건 좀더 커서 대학도 가보고, 세상 물정도 알아가면서 천천히 깨달아야 하는 거 아냐?"

'엄마의 직감' '엄마의 본능'. 아이를 향한 엄마만의 이 특별한 이해력은 여러 이름으로 불리며 오랫동안 이야기되어왔다. 최근 『네이처 신경과학』지에 실린 한 연구가 이런 통념에 과학적 근거를 제시했다. 연구진은 임산부의 뇌에서 사회적 상호작용을 담당하는 영역의 신경 연결이 가지치기되는 현상을 발견했다. 즉, 엄마가 될 여성들의 뇌 부피가 배우자나 임신을 경험하지 않은 여성들보다 감소한다는 것이다. 이는 마치 청소년들이 성인으로 성장하면서 그들의 뇌가 겪는 성숙 과정과 유사하다. 이 가지치기는 새로운 것을 쉽게 배우게 해주는 불필요한 신경 연결들을 정리하는 한편 성인기에 더 필요한 예리한 판단력과 안정된 감정을 위한 연결만을 남긴다는 게 과학계의 주된 견해다. 연구진들은 이런 가지치기가 여성으로 하여금 엄마라는 새로운 역할을 받아들이도록 돕는 자연의 지혜일 수 있다고 설명한다. 뇌의 변화 덕분에 엄마들은 아기에게 더 온전히 집중할 수 있으며, 배우자보다 자신이 아이들과 더 깊이 연결되어 있다고 느끼는 엄마들이 많은 것도 이 때문이라는 것이다.

남편이 할 수 없는 일을 기대하고 있지는 않나요?

육아와 살림에 지친 엄마들은 남편에게서 위로와 힘을 얻으려 하곤 한다. 부부간의 정서적 유대는 매우 소중하다. 하지만 그에 못지않게 중요한 것이 있다. 바로 남편이 실제로 당신에게 해줄 수 있는 것이 무엇인지 현실적으로 파악하는 것이다. 이를 이해한다면 불필요한 다툼을 줄이고 지친 마음도 한결 가벼워질 수 있다. 아래 예시들을 보고 혹시 나도 비슷한 경험을 한 적이 있는지 생각해보자.

- 설렘 가득한 발걸음으로 쇼핑을 마치고 집으로 돌아온다. 세일 중에 발견한 근사한 새 부츠 이야기로 남편과 나눌 대화를 상상하며 마음이 한껏 부푼다. 하지만 남편의 반응은 싸늘하기만 하다. 당신의 설렘은 안중에도 없고, 오히려 "옷장에 부츠가 벌써 다섯 켤레나 있잖아"라는 말로 찬물을 뿌린다. 가슴속 설렘은 순식간에 허탈감으로 뒤바뀐다.
- 지친 발걸음으로 직장에서 돌아온다. 답답한 마음에 동료 이야기를 털어놓는다. 하지만 남편의 반응은 기대와는 딴판이다. 그저 이야기를 들어주길 바랐을 뿐인데, 남편은 마치 문제 해결사라도 된 양 조언을 늘어놓는다. 순간 당신의 마음은 더 답답해진다. 그저 조용히 고개를 끄덕여주기만 했어도 충분했을 텐데.
- 한껏 속상한 마음으로 미용실에서 돌아온다. 마음에 들지 않는 새로운 헤어스타일로 이미 울적한데, 남편의 한마디가 결정타다. "당신 말이 맞아. 이전 머리가 확실히 더 나았는데." 이 말에 울적한 마음은 더욱 깊어만 간다.
- 가슴 터질 것 같은 소식을 안고 발걸음을 재촉해 집으로 돌아온다. 이웃집 사람들의 충격적인 스캔들에 입이 근질거려, 남편에게

> 얼른 전하고 싶은 마음뿐이다. 하지만 남편의 반응은 김빠지기 그지없다. "오늘 저녁 뭐야?" 이 한마디에 들뜬 마음이 순식간에 사그라든다.
> - 당신의 어깨에 묻어나는 작은 슬픔을 남편은 전혀 눈치채지 못한다. 그의 무심함에 가슴 한편이 먹먹해진다. 차마 말로 꺼내지 못하는 서운함은 속으로만 삭이며 쌓여간다.

다음 날 아침, 헤더와 크리스는 딸아이의 학부모 면담을 위해 학교로 향했다. 병원 근무 중이던 헤더는 바쁜 일정을 쪼개 직접 운전해서 왔고, 두 사람은 어쩔 수 없이 따로 도착했다. 주차장에서 마주친 순간 크리스는 반가운 마음에 아내의 뺨에 살짝 입맞춤하려 다가갔지만, 헤더는 차갑게 고개를 돌렸다. "면담이나 빨리 끝내. 곧바로 병원으로 돌아가야 하니까."

모두가 교실에 자리를 잡자마자 딸의 담임 선생님이 환한 미소와 함께 이야기를 시작했다. "학업 면에서 따님은 정말 우수한 편이에요. 읽기 실력이 반에서 최상위권이고, 이름도 반듯하고 예쁘게 쓰고 있어요. 전반적인 학습 태도가 매우 만족스럽습니다."

크리스는 딸아이의 학업 성과를 듣고 흐뭇한 미소를 지으며 헤더를 바라보았다. 헤더는 몸을 앞으로 기울이며 선생님의 말에 귀를 기울였다.

"하지만 정서적인 면에서는 좀 신경 쓰이는 부분이 있어요." 선생님이 조심스럽게 말을 이었다. "하루에 한 번씩은 꼭 울고요, 친구들한테 목소리를 높일 때가 많아요. 다른 친구들 간식도 자꾸 탐내서……" 선생님이 잠시 말을 멈췄다. "음…… 아이의 의지가 강하다는 걸 알 수 있죠. 다만 친구들과 좀더 잘 어울리고, 감정 조절을 조금만 더 잘했으면 하는 바람이에요."

자신의 가방 속 초콜릿 바들을 떠올린 헤더의 턱에 무의식적으로 힘이 들어갔다. 선생님과 몇 마디 더 이야기를 나눈 뒤, 크리스가 시간을 내주셔서 감사하다는 인사를 건넸고, 부부는 함께 교실을 나섰다.

"면담 내용을 다 듣고도 우리 딸한테 아무 문제가 없다고 할 거야?" 주차장으로 걸어가며 헤더가 날카롭게 따져 물었다. 눈물이 그녀의 뺨을 타고 흘러내렸다. "애가 다른 아이들한테 소리 지르고, 하루 종일 울고 다니고, 남의 간식까지 몰래 가져간다잖아!"

크리스는 헤더를 물끄러미 바라보았지만, 아무 말도 하지 않았다.

"왜?" 그녀가 소리쳤다. "하고 싶은 말이 뭔데?"

"우리 딸이 엄마를 쏙 빼닮았네." 크리스가 말했다.

헤더가 어린 시절 친구 두 명과 스파 여행을 다녀오는 동안 크리스와 헤더는 상담을 일주일 쉬었다. 그들이 내 상담실로 돌아왔을 때, 헤더는 눈이 붉게 충혈되어 있었고 크리스는 곧바로 자리에 앉아 팔짱을 낀 채 경직된 모습이었다. 크리스와 눈을 마주치려 했지만, 그는 그저 멍한 표정을 지을 뿐이었다. 나는 의자에서 자세를 고쳐 잡으며 헤더 쪽으로 시선을 돌렸다.
"여행은 어떠셨어요?" 내가 그녀에게 물었다.

"스파 여행을 다녀왔으니 완전히 쉬었을 것 같은데 말이죠." 헤더가 쓴웃음을 지었다.

헤더가 티슈로 눈가를 조심스레 닦는 동안 나는 말없이 지켜보았다.

"여행은 정말 좋았어요." 헤더가 말했다. "시설 전체가 라벤더 향으로 가득해서 저절로 긴장이 풀리더라고요. 매일 마사지도 받고, 오후엔 요가도 하고, 창밖 산들을 바라보면서 오랜만에 마음 터놓고 이야기도 나눴죠." 헤더의 입가에 잔잔한 미소가 번졌다. "친구들과 다시 가까워질 수 있어서 참 좋았어요."

"정말 필요한 휴식이었던 것 같네요." 나는 그녀를 향해 따뜻한 미소를 지었다.

"하지만 마지막 날, 문득 깨달은 게 있는데…… 그후로 계속 마음을 짓누르고 있어요."

크리스는 고개를 푹 숙인 채 바닥만 바라보았다.

헤더가 깊은숨을 들이쉬었다. "저희가 스파에서 주는 견과류도 조금씩 먹고, 따뜻한 캐모마일 차도 마시면서 창밖에 보이는 산들도 보고 있었거든요. 그때 옆에 있던 친구가 남편한테 문자를 받았는데, 아들 사진이더라고요. 그러더니 2~3일 동안 남편이 찍어서 보내준 사진들을 저희한테 하나씩 보여주기 시작했어요. 그러다가 친구가 슬그머니 가족 생각이 난다고 하더라고요."

크리스가 문득 고개를 들어 나를 바라보았다.

"그러다보니까 옆에 있던 다른 친구도 덩달아 가족 생각이 난다면서…… 둘이서 집에서 있었던 일들을 하나둘씩 얘기하더라고요. 큰애가 유치원에서 배운 춤을 자기 나름대로 열심히 추는 모습이라든가, 둘째가 TV 보면서 연예인 흉내 낸다고 안간힘 쓰는 모습이라든가. 그렇게 이야기하다보니 둘 다 남편 생각도 난다고, 이제 좀 충분히 쉰 것 같으니까 집에 가고 싶다고 했어요."

"그때 당신은 뭐라고 하셨나요?" 내가 물었다.

"말을 못 했어요. 둘 다 제가 뭐라도 얘기하길 바라는 눈치였는데, 전 그냥 견과류만 계속 집어 먹었어요. 솔직히 제가 이렇게 숨통이 트이는 기분이라는 걸 어떻게 말해요. 하루하루가 버거웠던 일상에서 드디어 벗어났다는 걸요." 그녀가 대답했다. "아침부터 끈적한 손에 붙잡히는 일도 없고, 귀가 따갑도록 울어대는 소리도 없고, 하루 종일 이어지는 티격태격도 없죠. 해야 할 일 체크리스트 쓸 일도 없고, 도시락 반찬 고민할 일도 없었고요. 남편한테 애들 교육 문제로 잔소리할 일도 없었죠.

있잖아요, 선생님…… 밤에 제 이만 살짝 닦고 잠들 수 있다는 게 얼마나 꿈같은 일인지 아세요? 여유롭게 음식 고르면서 맛있는 거 먹을 수 있다는 게 얼마나 사치스러운 건지 아세요? 그때만큼은 정말 제가 살아 있는 것 같더라고요." 헤더는 잠시 말을 멈추었다.

나는 크리스를 한 번 살핀 뒤 헤더에게로 시선을 돌렸다.

"그때 처음으로 깨달았어요. 집으로 돌아가고 싶지 않더라고요." 헤더가 작은 목소리로 말했다.

크리스는 깊은숨을 내쉰 뒤 자리에서 일어나 화장실 다녀오겠다는 말과 함께 밖으로 나갔다.

지친 엄마의 마음이 무너지기 시작하면, 그 여파는 삶의 전반에 도미노처럼 퍼져나간다. 그중에서도 가장 먼저, 그리고 가장 깊게 금이 가는 것은 부부관계다. 결혼생활 속에서 지친 엄마들은 점차 감정의 문을 닫아걸고, 헤더처럼 남편을 향한 서운함을 키워간다. 아이들과 즐겁게 시간을 보내는 남편 크리스의 모습이 그녀에겐 오히려 질투의 대상이 되어버렸다. "아이들과 겨우 시간을 만들어봐도 결국 늘 부족하기만 해요"라는 그녀의 고백이 이를 잘 보여준다. 이런 날들이 쌓여갈수록 엄마들은 남편의 사소한 일상조차 자신을 홀대하는 것이라 받아들이며 상처받곤 한다. 잠깐 운동을 하거나 회사에서 점심을 먹는 것조차 서운한 일이 된다.

이렇게 한 지붕 아래 살면서도, 마치 서로 다른 세상에 사는 것처럼 느끼는 게 요즘 엄마들의 가슴 아픈 현실이다. 상담실에서 만나는 내담자들은 "남편은 내 마음을 조금도 이해하지 못해요"라며 깊은 한숨을 내쉰다. "나는 이렇게 지치고 힘든데, 남편은 마치 아무 일도 없다는 듯 평온해 보여요." 이런 마음의 간극은 결국 부부 사이에 보이지 않는 벽을 쌓는다. 그리고 그 벽은 점점 더 높아져, 번아웃으로 지친 대부분의 엄마는 남편과의 신체적 친밀감마저 잃어간다. 저녁에 소파에 나란히 앉아 TV를 보거나 사랑스러운 스킨십을 나누는 것조차 어색하고 부담스러워지는 지경에 이르는 것이다.

일주일 뒤 크리스와 헤더가 다시 상담실 문을 열었다. 이번에는 크리스가 먼저 입을 열었다. "밤마다 잠자리에 들 때면 헤더는 아이들과 꼭 붙어 있어요. 저는 늘 침대 한쪽 구석에서 이어폰을 끼고 혼자 넷플릭스나 보고 있게 되죠." 그가 옆자리의 헤더를 슬며시 바라보며 쓸쓸한 목소리로 말을 이었다. "그리고 매일 밤 그렇듯, 결국 세 식구는 서로 포개져 잠들어버리고 말아요."

"겨우 30분쯤 잠들었나 싶은데, 크리스가 내 이름을 속삭이듯 부르는 소리에 잠이 깼어요." 이번에는 헤더가 조심스레 말을 이어갔다. "잠결에 눈을 떠보니 크리스가 아이들과 제 위로 불쑥 다가와 있더라고요. 순간 가슴이 철렁했죠. 겨우 아이들 손발 떼어내고 잠든 눈도 제대로 못 뜬 상태에서…… 남편이 얘기하는 게, 애들 아래층에 두고 잠자리를 가지자는 거예요." 팔을 움켜쥐고 다리를 포개는 헤더는 그때의 불편했던 기억을 되새기는 듯했다.

크리스는 헤더 곁에서 말없이 고개만 끄덕이며 앉아 있었다.

"남편이 이런 상황에서 그런 걸 바란다는 게 도저히 이해가 안 되네요. 딸아이가 퇴학당할까봐 속이 타들어가는 것도 모자라, 출장 갈 때 집 생각도 안 나는 제가 엄마 자격이 있기나 한 건지 밤마다 뒤척이고 있단 말이에요. 근데 남편은 이런 상황이 눈에 안 들어오나봐요. 제가 얼마나 지칠 대로 지쳤는지는 아예 모르는 것 같고…… 이렇게 앞이 캄캄한데 어떻게 잠자리를 할 생각을 할 수 있는지 모르겠어요." 헤더의 목소리가 점점 떨리더니, 결국 북받치는 감정을 주체하지 못하고 울음을 터뜨렸다.

"애들이 우리 침대를 차지하기 전에는 우리도 부부관계가 있었잖아." 크리스가 아련한 목소리로 말했다.

헤더는 양손으로 얼굴을 가린 채 깊이 고개를 숙였다.

"저도 이게 다 쉽지 않은 상황이란 건 잘 알아요. 아내 말대로 우리 사이에 벽이 생긴 것도 사실이고, 애들 문제도 심각하고요. 근데 그건 그거고, 부부가 서로 마음을 나누는 건 또 다른 문제잖아요. 당장 모든 게 해결되진 않겠지만, 그렇다고 서로 등 돌리고 지내는 게 답은 아니지 않을까요." 크리스는 내 눈을 마주 보며 조심스레 말을 이어갔다.

"당신은 어쩜 그렇게 불 끄고 켜듯이 마음을 바꿀 수 있는 거야? 난 정말 이해가 안 가. 우리가 부부로서 다시 가까워지려면, 이런 복잡한 마음들 하나하나 풀어놓고 이야기하면서 서로를 이해하는 게 먼저라고 봐. 난 당신처럼 그렇게 손쉽게 마음을 바꿀 수가 없어." 헤더가 남편을 바라보았다.

"난 잠자리를 해야겠는데." 크리스가 답답하다는 듯 말했다. "우리는 이미 충분히 대화하고 있잖아. 근데 도대체 뭐가 문제라는 거야."

다시 시작하는 부부의 친밀감, 침실에서부터

- 아이들은 따로 재우자. 부부가 다시 몸과 마음으로 가까워질 수 있도록 침실을 온전히 우리 공간으로 만들어야 한다.
- 하루 중 부부만의 대화 시간을 갖자. 아이들이 잠든 후 각자 일상에 파묻히기 전에 서로를 위한 대화의 시간을 마련하는 게 좋다.
- 남편과의 소소한 애정 표현을 소중히 하자. 손 한번 잡아주고, 살며시 안아주고, 다정히 입 맞추는 것처럼 일상의 작은 스킨십부터 시작하자.
- 서로의 눈을 마주 보며 진심을 나누자. 대화하는 순간만큼은 휴

- 대폰도, 업무도 잠시 내려두고 온전히 서로에게 마음을 여는 것이다.
- 부부만의 데이트를 소홀히 하지 말자. 아무리 바빠도 한 달에 한 번은 꼭 시간을 내보자.
- 아이들 앞에서도 서로 아끼는 부부의 모습을 자연스레 보여주자. 둘 다 피곤에 젖은 밤에만 얘기 나누지 말고 낮에도 서로 배려하고 이해하는 모습을 보여주자. 이렇게 화목한 부모의 모습이 아이들에게는 최고의 정서 교육이 된다.

세상에는 남편과의 성생활을 완전히 중단해버린 엄마가 헤아릴 수 없이 많다. 아이들과 함께 자는 습관은 부부간의 친밀감과 잠자리를 피하는 변명거리가 되었고, 이런 결혼생활은 엄마들 사이에서 은밀히 감춰진 또 하나의 비밀이 됐다. 상담실에서 만나는 대부분의 내담자는 오직 나에게만 털어놓곤 한다. 이미 몇 달 동안이나 남편과 잠자리를 갖지 않았다고 말이다.

나는 이런 사례를 수없이 접해왔다. 아이들과 함께 잠들어버리거나, 일부러 잠자리에 일찍 들거나, 때론 남편의 눈길을 피해 다른 방에서 옷을 갈아입는 엄마들의 사연을 말이다. 이런 엄마들은 남편과의 잠자리를 피하기 위해서라면 어떤 구실이라도 찾아내고야 만다. 내가 상담실에서 만나는 번아웃된 엄마들은 잘해야 한 달에 한두 번 부부관계를 가질 뿐이다.

도대체 무엇이 이들을 이렇게 만드는 걸까? 하루하루 쌓이는 피로와 남편과의 실랑이로 쓰라린 마음, 육아와 일상에 파묻혀 잃어버린 여성성, 거울 속 낯선 모습에 대한 부끄러움, 이 모든 것이 이들의 어깨를 무겁게 짓누른다. 출산 후 여성들이 다시 자신만의 빛깔을 되찾기까지는 긴 시간이 필요하다. 겉모습과는 관계없이 많은 엄마가 내게 털어놓는다. "더 이상 예전의 내가 아닌 것 같아요." 운동은 언제 했는지 까마득하고, 미용실 가는 일조차 사치가 되어버렸다. 거슬리는 4~5킬로그램을 빼기 전까지는 새 옷을 사고 싶은 마음조차 들지 않는다고 한다. 그들은 성욕이 거의, 아니 전혀 없다고 고백한다. 스스로가 예쁘다고 느끼지 못하니 당연히 섹시하다고도 느끼지 못하는 것이다.

임신과 출산, 그리고 모유 수유를 겪은 뒤 자신의 몸을 성적인 존재로 바라보는 것 자체를 힘들어하는 엄마들이 많다. "제 가슴은 이제 아기를 위한 거예요"라고 그들은 작은 목소리로 고백한다. "더 이상 여자로서의 나를 생각할 여유가 없어요." 이런 속내는 절친한 친구에게도, 오랜 세월 함께한 남편에게조차 꺼내기 어려운 이야기다. 남편들은 아내의 마음이 열리기를 기다리다 지쳐간다. 그렇게 부부의 잠자리에는 보이지 않는 벽이 조금씩 쌓인다.

헤더와 크리스도 성관계에 대한 서로의 마음이 이토록 다르다는 사실에 당황스러워했다. 헤더는 딸아이 걱정에 잠 못 이루는 날이 많았고, 남편에게서 위로를 찾고 싶어했다. 그녀는 둘 사이에 있는 이런 문제들을 천천히 풀어가고 싶어했다. 하지만 크리스의 생각은 달랐다. 그는 말보다 행동으로 해결하길 바랐다. 그에게는 부부의 잠자리야말로 서로의 마음을 확인하는 가장 자연스러운 방법이었던 것이다.

나는 헤더를 이해하는 눈빛으로 바라보며 차분히 말했다. "헤더 씨, 지금 겪고 계신 일들이 참 힘들죠. 딸아이 문제도 있고, 부부관계의 어려움도 있고. 그 마음 충분히 이해해요. 남편 분과 집에서도 대화하고, 이렇게 상담실까지 찾아오시고 정말 많이 애쓰고 계세요. 그런데 제가 보기에는 같은 처지에 있는 다른 엄마들과 이야기 나누는 것도 도움이 될 것 같아요. 아시다시피 우리 여자들은 이렇게 속 깊은 이야기를 나누면서 위로받곤 하잖아요. 하지만 남편분인 크리스 씨는 좀 다르실 거예요. 어쩌면 그분 입장에서는 이미 충분히 대화했다고 생각하실 수도 있어요. 자꾸 여자친구 대하듯이 속마음을 털어놓으라고 하면 오히려 부담스러워하실 수 있죠. 그리고 아빠로서도 나름의 방식이 있을 텐데 자꾸 헤더 씨 방식만 고집하면 서로 상처만 될 것 같아요. 남편분의 방식이 틀린 게 아니라 다른 거라고 생각하시면 어떨까요? 남편을 더 믿어주시고 자유를 주실수록, 헤더 씨 마음도 편해질 거예요. 그러다보면 자연스럽게 서로를 이해하는 시간도 늘어나고, 부부 사이도 더 가까워질 수 있을 것 같아요." 나는 따스한 미소와 함께 덧붙였다. "빨래만 다시 안 개도 얼마나 많은 시간이 절약되겠어요?"

그런 다음 나는 크리스 쪽으로 몸을 돌렸다. "크리스 씨, 예전처럼 헤더 씨와 마주 앉아 긴 이야기를 나누기는 어려우시더라도 따님을 위해서라면 함께 지혜를 모을 수 있잖아요. 부부가 한마음으로 노력하다보면 반드시 좋은 길이 보일 거예요. 특히 헤더 씨는 엄마로서의 남다른 직관이 있으니, 따님의 마음을 헤아리는 데 큰 도움이 될 거예요. 지금 따님에게는 아빠의 따뜻한 관심이 무엇보다 필요합니다. 따님의 조그만 목소리에도 마음을 열어주세요. 그리고 한 가지 더 말씀드리자면…… 헤더 씨는 크리스 씨와의 마음의 거리가 좀더 가까워지기 전까지는 잠자리를 부담스러워하실 수 있어요. 다만 두 분 사이의 자연스러운 애정 표현까지 멀리하셔야 한다는 건 아니에요. 작은 것부터 차근차근 시작하시면 좋겠습니다."

나는 두 사람의 얼굴을 천천히 번갈아 보며 말을 이었다. "두 분께 가장 먼저 제안드리고 싶은 건 아이들과 따로 주무시는 거예요. 부부만의 독립된 공간이 꼭 필요하거든요. 지금까지는 아이들, 특히 따님이 두 분의 공간을 차지하고 있죠. 대화도 늘 아이 중심이고, 감정적으로도 아이에게 많이 얽매여 있으시고요. 이제는 두 분만의 관계를 되찾으실 때예요. 부부로서의 시간과 공간을 다시 만들어가는 거죠."

우리가 함께 상담을 시작한 이후 처음으로 크리스와 헤더는 서로를 한없이 부드러운 눈빛으로 바라보았다. "그러네요. 좋은 방법인 것 같아요." 크리스가 따뜻한 미소를 지으며 말했다.

"저도 그렇게 하면 좋을 것 같아요." 헤더가 살며시 대답했다. 그리고는 몸을 살짝 기울여 크리스의 뺨에 다정한 입맞춤을 했다. "그래도 오늘 밤은 아직……" 헤더의 장난스러운 말에 크리스는 오히려 편안한 웃음을 지었다. 둘 다 공감할 수 있는 해결책이 생겼고, 무엇보다 함께 노력해보기로 했다는 사실이 작지만 의미 있는 시작점이었다.

엄마 번아웃 극복을 위한 생존 가이드
: 지친 마음에는 여유를, 부부 사이에는 활력을

남편이 자신만의 방식으로 아빠 역할을 할 수 있게 해주자. 아이들에게 해가 되지만 않는다면, 아이들과 씨름도 하고 장난도 치며 자연스레 교감하도록 두자.

하루 중 잠시라도 아이들과 떨어져 둘만의 대화 시간을 만들어보자. 그날의 소소한 일상이나 서로를 향한 마음, 또는 날씨 같은 가벼운 이야기도 괜찮다. 무슨 이야기를 나누느냐보다는 함께 시간을 보낸다는 것 자체가 소중하니, 아이들이 잠든 후만 고집하지 말고 깨어 있을 때도 자연스레 이런 모습을 보여주자.

아이들에게 보여주는 부부의 모습은 평생 마음속에 아로새겨진다. 아이들이 사춘기와 그 이후 형성할 로맨틱한 관계의 모델은 바로 우리다. 아이들 앞에서 보여주는 우리의 모든 순간에 따스한 정을 담아보자. 서로를 향한 다정한 눈빛도, 손을 맞잡는 순간도, 사랑한다는 마음을 전하는 말 한마디도 아이들에게는 평생의 가르침이 될 것이다.

남편의 도움을 기꺼이 받아들이자. 티셔츠가 삐뚤빼뚤 개어지고, 그릇 정리가 마음에 들지 않더라도 그의 마음을 있는 그대로 인정하고 감사히 여기자. 우리는 평생을 함께할 동반자가 아닌가.

부부만의 데이트 시간을 꼭 만들어보자. 서로가 새로운 활력을 얻고 마음이 통하는 부부가 되기 위해 얼마만큼의 시간이 필요한지 헤아려보자. 그리고 바쁜 일상 속에서도 그 시간만큼은 반드시 지켜나가자.

7장
여기서도 거기서도 반쪽일 뿐
—일하는 엄마의 고민

비슷한 경험이 있나요?

일이라는 울타리 너머의 삶은 더 나을 거라 믿는 엄마들이 많다. 스트레스를 받거나 지루함을 느끼거나 좌절감이 찾아올 때면 그들은 '지금의 일하는 방식을 바꿔야 하나?' 고민하곤 한다. 하지만 일을 하느냐 마느냐 하는 결정은 가족의 필요와 가치관에서 비롯된 선택이어야 한다.

이제 다음 목록을 읽어보며, 현재의 일하는 방식이 엄마 번아웃을 부추기고 있는 건 아닌지 점검해보자.

- [ ] 하루하루 육아를 하다보면 이 길이 맞는 걸까 고민돼요. 전업맘으로 아이와 온종일 함께 있어도 왠지 모를 허전함이

밀려오고, 워킹맘으로 일하면서도 아이와 더 많은 시간을 보내지 못해 늘 마음 한구석이 아려요.

- ☑ 직장에서 받는 스트레스에 비해 월급이 너무 초라하게 느껴지고, 육아에 온 힘을 쏟다보면 이 모든 노력과 희생이 과연 옳은 걸까 하는 생각이 자주 들어요.

- ☑ 이 나이 먹고도 아직 제대로 된 어른은 아닌 것 같아요. 경제적인 안정도, 일터에서의 인정도, 아이들과의 소소한 행복도 온전히 누리지 못하고 있어요. 삶에서 진정으로 원하는 것들을 하나도 이루지 못한 것만 같아 마음이 답답해요.

- ☑ 시간은 자꾸만 흘러가는데, 아직도 꿈을 이루지 못했다는 생각에 마음이 조급해져요. 직장에서의 성취든, 개인적인 삶의 목표든, 이루고 싶은 것들을 향해 어떤 길을 걸어가야 할지 막막하기만 해요.

- ☑ 아이들과 집에 있을 때면 '나도 일하는 엄마가 되어야 하나?' 싶고, 직장에서 일할 때면 '지금 아이들 곁에 있어야 하는 건 아닐까?' 싶어요. 잘못된 선택을 한 것만 같아 늘 불안해요.

- ☑ 문득문득 '내 삶의 의미가 뭘까?' 하는 생각이 들어요. 지금과는 다른 선택을 한다면, 직장을 다니거나 육아에 전념한다면 삶의 의미가 더 선명해질까 싶어 마음이 흔들려요.

- ☑ 마음속 깊이 간직하고 있는 작은 꿈들이 있어요. 나만의 가게를 연다든지, 여러 나라를 여행한다든지, 마라톤을 완주

한다든지. 하지만 현실의 벽이 너무 높게만 느껴져서 그저 꿈으로만 간직하고 있어요.

트레이시는 세 아이를 둔 마흔세 살의 전문직 여성이었다. 일곱 살 된 딸아이와 다섯 살, 세 살 된 아들 둘은 그녀 삶의 기쁨이었다. 트레이시와 남편은 이혼 전문 변호사로서 지역 최고의 로펌을 함께 일궈냈다. 법조계의 전문가이자 경영자인 두 사람의 일과는 쉴 틈 없이 돌아갔다. 의뢰인과 동료 변호사, 직원들을 위해 언제나 시간을 내야 했다. 업계 선두를 지키기 위해서는 모든 열정을 사업에 바쳐야 한다는 게 두 사람의 흔들리지 않는 신념이었다.

트레이시가 처음 내 상담실을 찾아온 건 딸 제나와 함께였다. "선생님, 아이가 수업 시간에 집중을 못 한대요. 실력에 비해 실수도 많이 하고…… 혹시 학습에 어려움이 있는 건 아닐까요?" 학교에서 전해 받은 소식을 걱정스레 말하며 그녀는 제나의 검사를 요청했다. 검사 결과 제나는 학습에 특별한 문제가 없었고, 그후 의외로 트레이시가 상담을 받고 싶다며 다시 찾아왔다. 알고 보니 진짜 문제는 다른 곳에 있었다. 그녀의 빡빡한 업무 일정이 가족과 보낼 시간을 모조리 삼켜버리고 있었고, 하루 24시간 안에 해내야 할 모든 일을 쳇바퀴 돌듯 해치우느라 엄청난 압박감에 시달리고 있었다. 그녀는 아이들과 시간을 보내는 것조차 버거워하고 있었다.

'일을 계속해야 할까, 그만두어야 할까?' 이 끝나지 않는 딜레마는 수많은 엄마를 좀먹으며 결국 번아웃으로 이어진다. 워킹맘이든 전업맘이든 이런 고민에서 자유로운 이는 없다. 24시간 업무를 당연시하는 우리 사회에서 워킹맘들이 일과 가정의 균형을 맞추기란 결코 쉽지 않다. 한편 전업맘들은 자신의 존재 가치를 고민하며 "아이들 뒷바라지하고 이곳저곳 데려다주는 게 정말 내 삶의 전부일까요?"라며 상담실을 찾는다. 트레이시의 사례가 특별했던 건, 비교적 짧은 기간 안에 워킹맘과 전업맘을 모두 경험해봤다는 점이었다.

트레이시의 또 다른 특별한 점은 그녀만의 이야기하는 재주였다. 그 이야기에는 세세한 부분까지 생생한 묘사가 살아 있었고, 그녀만의 독특한 표현 방식은 듣는 이를 그 순간으로 데려가는 듯했다. 특히 인상적이었던 것은 대화를 전할 때 각각의 목소리를 구분해서 들려주는 재주였다. 나는 상담 초기에 지난주 있었던 일을 들려주는 그녀의 목소리를 들으면서 이런 특별한 면모를 발견했다.

트레이시는 이렇게 이야기를 풀어나갔다. "이른 오후였어요. 주방 조리대의 빵가루와 향신료를 만지다 말고, 문득 엄마 집 뒷마당에 내리는 눈을 바라보았죠." 트레이시는 캐시미어 스웨터의 소매를 걷어 올리며 의자 끝으로 몸을 기울였다. 그러고는 방과 후에 아이들이 외할머니 집에 왔을 때 놀 수 있도록 마련해둔 놀이기구가 이미 눈에 덮여버렸다고 설명했다. 깊은숨을 들이마셨다가 내쉬며 그녀는 말을 이었다. "갓 구운 닭고기에서 풍기는 은은한 향과 특제 소스, 새콤달콤한 과일소스가 어우러져 저도 모르게 입가에 미소가 번졌어요. 그리고 다시 속 양념을 준비하러 부엌으로 향했죠."

트레이시는 한쪽 다리를 다른 쪽 위로 올리며 이야기를 이어갔다. "언니, 오븐에 속 양념 넣을 자리 좀 만들어줄래? 이제 넣어도 될 것 같아." 그녀가 명절을 맞아 뉴저지에서 가족과 함께 온 언니를 향해 부엌 너머로 외쳤다.

"아, 고구마가 딱 좋게 익었네! 잠깐만, 보온 그릇에 옮겨 담고 양념 받아갈게." 트레이시는 이 부분에서 목소리를 한층 낮추며 언니의 말투를 흉내 냈다.

"엄마는 부엌에서 추수감사절 특별 접시들로 정성스레 상을 차리고 계셨어요. 각각의 접시 한가운데에 서로 다른 색깔의 칠면조들이 춤추듯 그려져 있는, 엄마가 아끼는 식기 세트였죠. 남편들과 아이들은 거실에서 텔레비전도 보고 모노폴리도 하며 시간을 보내고 있었고, 집 안에는 편안한 재즈 음악이 은은하게 울리고 있었어요."

띠링, 띠링, 띠링.

트레이시는 상담실에서 그날 아침의 전화벨 소리를 떠올리며 눈살을 찌푸렸다.

"아우, 저 벨소리 정말 듣기 싫은데, 다른 걸로 바꾸지그래?" 언니가 말했다.

"회사 전용 폰이잖아. 이 짜증나는 벨소리가 곧 이어질 짜증나는 대화를 알려주는 거지 뭐." 트레이시가 답했다.

"추수감사절인데도 회사에서 전화가 오는 거야?"

"난 애 낳을 때도 회사 전화 받았어." 트레이시는 미모사를 만들어 주방 테이블에 앉으며 언니에게도 옆자리를 권했다.

"그래도 넌 하루 종일 말 통하는 성인들이랑 대화라도 하면서 지내잖아." 트레이시는 언니가 미모사를 만들어 천천히 마시던 모습을 떠올리며 말했다.

그 말을 회상하며 트레이시는 헛웃음을 지었다. "성인이라고? 말도 안 되지. 그 사람들은 철없는 중학생들 같다니까. 언니야말로 추수감사절에도 눈치 없이 전화해대는 의뢰인들 상대 안 해도 되니까 다행인 거야."

"글쎄…… 난 잘 모르겠어. 그래도 매일 정장이라도 차려입고, 머리도 좀 써가면서 일하는 게 때로는 좋아 보여."

"언니야말로 더 좋은 거 아니야? 편한 차림으로 하루 종일 집에서 아이들이랑 그림도 그리고, 놀이도 하고…… 우리 꼬맹이들 자라나는 소소한 순간순간을 모두 곁에서 지켜볼 수 있잖아. 난 제나가 첫 젖니 빠진 그날도 못 봤고, 브랜든이 처음으로 두발자전거 타던 그 순간도 놓쳤단 말이야. 그런 귀한 시간들은 다시 돌아오지 않을 텐데." 상담실에서 이 이야기를 전하던 트레이시는 깊은 한숨과 함께 고개를 가로저었다.

"그래, 그런 소중한 순간들 놓치는 게 많이 아쉽긴 하지. 하지만 말이야, 회사에 있어서 오히려 피해 갈 수 있는 일들도 있잖아. 나는 하루에도 수십 번씩 애들 때문에 정신이 아득해서 베란다에라도 숨어버리고 싶어진다니까. 그래서 가끔은 네가 부럽기도 해."

트레이시는 잠시 숨을 고르고 자세를 바로 했다. 어머니의 목소리를 흉내 내려는 듯 톤을 올려 말했다. "아이고, 너희까지 그러니? 우리 학교 선생님들도 교무실에서 맨날 그런 얘기 한다더라. 일하나 안 하나 후회된다고. 난 정말 너희 세대가 이해가 안 간다."

"엄마, 그게 대체 무슨 말씀이에요?" 트레이시가 의아해하며 물었다.

"너희들은 상상도 못 할 거야. 우리 세대가 이런 선택의 자유를 얻기 위해 얼마나 힘겹게 버텨왔는지. 지금은 직장생활을 하고 싶으면 마음껏 해도 되고, 아이들 키우면서 살림에만 전념하고 싶다면 그것도 네 선택이잖아. 최소한 너희 세대는 스스로 결정할 수 있는 자유라도 있는데. 그런데도 왜 자꾸만 네 삶이 부족해 보이는 거니?" 어머니의 목소리에는 딸을 향한 깊은 안타까움이 배어났다.

트레이시를 처음 만났을 때부터 그녀가 일에 대해 느끼는 긴장감을 단번에 알아차릴 수 있었다. 제나를 검사하는 동안에도 트레이시는 마치 삶의 필수품인 양 노트북과 휴대폰을 양

손에 움켜쥐고 들어왔다. 검사가 시작된 지 몇 분도 지나지 않아 그녀는 제나를 데리러 돌아오기 전까지 얼마나 자리를 비울 수 있는지 물어왔다. 대기실로 돌아가 처리해야 할 전화 통화와 메일, 그리고 마무리하지 못한 업무를 향한 그녀의 조바심이 역력했다.

상담이나 심리검사를 위해 내 상담실을 찾는 부모들 중 상당수가 사무실을 통째로 옮겨온 듯 '이동식 사무실'을 함께 가지고 온다. 가방 속에선 노트북이 모습을 드러내고, 상담실 밖에서는 쉴 새 없이 업무 전화를 주고받는 소리가 들려온다. 일과 육아를 병행해야 하는 그들의 현실을 충분히 이해하기에, 나는 이런 모습들을 조용히 관찰하곤 한다. 업무로 돌아가는 것에 대해 담담해 보이는지, 아니면 사무실을 비우는 것에 대한 불안감을 감추지 못하는지를 살피는 것이다. 트레이시는 특히 그랬다. 사무실을 벗어나 있는 순간마다 불안감이 역력했다.

2주 후 트레이시는 제나의 검사 결과를 듣기 위해 다시 상담실을 찾았다.

"제나에게는 학습장애가 전혀 없습니다." 굳어 있던 스테이시의 어깨가 살짝 풀렸다. "제나는 매우 영리한 아이예요. 같은 나이대의 다른 학생들과 비교했을 때 상위 10퍼센트 안에 드는 뛰어난 점수를 받았거든요. 그런데 요즘 수업 시간에 자주 멍하니 있는 모습을 보면, 혹시 수업이 아이한테 너무 쉽진 않나 싶어요. 담임 선생님과 상담해서 영재반이나 심화 학습 프로그램을 알아보는 건 어떨까요? 아이 수준에 맞는 도전을 해야 더 즐겁게 공부할 수 있을 것 같아요." 나는 이어서 제나가 특별히 두각을 나타낸 영역들을 짚어가며, 이것들이 제나의 학습 의욕을 되살려줄 수 있을 거라고 설명했다.

"제나가 이렇게 우수한 아이라니 정말 다행이에요. 저는 늘 제나가 학교생활을 잘해내고 있다고 믿었거든요. 그래서 학교 선생님의 이야기를 처음 들었을 때는 정말 당황스러웠어요." 트레이시는 손가락의 결혼반지를 계속 만지작거리며 초조한 듯 말을 이어갔다. "혹시…… 문제가 있는 건 저 아닐까요? 상담이 필요한 건 오히려 제 쪽인 걸까요?" 마지막 말을 내뱉는 순간 트레이시의 얼굴이 붉게 달아올랐다.

"좀더 자세히 말씀해주시겠어요?" 비록 트레이시를 단 한 번 만났지만, 나는 그녀가 육아와 사업체 운영, 고객 관리까지 동시에 감당하느라 극심한 스트레스 상태에 있음을 직감할 수 있었다. 내 경험상 이런 워킹맘들, 즉 하루하루가 우선순위 다툼의 연속인 엄마들은 자녀가 학교에서 정학을 당하거나 약물 문제가 불거지는 등의 심각한 위기 상황이 닥치기 전에는 좀처럼 상담실을 찾지 않는다. 그런데 트레이시는 그런 절박한 위기 없이도 스스로 그 발걸음을 했다. 나는 이를 어려움이 더 악화되기 전에 변화를 모색하려는 그녀의 긍정적인 의지 표현으로 받아들였다.

"일이 제 삶을 완전히 집어삼켜버린 것 같아요." 트레이시가 무거운 한숨과 함께 말문을 열었다. 그녀의 하루는 매일 새벽 5시에 시작됐다. 메일을 확인하고 답장하며, 예정된 청문회를 준비하는 것으로 하루를 시작했다. 서둘러 샤워하고 옷을 갈아입은 뒤 7시가 되어서야 아이들을 깨울 수 있었다. 베이비시터가 오기 전까지 세 아이를 데리고 아래층으로 내려가는 고작 30분, 그것이 그녀에게 허락된 전부였다. 트레이시와 남편은 8시까지 사무실에 도착해 저녁 7시까지 근무했다. 퇴근길에 친정에서 아이들을 데려와 함께 저녁을 먹고, 부부가 함께 아이들을 재우는 것으로 하루가 마무리되는 듯했지만 실상은 그렇지 않았다. 업무 통화와 메일이 저녁 식사 시간을 수시로 방해했고, 아이들이 잠든 후에도 트레이시와 남편은 각자의 재택 사무실로 흩어져 밀린 업무를 마무리해야만 했다.

"아이들을 위한 시간은 고사하고 저 자신이나 다른 무엇을 위한 시간도 전혀 없어요." 트레이시의 목소리에는 깊은 피로감이 묻어났다. "저녁을 먹고 잠을 자는 고작 두 시간조차 온전히 아이들에게 집중하지 못하고 있어요. 일로 돌아가기 바빠 모든 것을 대충 서두를 뿐이죠. 때로는 처리해야 할 사건들 때문에 주말마저 아이들과 보내지 못하고…… 이렇게 사는 게 과연 무슨 의미가 있는 걸까요?" 트레이시는 목이 메어 잠시 말을 멈추었다. "아이들과 제대로 시간을 보내지도 못하면서…… 제가 왜 아이를 낳았을까 싶어요."

트레이시가 겪는 심한 피로감과 불안, 그리고 끝없는 죄책감은 그녀만의 문제가 아니었다. 2013년 퓨 리서치의 연구 결과가 이를 명확히 보여준다. 연구에 따르면 워킹맘의 56퍼센트가 일과 가정생활의 균형을 잡는 데 어려움을 겪고 있었고, 워킹대디도 50퍼센트가 비슷한 고충을 털어놓았다. 일자리 선택에서도 의미 있는 성별 차이가 발견됐다. 남성들이 높은 수입을 우선시하는 반면, 여성들은 유연한 근무 환경을 더 중요하게 여겼다. 특히 주목할 만한 점은 워킹맘의 40퍼센트가 늘 시간에 쫓기는 듯한 압박감 속에 산다고 답했다는 사실이다. 또한 대다수의 성인은 자녀를 위해서라면 엄마는 시간제로 일하는 게 가장 바람직하다고 생각했다.

바로 이런 일과 가정 균형의 해답을 찾아 트레이시와 그녀의 남편은 자신들만의 법률 사무소를 차렸다. 누구의 눈치도 보지 않고 자유롭게 일하며 살 수 있도록 파트너십으로 시작한 것이다. 그들의 청사진은 분명했다. 이 정도 연차가 되면 사무실의 변호사들이 대부분의 소송과 합의를 맡고, 자신들은 그저 사무소의 탄탄한 입지를 바탕으로 새로운 의뢰인을 유치하는 상징적인 존재가 될 것이라 생각했다. 그러면 아이들 운동팀 코치도 하고, 학교 봉사활동도 참여하며, 주말과 휴일이면 가족들과 함께 여행을 다닐 여유가 생길 거라 기대했다. 이것이야말로 그들 부부가 그토록 바라던 이상적인 미래였다. 하지만 현실은 그들의 기대와는 정반대로 흘러갔다. 트레이시는 학교 자원봉사를 신청해놓고도 그것을 해내기 위해 정신없이 동동거리며 뛰어다녀야 했다. 일찍 퇴근하기 위해 아무리 빈틈없이 계획을 세워도 딸의 걸스카우트 모임에는 한 번도 제시간에 맞춰본 적이 없었다. 주말이면 남편이 아들의 축구팀 코치를 맡았는데, 활동 자체는 즐거웠지만 다섯 살배기 아이들을 가르치는 일이 생각보다 훨씬 더 힘들어 매번 녹초가 되곤 했다. 결국 매일 밤 트레이시와 남편은 녹초가 되어 쓰러질 듯한 피로감에 시달려야만 했다.

이 모든 현상이 우리에게 말해주는 바는 분명하다. 우리는 여전히 그토록 실현하기 힘든 워라밸을 찾아 헤매고 있다는 것이다. '슈퍼맘'이라는 환상은 지금도 건재해 수많은 엄마를 만성 스트레스에서 완벽한 번아웃 상태로 내몰고 있다. 이제는 직장 문화가 변화해야 한다. 실질적인 유연근무제를 도입하고, 재충전을 위한 휴식을 존중하는 문화가 정착돼야 한다. 가정에서도 서로를 진심으로 이해하고 배려하고자 더 노력해야 한다. 그래야 집이 진정한 의미의 쉼터가 될 수 있을 것이다. 앞선 장에서 우리는 전통적인 성역할의 경계를 허문 결혼의 모습과, 헤더와 크리스가 육아의 균형을 찾아가는 과정을 살펴보았다. 이제는 맞벌이 부부의 현실도 같은 시선으로 깊이 들여다볼 때다.

워킹맘들은 늘 일과 아이들 가운데 하나를 포기해야만 하는 압박에 시달린다. 내담자 중 한 명의 사례가 특히 마음에 남는다. 그녀에게는 1년에 사용할 수 있는 연차와 병가가 턱없이 부족했다. 아들이 팔이 부러지는 사고를 당해 전문의의 진료가 시급했지만, 어쩔 수 없이 사고 발생 나흘 후인 토요일 아침으로 예약을 미뤄야만 했다. 직장을 잃으면 의료보험 혜택마저 없어질까봐 겁이 나서 평일 결근은 생각조차 할 수 없었다. 그나마 전문의가 토요일 진료를 본다는 게 불행 중 다행이었다. 또 다른 내담자는 아이 중 하나가 전국 상위권의 테니스 선수였고, 다른 아이는 육상 유망주로 인정받고 있었다. 그녀의 하루하루는 끊임없는 선택의 연속이었다. 수많은 시합과 대회 중 어디에 참석할지, 어떤 경기가 회사를 조퇴할 만큼 중요한지 저울질해야만 했다. 경기를 절반이라도 보려면 일주일에 두 번씩 오후 2시 30분에 조퇴해야 했다. 아이들은 "엄마, 매주 경기 안 봐도 괜찮아요"라고 다독였지만, 그럴수록 그녀의 마음은 더 무거워졌다. 아이들을 삶의 첫 자리에 두고 싶어도 실제로는 사무실에서 컴퓨터나 동료들과 보내는 시간이 더 길었다. 여기서 눈여겨볼 점은 두 엄마 모두 남편에게 도움을 청하지 않았다는 것이다. 자신을 대신해 회사를 빠지고 아이들과 시간을 보내달라는 말은 한 번도 꺼내지 못했다. 남편에게 짐이 되고 싶지 않았기 때문이다. 대신 이 엄마들은 모든 것을 홀로 감당해낼 수 있으리라 여겼다.

 우리 가정은 조금 다른 길을 걷고 있다. 나와 남편 모두 창업가의 길을 선택했기 때문이다. 덕분에 시간을 자유롭게 조절할 수 있어서 아이들의 일정에 맞춰 일할 수 있다. 내가 반드시 사무실에 있어야 할 때 돌발 상황이 생겨도 크게 걱정하지 않는다. 남편이 대부분의 일을 척척 해결해주기 때문이다. 물론 아이들이나 학교, 돌보미 선생님, 코치들은 여전히 나를 먼저 찾지만, 우리 부부는 육아와 살림을 꽤 균형 있게 나누어 하고 있다. 이런 삶을 위해 우리는 몇 년 전 과감한 선택을 했다. 직장인이라면 당연히 누릴 수 있는 의료보험과 안정적인 월급, 유급 휴가 같은 혜택들을 포기하고 우리가 진정으로 원하는 자유로운 삶과 화목한 가정을 선택한 것이다.

하지만 이런 자유로운 근무가 불가능한 부모들은 어떻게 해야 할까? 한부모 가정의 엄마들이나, 경직된 회사 문화에 갇힌 엄마들은 어떻게 삶의 여유를 찾을 수 있을까? 이런 상황에 처한 분들이 거의 매주 힘겨운 선택을 강요받고 있다는 것을 나는 잘 알고 있다. 아이 생일 케이크를 사야만 할 때의 그 무거운 마음, 학부모 임원과 체험학습 참여에 대한 갈망, 아이들과의 시간 대신 일을 선택해야 할 때의 미안함이 오래도록 마음에 남을 테다. 그럴 때 나는 내담자들에게 이렇게 조언한다. 다가올 한 주나 한 달을 계획할 때는, 그 기간에 만들어갈 전체적인 균형을 바라보며 각각의 선택이 가진 의미를 찾아보라고. 이런 시각으로 접근하면 일과 아이들 사이에서 매번 마주치는 갈등에서 오는 불안감이 한결 가벼워진다. 결정의 순간마다 자책할 필요도 없고, 엄마 역할을 평가하기라도 하듯 커다란 점수표를 작성할 필요도 없다. 또한 방금 계획한 동네 벼룩시장이든, 딸아이의 다가오는 잠옷 파티 준비든, 머릿속으로 그리는 집 안 인테리어든, 이 모든 것을 꼭 한 주 주말 안에 다 해내려고 애쓸 필요는 없다.

많은 워킹맘이 한결같이 안고 사는 두려움이 있다. '늘 곁에 있어주지 못해 아이들의 마음에 상처를 주고 있는 건 아닐까' 하는 걱정이다. 하지만 연구 결과들이 보여주는 이야기는 다르다. 물론 가정의 사회경제적 여건과 형태가 맞벌이 가정의 아이들에게 어느 정도 영향을 미치긴 하지만, 전반적으로 보면 엄마가 직장생활을 한다는 사실 자체는 아이들의 성장에 큰 영향을 주지 않는다는 것이다. 그러니 워킹맘들은 이 무거운 자책감을 이제 내려놓아도 좋다. 내 상담 경험도 이를 뒷받침한다. 아빠는 직장에서 늦게까지 일하고 엄마는 전업맘으로 지내는 가정의 청소년 내담자를 많이 만나봤는데, 이들은 부모 모두에게 똑같은 애정을 품고 있었다. 아이들은 아빠와 보낸 시간이 엄마보다 적다는 점에 연연하지 않았다. 대신 함께 만든 소중한 추억들을 가슴에 담고 있었다. 그래서 나는 내담자들에게 늘 이렇게 조언한다. 결국은 당신과 당신의 가족에게 가장 잘 맞는 방식을 찾아 그대로 하면 된다고. 모든 가정은 재정적 목표와 개인적 목표, 그리고 전반적인 가치관이 저마다 다르다.

일과 가정, 균형 잡기의 지혜

요즘은 워킹맘의 길이 전보다 한결 넓어졌다. 하지만 많은 엄마가 여전히 이러지도 저러지도 못하는 딜레마 속에서 힘겨워하고 있다. 하루하루를 조금 더 숨 쉴 만하게 만들어줄 지혜로운 방법들을 소개한다.

- 집안일과 육아는 혼자만의 무거운 짐일 이유가 없다. 부부가 머리를 맞대고 나누면 된다. 요즘 아빠들의 육아 참여가 늘어난 것은 사실이지만, 살림살이와 아이 키우는 일은 아직도 대부분 엄마의 몫으로 남아 있다.
- 하루하루 주어진 시간 속에서 진정한 가치를 찾아보자. 학부모회 봉사활동도 뜻깊은 일이지만, 그 시간을 아이들과 함께하거나 나를 위한 여유로 채우는 게 더 값진 선택이 될 수도 있다.
- 살림은 가족 모두의 일이다. 세 살배기도 밥을 먹고 나면 자기 그릇 하나쯤은 싱크대까지 뚜벅뚜벅 날라줄 수 있다.
- 완벽한 엄마가 되려고 애쓰지 말자. 나에게 맞는 작은 목표로 시작하면 된다. 새벽부터 운동하고, 하루 종일 직장 일에 매달리고, 퇴근길에 장 보고 저녁 식사 준비까지. 이 모든 일을 해내기란 솔직히 무척 벅차다. 자꾸만 스스로를 다그치고 있진 않은지 돌아보자. 오늘 하루 반드시 해낼 수 있는 단 하나의 목표만 정하자. 그 작은 성공이 주는 뿌듯함은 특별한 기쁨이 될 것이다.

트레이시의 어머니가 딸들을 키우며 반복해서 강조하던 말씀이 있다. "세상은 너희에게 열려 있어. 엄마처럼 가정을 꾸리고 아이들을 키우는 것도 귀한 일이고, 밖에서 자신만의 꿈을 이뤄가는 것도 멋진 선택이야. 어떤 길을 가든 그건 너희 몫이니 자신을 믿고 당당하게 나아가렴." 딸들이 진정한 행복을 찾는다면 어떤 선택이든 한마음으로 지지하겠다고, 어머니는 늘 강조하셨다. 트레이시의 언니는 어릴 때부터 마음이 정해져 있었다. 아이들을 낳아 집에서 키우는 게 꿈이라고 했다. 그래서 첫아이를 낳고 몇 주 지나지 않아 회사에 사직서를 냈다. 반면 트레이시는 달랐다. 어릴 때부터 변호사가 되는 게 꿈이었다. 그래서 결혼한 직후 남편과 함께 법률 사무소를 열었고, 그들의 이혼 전문 로펌은 순식간에 지역 최고의 자리에 우뚝 설 수 있었다.

하지만 트레이시는 꿈꾸던 성공이 이토록 많은 시간을 앗아갈 줄은 전혀 예상하지 못했다. 가정을 꾸리고 나서 치러야 할 대가도 미처 생각지 못했다. "솔직히 말씀드리면, 우리 아이들은 보모 선생님과 친정엄마가 거의 키우다시피 해요. 저는 퇴근해서 들어오면 피곤에 절어 아이들 얼굴 보며 잠깐 저녁 먹고 재워주기 바쁜…… 무책임한 엄마가 되어버렸죠." 그녀가 털어놓았다. "그나마 정말 다행인 건 친정엄마가 동네 초등학교 교무실에서 일하신다는 거예요. 엄마가 안 계셨으면 저는 진짜 어떻게 했을지…… 보모 선생님이 퇴근하시고 나면 매일같이 엄마가 아이들을 봐주시니까요. 남편이랑 저랑 둘 다 전문직이라 수입이 나쁘지 않은 편인데도 세 아이를 위해 보모 선생님을 하루 여덟 시간씩 거의 주 6일을 쓰려니 비용이 만만치 않아요. 솔직히 허리가 휘는 것 같아요."

트레이시가 나를 찾아오기 시작할 즈음 상황은 더 복잡해지고 있었다. 친정엄마가 한 달에 한두 번씩 아이들을 못 봐주겠다고 하시는 일이 생기면서, 어쩔 수 없이 보모 선생님에게 늦게까지 남아달라고 부탁해야 했다. 매달 말 트레이시는 가계부를 들여다보며 깊은 한숨을 내쉬었다. 자신이 일하는 게 재정적으로도 의미가 있는 건지 의문이 들기 시작한 것이다. "세금 내고, 생활비 빼고, 거기다 매주 보모님 야근 수당까지 더하면 통장에서 돈이 물 새듯 빠져나가요." 그녀는 쓴웃음을 지으며 덧붙였다. "저는 주말 나들이 한번 못 가는데, 보모 선생님은 제 월급으로 유럽 여행이라도 다니시는 것 같아요."

나는 트레이시에게 조심스레 내 생각을 전했다. 친정엄마도 이제는 당신만의 시간이 필요하실지 모른다고. 실제로 내가 만나본 많은 조부모님은 이런 속마음을 털어놓으셨다. 자녀와 손주들을 도울 수 있어 행복하지만, 시간이 흐를수록 이런 돌봄이 마치 또 하나의 직장처럼 느껴진다고. 인생의 황혼기에 이토록 큰 책임을 져야 하는 게 점점 더 부담스러워진다고. 트레이시는 이마에 흘러내린 앞머리를 쓸어올리며 잠시 깊은 생각에 잠겼다.

나는 트레이시에게 물었다. "젊었을 때는 어떤 삶을 꿈꾸었나요?"

"저는 늘 커리어우먼이 되고 싶었어요. 제 사업을 하는 게 꿈이었죠. 당연히 아이들도 낳고 사랑하는 남편과 함께할 거라 생각했고요. 그 모든 것이 저를 행복하게 해줄 거라 믿었어요."

트레이시는 목이 메는 듯 잠시 말을 멈추었다가 다시 이어갔다. "지금 보면 행복만 빼고는 제가 원하던 건 다 이루었어요. 하지만 이렇게 버거울 줄은 정말 몰랐어요. 슈퍼맘이라는 환상을 정말로 이룰 수 있을 거라 믿었던 게 제 실수였나봐요."

겉으로 보기에 트레이시는 인생에서 목표했던 많은 것을 이뤄내고 있었다. 그녀의 남편은 아이들과 시간을 보내기 위해 회사를 일찍 떠나는 아내를 적극 지지했고, 가정에서도 할 수 있는 한 동등한 파트너가 되려고 노력했다. 식기세척기를 비우는 일부터 아이들 숙제를 봐주는 것, 일주일에 한 번 저녁 식사를 준비하는 것까지 분명 제 몫을 다하고 있었다. 그럼에도 집안일은 끝없이 이어졌고, 트레이시는 이 모든 자잘한 일이 결국 자신의 몫으로 돌아온다고 느꼈다. 나는 트레이시의 삶에 진정한 변화가 일어나려면, 그것이 남편의 지지 아래 트레이시 스스로에게서 시작되어야 한다는 것을 잘 알고 있었다. 그래서 나는 그녀가 해야만 한다고 느끼는 일들이 아니라, 하고 싶다고 생각하는 일들을 중심으로 삶을 꾸려나가게끔 돕기로 했다. 트레이시가 일과 아이들, 그리고 자신만의 시간 사이에서 더 나은 균형점을 찾을 수 있다면 그녀의 삶도 한결 나아질 것이라 믿었기 때문이다.

12월 말이 되자 트레이시는 간신히 몸을 이끌고 회사로 향했고, 저녁이면 책상에서 깜빡깜빡 졸기 일쑤였다. 낮엔 커피로, 밤에는 단것들로 겨우 버티는 날들이 이어졌다. 자신이 보모 선생님에게 점점 더 신경질적으로 대하고 있다는 사실을 문득 깨닫기도 했다. "그 스물네 살 보모 선생님을 보면 자꾸 마음이 복잡해져요. 우리 아이들과의 소중한 순간들을 제가 아닌 그 선생님이 다 누리고 있잖아요. 아이들의 따뜻한 포옹도, 하루하루 새로운 첫 경험도 전부 그분 차지예요. 속으로는 이런 제 마음이 너무 부끄러운데…… 자꾸만 질투가 나네요." 트레이시는 고개를 푹 숙이며 힘없이 말을 이었다. "예전엔 보모 선생님이 우리 아이들의 두 번째 엄마라며 위안 삼았는데…… 요즘은 제가 오히려 남의 집 이모처럼 됐더라고요. 밤늦게 들어와 잠깐 얼굴 비치는 그런 엄마요."

수많은 워킹맘이 그렇듯 스테이시도 베이비시터와의 미묘한 관계 속에서 힘겨워하고 있었다. 대부분의 엄마가 불안해하는 진짜 이유는 베이비시터가 아이들과 너무 가까워져서가 아니다. 아이들과 충분한 시간을 보내지 못하는 자신을 향한 죄책감이 끊임없이 마음을 갉아먹고 있어서다. 나 역시 6년이라는 시간을 한 베이비시터와 정말 특별한 인연으로 지냈다. 에밀리는 우리 가족이나 다름없었다. 트레이시가 보모 선생님 이야기를 할 때면 문득 에밀리의 일이 부러웠던 순간들이 떠올랐다. 에밀리는 우리 집에 와서 오직 아이들에게만 마음을 쏟을 수 있었다. 젊은 데다 체력도 넘쳐서 저녁 준비에 빨래까지 하면서도 늘 밝은 웃음을 잃지 않았다. 거기다 저녁 6시면 깔끔하게 퇴근할 수 있었다. 내 자리에서 바라보기에는 저보다 더 좋은 직업이 있을까 싶었다. 하지만 엄마로 사는 것과 보모로 일하는 것은 전혀 다른 일이었다. 아침에 아이들을 에밀리에게 맡기고 나올 때면 가슴 한편이 무거워졌다. 그래도 일을 시작하고 나면 그 죄책감이 조금씩 옅어졌고, 에밀리가 아이들을 안전하게 돌봐주었기에 내가 일과 내담자들에게 온전히 집중할 수 있다는 것을 새삼 깨달았다. 에밀리 같은 든든한 보모가 있어 마음 놓고 일할 수 있다는 것, 그건 분명 커다란 축복이었다.

트레이시가 말을 이어갔다. 아이들이 점점 더 의존적으로 변해가는 게 느껴진다고 했다. 퇴근하고 현관문을 열 때마다 아이들은 "엄마!" 하고 달려와 저마다 목소리를 높여가며 관심을 독차지하려 했다. 그녀는 이 귀여운 아이들의 끝없는 애정 요구를 도저히 감당할 수 없을 것만 같았다. 숙제를 검사하고, 알림장에 서명하고, 학교에서 있었던 일들을 경청하고, 동화책도 읽어주고, 뽀뽀하고 안아주는 것만으로도 충분하리라 생각했다. 하지만 현실은 달랐다. 학교와 학원에서 있었던 일들은 끝없이 쏟아져 나왔고, 형제자매 간의 다툼에는 언제나 중재가 필요했으며, 학예회와 생일파티를 준비해야 하는 데다 추가로

스킨십도 해줘야 했다. 결국 아이들이 잠자리에 들 때쯤이면 시계는 밤 9시 30분을 가리키기 마련이었다.

트레이시는 외출복을 갈아입기 위해 드레스룸에 들어설 때마다 깊은 한숨을 내쉬곤 했다. 그럴 때면 눈가에 맺히는 눈물을 감출 수가 없었다. '브랜든이 수학 성적 때문에 이렇게 걱정하고 있는데…… 오늘 밤에라도 플래시카드로 함께 공부해줬어야 했는데.' '제나는 아직도 단짝 친구와의 말다툼을 풀지 못했잖아…… 침대에 나란히 누워서 그 일에 대해 더 오래 이야기를 나눴더라면.' '막내는 자기 이름 철자를 처음 알게 되어서 얼마나 신이 났는지…… 냉장고에 붙어 있는 알파벳 자석이라도 떼서 함께 해볼걸.' 매일 밤 트레이시는 무거운 죄책감을 홀로 감당해야 했다.

케어닷컴의 최근 조사에 따르면, 워킹맘 넷 중 한 명은 일주일에 한 번 이상 혼자만의 시간에 소리 없는 눈물을 흘린다고 한다. 어깨를 짓누르는 무수한 책임감에 완전히 압도되었기 때문이다. 트레이시의 일상 역시 이 통계를 고스란히 보여주고 있었다. 매일 저녁 퇴근 후 집에 들어설 때면 그녀는 그야말로 녹초가 되어 있었다. 쓰린 속을 부여잡은 채, 하루를 버티기 위해 마신 수많은 커피가 힘을 잃어가며 피로가 밀려왔다. 자신을 온전히 돌볼 여유조차 없이 에너지가 바닥을 쳤다. 설상가상으로 남편도 비슷한 처지였다. 다만 아이들이 아빠에게 기대하는 게 달랐을 뿐이다. 남편 역시 지쳐 있었고, 하루 종일의 긴장으로 머릿속이 복잡했으며, 대부분의 저녁 시간에도 회사 일을 떨쳐내지 못했다. 그런 와중에 아이들은 엄마가 현관문을 열자마자 그녀의 모든 관심을 독차지하려 달려들었다. 엄마의 따뜻한 품을 갈구했고, 그날 학교에서 만든 숙제와 과제들을 자랑하고 싶어 안달이었다. 말 그대로 엄마를 온전히 자기들 것으로 만들고 싶어했다. 반면 아빠가 들어올 때면 아이들은 그와 함께 활동적인 놀이를 하고 싶어 안달이었다. 공을 주고받거나 물구나무서기 실력을 자랑하거나 몸싸움을 하며 온몸으로 놀길 원했다. 현관문을 열고 들어서는 순간부터 그들은 아이들을 위해 완벽한 부모의 모습으로 즉시 전환해야만 했다. 하지만 둘의 대처 방식은 달랐다. 트레이시는 아이들의 모든 요구를 무조건 들어줘야 한다고 느꼈고, 그러지 못할 때면 깊은 죄책감에 시달렸다. 반면 남편은 자신만의 시간이 필요할 때면 아이들에게 잠깐만 기다리라고 말하는 걸 전혀 망설이지 않았다. 저녁 전에 회사 일을 마무리해야 할 때는 '지금은 아빠가 놀아줄 수 없어'라고 단호하게 말하는 것도 자연스러웠다. '대체 왜 그는 나처럼 죄책감과 자책의 늪에서 힘들어하지 않는 걸까?' 트레이시는 마음속으로 되물었다.

   1월이 되자 트레이시의 얼굴에 오랜만에 환한 미소가 피어올랐다. 제나가 교내 과학 경진대회에서 구름으로 날씨를 예측하는 방법에 대한 연구를 발표하기로 했는데, 이를 준비하는 과정에서 자신에게 도움을 요청했다는 것이다. "제나가 저랑 함께 연구하자고 했어요!" 트레이시는 활짝 웃으며 들뜬 마음에 무릎을 연신 들썩였다.

하지만 주가 거듭될수록 트레이시는 계속해서 제나의 부탁을 미뤄야만 했다. 법정 출석과 여러 공판 준비에 매달려야 했기 때문이다. "제가 엄마로서 정말 실패하고 있는 것 같아요." 트레이시가 털어놓았다. "제나한테 꼭 도와주겠다고 약속했는데 그러지도 못하고…… 결국 보모 선생님이 도와주시기로 했어요." 트레이시는 무거운 마음으로 고개를 떨궜다. "그래도 적어도 과학 경진대회 날만큼은 꼭 가서 제나가 연구 발표하는 모습을 보겠다고 약속했어요."

과학 경진대회가 열리는 날 아침, 제나는 트레이시에게 마지막으로 한 번 더 일정을 상기시켰다. 대회는 오전 10시에 시작하고 시상식은 10시 30분경에 있을 거라고. "엄마, 정말 올 거지?" 트레이시가 오후 회의 서류를 분주히 정리하는 동안 제나가 눈을 반짝이며 물었다.

"그럼, 꼭 갈 거야. 약속할게." 트레이시는 딸을 꼭 끌어안으며 볼에 사랑스럽게 입맞춤을 해주었다. "해외 출장 간 아빠한테 보내줄 동영상이랑 사진도 잔뜩 찍어둘게."

제나는 활짝 웃더니 아침 식탁에 놓인 시리얼과 우유가 있는 자리로 되돌아갔다.

오전 9시 30분, 트레이시는 아직도 의뢰인의 이혼할 남편 측 변호사와 통화를 이어가고 있었다. "잠시 후에 다른 일정이 있어서 자리를 비워야 할 것 같습니다만." 트레이시가 조심스레 말을 꺼냈다. 하지만 상대 변호사는 그녀의 말에 아랑곳하지 않고 자녀 양육권 일정 조정에 대해 끊임없이 이야기했다. 트레이시의 가슴속에서 심장이 미친 듯이 요동쳤다. 사무실에서 학교까지는 아무리 서둘러도 30분은 족히 걸리는 거리였다.

10시 직전에야 트레이시는 겨우 통화를 마치고 지하 주차장을 향해 전력 질주했다. 사무실 건물을 벗어나자마자 정지 표지판도 제대로 보지 못한 채 속도를 냈고, 고속도로에 진입하자마자 차들 사이를 가로지르며 내달렸다. '제발 제시간에 도착하게 해주세요. 제발 딸아이를 실망시키지 않게 해주세요.' 트레이시는 다른 차들을 요리조리 피해가며 간절히 기도했다. 시계를 힐끗 보니 10시 20분. 그런데 아직도 고속도로 출구가 하나 더 남아 있었다. "비켜주세요, 제발요! 급한 일이 있다고요!" 그녀는 핸들을 꽉 쥔 채 애타게 외쳤다.

10시 35분, 트레이시는 타이어가 끽끽거리는 소리를 내며 주차장으로 들어섰고 학교 정문 앞 '주차 금지' 표지판 바로 앞에 차를 아무렇게나 세웠다. 과학 경진대회가 열리는 체육관 모퉁이를 숨 가쁘게 돌았을 때, 그녀의 눈에 들어온 것은 파란 수상 어깨띠를 두른 채 시상대 위에 서 있는 제나의 모습이었다. 제나가 학년 최우수상을 받은 것이었다. 그리고 트레이시는 그 자랑스러운 순간을 놓치고 말았다. 보모 선생님이 막내를 옆에 데리고 서서 제나의 수상 모습을 열심히 사진에 담고 있었다. 그들에게 다가가는 동안, 휴대폰이 또다시 진동하기 시작했다. '진짜 못 해먹겠어. 이제 진짜 한계야.' 트레이시는 마음속으로 되뇌었다. '더는 이렇게 살 수 없어. 이제 일이고 뭐고 다 그만둘래.'

트레이시는 빠르게 새로운 삶에 적응해갔다. 아이들의 등교 시간까지 편히 쉬다가, 파자마 차림으로 아이들의 준비를 돕고 함께 식탁에 둘러앉아 아침 식사를 했다. 이제는 귀찮은 콘택트렌즈도 끼지 않았고 드라이기로 머리카락을 곱게 펴느라 애쓰지도 않았다. "일주일 만에 처음으로 제대로 된 옷을 입어 봤어요!" 환히 웃으며 그녀가 입고 있는 청바지와 블라우스를 가리켰다. "역시 요가 바지가 최고더라고요." 그녀가 장난스레 말했다. 큰 아이들을 학교에 보낸 후에는 주방 청소를 하며 「굿모닝 아메리카」를 시청하는 게 일과가 됐다. "요즘 마이클 스트레이핸(미식축구 선수 출신의 방송인—역자 주) 어때 보여요?" 어느 날 문득 그녀가 물었다. "매력적인 것 같기도 하고, 아닌 것 같기도 하고…… 아직도 고민 중이에요."

늦은 오전이면 트레이시는 어린 막내와 손잡고 이런저런 심부름을 다녔다. 직장생활에 치여 만나지 못했던 친구들과 오랜만에 점심 약속을 잡으며 소소한 즐거움을 누렸다. 막내와 함께 그림책을 읽고 놀아주는 시간은 그녀에게 특별한 선물 같았다. "큰애들 때는 이렇게 여유롭게 시간을 보내지 못했는데…… 이 나이에 아이들이랑 노는 게 이렇게 즐거운 줄 몰랐네요." 아들이 낮잠에 빠져들면 트레이시는 고요한 집 안에서 평화로운 시간을 보냈다. 매일 보모 선생님을 마주해야 했던 예전과 달리 이제는 온전히 자신의 시간을 가질 수 있다는 것도 행복했다. 그녀는 자신의 선택이 옳았다고 확신했다.

그즈음 나는 매기라는 또 다른 내담자를 상담하고 있었다. 그녀 역시 아이들과 함께하는 삶을 선택하며 직장을 그만두었다. 새로운 삶을 시작하고 보니 예전에 교직을 위해 어린 아들을 뒤로한 채 일했던 자신이 도무지 이해되지 않았다. 아들과 떨어져 지내고, 매일 아침 옷을 차려입고 화장하고, 끝없는 메일에 시달리며, 결국엔 남의 아이들을 가르치면서 생계를 꾸려야 했던 그때를 떠올리면 등골이 서늘해졌다. 이제는 오히려 반대편에 서서 직장 다니는 엄마들을 바라보며 '저렇게까지 고생하면서 왜 일할까' 하는 생각이 들었다. 더 이상 아이를 맡길 어린이집 자리를 기다리거나 베이비시터를 구하느라 애태울 필요도 없어졌고, 원한다면 아이를 더 가질 수 있는 여유까지 생겼다. 매기는 워킹맘에서 전업맘으로의 변화를 온전히 받아들였다. 하지만 모든 여성이 이런 선택을 반기는 것은 아니다.

삶의 변화를 시작한 지 두 달, 트레이시는 이제 예전처럼 고급스러운 정장이나 단정한 청바지 차림이 아닌, 편안한 운동복 차림으로 내 상담실을 찾아왔다. "요즘 매일 요가복 입고 빈둥거리는데…… 너무 게으른 거 아닐까요?" 그녀는 내 맞은편

의자에 몸을 푹 기대며 편하게 물었다. "화장이란 걸 아예 하지 않게 됐어요. 머리는 대충 질끈 묶는 게 일상이고요. 때론 점심 때가 다 돼서야 '앗, 양치질도 안 했네' 하고 깨닫는다니까요?"

트레이시의 아이들은 오후 3시면 하교했다. 이 시간은 그녀의 숨 가쁜 하루 일과의 한가운데였다. 큰아이들을 등교시킨 뒤부터는 강아지 산책, 이런저런 심부름, 막내 간식과 점심 챙기기, 놀아주기, 책 읽어주기, 낮잠 재우기까지 쉴 틈이 없었다. 아들이 잠든 사이 그녀도 침대에 몸을 뉘이고 싶었지만 머릿속의 작은 목소리가 끊임없이 속삭였다. '혼자만의 시간에 씻기도 하고, 저녁거리도 준비하고, 청소도 하고, 빨래도 개야 하는데.' 막내가 낮잠에서 깨어날 무렵이면 어김없이 다른 두 아이가 하교할 시간이었고, 이제는 오후 활동을 위해 동네 이곳저곳을 누벼야 했다. 운동과 음악 학원을 마치고 집에 돌아오면 숙제 봐주기, 막내와 또다시 놀아주기, 저녁 먹이기, 그리고 매일 밤 반복되는 정신없는 취침 준비가 기다리고 있었다. "정말 엄마들은 왜 이런 고생을 자처하는 걸까요?" 그녀가 지친 목소리로 물었다. 그녀의 마음은 전업주부가 되겠다고 결심했을 때와는 완전히 달라져 있었다.

내담자 가운데 비슷한 나이의 어린아이를 둘 키우는 엄마가 있었다. 그녀의 한 주 일과에서 유일한 기쁨은 아이들이 어린이집에 가는 시간이었다. "일주일에 두 번, 단 세 시간씩이지만, 그 여섯 시간이 지금 제 인생에서 가장 행복해요." 그녀는 속마음을 털어놓듯 말했다. 다른 전업 엄마들 역시 '가정이나 사회에 아무런 보탬이 되지 못한다'라며 자책하는 일이 많았다. 그들은 자신의 존재 가치를 증명하려는 듯 자원봉사 일정으로 하루를 꽉 채우고, 아이들 학원을 빡빡하게 잡으며, 미친 듯이 운동에 매달렸다. "우리 애들은 종일 학교에 있잖아요." 한 엄마가 말했다. "그런데도 제가 몸매 관리 안 하면 다른 엄마들이 뒤에서 쑥덕거릴 게 뻔하죠."

트레이시는 친구들이 아이들 이야기와 각종 활동, 그리고 여러 프로젝트에 대해 떠들어대는 점심시간이면 멍해지곤 했다. 예전처럼 회사 일이며 소송 건, 정치, 사업 성장, 심지어는 「오렌지 이즈 더 뉴 블랙」 같은 인기 드라마까지 더 다채로운 주제로 나누던 어른들과의 대화가 그리워졌다. "요즘은 이런 대화를 일주일에 한 번 하기도 힘들어요." 그녀가 말했다. "그만큼 낮에는 진짜 대화를 나눌 어른이 한 명도 없다는 거죠."

집에서는 엄마가 늘 집에 있다는 사실에 대한 아이들의 설렘마저 점차 흐려졌다. 처음에는 엄마와 더 많은 시간을 보낼 수 있다는 게 그저 신나기만 했다. 하지만 몇 주가 지나자 예전의 일상이 그립다며 투정을 부리기 시작했다. "보모 선생님은 학교에서 돌아오면 매번 머핀을 구워주셨는데." 트레이시가 그래놀라 바를 건넬 때마다 아이들이 아쉬운 목소리로 말했다. "전에 선생님은 숙제하기 전에 TV도 보게 해주셨는데." 아이들은 불평했다. 저녁 식사 때면 아이들은 밥을 거의 건드리지도 않았고, 그럴 때마다 트레이시는 속이 타들어갔다. '보모 선생님이 차려준 저녁은 잘만 먹더니.' 그녀는 속으로 중얼거렸다. 거기다 아이들은 아빠가 퇴근하고 돌아오면, 예전에 자신에게 그랬던 것처럼 아빠에게 달려가 매달렸다. '적어도 내가 직장 다닐 때는 나를 보면 저렇게 반가워했는데.'

트레이시는 전업주부의 삶을 선택할 수 있다는 것이 큰 행운이라는 걸 잘 알고 있었다. 가계를 위해 어쩔 수 없이 직장을 다녀야만 하는 다른 엄마들의 현실도 잘 알았다. 그럼에도 그토록 꿈꿔왔던 행복한 엄마의 모습은 어느새 저만치 달아나버린 듯했고, 그 자리에는 청소부이자 가정부, 그리고 운전기사 같은 역할만 남아 있었다. 종일 빨래하고, 식기세척기 비우고 다시 채우고, 바닥에 어지럽혀진 장난감들을 주워 담기를 반복했다. 게다가 자신이 요리를 질색한다는 사실도 깨닫고 말았다. 처음에는 여유로운 낮 시간을 채워줄 즐겁고 창의적인 취미가 될 거라 기대했지만, 결국 할 일 목록에 추가된 또 하나의 잡무가 되어버렸다. 트레이시는 남편의 눈에도 자신이 예전만큼 매력적으로 보이지 않는다고 확신했다. 함께 일하던 시절과 달리 이제는 대화 주제조차 바닥난 것 같았다. "며칠 전엔 화장실 전구 어떤 걸로 사야 하냐고 전화했는데 한숨부터 쉬더라고요. 진짜 귀찮다는 게 목소리에 다 묻어 나와서……." 그녀가 말했다.

트레이시는 답답한 마음을 달래보려고 언니에게 전화를 걸었다. 하지만 시차가 있는 데다 둘 다 어린아이를 키우다보니 제대로 된 대화를 나누기가 너무나 어려웠다. 통화 시간이라고 해봤자 고작 10분, 그마저 아이들의 울음소리나 갑작스러운 볼일 때문에 서둘러 끊어야 했다. 직장을 그만둔 뒤로는 문자를 더 자주 주고받긴 했지만 복잡한 속내를 털어놓기에는 턱없이 부족했다. 그녀에게는 지금 자신의 일상에 진심으로 공감해줄 수 있는 다른 전업맘과의 대화가 간절했다. 하지만 트레이시의 친구들은 대부분 바쁘게 일하는 워킹맘들이었다. 게다가 얼마 전까지만 해도 아이들과 함께하는 삶은 얼마나 편하겠느냐며 언니를 부러워하다시피 했는데, 정작 같은 상황에 처하고 보니 이렇게 힘들어하는 자신의 모습이 어쩐지 민망하기도 했다.

내가 만나온 엄마들 중에서 직장을 그만두고 아이 양육에 전념하기로 선택한 이들의 모습을 지켜보면 한 가지 공통된 패턴을 발견할 수 있다. 새로운 삶에 설렘을 느끼는 달콤한 시기가 지나면 낯선 일상과 씨름하는 시기가 찾아오는 것이다. 얼마 전에도 직장을 막 그만두고 아이들과 함께하는 삶을 시작한 한 엄마가 상담실을 찾아왔다. 적응은 잘되고 있냐고 물으니 "하루 종일 이 학원 저 학원 아이들 데려다주고 데려오느라 정신없이 살아요!"라며 고개를 저었다. 이런 엄마들은 하루가 여전히 빼곡히 채워져 있으며, 시간이 부족하다는 그 익숙한 압박감이 여전히 떠나지 않았음을 깨닫는다.

정체성의 문제는 이런 혼란을 더 깊게 만든다. 화려한 경력을 자랑하던 전문직 여성들이 이런 고민에 특히 더 깊이 빠진다. '나는 더 이상 모두가 인정하던 그 변호사도, 그 컨설턴트도 아닌데…… 이제 나는 누구지?' 이런 질문이 끊임없이 마음을 짓누른다. 직업이든 사회적 역할이든(예를 들어 인스타 여신 같은 타이틀이든), 익숙했던 자아를 내려놓는 일은 생각보다 훨씬 더 고통스러운 과정이다. 우리는 본질적으로 사회적인 존재다. 그동안 특정한 기술, 재능, 직함을 통해 자신의 가치를 확인받으며 살아왔다. 그게 달라지면 여성들은 이 세상에서 자신의 존재 의미를 다시 찾아야 한다는 혼란에 빠진다. 하지만 내 경험으로 보건대, 우리의 정체성이란 우리가 생각하는 것보다 훨씬 더 유연하다. 특히 여성들이 자신을 하나의 역할이나 능력으로 한정 짓지 않고 온전한 한 사람으로 바라보기 시작하면 놀랄 만큼 자연스럽게 새로운 삶으로 전환할 수 있다. 우리가 세상에 기여할 수 있는 다양한 가능성을 발견할 때, 새로운 정체성으로의 여정은 우리를 더 강하게 만들 수 있다.

트레이시처럼 도달할 수 없는 완벽함의 굴레 속에서 고군분투하는 엄마가 많다. 이런 강박적인 완벽 추구는 엄마들의 건강을 갉아먹을 뿐 아니라 자녀들에게도 모성에 대한 왜곡된 메시지를 전달한다. 현대사회는 엄마들에게 직장과 육아 가운데 하나를 선택할 수 있게 했지만, 아이러니하게도 이 모든 기회를 놓치지 말아야 한다는 새로운 부담을 안겨주었다. 소셜미디어가 이런 압박감을 더 증폭시키고 있다. 얼마 전 페이스북에서 본 한 게시물이 특히 눈에 띄었다. "우리 딸이 워킹맘으로 사는 건 지지리도 힘들고 고단한 일이라고 생각하면서 자라길 바라진 않았어요!" 다른 댓글들은 하루 종일 정신없이 쫓기듯 사는 엄마의 모습이 아이들에게 어떤 영향을 미칠지 진지하게 고민하고 있었다. 우리가 진정으로 이해해야 할 것은 이것이다. 지금 시대에 주어진 많은 기회를 반드시 다 잡아야 하는 것은 아니라는 점이다. 학교의 모든 자원봉사 활동에 참여하지 않는다고, 매주 60시간씩 일하지 않는다고 해서 그것이 태만한 삶이 되는 건 아니다.

그맘때쯤 트레이시의 영혼은 단조로운 일상에 서서히 갉아먹히고 있었다. "시간이 멈춰버린 것 같아요. 하루하루가 뒤섞여 무슨 날인지도 모르겠고, 더는 기대할 것도 없어요. 차라리 하루 종일 잠을 자버려서 이 모든 감정을 느끼지 않았으면 좋겠다는 생각까지 들어요." 그녀의 목소리에는 깊은 피로감이 묻어났다. "직장 다닐 때는 직장 다닌다고 행복하지 않았고, 이제는 집에만 있어서 또 행복하지 않네요. 이런 생각을 하는 저 자신이 너무 미워요." 그녀가 말했다. "결국 제자리예요. 또다시 쓸모없는 엄마, 죄책감에 시달리는 엄마가 돼버렸다고요. 도대체 왜 저는 그냥 행복할 수가 없는 걸까요?"

나는 트레이시의 이 질문이 정말 의미 있다고 생각했다. 전업맘이든 워킹맘이든, 왜 이토록 많은 엄마가 행복을 찾는 데 어려움을 겪는 걸까? 각자의 선택을 한 여성들은 종종 중요한 진실을 놓치고 있다. 모성이라는 경험은 직장이라는 경계선으로 나눌 수 있는 것보다 훨씬 더 크고 깊다는 사실 말이다.

워킹맘이든 전업맘이든, 모성을 경험한다는 것의 본질은 놀라울 만큼 비슷하다. 모든 엄마는 어느 순간 죄책감에 시달린다. 또 어떤 순간에는 아이들에게 부정적인 감정을 느끼기도 한다. 때로는 아이들과 완전히 떨어진 곳, 그러니까 아이들의 발길이 닿지 않는 어떤 열대의 외딴섬으로 혼자 떠날 걸 상상하며 한숨 돌리기도 한다. 이런 감정들은 우리가 선택한 길과 상관없이 모성이라는 여정에서 마주하는 자연스러운 부분이다. 어쩌면 이걸 인정하는 데서부터 진정한 모성이 시작되는지도 모른다.

우리 모두 같은 엄마입니다

워킹맘이든 전업맘이든, 우리는 모두 '엄마'라는 같은 자리에 서 있는 동행자다. 이는 누구도 부정할 수 없는 사실이다. 각자의 다른 선택들이 우리를 갈라놓게 하기보다는 함께 모여 서로의 마음을 들여다보고 이해하는 시간을 가져보자. 지금부터는 워킹맘과 전업맘 사이에 흔히 존재하는 오해들을 하나씩 짚어가며, 서로의 삶을 이해하고 응원하는 첫걸음을 함께 내딛어보자.

- '워킹맘은 아이보다 일을 더 중요하게 여긴다'라는 것은 잘못된

편견이다. 워킹맘들은 생계를 위해, 또는 일에서 보람을 찾으며 일하고 있을 뿐이다.
- '전업맘은 매주 네일케어 하고 한가롭게 와인 마시며 시간을 보낸다'라는 것도 사실이 아니다.
- '워킹맘은 늘 하이힐에 정장 차림이고 한 달에 한 번씩 꼭 염색하러 가겠지?'라고들 생각한다. 하지만 일하는 엄마라고 해서 모두 그럴 여유가 있는 것은 아니다.
- '전업맘은 늘 운동복 차림에 운동화, 묶은 머리로 다니면서 가방에는 아이 간식과 기저귀만 가득하다'라는 것도 또 하나의 편견일 뿐이다.

진실은 이렇다.
- 전업맘이 워킹맘보다 아이를 더 사랑하는 것은 아니다. 우리는 모두 자신의 아이를 한없이 사랑한다.
- 대부분의 엄마는 운전할 때면 좋아하는 음악을 크게 틀어놓고 즐긴다.
- 대부분의 엄마는 출산 후 늘어난 체중을 걱정한다.
- 모든 엄마는 누군가와의 저녁 약속에 편히 나가고 싶어한다.
- 우리는 모두 각자의 고민을 안고 산다.
- 대부분의 엄마는 생활비, 교육비, 각종 공과금 걱정으로 한숨 쉰다.
- 우리 모두는 '더 잘하는 엄마가 되어야 할 텐데'라는 생각에 시달

린다.
- 대부분의 엄마는 일주일에 한 번 이상 홀로 눈물을 흘린다.
- 우리 중 많은 수가 전문가와의 상담이 필요하다고 느낀다.
- 결혼생활의 어려움으로 고민하는 엄마도 많다.
- 우리는 모두 주변의 작은 도움이 절실할 때가 있다.

나는 두 개의 세상을 오가는 엄마다. 10년 전 임상심리 슈퍼바이저라는 안정적인 직장을 과감히 내려놓고 새로운 삶을 선택했다. 아침 등교 시간에는 평범한 학부모로, 8시 30분부터 오후 3시까지는 완전히 다른 모습으로 살아간다. 내 사업을 운영하면서 집안일도 꾸려나가느라 하루가 어떻게 지나가는지 모를 만큼 정신없다. 장보기부터 글쓰기, 방송 출연, 고객 상담, 사업체 운영까지. 그러면서도 운동이나 친구들과의 만남도 놓치지 않으려 애쓴다. 아이들이 학교에 있는 동안 나는 시간을 쪼개가며 하루하루를 알차게 보낸다. 대부분의 날은 모든 것이 순조롭게 흘러가는 것 같지만, 가끔은 거센 파도에 휩쓸린 듯 숨이 턱 막히는 순간도 있다. 그럴 때면 나 역시 친구들과 스파에서 모든 걱정을 내려놓고 있는 달콤한 상상에 빠지곤 한다. 나는 여전히 부족한 게 많은, 날마다 배워가는 중인 엄마다. 하지만 10년 전과 달라진 게 있다면, 이제는 더 많은 것을 깨닫고 이해하게 됐다는 점이다. 나처럼 살아가는 엄마들이 전국 곳곳에 있다는 걸 알게 되니 더는 외롭지 않다. 또한 이제는 내 마음이 지쳐갈 때와 한계에 다다를 때를 알아차리고, 그런 순간이 오기 전에 스스로를 돌볼 줄 안다.

자신이 왜 행복을 못 찾는 것 같은지에 대해 트레이시가 물었을 때, 나는 그녀의 진짜 속마음을 금방 알아차렸다. 가정에만 충실할지, 직장도 다시 다닐까 하는 고민에서 마음이 흔들리고 있었던 것이다. 하지만 그녀의 질문 속에는 이보다 훨씬 더 깊은 고뇌가 담겨 있었다.

"트레이시 씨는 삶에서 진정한 의미와 목적이 무엇이라고 생각하나요?" 내가 진중하게 물었다.

트레이시는 의자에서 살짝 자세를 고쳐 앉으며 어색한 미소를 지었다. "글쎄요…… 저도 아직 잘 모르겠어요."

사실 나는 트레이시가 이토록 깊은 질문에 대한 답을 쉽게 찾으리라 기대하지 않았다. 인류가 그 해답을 찾아 방황해 온 세월이 수백만 년이니까. 우리는 인간으로서 이 세상에 자신이 왜 존재하는지 알고 싶다는 근원적인 갈망을 안고 산다. 어떤 이들은 삶에 처음부터 정해진 의미란 없으며, 의미는 우리가 스스로 만들어가는 것이라 믿는다. 반면 다른 이들은 삶의 의미가 이미 존재하고 있으며 우리는 단지 그것을 찾아가는 여정 중에 있다고 생각한다. 하지만 어느 쪽이든, 우리 모두는 자신만의 의미를 찾아가는 여정을 반드시 밟아나가야 한다.

엄마가 되면 삶의 의미를 찾는 여정은 더 깊어지고 절실해진다. 아기가 어릴 때는 그 여린 생명이 나에게 전적으로 의존하고 있다는 사실이 순간순간 가슴을 파고든다. 이런 경험은 우리에게 그 어느 때보다 강렬한 목적의식을 심어준다. 그러다 문득, 자신의 유한한 생명에 대해서도 더 진지하게 생각하게 된다. '내게 무슨 일이 생기면…… 우리 아이는 과연 누가 키워줄 수 있을까?' 하고 말이다.

그러나 대부분 첫 1년이 지나면서 그 강렬했던 감정들이 서서히 다른 모습으로 변화하는 걸 경험한다. 아기가 모유나 젖병을 떼고 이유식을 시작하면서 아이와의 관계도 조금씩 달라지기 시작한다. 아이의 생존이 전적으로 나한테 달려 있지 않게 되면서 문득 '이것이 진정 엄마로서의 본질일까?' 하는 생각이 피어나는 것이다. 이런 고민들은 아이를 키우면서 마주하는 수많은 과제를 해내는 과정에서 더 깊어지고, 워킹맘이라면 일과 육아를 동시에 감당해내야 하는 현실 속에서 한층 더 무거워진다. 이런 질문들은 아이가 사춘기를 맞은 뒤에도 여전히 우리 마음 한구석을 맴돈다.

상담을 받으러 오는 내담자들에게 빅터 프랭클의 『삶의 의미를 찾아서』를 추천할 때가 많다. 이 책의 핵심은 우리가 어느 날 문득 찾아온 깨달음을 통해 삶의 의미를 발견하는 게 아니라는 점이다. 우리 삶은 매일매일이 의미로 가득하지만, 그 의미를 발견하기 위해서는 깨어 있는 마음가짐이 필요하다. 깨어 있기 위해서는 삶의 순간순간을 놓치지 않고 충실히 살아내야 한다. 하지만 엄마들은 그러기가 쉽지 않다. 하루하루가 끊임없는 도전이고 긴장의 연속이기 때문이다. 지금 이 순간에 온전히 머무르지 못하는 것, 이것이 바로 오늘날 엄마들이 직면한 가장 큰 시련 중 하나다. 그러니 자기 삶에서 목적을 찾지 못하고 방황한다고 느끼는 여성이 이렇게나 많은 것도 놀라운 일은 아니다.

우리 머릿속은 멈추지 않는 컨베이어 벨트처럼 끊임없이 할 일들을 쏟아낸다. 늘 전자기기에 정신이 팔려 있고, 알게 모르게 여러 일을 동시에 해내려 애쓴다. 깊은 잠에 들어야 할 한밤중에도 아기 의자나 자전거 가운데 어떤 것이 가장 좋을까 싶어 인터넷을 뒤적거린다. 늘 나보다는 다른 사람들의 필요를 먼저 챙긴다. 이 모든 것이 우리의 집중력을 흐트러뜨리고 기력을 소진시키며 삶의 목적을 찾아가는 여정을 더 힘겹게 만든다. 아이에게 책을 읽어주는 순간이든 장 보는 순간이든 회사에서 발표하는 순간이든, 그 순간에 온전히 머물며 지금 하고 있는 일에서 의미를 발견하려 노력할 필요가 있다.

육아의 무게가 하루하루 더해져가자 숨이 막혀왔던 트레이시는 어른과 상호작용하고 싶은 마음에 직장의 남편에게 손을 뻗었다. 어느 날 아침, 아이의 턱에 묻은 오트밀을 닦아내며 그녀는 조심스레 말을 건넸다. "여보, 우리 집 외벽 페인트칠을 다시 하면 어떨까? 좀 칙칙해 보이는데."

"나중에 다시 얘기하자." 남편은 전화 너머로 짧게 대답하고는 정중히, 하지만 분명하게 전화를 끊었다.

그날 오후 트레이시는 다시 한번 남편에게 전화를 걸어야만 했다. 다섯 살배기 아이가 학교에서 아프다고 해서 데리러 가야 한다는 급한 소식을 전하기 위해서였다. "알았어." 남편은 컴퓨터 자판을 바쁘게 두드리며 대충 대답했다. "우리 아들한테 뽀뽀 좀 전해주고. 나는 오늘 늦어."

트레이시는 그날 오후에만 두 번 더 남편에게 전화를 걸었고, 다섯 번째 전화를 받을 때쯤엔 남편의 목소리에도 짜증이 묻어나기 시작했다. "그럼 박물관이라도 다녀와." 남편이 무심히 내뱉었다. "브랜든이 아프다고 했잖아, 잊었어?" 트레이시의 목소리가 날카로워졌다. "그리고 박물관은 어제 이미 다녀왔어." 직장을 그만두며 꿈꿨던 자유로운 삶은 어느새 네 면의 벽에 갇힌 고독한 시간으로 변해버렸다.

이제 그녀는 밤마다 장난감들을 정리함에 가지런히 넣는 대신 벽장문을 열고 아무렇게나 밀어넣기 시작했다. 빨랫감을 조금이라도 줄여보고자 아이들에게 '살짝만 더러워진' 옷을 입혀 보내기도 했다. 무력감이 날이 갈수록 더 깊어지는 가운데 트레이시는 집 앞에서 작은 바자회를 열어 집 안에 쌓여 있는 여분의 장난감과 옷가지들을 정리해보기로 했다. "그냥 다 아름다운가게에 기부하면 되잖아?" 남편이 전화로 말했다. "집 앞에서 물건 팔아봤자 고작 몇백 달러 벌 건데, 준비하는 데만 일주일은 걸릴 거야. 그 정도 돈 받자고 시간 낭비할 필요 없어. 얼마 되지도 않을 텐데."

트레이시는 목 끝까지 차오르는 울음을 간신히 삼키며 대답했다. "그래…… 내가 하는 일이란 게 다 그렇지 뭐. 하루 종일 빨래나 개고 있는 이것도, 내 시간도. 당신 눈에는 그저 몇 백 달러도 안 되는 하찮은 일인가보네."

"제 마음은 아이들과 함께 집에 있어야 한다고 말하긴 하는데요." 트레이시는 눈가에 맺힌 눈물을 살며시 닦아냈다. "정작 아이들과 함께 있으면 가정 경제에 보탬이 되지 못한다는 자책감이 밀려와요. 아이들이 다 크고 나서도 직장으로 돌아갈 수 없을 것 같고…… 제가 쌓아온 전문성이 모두 사라질까 봐 두려워요." 트레이시는 고개를 저었다. "정말 어떻게 해야 할지 모르겠어요." 트레이시는 남편과 함께 일궈낸 법률 사무소가 그대로 있을 거라는 걸 알고 있었다. 하지만 많은 전문직 여성이 그러하듯 경력 단절 때문에 전문성이 약해질까봐 걱정됐다. 의뢰인과 동료 변호사들의 기억에서 잊힐까봐, 복직 후에도 예전만큼의 자신감을 가질 수 없을까봐 불안했다. 여성들은 경력이 잠시라도 끊기면 회사생활에 불이익이 있을 수 있다고 생각한다. 이런 두려움은 모든 워킹맘이 공통적으로 느끼는 감정이었다. 출산 휴가든 육아를 위한 장기 휴직이든 말이다.

"트레이시 씨는 변호사로서 성공적인 커리어를 쌓아오셨죠.

그렇다면 전업주부의 삶도 하나의 새로운 커리어라고 생각해보면 어떨까요?" 내가 그녀에게 물었다.

트레이시는 의자에 등을 기대고 잠시 생각에 잠겼다. "제가 변호사일 때처럼 최선을 다해서 가장 좋은 엄마가 되려고 노력하겠죠. 막내와 함께 음악교실도 가고, 체육교실, 미술교실도 다니고, 공원에 가서 다른 엄마들과 교류하기도 하면서요." 그녀는 살며시 미소를 지었다. "그리고 그 모든 순간을 진심으로 즐길 수 있을 것 같아요."

"또 어떤 것들이 있을까요?" 내가 그녀의 이야기를 이어가도록 다정히 물었다.

"글쎄요, 제가 생각하는 이상적인 모습이라면……" 트레이시가 천천히 말을 이어갔다. "요리 수업도 몇 개 들어서, 차 안에 거지 같은 과자만 잔뜩 구비해두는 대신 아이들에게 건강한 식사와 간식을 직접 만들어주고 싶어요. 숙제할 때도 아이들과 함께 더 여유롭게 시간을 보내며 도와주고요." 트레이시는 잠시 생각을 정리하고 덧붙였다. "아마 저만의 방식으로 슈퍼맘이 되는 거겠죠. 우리 아이들과 우리 가족에게 딱 맞는 그런 엄마요."

이런 생각을 품은 채 트레이시는 전문 전업주부로 거듭나기 시작했다. 직장 다닐 때처럼 일찍 일어나 샤워를 하고, 옷차림을 단정히 했으며 머리도 손질했다. 그리고 자신과 아이들을 위해 건강한 아침 식사를 정성껏 준비했다. 시간을 효율적으로 쓰기 위해 전날 밤에 도시락도 미리 준비해두었다. 어린 막내와 함께 요리 교실도 다니기 시작했다. 큰아이 둘과 함께 현장학습에 참여하기 시작했고, 막내와는 지역 엄마 모임에도 가입했다. "큰아이들이 어렸을 때는 이런 경험을 너무 많이 놓쳤어요." 그녀가 말했다. "이제라도 아이들과 제대로 된 시간을 보내고 싶어요." 몇 주가 지나자 법률 사무소를 처음 그만뒀을 때 느꼈던 그 설렘과 활력이 되살아나기 시작했다. 그녀는 현재에 더 충실해졌고, 모든 일에 더 열심히 임했다. "더 일찍 일어나는데도 오히려 에너지가 넘치는 게 신기해요." 트레이시가 말했다. "어제는 커피도 한 잔으로 충분했다니까요."

새로운 '엄마 커리어'를 시작한 지 6개월쯤 지났을 때, 트레이시는 예전 직장 동료들에게 연락을 했다. 사실 그동안은 연락을 망설여왔었다. 그들과 함께 아이들과 집에서만 지내는 삶을 비웃었던 기억이 있었기 때문이다. "매일 아이들이랑만 집에 있으면 정말 미쳐버릴 거라고 농담처럼 말했었죠." 그녀가 솔직하게 말했다. 하지만 친구들은 그녀의 연락을 반갑게 맞아주었다. 그날 저녁에 퇴근 후 술자리가 있다고 했고, 트레이시는 친정엄마에게 아이들을 봐달라고 부탁한 뒤 모임에 참석하기로 했다.

일과 육아를 동시에 해내야 하는 그들의 이야기를 들으며 스테이시는 자신이 예전에 늘 느꼈던 그 부담감을 떠올렸다. 한 친구가 바로 그날 아침에 있었던 일을 털어놓았다. 학교에서 아이를 데려가라는 전화를 받았는데, 알고 보니 전날부터 열이 있었다는 것이었다. "남편한테 정말 화났어." 트레이시의 친구가 말하자 테이블에 있던 모든 사람이 공감하듯 고개를 저었다. "아니, 진짜 어이가 없어. 열 난 애를 하루도 안 되어 등교시켰다고? 상식적으로 24시간은 지켜봐야 하는 거 아냐? 학교에는 미열이고 아침엔 괜찮아 보였다고 말해둔 뒤에 남편한테 전화 걸어서 대판 혼냈지." 테이블에 있던 다른 엄마들이 웃음을 터뜨렸다. "내가 지금 마음대로 회사 빠질 수 있는 처지가 아니잖아." 그녀가 말했다. "오늘 아침에 프레젠테이션도 있었고…… 교칙도 무시하고 아픈 애 등교시키는 몰상식한 엄마라고 학교에 찍힐 건 말할 것도 없고."

"남편이 알아듣긴 해?" 트레이시가 물었다.

"선생님이 나를 어떻게 생각할지에 대한 내 걱정까지는 이해했을지 모르겠지만 발열 규정만큼은 확실히 머리에 새겼을 걸." 그녀가 씩 웃었다. "이제 등교시킬 때 선생님이랑 눈 마주치면 '안녕히 계세요' 하고 도망가야겠어."

또 다른 친구는 경력 단절 후 직장에 복귀했을 때 있었던 웃긴 이야기들을 들려주었다. 그녀는 트레이시가 회사를 그만두던 무렵 새로 입사했던 동료였다. 웃음소리가 가득한 자리에서 이야기를 나누던 트레이시는 문득 자신도 이 워킹맘들과 다를 게 없다는 걸 깨달았다. "우리 모두 한번쯤 서운함과 죄책감을 느끼는 순간이 있잖아요." 그녀가 나중에 털어놓았다. 이야기를 나누며 트레이시는 두 가지 사실을 새삼 깨달았다. 나중에 마음이 바뀌면 언제든 직장으로 돌아갈 수 있다는 것. 그리고 여전히 자신에겐 소중한 인연으로 이어진 친구들이 있다는 것이었다.

밤이 깊어가며 모임이 마무리될 무렵 트레이시가 먼저 입을 열었다. 다음에는 6개월이나 기다리지 말고 자주 보자고. 다른 친구들은 벌써 그렇게 시간이 흘렀다는 사실에 놀라워했고, 트레이시는 자기한텐 몇 년 같았다며 웃었다.

"아이들이랑 집에만 있다보면 시간이 참 느리게 가는 것 같아." 트레이시의 말에 친구들이 미소 지었다.

"그래도 너 정말 좋아 보여." 한 친구가 말했다. "전에 없이 행복해 보인다."

엄마 번아웃 극복을 위한 생존 가이드
: 마음이 편안해지는 나만의 소명 찾기

지금 이 순간에 머물자. 바쁜 일상에서도 잠시 발걸음을 멈추고, 눈앞의 가족들과 함께하는 시간에 집중해보자. 그러면 어느새 활력이 샘솟고 일상의 기쁨도 배가될 것이다. 아이가 말을 걸어올 때면 하던 일을 잠시 멈추고 귀 기울여주자. 눈을 마주치며 온전히 아이에게 마음을 쏟는 시간을 가져보자. 필요하다면 휴대폰 알람을 설정해서라도 현재의 소중함을 놓치지 말자.

행복한 '프로 엄마'가 돼보자. 워킹맘이든 전업맘이든, 아이들과 함께하는 모든 순간을 정성껏 가꿔나가는 걸 천직으로 삼아보자. 아이들에게 건강한 한 끼를 차려주고 싶다면 마음 맞는 이웃들과 레시피를 나누거나 요리 강좌를 들어보자. 가족과 더 많은 시간을 함께 보내고 싶다면, 매주 짧은 시간이라도 함께할 수 있는 특별한 계획을 세워보자. 다 같이 보드게임으로 웃음꽃을 피우는 것도 좋고, 동물원으로 나들이를 떠나거나 읽은 책으로 이야기보따리를 풀어봐도 좋다. 회사에서 주간 회의를 하 가족 회의를 열어 지난 한 주를 되돌아보고 새로운 한 주를 그려보자. 이런저런 일들을 정리할 수 있을 뿐 아니라 가족들의 욕구와 감정을 파악하기에도 좋은 방법이다.

복잡하게 얽힌 생각들은 잠시 옆에 두고, 우리 일상 속 작은 보물 같은 단서들을 찾아보자. 삶의 목적은 생각보다 훨씬 더 가까이에 있다. 머리로 헤아리기보다 마음이 전하는 속삭임에 귀 기울이자. 수많은 엄마들이 그렇듯 '어떻게 시작해야 할지' 망설여진다면, 하루 5분만이라도 충분하다. 홀로 차분히 머무는 시간 속에서 당신의 마음이 들려주는 이야기에 귀 기울여보자.

삶에 스며드는 모든 순간을 하나의 아름다운 이야기로 엮어보자. 힘겨운 시절, 가슴 아픈 기억조차 삶의 목적대로 살아갈 하나의 기회가 된다. 그러기 위해 좋은 방법 중 하나는 바로 일기 쓰기다. 하루의 이야기를 글로 새기는 시간은 단순한 기록을 넘어 나를 마주하고, 마음을 깊이 들여다보며, 내일을 희망으로 물들이는 특별한 순간이 된다. 디지털 다이어리도 좋고 손 글씨로 채워가는 옛 방식의 일기장도 좋다. 당신에게 가장 편안한 방식을 택하면 된다.

보너스 가이드

+

오늘도 촬영 중, 나의 인생 이야기

당신의 인생이 한 편의 영화라고 상상하고 주인공을 위한 시놉시스를 직접 써보자. 그 영화의 주인공은 다름 아닌 당신이다. 주인공이 어떤 삶의 의미를 찾아가고 있을지 상상하고, 그 의미를 어떻게 이뤄나갈지 고민해보자.

8장

할 수 있겠지,
다 할 수 있겠지?

― 바쁨이란 이름의 굴레

◆
◆
◆

비슷한 경험이 있나요?

바쁨이 일상이 되어버린 현대사회, 하지만 이는 결코 건강한 삶의 방식이 아니다. 특히 육아에 지친 엄마들이라면 이런 상황이 순식간에 엄마 번아웃이라는 위기로 변모할 수 있다. 지금 내 삶이 과도하게 바쁘지는 않은지 몇 가지 경고 신호를 함께 살펴보자.

- ☑ 주위에 가족들이 있는데도 마치 섬에 홀로 남겨진 것처럼 외롭고 지쳐 있어요. 끝없이 반복되는 집안일부터 남편과 아이들의 하루 일정을 챙기는 것까지, 모든 게 제 몫이 돼버렸어요.

- ☑ 거센 물살에 휩쓸린 듯 하루하루가 손아귀에서 미끄러져요. 제 일정은 흔적도 없이 사라지고, 온종일 가족들의 문제를 해결하느라 정신없이 달릴 뿐이에요.
- ☑ 누군가를 위해 쉼 없이 뛰어다니는 것이 마치 제 존재 이유인 것처럼 느껴져요. 가족들의 필요를 채워주면서 '나라도 이 일을 해내야 해'라고 스스로를 다그치곤 해요.
- ☑ 하루하루 쌓여가는 일들 앞에 한숨만 나와요. 끝없는 터널을 걸을 때 그렇듯, 아무리 발걸음을 서둘러도 제자리걸음인 것 같아 가슴이 답답해요.
- ☑ 다른 사람들의 행복을 위해 제 삶을 희생하는 게 당연해졌어요. 별로 친하지도 않은 사람이라도 말이에요. 아이들 간식은 반드시 손수 만들어야 한다는 강박에 새벽까지 주방에 서 있고, 생일 선물을 완벽하게 포장하기 위해 밤을 새우고, 학교 자원봉사는 모집 안내만 보여도 번개처럼 달려가 신청서를 작성하곤 해요.
- ☑ 늘 주변의 시선이 가시처럼 따갑고, '부족한 엄마'라는 자책감에 밤마다 가슴이 무거워요. 학교 행사 도시락을 예쁘게 못 챙겨주면 아이가 위축될까봐 밤새 뒤척이고, 옆집 아이는 학원을 세 군데 다니는데 우리 아이는 뒤처지고 있는 건 아닐까 하는 불안감에 하루도 마음 편할 날이 없어요.
- ☑ 나를 위한 시간도, 가족들과의 소소한 일상도 모두 뒷전이 돼버렸어요. 피곤해서 눈이 감길 때도 아이 숙제를 두 번 세

번 검토해야 직성이 풀리고, 늦은 밤 이불 속에 누워서도 '혹시나' 하는 마음에 회사 메일함을 새로고침 하곤 해요.

카먼은 쉰여섯의 나이에 평온한 가정을 이루고 있었다. 열다섯 살 된 아들과 열일곱 살 딸을 둔 그녀는 가정과 일의 조화를 위해 재택으로 경영 컨설턴트 일을 해나가고 있었다. 재정설계사로 일하는 남편과는 20년이라는 세월을 함께 걸어왔다. 그들의 가정은 마치 옛 사진처럼 전통적인 모습을 간직하고 있었다. 카먼이 집 안의 대소사와 자녀 양육을 맡고, 남편은 근처 사무실에서 종일 일하는 식이었다. 결혼 초기부터 카먼이 아이들의 주 양육자가 되기로 한 것은 부부간의 자연스러운 약속이었고 그녀는 이를 기쁜 마음으로 받아들였다. 어쩌면 당연한 선택이었는지도 모른다. 비슷한 가정 환경에서 자란 그녀는 늘 자신만의 가정을 꾸리고 아이들을 키우는 삶을 그려왔기 때문이다. 아이를 갖기 전에는 마케팅 회사에서 일했지만, 임신과 함께 인생의 새로운 장을 열기로 마음먹었다.

열두 해 전, 카먼은 첫 상담을 예약하기 위해 조심스레 전화를 걸어왔다. "머릿속이 온통 뒤죽박죽이에요." 수화기 너머의 목소리에는 깊은 무력감이 배어 있었다. 매일같이 열쇠를 잃어버리고, 업무상 중요한 전화는 약속이라도 한 듯이 놓치기 일쑤였으며, 밖에 나가서 볼일을 보던 중에 장 보는 걸 완전히 잊어버리는 일도 잦았다. 혼란 속에서 그녀는 먼저 주치의를 찾아 도대체 무엇이 문제인지 알아보고자 했다. 하지만 온갖 검사에도 모두 이상 없다는 결과가 나오자, 나와 오랜 인연이 있던 그녀의 주치의는 그녀를 내게 의뢰하기로 했다.

카먼을 처음 만났을 때만 해도 나는 엄마 번아웃이라는 현상을 명확히 정의하지 못하는 상태였다. 하지만 그녀의 비정상적으로 높은 스트레스가 기억력 문제의 근원이라는 점만큼은 분명히 알 수 있었다. 스트레스는 마치 보이지 않는 그물처럼 뇌 기능을 포함한 신체의 여러 부분을 옥죄는데, 이 때문에 사고가 흐려지고 기억력이 약해지며 일상이 혼란스러워지곤 한다. 면밀히 살펴본 결과, 나는 그녀의 '쉴 새 없는 바쁨'이 감당하기 힘든 수준의 스트레스를 주고 있다는 사실을 깨달았다.

이후 다년간의 상담 경험을 통해 나는 이 문제를 더 깊이 이해하게 되었다. 바쁜 엄마들이 번아웃의 위험에 특히 취약하다는 것이었다. 바쁨은 이미 현대사회를 살아가는 대부분의 엄마에게 피할 수 없는 일상이 되어버렸다. 요즘은 마치 그것이 자랑스러운 훈장이라도 되는 양 여겨지지만, 이는 결코 건강한 삶의 모습이 아니다. 엄마들은 잠시도 숨 돌릴 틈 없이 여러 일을 동시에 해내야만 한다. 한 심부름이 끝나기 무섭게 다음 일로 달려가야 하고, 고작 밥 한 끼 제대로 앉아서 먹을 시간조차 없이 살아간다. 겉으로는 더 높은 효율성을 추구하는 것처럼 보이지만, 실제로는 자신의 생산성을 갉아먹고 있는 것이다. 우리 뇌는 본래 한 번에 한 가지 일에만 집중하도록 설계돼 있다. 이러한 뇌의 자연스러운 작동 방식을 거스를 때, 우리는 도리어 일의 속도를 늦추고 불안감만 가중하게 된다.

첫 상담 시간에 카먼이 자신의 일과를 하나하나 풀어내는 동안 나는 그녀의 빡빡한 일정에 놀라움을 금치 못했다. 오후 일정을 듣고 있을 때는 그녀의 온몸 구석구석에서 배어 나오는 깊은 피로감이 실체가 있는 양 생생하게 전해져올 정도였다. 그녀가 숨 가쁜 일상의 순간들을 더 자세히 들려주는 동안 나는 그녀의 왼쪽 눈가가 미세하게 경련하는 것을 분명히 볼 수 있었다.

"오후 3시쯤이었어요. 통학버스가 골목을 돌아 들어오는 소리가 들리자마자 부랴부랴 일을 정리하기 시작했죠. 마감도 중요했지만, 아이들이 문을 열고 들어오면 더 이상 일에 집중할 수 없을 테니까요. 그때부터는 아이들 간식 챙기고 숙제 봐주고…… 정신없이 하루가 지나갈 게 뻔했어요. 그날 밤도 애들 재우기 전까진 도저히 컴퓨터 앞에 앉을 수 없다는 걸 알았죠." 카먼은 잠시 이야기를 멈추고 다이어트 콜라를 한 모금 머금었다. "현관문이 열리자마자 애들은 배고픈 강아지들처럼 냉장고로 달려들었죠." 그때 카먼의 머릿속을 스치는 생각, '아, 맞다! 깜빡했네'.

"엄마, 또 장 보는 거 깜빡했어?" 열다섯 살 된 아들이 텅 비다시피 한 냉장고를 실망한 듯 들여다보며 물었다.

"냉장고에 어제 먹다 남은 거 있을걸." 카먼이 조심스레 말을 꺼냈다.

"저 미트로프 완전 토 나오는데." 딸이 인상을 찌푸리며 말했다.

'열일곱 살밖에 안 됐는데 나보다 화장을 더 진하게 하고 다니는 게 맞는 걸까?' 카먼은 문득 엉뚱한 걱정이 떠올랐다.

"진짜 먹을 만한 게 하나도 없네." 아들이 냉장고 문을 쾅 닫았다.

"그럼 달걀이라도 부쳐줄까?" 카먼이 부산스레 아이들 곁으로 다가섰다.

아이들은 시큰둥한 표정으로 대답을 피했다.

"그럼…… 오트밀이라도 먹을래?" 카먼이 식료품 저장실에서 고개를 돌렸다. 하지만 아이들은 이미 아일랜드 식탁에 앉아 휴대폰만 들여다보며, 엄마의 말은 귓등으로도 듣지 않은 채 오레오 과자나 까먹고 있었다.

"그래, 알았어. 점심은 피넛버터 잼 샌드위치로 대충 때우고, 저녁에 냉동 피자 데워줄게."

아이들은 휴대폰 화면에서 눈을 떼지 못했다. 카먼이 음식들을 식탁에 하나둘 꺼내놓자 강아지가 빈 물그릇 앞에서 목마르다는 듯 애처롭게 낑낑거리기 시작했다. 그녀는 한 번 더 아이들을 돌아봤지만 여전히 휴대폰 세상에 빠져들어 있을 뿐이었다. 깊은 한숨을 내쉰 그녀는 물그릇에 시원한 물을 채워주고 나서야 다시 샌드위치와 피자 준비로 발걸음을 옮겼다.

카먼은 아들과 딸 앞에 샌드위치를 내려놓으며 나가기 전에 해야 할 숙제는 없는지 물었다. 딸은 오후에 축구 연습이 잡혀 있었고, 아들은 농구 시합을 앞두고 있었다. "얘들아, 이제 나가려면 45분밖에 안 남았다?" 그녀는 바쁜 일상에 지친 목소리로 아이들을 재촉했다.

두 아이는 샌드위치를 한 입 두 입 깨작거리며 숙제를 시작했다. 카먼은 주방을 정리하면서 한편으로는 휴대폰으로 업무 메일을 확인하느라 정신이 없었다. "정신없이 일하느라 정신을 놓고 있었죠. 그러다 문득 시계를 보니 벌써 그 시간이더라고요. 애들한테 유니폼 입으라는 말도 못 했죠. 순간 머릿속이 하얘지면서 이성을 잃었나봐요. 제가 미친 사람처럼 집 안을 이리저리 뛰어다니면서 고래고래 소리를 지르고 있더라고요." 그녀가 쓴웃음을 지으며 털어놓았다. "아들 농구 양말이 며칠째 빨래 바구니에 처박혀 있었던 거예요. 설상가상으로 딸내미 유니폼 상의는 어디다 벗어뒀는지, 옷장이고 소파 밑이고 다 들춰봤는데도 안 보이는 거예요. 아침부터 이게 무슨 날벼락인가 싶어서 가슴이 쿵쾅거리더라고요."

20분 후에는 모두 미니밴에 올라탔다. 카먼은 아들의 지독한 양말 냄새를 피하고자 창문을 모조리 활짝 열었지만 소용없었다. '우리 아들이 대학 농구선수가 되겠다는데 엄마가 어떻게든 도와줘야지. 근데 이 육성팀 일정은 정말 만만치가 않네.'

그녀는 생각에 잠겼다. 아이들이 너무 멀리 떨어져 살다보니 카풀은 엄두도 낼 수 없었고, 일주일에 무려 엿새나 연습과 시합이 잡혀 있었다. 동네를 막 빠져나가려던 찰나, 자신의 처지를 한탄하던 카먼은 급하게 브레이크를 밟았다. "아, 맞다. 피자!" 그녀가 소리쳤다. 급하게 차를 돌려 집으로 달리는 동안 아이들은 짜증 섞인 표정으로 눈을 굴렸다.

카먼은 황급히 집 안으로 뛰어들었다. 타버린 피자 냄새가 코를 찔렀다. 그녀는 허겁지겁 오븐을 끄고 시커멓게 변한 피자를 가스레인지 위로 옮겼다. '이건 일단 나중에 처리하자.' 냉장고 문을 열어젖히고 마지막 남은 다이어트 콜라를 집어든 그녀는 곧장 차로 달려갔다. 아들의 경기장을 향해 액셀을 밟으며 자신의 콜라를 몰래 마셔버린 아이들을 나무랐지만, 아이들은 창밖을 바라보며 시큰둥하게 반응할 뿐이었다. 아들을 경기장 앞에 내려주고 딸이 그 시즌 마지막으로 이용할 축구 연습장으로 방향을 틀던 순간 카먼의 머릿속에 날벼락 같은 생각이 스쳤다. 코치님 감사 선물을 준비하기로 했던 것이었다. 허둥지둥 근처의 선물 가게를 떠올리는데 뒷좌석에서 딸아이의 흐느낌이 들려왔다. 그날 오후 친한 친구와 크게 다툰 모양이었다. 카먼은 선물 가게 주차장으로 차를 돌리며 무슨 일인지 물어보려 했지만, 시간에 쫓겨 "잠깐만, 이따 얘기하자!"라는 말만 남긴 채 가게로 뛰어 들어갔다. 하필 계산대 앞에서는 한 손님이 느긋하게 선물 포장을 기다리고 있었다. 카먼은 초조한 마음에 발바닥으로 바닥을 톡톡 두드리며 한숨을 내쉬었다. '이러다 정말 혈압 올라 쓰러지겠네. 뇌졸중이 오기도 전에 쓰러질 것 같아.' 그녀는 속으로 중얼거렸다.

마침내 연습이 있는 학교 주차장에 차를 세웠다. 카먼은 제멋대로 뻗친 회색 머리카락을 손으로 매만지며 살짝 구겨진 블라우스를 정돈해봤다. '옷이라도 제대로 된 걸로 갈아입고 올걸 그랬나.' 운동장에 발을 들이자마자 딸아이는 순식간에 그녀 곁에서 사라졌다. 카먼은 홀로 관중석 구석 자리를 찾아 앉아 메일을 확인하기 위해 휴대폰을 꺼내들었다.

"어머, 안녕하세요! 요즘 어떻게 지내세요?" 금발의 발랄한 학부모가 불쑥 그녀 앞에 나타났다.

카먼은 흠칫 놀라며 억지로 웃어 보였다. 사실은 너무 지쳐서 당장이라도 쓰러질 것 같다고 솔직히 말하고 싶었다. 하지만 그저 공손하게 고개를 끄덕이며 "네, 잘 지내요"라고만 답했다.

"벌써 시즌이 끝난다니 믿기지가 않네요." 활기 넘치는 금발의 학부모는 한층 더 밝은 목소리로 말을 이어갔다.

카먼은 휴대폰을 무릎 위에 내려놓고 얌전히 고개를 끄덕였다. '저 엄마도 나처럼 딸아이 친구 문제나 아들의 정신없는 운동 일정 때문에 밤잠을 설치고 있을까?'

"이렇게 혼자 계시면 어떡해요." 금발의 학부모는 다른 학부모들이 모여 있는 쪽을 가리키며 손짓했다. "우리랑 같이 앉아요."

카먼은 휴대폰을 주머니에 집어넣고 마지못해 자리에서 일어났다. 급한 메일이 있었지만, 괜히 눈치 없는 사람으로 보이고 싶지는 않았다. 그녀는 공손히 다른 학부모들의 한가로운 수다를 들으며 머릿속으로 저녁에 해야 할 일들의 우선순위를 다시 정리했다. 연습이 끝나자마자 서둘러 코치님께 선물을 건네고는 딸아이의 손을 잡아끌었다. 주차장을 가로지르며 "빨리, 빨리 가야 돼"라고 조급한 목소리로 재촉했다. 아들을 데리러 가기엔 벌써 늦어버린 참이었다.

아들한테 도착했을 때, 그는 이미 손목시계를 뚫어져라 쳐다보며 서 있었다. 카먼은 닫힌 차창 너머로 "빨리 타!"라고 재촉했다. "엄마, 저녁은?" 아들이 안전벨트를 매면서 물었다.

"너 엄마한테 밥 얘기밖에 안 하는 거 아니?" 카먼이 말했지만, 아들은 이미 헤드폰을 귀에 꽂은 뒤였다.

맥도널드 드라이브스루 창가로 차를 돌리자 딸이 놀리듯 "아까 그 피자 먹고 싶었는데"라고 말했다. 카먼은 못 들은 척했다.

마침내 저녁 7시, 카먼이 집 앞 차고에 차를 세웠다. 남편이 그녀의 볼에 살짝 입맞춤하며 첫마디를 꺼냈다. "여보, 오늘 저녁은?"

이런 오후를 보내는 엄마가 카먼 한 명뿐이면 좋겠지만, 실상은 그렇지 않다. 많은 내담자가 해야 할 일을 끊임없이 되뇌며, 잊어버린 심부름을 하러 되돌아가기를 반복하면서 하루를 보낸다. "모든 일을 해내기에는 시간이 턱없이 부족해요"라고 그들은 토로한다. 카먼만 봐도 아이들이 학교에 있는 동안은 일하고, 오후에는 아이들 기사 노릇 하느라 정신없이 바쁘다. 토요일에 장바구니 가득 사놓은 식료품은 목요일이면 바닥을 보인다.

"생각을 정리할 여유는 언제쯤 가질 수 있을까요?"라며 카먼이 내게 물었다. "저는 그래도 좀 나은 편이에요. 애들 하교 시간에 잠깐 일을 놓았다가 밤에 다시 시작할 수 있으니까요. 보면 다른 워킹맘들은 더 대단해요. 퇴근도 저녁 6시나 돼야 겨우 하는데, 얼굴에 피곤한 기색 하나 없이 멀쩡하더라고요. 도대체 왜 저만 이렇게 숨 가쁘게 살아가는 걸까요?" 하지만 현실은 이렇다. 늘 바쁘게 달리기만 하는 게 일상이 되면 우리 몸의 스트레스 반응은 마치 공회전하는 자동차처럼 쉴 새 없이 돌아가게 된다. 겉으로는 멀쩡해 보이는 다른 엄마들도 실은 이런 만성 스트레스에서 자유롭지 않은 것이다.

그때쯤 카먼은 이미 수년째 그런 식으로 살아온 뒤였다. 아이들이 더 어렸을 때는 직장생활을 하지 않고 전업주부로 지냈지만, 그때도 하루 종일 분주하기는 마찬가지였다. 아이들을 위해 할 수 있는 모든 특별활동을 신청했고, 유치원에서는 자원봉사를 도맡아 했다. 재료 구입이 끝없이 필요한 만들기 과제도 수없이 해냈다. 아이들과 함께 요리도 하고 제과제빵도 배웠으며, 친구들과의 놀이 약속도 빼곡하게 잡았다. 늘 정신없이 바빴지만 카먼은 아이들과 보내는 시간이 행복했다. 아이들이 한 순간의 소중한 경험도 놓치지 않기를 바랐기 때문이다.

아이들이 성장한 뒤에도 카먼은 그들이 어렸을 때처럼 일정을 관리하고 싶어했다. 하지만 아이들이 점점 독립심을 키워가면서 대부분의 엄마는 자신의 일정이 아이들 위주로 돌아가게 된다는 현실을 실감한다. "제가 모든 걸 조정하고 계획했을 때가 훨씬 더 수월했던 것 같아요"라고 그녀는 털어놓았다. "어느 순간부터 아이들이 제 일정을 좌지우지하기 시작했어요. 아니면 제가 그렇게 되도록 내버려둔 걸 수도 있고요. 어느 쪽인지는 잘 모르겠지만, 이제는 제 하루하루를 제 뜻대로 할 수 없게 됐어요. 영 마음에 들지 않네요."

오늘날 엄마들이 이토록 바쁜 만큼 가족의 모든 일정을 장악하는 것은 필요악이 되어버렸다. 그들은 자신의 일정뿐 아니라 가족 구성원 각자의 세세한 일정까지 모두 조율해야만 하는 처지다. 여러 아이의 학원 스케줄부터 배우자와의 약속은 물론, 자신의 일과까지 전부 꿰고 있어야만 한다. 이런 상황에서 오는 스트레스를 견디려면 통제력이 필수다. 이러한 통제 없이는 자신이 있어야 할 곳도, 가족들이 지금 어디에서 무엇을 하고 있는지도 파악할 수 없게 되기 때문이다.

카먼은 전날의 일을 떠올리며 한숨을 내쉬었다. 창밖으로는 황혼이 어둠 속에 스며드는 저녁이었다. 거울 속 자신의 모습을 보니 붉게 충혈돼버린 눈이 먼저 눈에 들어왔다. 또다시 패스트푸드로 저녁을 때워야 한다는 생각에 속이 쓰렸지만, 출출한 배를 달랠 다른 방법이 없었다. 평소라면 가족들에게 집밥 대신 배달 음식을 시키는 것조차 마음에 걸렸을 텐데 오늘만큼은 그런 생각을 할 기운조차 남아 있지 않았다. 남편과 아이들이 식탁에 둘러앉아 저녁을 먹는 동안에도 카먼은 밀린 업무 메일을 처리하고 고객의 전화를 받느라 자리를 지킬 수가 없었다. 겨우 저녁 7시 45분이 되어서야 숨을 고르며 식탁에 앉았다. '생각보다는 먹을 만하네'라고 중얼거리며 태워먹은 피자의 테두리를 골라내는데, 문득 위층에서 들려야 할 아이들의 샤워 소리가 들리지 않는다는 걸 깨달았다. 카먼의 턱이 굳어지고 가슴이 덜컥 내려앉았다. '벌써 8시인데, 저 녀석들 도대체 뭐 하는 거지?'

그녀는 딸의 방에 성난 기세로 들어가 곧바로 소리를 질렀다. "숙제 빨리 끝내고 씻고 자라고!" 폭풍 같은 잔소리를 퍼붓던 그 순간, 카먼은 딸의 컴퓨터 화면에 비친 자기 모습에 멈칫했다. 까맣게 탄 피자 조각을 허공에서 휘두르며 소리치는 동안 그녀의 머리카락은 이리저리 날뛰고 있었다. 화상통화 속 딸의 가장 친한 친구는 겁 먹은 눈으로 그 광경을 지켜보고 있었다. 카먼은 딸과 눈이 마주치자 민망함에 얼른 방에서 빠져나왔다.

그녀는 아들의 방으로 향했다. 이번만큼은 실수하지 않으리라 다짐하며, 고함을 치기 전에 컴퓨터 화면부터 꼼꼼히 살폈다. 화상 채팅방에 친구들이 있을지도 모를 일이었다. 그러나 헤드폰을 꽉 눌러쓴 아들은 완전히 자기만의 세계에 빠져 있었고, 그의 주의를 끌기 위해서는 큰소리를 지를 수밖에 없었다.

아이들이 마침내 씻기를 끝내고, 그녀도 밀린 일을 마무리한 뒤 녹초가 되어 11시가 되어서야 침대에 몸을 던졌다. 남편은 뉴스를 보다가 어느새 잠들어 있었다. TV를 끄고 나서야 온몸의 긴장이 서서히 풀려갔다. 숨소리가 깊어지며 편안한 리듬을 타기 시작했다. '아아…… 드디어 잠이……' 달콤한 잠이 막 찾아오려던 순간, 그녀의 눈이 번쩍 떠졌다. 강아지 산책을 깜빡한 것이었다.

카먼은 재택근무가 완벽한 해결책이 될 거라 믿었다. 오전 9시부터 오후 3시까지만 일하면 아이들이 하교할 때쯤 여유롭게 맞이할 수 있으리라 기대했다. 하지만 가족들의 병원 예약부터 크고 작은 심부름까지, 예상보다 많은 일이 그녀를 기다리고 있었다. 결국 밤 9시부터 11시까지 추가 근무를 할 수밖에 없었다. 꿈꾸던 프리랜서의 삶은 아이들에게 뜻밖의 일이 생길 때마다 시간에 쫓기는 악몽으로 변해갔다. 밤낮으로 일하고 주말까지 반납했음에도 편히 쉴 수 있는 시간은 늘 부족했다.

카먼은 바쁜 일상을 직장 탓으로 돌렸지만, 전업주부들의 하루 역시 숨 돌릴 틈 없이 달려간다. 상담실을 찾은 엄마들은 종종 그들만의 '야간 근무' 이야기를 들려준다. 아이들이 잠든 후에도 밀려드는 메일을 처리하고, 다음 날 도시락을 준비하고, 아이들이 전자기기를 끄고 편히 잠들었는지 확인하는 일들이 기다리고 있다. "마치 가게 문을 닫자마자 다음 날 열 준비를 하는 느낌이에요. 매일이 되풀이예요." 한 엄마는 털어놓았다. 이들은 아이들의 빼곡한 일정을 꼼꼼히 확인하고 학부모 포털에 들어가 과제 제출 현황까지 점검하느라 밤늦게까지 깨어 있어야 한다. "제가 없으면 이 집은 하루도 제대로 굴러가지 않을 거예요"라고 또 다른 엄마는 말했다. "잠자리에 들기 전에 해야 할 일들을 하나씩 처리하다보면 한 시간은 금세 지나가버려요." 나 역시 마찬가지다. 저녁 8시 30분부터 시작되는 야간 근무 시간에는 밀린 메일과 전화를 확인하고, 집 안 구석구석을 정리하고, 아이들 도시락통도 씻어놓는다. 그러면서도 남편과의 대화 시간을 놓치지 않으려 애쓴다.

낮 동안 늘 빠듯했기에 카먼은 두세 가지 일을 동시에 처리하려 애썼다. 저녁 식사를 준비하는 날이면 한 손으로는 메일을 확인하고 다른 손으로는 소스를 저으며, 아이들 숙제를 봐주다가도 잠깐 밖으로 나가 강아지와 공놀이를 하는 식이었다. 아이들의 경기나 연습을 지켜보는 중에도 업무 메일을 수시로 확인했다. 업무 통화를 하면서는 과자나 패스트푸드로 대충 허기를 달랬고, 마트 계산대 앞에 줄 서 있는 동안에도 이런저런 약속들을 잡아두었다. 이런 생활 방식이 자신을 지치게 만든다는 걸 알면서도 달리 방도가 없다고 생각했다. 하루 종일 쉴 새 없이 무언가를 하는데도 정작 아무것도 제대로 마무리된 것 같지 않다는 건 더 답답했다.

내가 보기에 멀티태스킹, 아니 차라리 일상의 허덕임이라는 말이 더 어울릴 이 습관이야말로 오늘날 엄마들의 시간을 가장 많이 갉아먹는 주범이다. 엄마들은 한 가지 일에 온전히 집중할 시간조차 스스로에게 허락하지 않는다. 쇼핑몰을 돌아다니면서 스마트폰으로 할인 쿠폰을 뒤적이고, 아이와 퍼즐을 맞추며 공과금도 내고, 아이의 수영 대회장에서조차 노트북을 펼쳐 일을 처리한다. 효율성이라는 그럴듯한 명분 아래 끊임없이 이 일에서 저 일로 관심을 옮기고 또 돌아오기를 반복한다. 하지만 우리 뇌는 이처럼 부산스럽게 주의를 분산하며 일하도록 설계되지 않았다. 한 가지 일에서 다른 일로 옮겨갈 때마다 뇌는 새로운 상황을 이해하고 실행하느라 시간을 허비한다. 미국심리학회가 멀티태스킹 관련 연구들을 정리해 발표한 논문은 다음과 같이 설명한다. '각각의 전환에 걸리는 시간은 1초의 몇 분의 1에 불과해 보일 수 있지만, 여러 과업을 오가며 이런 전환을 반복하면 결국 엄청난 시간 손실이 발생한다. (…) 더구나 이렇게 과업을 전환하는 과정에서 생기는 짧은 정신적 공백만으로도 개인의 생산적 시간 중 무려 40퍼센트까지 낭비될 수 있다.'

일 욕심을 과하게 부리다보면 늘 시간에 쫓기고, 정신없이 서두르다가 정작 중요한 것들을 놓치고 만다. 나 역시 너무 많은 것을 혼자 챙기려다가 딸아이 생일파티에서 가장 중요한 피자 주문을 깜빡한 적이 있다. 내 내담자의 경험은 더 안타깝다.

어느 날 아침 그녀는 아기에게 이유식을 먹이면서 동시에 팬케이크를 만들고, 거기에 출근하는 남편과 대화까지 하려다가 큰 실수를 저질렀다. 시나몬을 넣어야 할 자리에 큐민을 부어버려 팬케이크를 전부 망치고 만 것이다. 이런 모습들이야말로 우리가 말하는 시간 낭비의 전형적인 예시라 할 수 있다.

대부분의 엄마는 이런 과도한 일 부담을 마치 자신만의 명예 훈장처럼 자랑스레 여긴다는 걸 잘 안다. 하지만 내 눈에는 이것이 절박한 도움의 신호로 보인다. 똑똑하고 유능한 여성들이 아이들 야구 연습 끝나는 시간도 혼동하고, 어디를 가든 15분씩은 지각하는 모습을 보면 마음이 무거워진다. 공과금 금액을 잘못 내고, 저녁밥은 태워먹고, 물건은 어디다 뒀는지 찾지도 못하는 일이 반복된다. 이런 실수들은 우연이 아니다. 네 가지 일을 한꺼번에 해내려 애쓰지만, 우리 뇌는 이를 온전히 감당할 수 없다. 매일 조금씩, 하지만 확실하게, 스스로를 지치게 만들고 있는 것이다.

똑똑한 엄마들의 시간 관리 비법

- 할 일들의 우선순위를 정해보자. 오늘 반드시 해야 할 일, 이번 주 안으로 마무리할 일, 그리고 여유 있을 때 처리할 일로 나누어 정

리하는 것이다.
- 한 번에 한 가지 일에만 집중하자. 여러 일을 동시에 처리하다보면 잡념이 끼어들어 실수하기 쉽고, 그것을 바로잡느라 소중한 시간을 허비하게 된다.
- 오로지 나만을 위하는 시간을 가져보자. 울리는 휴대폰도, 귀여운 아이들의 재잘거림도, 컴퓨터 화면도 잠시 접어두자. 특히 아침 고요 속의 45분은 하루를 든든하게 시작하게 해줄 것이다.
- 밤에는 8시간 이상 충분히 쉬자. 달빛 아래 깊은 잠을 자고 나면 다음 날은 저절로 활기차고 즐거워진다.
- 우리 집을 마음의 쉼터로 만들자. 옷가지, 장난감, 책, 음악, 잡지 중에서 정말 필요한 것들만 곁에 두자. 쓸데없는 물건들은 집 안을 어수선하게 만들고 마음의 여유마저 빼앗아 간다.
- 맛있는 한 주를 그려보자. 일요일 오후, 향긋한 차 한 잔을 앞에 두고 온 가족이 둘러앉아 이번 주 밥상을 함께 계획하는 걸 우리 가족만의 소박한 행복으로 만들자. 정성스레 메뉴를 정하고 나면 설레는 마음으로 장을 보자. 아이들이 제법 자랐다면 장보기도 우리 가족의 즐거운 나들이가 될 수 있다.
- 요즘은 온라인으로도 편하게 장을 볼 수 있다. 배송비가 조금 들더라도 그 시간에 아이들과 실컷 놀아주거나 바쁜 일상 속에서 반가운 친구와 마주 앉아 도란도란 이야기꽃을 피울 수 있다면 이는 분명 현명한 선택이다.
- 한번 요리할 때 두 배의 정성을 담아두자. 오늘의 식탁은 따뜻하

게 채우고, 남은 것은 바쁜 날의 든든한 비상식량으로 냉동실에 고이 간직해두자. 그날이 오면 꺼내서 데우기만 해도 맛있는 한 끼가 준비된다.
- 우리 가족의 일정표를 모두의 눈길이 닿는 곳에 두자. 온 가족의 발걸음이 자주 머무는 현관이나 부엌 한켠에 달력을 걸어두면 저절로 각자의 일정을 챙기는 지혜가 싹튼다. 이제 축구 시합 직전에 양말을 찾아 허둥대는 소동은 더 이상 없을 것이다.
- 집을 정돈하는 체계를 만들자. 운동화, 공, 유니폼 같은 물건들이 제자리를 찾아가도록 아이들 손이 쉽게 닿는 곳에 아담한 수납 공간을 마련하자. 이렇게 하면 물건을 찾는 스트레스도 줄고, 아이들은 자연스레 정리 정돈의 즐거움을 배울 것이다.

카먼은 한계에 다다라 있었다. 엄마로서의 일상이 만들어낸 번아웃은 그녀의 몸과 마음을 송두리째 앗아가고 있었다. "차라리 다이어트 콜라를 링거처럼 달고 살고 싶어요"라며 그녀는 힘없이 웃었다. 기력이 없으니 다이어트 콜라로 버티려 하는 그녀의 마음은 이해했다. 하지만 카페인은 순간적으로 에너지를 끌어올렸다가 곧 급격히 떨어뜨려 결국 그녀의 상태를 더 나쁘게 만들 뿐이었다. 콜라를 줄여보라는 내 조언에 그녀는 어깨만 으쓱였다. 아직은 어떤 변화도 받아들일 준비가 되지 않은 것 같았다. 하지만 다른 내담자들을 통해 나는 알고 있었다. 때가 되면 그녀도 이 제안을 진지하게 고려하게 되리라는 걸.

밤이면 그녀는 자기 일로 돌아가기 위해 아이들에게 빨리 자라며 날 선 목소리를 냈다. 한때는 엄마 곁을 떠나지 않던 아들이 이제는 말 한마디 건네길 꺼리는 모습에 가슴이 먹먹했다. 하루에도 수십 번씩 출렁이는 딸아이의 감정을 받아내는 일은 마지막 남은 기력마저 앗아갔다. 평일이면 여전히 친구들과 만나곤 했지만, 대화 속 자신의 모습이 점점 낯설어졌다. 입만 열면 쏟아내는 가족 걱정에 그녀는 어느새 모임의 분위기를 무겁게 만드는 사람이 되어 있었다. 이대로 가다가는 친구들마저 멀어질까 두려웠다. 그래서 요즘은 억지로라도 밝은 목소리를 내며, 조금이라도 즐거운 이야기를 찾아 들려주려 애쓰는 중이었다.

카먼의 불안한 에너지는 고스란히 아이들에게 전해졌다. 늘 시간에 쫓기듯 허둥대는 엄마와는 속마음을 털어놓을 기회조차 잡기 힘들었다. 아이들도 이제 지칠 대로 지쳐 있었다. 밤 10시 반이 넘어서야 겨우 잠자리에 들었고, 학교 공부에 끝없이 이어지는 과외 활동, 거기에 친구들과의 어울림까지 더해져 하루하루가 버거워져만 갔다. 두 아이는 엄마의 습관을 고스란히 물려받아 친구들과 스마트폰으로 대화를 나누며 동시에 숙제를 해치우곤 했다. 그러다보니 딸아이는 시험만 다가오면 불안에 시달렸고, 아들의 성적은 눈에 띄게 떨어져갔다. 이런 고민을 카먼에게 털어놓아도 대답은 한결같았다. "대입 원서 쓸 때 이런 활동들이 도움이 될 거야."

시험 불안에 시달리는 딸아이를 데리고 카먼이 내 상담실을 찾아온 것은 그로부터 얼마 지나지 않아서였다. 몇 차례의 상담 과정에서 나는 그녀의 끊임없는 분주함이 아이들에게 어떤 상처를 남기고 있는지 더 깊이 이해하게 되었다. "요즘 엄마는 제 얘기든, 남동생 얘기든 전혀 신경도 안 쓰는 것 같아요." 딸아이가 말을 이었다. "정신없이 이리저리 뛰어다니면서 걱정만 잔뜩 안고 계시는데…… 정작 도움이 필요한 건 엄마 같아요." 카먼의 딸은 알지 못했지만, 나는 이미 몇 달 전부터 그녀의 엄마를 상담해오고 있었다. 그리고 지금 카먼이 보이는 모습은 회복으로 가는 필연적인 과정이었다. 더 나아지기 위해서는 먼저 힘든 시기를 견뎌내야 하는 법이니까.

얼마 후의 상담 시간에 카먼은 자신의 고단한 심정을 털어놓았다. 마치 등에 무거운 벽돌을 하나 짊어진 채 쉼 없이 달리고 있는 것만 같다고. 그래도 아이들이 제대로 된 사람으로 성장만 한다면 이 정도의 고통쯤은 기꺼이 감내하겠다고 했다. 자신은 좋은 엄마라면 누구나 하게 되는 당연한 일을 하고 있을 뿐이라며 힘겨운 미소를 지어 보였다.

'좋은 엄마'라는 주제를 꺼내자 나는 그녀의 생각이 궁금해졌다. "카먼 씨가 생각하는 좋은 엄마는 어떤 모습인가요?" 카먼은 잠시 생각하더니 자신의 견해를 들려주었다. 좋은 엄마란 무엇보다 아이들을 안전하게 지켜주는 사람이라고 했다. 아이들의 일상을 세심하게 살피면서 어려움을 겪을 때마다 올바른 길로 이끌어주는 게 좋은 엄마의 역할이라고 했다. 또한 아이들이 꿈꾸는 미래를 실현할 수 있도록 기회를 만들어주는 것도 중요하다고 덧붙였다. 그러면서 자신의 경험을 예로 들었다. 농구부 코치들이 아들에게 대학 진학의 가능성이 있다고 평가했으니, 아들의 시합을 위해 이 도시 저 도시를 찾아다니며 운전하는 것쯤은 기꺼이 감당할 수 있다고 말했다.

사실 나는 상담실에서 좋은 엄마라는 표현을 수도 없이 듣는다. 물론 아이들에게 바른 가치관을 보여주고 본보기가 되어주는 건 중요하다. 하지만 아이의 인생을 끝까지 이끌어줄 수는 없는 법이다. 때로는 아이들이 실패도 해보고 넘어져도 보도록 내버려둬야 한다. 우리도 실수하고 실패하는 모습을 보여줄 필요가 있다. 완벽한 엄마가 아닌, 있는 그대로의 인간다운 모습이 아이들에게는 더 소중한 가르침이 된다. 이것이야말로 진정한 균형이다. 때로는 건강식 대신 햄버거에 감자튀김, 디저트로 한 끼를 때우는 날도 필요한 것처럼 말이다. 우리가 '슈퍼맘'이 되려고 발버둥 치다보면 아이들은 자연스레 '슈퍼키즈'가 되려고 안간힘을 쓸 테고, 결국 우리가 겪는 이 극심한 스트레스를 그대로 물려받을 것이다. 좋은 엄마라는 훈장은 결국 우리 가족 누구에게도 행복을 가져다주지 않는다.

우리는 어릴 적부터 '네가 원하는 건 뭐든 할 수 있어'라는 말을 귀에 딱지가 앉도록 들으며 자랐고, 그 말을 한 치의 의심도 없이 믿어왔다. 하지만 모든 사람의 모든 필요를 채워주려 애쓰는 과정에서 균형을 어떻게 잡아야 할지는 누구도 가르쳐주지 않았다. 우리보다 앞서 이 험난한 길을 무사히 헤쳐나간 여성들의 본보기를 찾을 수 없었기에 지금도 여전히 손으로 더듬어가며 새로운 가능성을 찾고 있다. 이제는 여러 세대의 엄마들이 무거운 짐에 휘청이고 있지만, 실상 우리는 그저 이 '만능 엄마'라는 숙제를 풀어내면서도 정신을 어떻게 온전히 지켜낼 수 있을지 배워가는 중일 뿐이다.

내 상담실에 찾아왔던 한 가족의 이야기가 떠오른다. 그들은 아이들을 전국 순회 야구팀과 라크로스(북미에서 인기 있는 구기 스포츠로 긴 채로 공을 주고받아 골을 넣는 경기. 미국 명문대학의 대표적인 운동부 종목으로 꼽힌다.―역자 주) 팀에 모두 보내기 위해 집을 다시 담보로 잡아야 했다. 모든 시간과 돈이 오직 아이들만을 위해 쓰였다. "우리 아이들의 재능을 키워주는 일이라면 무슨 일이든 다 할 수 있어요." 그 엄마의 목소리에는 단호한 확신이 가득했다. 또 다른 사례도 있었다. 아이들에게 건강한 삶의 모범을 보여야 한다고 믿었던 한 엄마는 영하 20도의 혹한에도 혼자 산책을 나갔고, 헬스장에도 아이들을 데리고 다녔다. 그녀가 숨이 턱까지 차도록 운동에 매달리는 동안 아이들은 안내 데스크 한구석에 앉아 「리얼 하우스 와이프」 재방송을 보고 있었다. 두 엄마 모두 아이들을 위해 최선이라 믿는 일들을 하고 있었지만, 결국 자신들의 마지막 힘까지 소진하고 있을 뿐이었다.

하지만 대부분의 엄마가 간과하는 중요한 사실이 있다. 아이들은 자신에게 필요한 길을 스스로 찾아내기 마련이라는 것이다. 운동이든 공부든 진정으로 원하는 일이라면 부모가 지나치게 개입하지 않더라도 자신만의 방법을 찾아낸다. 명문대학 진학도 마찬가지다. 앞서 건강한 삶의 본보기를 보여준다며 녹초가 되도록 운동했던 그 엄마의 아이들은 여전히 운동을 멀리하고 있다. 아무리 헌신하고 노력해도, 우리가 바라는 결과가 반드시 이루어지리라는 보장은 없는 것이다.

오늘날 엄마들이 직면한 가장 큰 도전 과제는 아이들의 실패를 지켜보는 일이다. 우리는 흔히 아이의 실패를 우리의 실패로 여기곤 한다. 그래서 상담실에서 나는 늘 이런 말을 전한다. "아이들에게 큰 꿈을 심어주고, 위대한 성취를 위해서는 끊임없는 노력이 필요하다고 가르치는 건 분명 가치 있는 일입니다. 하지만 더 중요한 건 삶의 유연성을 배우는 거예요. 자신만의 길을 걸어가다 넘어지더라도 다시 일어설 수 있는 힘을 키워야 하니까요."

이런 교훈을 잘 보여주는 사례가 있다. 전에 상담했던 한 가족의 이야기다. 그들의 딸은 놀라운 실력의 스키 선수였다. 명문 스키 학교에 입학하자 부모는 모든 재산을 털어 학교 근처에 집을 하나 더 장만했다. 하지만 한 시즌 뒤 예기치 못한 사고로 다리를 다치고 말았다. 그후 몇 달 동안 딸은 스키계의 기대주라는 자신의 정체성을 잃고 힘겨운 시간을 보냈다. 부모 역시 무너진 가정 경제를 다시 일으키기 위해 고군분투해야 했다. 이렇게 자녀를 위해 모든 것을 쏟아붓는 상황에서 많은 엄마가 미처 깨닫지 못하는 것이 있다. 스스로 만들어낸 좋은 엄마라는 굴레를 따라 정신없이 달리는 동안, 정작 자신과 아이들의 삶은 서서히 망가져간다는 것이다. 사실 이 무거운 굴레는 누가 강요한 것이 아니다. 우리 스스로 만들어낸 허상이며, 언제든 내려놓을 수 있는 짐이다.

그로부터 몇 주 뒤의 일이다. 거센 눈보라가 휘몰아치던 날, 카먼이 내 상담실 문을 열고 들어왔다. 바람에 헝클어진 머리카락 사이로 하얀 눈송이들이 녹아내리고 있었다. "모자를 깜빡했네요." 그녀가 자리에 앉으며 중얼거렸다.

잠시 날씨 이야기를 나누다가 나는 오늘 하고 싶은 이야기가 무엇인지 물었다.

"사실…… 말씀드리기가 좀 민망한데요." 카먼은 고개를 푹 숙였다. 그녀의 시선은 흠뻑 젖어 있는 갈색 가죽 신발에 멈춰 있었다.

"편하게 말씀하세요." 내가 부드럽게 말을 건넸다.

"제가…… 이런 상상을 가끔 하는데요." 그녀가 조심스레 고개를 들었다. 수줍음 때문인지 뺨이 발갛게 물들어 있었다.

나는 그녀가 이야기를 이어가기를 기다렸다. 카먼은 망설이듯 고개를 저었지만, 나는 그저 침묵을 지키며 그녀를 기다려 주었다.

"요즘 이상한 상상을 자주 해요. 큰 병은 아니고 그러니까, 작은 수술이라도 받아서 병원에 입원하면 어떨까 하는 생각이요. 며칠만이라도 병실 침대에 누워 있으면 남편도 아이들도 저를 걱정하면서 안쓰럽게 바라보겠죠. 24시간 내내 엄마 노릇, 아내 노릇 하지 않아도 되고…… 잠시나마 모든 걸 내려놓을 수 있을 것 같아서요." 카먼은 안경을 벗어들었다. 소매를 손바닥 쪽으로 당겨 렌즈를 닦는 그녀의 모습에서 깊은 피로가 느껴졌다. 안경을 벗은 그녀의 얼굴에 다크서클이 마치 멍처럼 짙게 드리워져 있었다. "리모컨으로 일시 정지 버튼이라도 누를 수 있다면 좋겠어요. 아침에 눈뜨면 아이들 도시락 싸고, 출근하고, 퇴근하면 또 저녁 준비하고…… 매일매일이 쳇바퀴 돌듯 똑같은데 그냥 하루만이라도, 딱 하루만이라도 숨 좀 돌리고 싶어요."

이런 유의 상상을 털어놓은 건 카먼이 처음이 아니었다. 비슷한 고백을 수없이 들어왔다. 모든 것을 훌훌 털어버리고 도망가고 싶다는 상상부터, 학회가 하루 일찍 끝났음에도 배우자에게는 말하지 않은 채 출장을 연장하고 싶다는 마음, 그리고 고작 열여덟 시간의 평화를 위해 집 근처 호텔에서 하룻밤 묵고 싶다는 바람까지. 사실 나 역시 이 책을 쓰는 동안 비슷한 경험을 했다. 신장결석으로 응급실을 찾았을 때다. 링거를 맞고 약물이 들어가자 적당한 졸음이 왔고 통증도 사라졌다. 그러면서도 병실에서 홀로 일요일 밤의 미식축구를 볼 수 있을 만큼은 의식이 남아 있었다. 혈액 검사와 여러 검사 결과를 기다리는 동안 나는 수술이 필요할지도 모른다는 생각을 했다. 그렇게 된다면 며칠간 병원에 누워 있게 될 텐데, 비록 강제된 것이긴 해도 내게 간절히 필요했던 휴식이 될 수 있을 것 같았다. 하지만 결국 수술은 필요 없다는 진단이 나왔고, 집에서 결석을 배출하라는 이야기만 듣고 퇴원했다. 이튿날 아침, 나는 여느 때와 다름없이 일어나 아이들의 아침 식사와 도시락을 준비하며 일상으로 돌아갔다. 그리고 상담가로서, 또 한 사람의 엄마로서 한 가지 사실을 인정할 수밖에 없었다. 병원에서 단 하룻밤의 휴식조차 허락되지 않은 것이 살짝 서운했다는 것을.

도망가고 싶다거나 차라리 다쳐서 누군가의 돌봄을 받고 싶다고 고백하는 여성들의 목소리에선 만성 스트레스가 빚어낸 깊은 엄마 번아웃이 느껴진다. 엄마들이 이런 속내를 내비칠 때마다 나는 그들에게 자신만의 시간을 만드는 방법을 진지하게 고민해보라고 조언한다. 이는 도움을 청할 수 있을 만큼 자신의 약한 모습을 드러내는 용기를 필요로 하는 일이다. 내담자들은 물론 절친한 친구들조차 이런 이야기를 털어놓을 때면, 어떤 방식으로든 자신의 필요를 채우도록 끊임없이 격려한다. 그렇게 하지 않으면 어떤 결과가 찾아올지 너무 잘 알고 있기 때문이다.

"일상을 잠시라도 멈추려면 병원에 입원이라도 해야 할 만큼 많이 지치셨군요. 그만큼 모든 게 버거우신 거라고 이해해도 될까요?" 그날 나는 물었다.

"네. 선생님 말씀이 맞아요. 사실 저도 이렇게 사는 게 옳은가 싶은데, 어떻게 멈춰야 할지 모르겠어요. 그냥 앞이 안 보여요. 제가 정말 아무것도 할 수 없는 상황, 그러니까 누워서 꼼짝도 못 하는 그런 상황이 되어야만…… 그래야만 이 끝없는 쳇바퀴가 멈추지 않을까요?" 카먼은 눈을 찡그리며 안경을 고쳐 썼다.

나는 깊이 이해한다는 듯 고개를 끄덕였다.

"그냥, 너무 바빠요." 카먼이 지친 목소리로 말했다. "어떻게 하면 이 생활을 멈추고 잠시라도 숨을 돌릴 수 있을까요?"

나는 바쁘다는 말을 매일같이 듣는다. 우리 사회에서 바쁨이란 이제 거대한 장벽이 되어버렸다. 엄마들은 잠시 숨을 돌리기 위해 5분만 앉으려 해도, 점심 식사를 위해 잠깐의 휴식을 취하려 해도, 친구에게 그저 연락만 하려 해도 이 장벽에 계속해서 부딪힌다. 바쁨은 정작 서로가 가장 필요한 순간에 엄마들을 뿔뿔이 흩어놓는다. 바쁨은 엄마들을 외롭게 만든다. 지치게 하고 비틀거리게 한다. 이제 이 현실을 정면으로 마주해보자. 나는 왜 그토록 바쁜 걸까? 도대체 무엇이 내 시간과 에너지를 모조리 빼앗아가는 걸까?

미국의 시간 활용 조사 결과에 따르면, 여성들은 매일 평균 2시간 15분을 가사노동에 쏟는다. 음식을 만들고, 빨래를 돌리고 개고, 집 안 구석구석을 청소하는 등의 일이다. 내가 만나온 수많은 엄마처럼 당신도 하루의 대부분을 끝이 없는 할 일 목록을 하나씩 지워가는 데 쓰고 있을 것이다. 딸아이의 새 발레 타이즈를 사고, 아들의 연례 건강검진 예약을 잡고, 약국과 마트, 세탁소를 종종걸음으로 오간다. 거기에 아이들의 방과 후 활동을 알아보고 등록하는 건 물론 휴가철과 여름방학을 위한 특별 캠프까지 찾아보고 신청하느라 하루가 어떻게 가는지도 모를 지경이다.

어쩌면 우리는 지금 이 순간에도 꼭 필요하지 않은 일에 과도한 시간과 정성을 쏟고 있을지 모른다. 잠깐이라도 멈춰서 생각해보자. 아이가 학교에 가져갈 컵케이크를 굳이 처음부터 끝까지 손수 구워야 할까? 학부모 참관수업 때 입을 아이 옷을 위해 백화점을 하루 종일 돌아다녀야 할까? 아이들 졸업앨범 촬영을 위해 헤어숍과 메이크업숍까지 예약해야 할까? 문자나 전화로도 충분한 문의 때문에 연차를 내고 학교를 찾아가야 할까? 학년 말에 선생님께 드리는 선물이 꼭 고가의 수입 브랜드여야 하고, 선물 포장도 특별히 주문 제작해야 할까? 내가 아는 어떤 엄마는 딸의 선생님들을 위해 오후 시간 내내 각종 향신료를 넣은 견과류를 구웠다. 그 마음은 아름답지만, 교사들이 간단한 선물을 준비했다고 학부모를 부정적으로 볼 리는 없다. 결국 완벽한 엄마가 되려는 강박을 내려놓으면 하루에 두 시간 정도는 쉽게 아낄 수 있다는 것이다.

한편 카먼은 친구들에게 모든 속마음을 털어놓지는 않았지만 그래도 꾸준히 관계를 이어왔다. 그러나 많은 엄마는 바쁘다는 핑계로 자신을 고립시킨다. 이는 정말 안타까운 일이다. 좋은 친구와 함께하는 시간은 새로운 활력이 되어주고, 쌓인 스트레스를 한결 가볍게 해준다. 일상의 의무에서 완전히 벗어날 수 없다고 해도 그 안에 친구들을 포함시킬 수 있다. 예를 들어 거실용 커피 테이블을 고르러 갈 때 친구와 동행하거나, 오후에 있을 딸아이의 친구 초대를 위해 쿠키 굽는 일에 친구를 초대할 수도 있다.

물론 우정은 혼자만의 것이 아니라 서로가 마음을 주고받으며 만들어가는 관계다. 상담실에서 만나는 내담자들은 종종 이런 속마음을 털어놓는다. "다른 엄마들한테 전화해서 회사 일로 하소연하거나 커피 한잔 하자고 하면 폐가 될까봐 망설여져요. 점심이라도 같이 하자고 제안하기가 조심스럽네요." 우리의 친구들이 정말 그렇게 바쁠까? 걱정이 지나친 것일 수도 있다.

어쩌면 친구들도 우리처럼 육아로 지친 시기를 보내고 있을 수 있다. 하지만 여기서 우리가 범하는 가장 큰 실수는 자신의 바쁜 일상을 기준으로 친구들의 상황을 섣불리 단정 짓는다는 것이다. 막상 친구들은 우리와의 만남을 기다리고 있을지도 모르는데, 그들 역시 여유가 없을 거라고 미리 결론 내려버린다. 그래서 도움을 청하는 작은 용기조차 내지 못한다. 그렇게 서로 말없이 지내는 사이 두 사람은 각자의 자리에서 외롭게 고립되어간다.

바쁨에는 또 다른 측면이 있다. 바로 자신의 빡빡한 스케줄을 은근히 자랑스러워하는 사람들이다. 물론 그들의 삶이 실제로 바쁠 수도 있다. 하지만 대개는 자신이 얼마나 바쁜지 이야기하면서 자신의 존재 가치를 인정받고 싶어하는 마음이 숨어 있다. 요즘은 바쁘지 않으면 인생에서 의미 있는 일을 하지 않는 것처럼 여겨지기 때문이다. 그렇기에 모두가 시대의 흐름에 뒤처지지 않으려 애쓴다. 아이들 키우느라 정신없이 바쁘지 않으면 엄마로서 제 역할을 다하지 않는다고 여기는 분위기는 덤이다.

카먼이 병원에 입원하고 싶다는 속마음을 털어놓은 지 3주가 지난 뒤 그녀가 다시 내 상담실을 찾았다. 그리고 이틀 전 밤, 응급실에 실려 갔다는 안타까운 소식을 들려주었다. 그녀가 입은 베이지색 반바지는 전보다 한층 헐렁해 보였고, 광대뼈는 더 선명하게 도드라져 보였다.

"괜찮으세요?"

"제가 정말 간절히 바라던 클라이언트한테서 연락이 왔어요. 지난 5개월 동안 정말 공 들여 제안했던 프로젝트를 맡겨주시겠다고. 드디어 시작할 준비가 됐다고 하시더라고요. 처음에는 정말 얼떨떨했어요. 가슴이 벅차기도 하고. 프리랜서로 독립하고 나서 이런 큰 프로젝트는 처음이라…… 이게 성공하면 제 경력이 완전히 달라질 것 같은데. 근데 기쁨도 잠시더라고요. 막상 현실을 보니 지금도 작은 프로젝트들을 하나하나 겨우 해내고 있는데, 이 큰일을 어떻게 감당해야 할지……."

나는 의자에 몸을 기대고 그녀의 이야기에 귀 기울였다.

"남편한테 이 얘기를 했더니 저보다 더 좋아하더라고요. '드디어 바라던 일이 왔구나!' 하면서요. 근데 이런저런 얘기를 하다보니까 점점 표정이 달라졌어요. 제가 어떻게 시간을 내서 할 수 있을지, 또 스트레스 받으면서 몸도 마음도 힘들어하지는 않을지…… 남편 입장에서는 걱정이 될 수밖에 없었겠죠. 그동안 제가 일하면서 힘들어하는 모습을 많이 봐왔으니까요. 그런 남편의 걱정 어린 표정을 보니까 제 마음속에 있던 불안감이 더 커지는 것 같더라고요. 그래도 하루 이틀 고민하면서 차분히 생각해보니까, 이 프로젝트 수입으로 제게 도움을 줄 사람을 고용할 수 있을 것 같았어요."

주변에 수소문도 하고 프리랜서 커뮤니티에도 구인 글을 올려봤지만, 조수를 구하는 과정은 생각보다 쉽지 않았다. 꼬박 2주 동안 이력서를 검토하고 면접을 보며 후보자들을 만난 끝에 마침내 딱 맞는 사람을 찾았다는 확신이 들었다. 그날 아침 일찍 제안 메일을 보내고 초조한 마음으로 답장을 기다렸다. 시간이 갈수록 카먼의 목덜미는 더 뻣뻣해져갔고, 수시로 메일함을 새로고침 하며 확인했지만 점심 시간이 지나도록 답장은 오지 않았다. 혹시 메일이 제대로 전달되지 않은 건 아닐까 하는 생각에 다시 보내볼까 고민하던 찰나, 오후 3시 직전에야 답장을 받았다. 하지만 그건 다른 일자리를 선택했다는 실망스러운 소식이었다. 그때 마침 아이들의 통학버스가 도착하는 소리가 들려왔고, 카먼은 실망감을 잠시 접어둔 채 분주한 오후 일과로 돌아가야만 했다.

그날 밤 카먼은 떨리는 마음으로 남편에게 그날 있었던 일을 털어놓았다. 남편은 따뜻한 품으로 그녀를 감싸안으며 사무실 일을 마무리하고 돌아와 도와주겠다고 약속했다.

"그때 남편이 출근하고 난 뒤였어요. 집 안이 조용해지니 책상 위에 쌓여 있는 이력서들이 눈에 들어오더라고요. 그래서 한번 봐볼까 하고 앉았는데⋯⋯ 갑자기 이상한 느낌이 들었어요. 심장이 막 쿵쾅거리면서 귀까지 울리는 게, 그때만 해도 '아, 긴장돼서 그런가보다' 했거든요. 근데 갈수록 심장이 터질 것처럼 뛰고, 숨도 제대로 못 쉴 것 같고, 가슴 한가운데가 찢어질 듯이 아팠어요. 정말 죽을 것 같았어요. 처음엔 진짜 심장마비가 온 줄 알았다니까요. 119라도 불러야 하나 싶었는데, 문득 '이거 혹시 스트레스 때문인가?' 하는 생각이 들더라고요. 근데 머리로 알아도 몸이 말을 안 듣는 거예요. 손발이 차가워지고 식은땀이 나고⋯⋯ 정말 무서웠어요."

잠자리에 들기 전, 카먼의 상태를 확인하러 온 남편의 시선이 아내의 얼굴에 멎었다. 평소의 화사하던 안색은 온데간데없이, 창백하게 질린 얼굴과 불안으로 떨리는 손끝을 보자 그의 마음속에 깊은 걱정이 스며들었다.

"저는 괜히 남편까지 걱정시키고 싶지 않았거든요. 그래서 '아니야, 괜찮아. 조금만 누워 있으면 나아질 거야' 했어요. 근데 남편의 표정이 마음에 걸리더라고요. 평소엔 제가 괜찮다고 하면 다 믿어주는 사람인데, 이번엔 뭔가 달랐어요. '정말 심각한 거 아닐까?' 하는 생각이 들더라고요." 혹시 모르니 응급실에 가서 검사라도 받아보자는 남편의 말에 그녀는 더 이상 망설이지 않고 따랐다. "그래서 결국 병원에 갔어요. 심장 검사도 하고, 다른 검사들도 하고, 별별 검사를 다 했는데…… 알고 보니 저한테 공황발작이 온 거더라고요."

나는 고개를 저었다.

"지금까지 이런 적이 한 번도 없었거든요. 심장이 터질 것 같은 느낌도, 이렇게 숨 막히는 것도…… 그런데 왜 하필 지금 이런 일이 생긴 걸까요? 이렇게 갑자기요?"

엄마 번아웃 상태의 엄마들은 장기간 누적된 스트레스 때문에 공황과 불안을 더 쉽게 경험한다. 공황발작은 보통 어떤 한 가지 스트레스 요인이 아니라 여러 스트레스가 한데 얽혀 터져 나온다. 마치 카먼이 중요한 프로젝트의 조수를 구하지 못해 절망의 벽에 부딪혔듯이, 엄마들은 이런 막다른 길에 다다랐을 때 불안이나 공황발작의 큰 파도에 휩쓸릴 수 있다.

카먼은 쉴 새 없이 이리저리 뛰어다니며 수많은 일을 동시에 해내려 애쓰다가 결국 공황발작을 겪었다. 새로운 프로젝트는 분명 기쁜 소식이었지만, 역설적이게도 이것이 그녀의 스트레스 한계점을 넘어서게 만든 결정적인 계기가 되고 말았다. 내가 즐겨 쓰는 표현으로는, 그녀의 '인내의 창'이 무너진 것이다. 머릿속을 가득 채운 두려운 생각들이 그녀의 몸을 투쟁 혹은 도피fight-or-flight 상태로 준비시켰고, 그 결과 아드레날린이 급격히 분비되었다. 그녀의 몸은 그래야만 하는 방식으로 자연스럽게 반응한 것이다. 하지만 이성적으로는 실제 생명의 위협이 없다는 것을 알고 있었기에, 그녀는 그저 그 자리에 얼어붙고 말았다.

"처음엔 몸도 움직일 수 없고 말도 못 하셨을 텐데, 맞나요?"

"네, 맞아요." 카먼이 힘없이 대답했다. "근데 왜 하필 지금 이런 일이 생긴 걸까요?"

"공황발작이 꼭 어떤 뚜렷한 계기가 있어서 오는 건 아니에요. 때로는 큰 스트레스를 받고 한참 지난 후에 찾아오기도 하고요. 의학적으로도 아직 정확한 원인을 찾지 못했다고 해요. 여러 내담자를 만나면서 보니까, 우리가 미처 마주하지 못했던 두려움들이 이런 식으로 표현되는 것 같더라고요. 우리 몸이 보내는 하나의 신호라고 할 수 있죠."

"그럼 이런 일이 다시 안 생기게 하려면 제가 뭘 해야 할까요? 평생 처음 겪어보는 공포였어요. 다시는 경험하고 싶지 않아요."

나는 내가 상담했던 청소년과 성인 내담자들이 공황발작을 막기 위해 실천했던 여러 방법을 일러주었다. 가장 먼저, 수면이 공황발작 예방의 핵심이라는 점을 강조했다. 성인은 하루 8시간, 청소년은 10시간 양질의 수면을 취하도록 권하는 게 바로 이 때문이다. 규칙적인 운동 역시 매우 중요한데, 기분 전환 호르몬인 엔도르핀을 분비하고, 근육의 긴장을 풀어주며, 숙면을 도와 전반적인 불안 수준을 낮추는 데 도움을 주기 때문이다. 더불어 스트레스의 본질을 이해하고 자신만의 스트레스 유발 요인을 파악하는 것도 필수다. 스트레스 상황에서 자신이 보이는 반응 유형(투쟁, 도피 혹은 경직)을 알면 스트레스가 쌓이고 불안이 고조되는 시점을 일찍 발견하여 초기에 적절한 대처법을 활용함으로써 공황발작을 예방할 수 있다.

일상 과부하 자가 진단 테스트

과도한 일에 시달리며 하루하루를 쫓기듯 보내는 엄마들이 많다. 그들은 스트레스 수준이 임계점을 넘어서는 위험한 상황에 직면해 있다. 앞으로 제시될 질문 중 세 개 이상에 '예'라고 답하게 된다면, 지금 나의 일상적인 할 일 목록에서 몇 가지 항목을 과감히 덜어내는 걸 진지하게 고려해보자.

1. 일주일에 세 번 이상 가족들과 저녁 식사를 못 하거나, 바쁜 일상 속에서 앉지도 못한 채 끼니를 때우고 있나요?
2. 누군가와 대화를 나눈 뒤 문득 상대방이 했던 말의 절반 이상을 온전히 듣지 못했음을 깨닫곤 하나요?
3. 한 주에도 몇 번씩 "질식할 것 같아"라든가 "이러다 무너질 것 같아" 하는 말이 나오나요?
4. 매사에 실패자가 된 것만 같고, 주어진 책임들을 겉핥기식으로 대충대충 해내고 있다는 생각이 자주 드나요?
5. 문득 농담처럼 '혹시 나도 ADHD 아닐까'라고 말하게 되나요? 짧은 10분조차 한 가지 일에 집중하기가 힘든가요?
6. 할 일은 끝도 없이 쌓여만 가고, 벌써 몇 달, 아니 몇 년째 마음 한 구석에 걸려 있는 미완성 프로젝트들이 자꾸 신경 쓰이나요?
7. 누군가 도움을 청하거나 위원회 참여, 봉사활동을 제안하면 '저는 어려울 것 같아요'라고 선뜻 거절하기가 망설여지나요?
8. 중요한 약속을 깜빡 놓치거나 아이의 학교 파자마 파티 같은 특별한 날을 잊어버려 속상했던 적이 있나요?
9. 하루가 정신없이 바빠서 화장실 가는 것조차 자꾸 미루다가 결국 잊고 지나갈 때가 있나요?
10. 네일케어도 하고 싶고, 드러난 흰머리도 염색하고 싶고, 눈썹 정리도 받고 싶은데 도통 시간을 내기 힘든가요?

> 11. 바쁜 일상에 치여서 유방암 검진이나 정기 산부인과 검진은 자꾸 뒷전으로 미뤄두고 있나요?
> 12. 안경 도수를 새로 맞춰야 하는데, 이것저것 급한 일들 때문에 우선순위 목록에서 자꾸만 뒤로 밀리고 있나요?
> 13. 새 옷이 필요한 건 알지만, 나 하나 꾸미는 데 시간 쓰기가 왠지 미안해서 자꾸 미루고 있나요?

공황발작을 예방하기 위한 여러 방안을 논의한 뒤 우리는 카먼의 복잡한 일정과 끊임없는 멀티태스킹 문제를 살펴보기로 했다. 가장 먼저 그녀의 업무 일정과 업무 효율을 떨어뜨리는 각종 방해 요소에 대해 이야기를 나누었다. 하루 종일 컴퓨터로 일하는 대부분의 워킹맘이 그렇듯 카먼도 뉴스 알림, 팝업창, 소셜미디어 게시물 때문에 업무가 중단될 때가 많았다. "멀티태스킹인 줄도 몰랐어요. 그냥 이것저것 살펴보는 것뿐이라고 생각했거든요." 카먼은 털어놓았다. 고민 끝에 그녀는 업무 시간만큼은 모든 알림을 차단하기로 했다. 또한 중요한 연락은 놓치지 않도록 특별한 벨소리를 설정하고, 나머지 전화는 모두 음성사서함으로 돌려 나중에 확인하기로 했다. 이 두 가지 작은 변화는 업무 중단을 크게 줄여주었고, 덕분에 그녀는 일에 온전히 집중할 수 있는 시간을 되찾았다. 얼마 뒤 그녀는 "알림이랑 방해되는 것들 다 꺼둔 게 최고의 선물이 됐어요. 이렇게 시간 여유가 생길 줄은 몰랐어요"라며 만족스러워했다.

카먼이 진정한 변화를 받아들일 준비가 되었다고 느껴져 그녀의 카페인 섭취 문제를 다시 한번 꺼내보기로 했다. 나는 카페인으로 인한 순간적인 각성 효과보다는 좀더 균형 잡힌 에너지 수준을 유지하는 게 좋으니 평소 마시는 다이어트 콜라의 절반은 물로 바꿔보자고 권했다. "매일 오후 2시만 되면 찾아오는 이 지독한 피로감은 어떻게 해결하죠?"라며 카먼이 한숨 섞인 목소리로 물었다. "카페인이나 당분이라도 섭취하지 않으면 책상에서 그대로 꾸벅꾸벅 졸 것 같은데요."

"일어나서 팔 벌려 뛰기를 몇 개 하거나 동네를 한 바퀴 산책해보세요"라고 내가 권했다. "잠시 자리를 비우면 일이 밀릴까 봐 걱정되겠지만, 조금만 움직여도 머리가 맑아지고 기분이 한결 나아질 거예요. 짧은 휴식이 오히려 일의 능률을 더 높여준답니다."

이러한 조언을 실천한 카먼은 다음 상담에서 또 다른 깨달음을 털어놓았다. "제가 정크푸드를 하루에 얼마나 먹고 있었는지 전혀 몰랐어요. 아이들 간식이라고 사뒀던 쿠키랑 사탕들, 알고 보니 제가 거의 다 해치우고 있더라고요." 카먼은 달달한 것을 틈틈이 먹는 대신 아침과 점심 식사를 위한 시간을 따로 마련하기로 했다. "정말 몸이 달라진 게 느껴져요"라며 그녀가 밝은 표정으로 말했다. "이제는 오후 2시가 되어도 머리가 멍해지지 않네요."

나는 또한 카먼이 10대인 자녀들을 위해 지나치게 도맡아 하고 있는 모든 일을 다시 한번 생각해보도록 했다. 아이들에게 스스로 할 기회를 주면 책임감과 자기 관리 능력이 자연스레 생길 테고, 이는 그들의 자존감과 독립심을 키우는 데 결정적인 역할을 한다고. 그녀는 "우리 애들이 벌써 열다섯, 열일곱이에요"라며 환하게 웃었다. "이만하면 간식도 알아서 챙겨 먹고, 운동이나 시합 준비도 혼자 할 수 있을 나이죠." 덕분에 카먼은 저녁 식사 전에 아이들을 이곳저곳 데려다주기 전까지 한 시간을 통째로 자기 일에 투자할 수 있게 되었다.

카먼이 새로운 일과에 점차 익숙해지면서 카풀을 구성해보고자 다른 엄마들에게도 연락을 돌렸다. "엄마들도 각자 바쁘실 텐데 흔쾌히 동참해주셔서 정말 감사했어요. 서로 사는 곳이 좀 떨어져 있긴 했지만, 매주 엄마들이랑 역할을 나눠서 하니까 운전 부담도 훨씬 줄어들고 너무 좋더라고요." 덕분에 카먼은 일도 더 하고 가족을 위한 저녁 식사도 준비할 여유 시간도 늘어났다.

그녀와 남편이 가정에서 맡고 있는 전통적인 역할에 대해서도 깊이 있는 대화를 나누었다. 그 과정에서 그녀는 자신이 자라온 '전통적인 가족 방식'이 지금의 가정에는 더 이상 맞지 않는다는 점을 서서히 깨달았다. "엄마가 우리 형제자매를 매일같이 이런저런 학원에 데려다주시진 않으셨거든요"라며 그녀가 조용히 회상했다. 나는 카먼에게 남편과 집안일에 대해 터놓고 이야기를 나눠보라고 조심스레 제안했다. 다행히 남편은 그 제안을 생각보다 수월하게 받아들였다. 아내가 힘들어하는 모습을 더는 지켜보기만 하고 싶지 않다고 했다. 카먼은 매일 밤 한 시간 넘게 주방에서 홀로 뒷정리하는 대신, 저녁 식사 후의 일들을 가족들과 분담하기 시작했다. "이제는 잠들기 전에 남편과 함께 책도 읽고 TV도 보면서 여유를 즐길 수 있어요." 그녀가 말했다. "무엇보다…… 그동안 혼자 어떻게 해낼까 마음 졸였던 프로젝트를 다른 사람의 도움 없이 제힘으로 기한 맞춰 마무리할 수 있게 됐어요."

엄마 번아웃 극복을 위한 생존 가이드
: 바쁨을 내려놓고 마음의 쉼표 찾기

달력에 나만의 쉼표를 찍어두자. 따뜻한 차 한잔과 함께하는 독서, 계절의 매력을 느끼며 하는 여유로운 산책, 오랫동안 보고 싶었던 친구들과의 이야기 한마당으로 지친 마음을 달래고 새로운 활력을 채우는 시간이 우리에게는 꼭 필요하다.

**저녁 준비가 막막한 퇴근길, 배달 음식을 시키거나 장보기 배달 서

비스를 활용해보자. 굳이 내 손으로 하지 않아도 되는 일은 과감히 덜어내는 지혜가 필요하다. 요즘은 휴대폰 터치 한 번이면 장바구니도 문 앞까지 배달해주니, 이런 서비스들을 슬기롭게 활용해 소중한 시간을 더 알차게 채워보자.

도움을 청하고 받아들이는 방법을 연습하자. 세상에 완벽한 슈퍼맘은 없다. 혼자서 모든 것을 해내려 애쓰다보면 지치기만 할 뿐이니, 주변의 도움을 받아들이는 것도 필요하다. 배우자가 있다면 아침상을 차리는 동안 아이들 옷 입히는 걸 도와달라고 말해보자. 같은 아파트 이웃 엄마들과 함께 아이들 등하원과 학원 픽업을 도와가며 하는 것도 서로에게 큰 힘이 된다.

꼭 필요하거나 진심으로 하고 싶은 일이 아니라면, 과감하게 '아니요'라고 말하자. 내 상황과 맞지 않는 제안을 정중히 거절하는 건 결코 무례한 일이 아니다. 한번 지나간 시간은 돌아오지 않는 법이니, 소중한 내 시간을 지혜롭게 지켜내는 용기도 필요하다.

쉴 새 없이 울리는 알림을 잠시 꺼두고, 오롯이 나만의 시간을 가져보자. 스마트폰과 컴퓨터에서 끊임없이 울리는 알림 소리는 고요한 우리 마음을 어지럽히기 마련이다. 카톡, 문자, 메일 알림을 잠시 멈추고 고요 속에 잠겨보자. 한 번에 한 가지 일에만 마음을 다하다보면 일은 더 수월하게 마무리되고 마음의 여유도 더 깊어진다.

드라마 시청이 삶의 작은 쉼표가 되게 하자. 밤새 밀린 드라마를 정주행하는 일은 바쁜 일상 속 작은 위안이 되기도 한다. 하지만 현실의 고민을 피하기 위한 도피처가 돼서는 안 된다. 드라마와 함께하는 시간이 진정한 휴식과 재충전이 되도록 즐겁고도 건강한 시청 습관을 가꿔나가자.

보너스 가이드
+
집안일도 함께라면 더 행복해지는 법

집안일은 온 가족이 함께 나누는 사랑의 실천이다! '엄마는 만능'이란 말 속에 숨어 있는 무거운 짐을 가족 모두가 나눠 들어야 할 때다. 어린아이도 제 몫을 할 수 있다. 장난감 정리는 아이들의 첫 숙제로, 잠들기 전 동화책 읽어주기는 아빠의 특별한 저녁 일과로, 빨래 개기는 중고생 자녀의 작은 효도로 삼아보자. 우리 가족 모두가 한 울타리 안의 식구이듯, 집안일도 우리 모두의 일상이 되게 하자.

9장

이상하게 자꾸만 아파
― 엄마의 몸이 보내는 SOS

비슷한 경험이 있나요?

스트레스는 통증이라는 형태로 우리 몸에 신호를 보내곤 한다. 원인을 알 수 없는 여러 신체 증상이 나타난다면, 이는 엄마 번아웃 상태의 나에게 몸이 보내는 경고 신호일 수 있다.

- ☑ 밤마다 잠들기가 힘들고, 잠들어도 깊이는 못 자요.
- ☑ 장이 예민해져서 설사와 변비가 번갈아 나타나요.
- ☑ 속이 더부룩하거나 메스꺼워요.
- ☑ 밥맛이 없다가도 스트레스 때문인지 과식을 하게 돼요.
- ☑ 목덜미가 뻐근하고 결려요.
- ☑ 허리가 아파서 구부정하게 다닐 때가 많아요.

- ☑ 아침에 일어나도 피곤이 가시질 않아요.
- ☑ 가슴이 답답하고 두근거려요.
- ☑ 머리가 지끈지끈 아플 때가 많아요.
- ☑ 면역력이 떨어졌는지 툭하면 감기 기운이 올라와요.
- ☑ 스트레스성 두드러기가 자주 올라와요.
- ☑ 턱관절이 아프고 다른 관절들도 쑤셔요.
- ☑ 자꾸 깜빡깜빡해요.

    카렌의 나이는 마흔일곱이었다. 비행기 조종사인 남편이 늘 집을 비웠기에 결혼생활 25년 차지만 싱글맘이나 다름없었다. 그녀에겐 열다섯 살 난 딸아이와 열일곱 살, 열두 살배기 두 아들이 있었다. 한때는 사회복지사로 일하며 보람을 느꼈지만, 둘째가 태어난 후에는 일을 접어야 했다.

    학교로부터 열두 살 아들의 상담을 요청받으면서 나는 카렌을 처음 만나게 되었다. 아들은 늘 화가 나 있거나 우울해했고, 배가 아프다며 수시로 불편감을 호소했다. 가족 상담을 진행하면서 알게 된 바로는 카렌 역시 건강이 좋지 않았는데, 이는 아마도 마음의 짐 때문인 듯했다. 얼마 지나지 않아 카렌은 혼자 상담실을 찾아오기 시작했다.

    엄마 번아웃으로 힘들어하는 엄마들 중에는 마음의 고통과 더불어 몸의 고통도 함께 겪는 사람이 많다. 스트레스도 물리적인 고통을 줄 수 있다. 이는 결코 엄마들이 느끼는 몸의 통증이 거짓이라는 뜻이 아니다. 분명 실재하는 고통이다! 다만 의학적으로는 그 통증의 원인을 찾을 수 없을 때, 감정과의 연관성을 살펴보면 도움이 될 수 있다는 것이다. 내가 만난 번아웃 엄마들 대부분은 마음과 몸을 함께 앓고 있었다.

카렌은 겉으로 보기에 완벽해 모든 이의 눈을 속였던 엄마다. 어쩌면 한동안은 그녀 스스로도 그렇게 믿었을지 모른다. 늘 밝은 태도에 시간 약속도 철저했고, 전반적으로 여유로운 성격이었다. 유쾌한 농담을 건넬 때면 초록빛 눈동자가 반짝이며 온 얼굴을 환하게 밝혔는데, 그런 순간이 제법 잦았다. 상담 시간 내내 우리는 웃음꽃을 피웠다.

누가 봐도 카렌은 건강하고 행복한 사람이었다. 아이들이 무언가를 요구할 때면 늘 적절하게 잘 대응했다. 자신이 겪는 어려움을 털어놓을 때조차 그녀만의 매력과 유머가 가득했기에 거기 담긴 진짜 고민을 알아채기는 쉽지 않았다. 초기 상담 중에 있었던 한 이야기가 떠오른다. '카렌다움'이 가장 잘 드러난 순간이다.

"그러니까 그날 병원 대기실이 어찌나 숨 막히던지…… 빽빽이 앉은 의자마다 하나같이 창백한 얼굴에 콧물을 훌쩍이는 사람들뿐이었어요. 저도 별수 없이 거기 끼어 앉아서, 아침에 허둥지둥 걸치고 나온 레깅스 위로 클립보드를 받쳐 들고는 증상을 체크하고 있었죠. 어찌나 빼곡하던지 마치 장보기 메모

같더군요." 카렌이 그녀만의 특유한 미소를 지어 보였다. 새하얀 피부와 검은 앞머리 사이로 초록빛 눈동자가 반짝였다.

"피로감, 체크.

두통, 체크.

요통, 체크.

수면 문제, 체크.

정신 산만, 체크,

소화 불량, 체크."

카렌은 의사의 문진표를 작성하던 때를 실감나게 재현하며 말했다. "문진표 보면서 하나둘 체크해나가는데, 체크 숫자가 늘어날수록 진짜 아차 싶더라고요. '아, 내가 이렇게나 아팠나……' 혼자 멍하니 있다가 웃음이 나왔어요." 그녀가 말을 이었다. "목은 돌처럼 딱딱하게 뭉쳐 있고. 증상 읽어 내려갈수록 어깨가 귀밑까지 올라가는 게 손으로 만져지더라니까요." 카렌이 웃음을 터뜨렸다. "그런데 글쎄, 뒷면도 있는 거예요! 의사 선생님 오시길 기다리는데 가슴이 덜컹하더라고요. 뒷장에도 온통 새로운 증상들이…… 아니, 왜 이렇게 많은 거야?"

진료실에 들어가자 의사는 카렌이 문진표에 체크한 항목이 유독 많다는 점을 눈여겨보았다. 간단한 신체검사를 마친 뒤 그는 카렌의 상태를 물었다.

"문진표를 보니까 걸어다니는 종합병원이나 다름없던데요. 그래서 정말 제게 뭔가 이상이 있는 건지 여쭤봤죠." 의사는 카렌에게 혈액 검사를 받아볼 것을 권했다. "뭔가 문제가 있다면 검사를 통해 찾아낼 수 있을 거라고 하시더라고요."

"그래서 혈액 검사에서 뭐가 나왔나요?" 내가 물었다.

"아, 아직 검사를 받으러 가지 않았어요." 카렌이 의자에 등을 기대며 말했다. "진료실을 나올 때 간호사한테 검사 처방전을 받긴 했는데, 곧바로 가방에 넣어두고는 방금까지 깜빡 잊고 있었네요." 카렌이 씁쓸한 미소를 지었다.

"의사 선생님을 만난 게 언제라고 하셨죠?"

카렌이 잠시 생각했다. "음, 한 달쯤 된 것 같아요."

나는 말없이 그녀를 바라보았다.

"전 정말 괜찮아요." 그녀가 말했다. "지금도 이렇게 멀쩡히 걸어다니고 말도 하잖아요. 밥맛이야 영 예전만 못하지만 그래도 버티고는 있어요. 웃긴 건 뭐냐면요, 위장 문제가 생긴 뒤로 살이 쏙 빠져서 주변에서 난리라니까요? 전 이걸 '설사 피하기 다이어트'라고 부르기로 했어요."

나는 계속해서 침묵을 지켰다.

처음 카렌과 만났던 몇 번의 상담에서는 주로 그녀의 열두 살 아들 조던에 대한 이야기를 나눴다. "아이를 다루기가 정말 힘들어요." 첫 상담 전의 전화에서 그녀가 털어놓았다. "아이를 한번 검사받게 하는 것도 나쁘지 않을 것 같아요. 제 남동생도 어렸을 때 비슷한 일을 겪었거든요."

카렌은 막내아들이 집에서 늘 화나 있는 것 같다며 이야기를 이어갔다. "아이가 정말 예민해요. 뭐 때문에 폭발할지 도통 알 수가 없어요. 어느 날 아침에는 제가 팬케이크를 만들었더니 신나하길래 다음 날 똑같은 걸 해줬는데 오히려 화를 내는 거 있죠?" 그녀는 한숨을 쉬며 말을 이었다. "게다가 얼마나 부정적인지. 그냥 주스 좀 엎질렀다거나 책가방에 책 하나 안 넣고 왔다거나…… 정말 애들이 흔히 하는 실수 같은 걸로도 자기를 너무 몰아세우는 거예요. '난 왜 이렇게 바보 같아?' '나는 아무것도 제대로 못 해' 이러면서 한없이 자책하는데 보는 제 마음이 더 아프더라고요." 조던은 또 가족들의 심기를 건드릴 만한 짓들을 일부러 저질렀다. 누나의 머리핀을 훔치는가 하면, 간식을 먹고 나서는 주방 조리대를 일부러 엉망진창으로 만들곤 했다. "결국 아이한테 계속 소리를 지르게 돼요." 카렌이 말했다. 어떤 때는 조던이 우는 모습을 발견하자 아이가 카렌의 눈앞에서 문을 세게 닫아버렸다.

조던의 상태는 가정에서뿐만 아니라 학교에서도 좋지 않았다. 일주일에 두 번은 배가 아프다며 보건실을 찾았고, 점심 시간이면 음식에 손도 대지 않은 채 급식을 버리기 일쑤였다. 평소엔 조용하고 자신의 껍데기 속으로 들어가 숨어 지냈지만 수업 시간에 문제를 틀리거나 퀴즈에서 만점을 받지 못하면 완전히 무너지곤 했다. "전 정말 바보예요. 아무도 저를 좋아하지 않아요" 하고 선생님께 울먹이며 말하는 것이다.

여러 주에 걸쳐 조던과 단독으로 상담을 진행했고, 30분간의 세션이 끝날 무렵에는 카렌을 불러들여 함께 이야기를 나눴다. 어느 오후, 카렌은 업무상 일주일에 며칠씩 출장을 다니는 남편이 다음 주에는 집에 있을 거라고 말했다. 이 기회를 놓치지 않고 나는 가족 전체가 함께 상담을 받으러 오면 좋겠다고 제안했다.

나는 이번 세션이 조던과 그의 감정 상태가 가족들에게 미치는 영향을 중심으로 진행될 것이라고 예상했다. 하지만 뜻밖에도 카렌의 남편이 대화의 초점을 카렌에게로 돌렸다. "솔직히 말씀드리면, 이건 조던만의 문제가 아닌 것 같습니다." 카렌의 남편이 진지한 목소리로 입을 열었다. "집에서 보면 아내가 너무 힘들어해요. 아시다시피 아내한테는 아이들이 그냥 인생의 전부거든요. 그러다보니 조던이 이렇게 힘들어할 때마다 엄마인 카렌의 마음은 더 찢어지는 것 같더라고요."

나는 카렌을 주의 깊게 살폈다. 그녀는 말없이 고개를 가로저으며, 팔과 다리를 꼬고 방어적인 자세를 취하고 있었다.

"아내가 일주일에 두 번은 꼭 편두통으로 앓아누워요. 그것도 모자라 몇 주에 한 번씩 목 디스크가 도져서 하루 종일 누워 있기도 하고요." 남편의 목소리에는 걱정이 가득했다.

"다 제 탓이에요." 카렌이 눈물을 꾹 참으며 고개를 떨궜다. "우리 집안 대대로 이런 게 있었거든요. 제가 이런 못난 피를 물려줘서……"

"보시다시피 아내가 너무 자기 탓을 하고 있어요." 남편이 답답한 듯 나를 바라보며 말을 이었다. "전 오히려 제 탓인 것 같아요. 제가 워낙 바깥일이 많다보니 집을 자주 비우는데, 그동안 아내 혼자 모든 걸 끌어안고 있었더라고요. 그래서 집에 있을 때마다 최대한 쉬게 하려고 해요. 마사지도 받으라 하고, 낮잠도 자라고 하고요. 저는 그냥 아내가 좀 편히 쉬었으면 좋겠어요."

아이들은 모두 자리에서 불안한 듯 몸을 달싹이며 서로의 눈치를 살폈다.

"혹시 카렌이 과민성대장증후군 진단을 받았다는 사실을 알고 계신가요?"

"약을 먹고 있어서 그건 이제 괜찮아요." 카렌이 남편의 말을 서둘러 제지하며 말했다. "아, 그리고 제가 요즘 목 때문에 도수치료도 다니고 있어요. 곧 좋아질 것 같아요." 카렌이 밝은 미소를 지어 보이며 말했다. "저는 괜찮으니까…… 우리 조던 이야기를 더 해볼까요?"

카렌의 남편이 보여준 강경한 태도에 나는 적잖이 당황할 수밖에 없었다. 카렌은 그때껏 단 한 번도 자신의 건강 문제를 구체적으로 언급한 적이 없었던 것이다. 다음 상담에서는 그녀의 건강 상태에 대해 좀더 자세히 이야기를 나눠봐야겠다고 메모장에 짧게 적어두었다. 해당 세션을 마무리하며 나는 카렌에게 새로운 제안을 했다. 조던과 그녀를 위한 개별 상담 일정을 잡자고 했다. 먼저 조던과의 상담을 진행한 후, 카렌과는 아들을 위한 구체적인 양육 방법을 모색해보고 싶었다.

이후 몇 주간의 상담에서 카렌은 한 명의 엄마로서의 이야기와 조던과 겪었던 어려움들을 조금씩 털어놓기 시작했다. "첫째랑 둘째를 키울 때만 해도 전 정말 행복한 엄마였어요." 카렌의 목소리에는 그때를 그리워하는 기색이 묻어났다. "애들 키우면서 일하기가 너무 힘들더라고요. 그래서 결국 사회복지사 일을 접었죠. 솔직히 일할 때가 참 좋았어요. 제가 워낙 사람 만나는 걸 좋아하기도 하고, 누군가를 돕는다는 건 얼마나 가슴 뿌듯하던지. 그래도 어린 애들 둔 엄마가 일하는 것보다는 집에서 아이들 챙기는 게 맞는 것 같아서요. 그 선택은 지금도 후회 안 해요." 카렌은 동네의 모든 유아 교실을 찾아 아이들을 데리고 다녔고, 여러 친구와 놀이 약속도 잡으며 하루하루를 기대감 속에서 보냈다. 그때의 그녀는 스스로가 강인하다고 느꼈다. 그리고 진정으로 행복했다.

가족과의 삶이 너무나 행복했기에 카렌과 남편은 자연스레 셋째를 갖기로 마음먹었다. 하지만 조던은 태어나면서부터 까다로운 아이였다. 주변 엄마들은 으레 이렇게 말했다. "첫째에서 둘째로 갈 때가 좀 어렵지, 둘째에서 셋째는 식은 죽 먹기라니까." 그러나 카렌의 현실은 전혀 달랐다. 어느새 부부는 완전히 수세에 몰리고 말았다. 조던이 태어났을 무렵, 다른 아이들은 이미 기저귀도 떼고 스스로 식사도 할 수 있었다. 그런데 조던의 기저귀를 갈고 먹이는 일은 전과는 비교할 수 없을 만큼

고됐다. 조던을 돌보며 그녀는 이전과는 다른 차원의 피로감을 느꼈다. 조던은 다른 두 아이와는 비교도 안 되게 까다로웠고, 잠자리도 늘 불안정했다.

첫 가족 상담 이후 한 달쯤 지났을 때였다. 카렌이 선글라스를 쓴 채 상담실로 들어왔다. "괜찮으세요?" 나는 걱정스러운 마음에 물었다.

"네." 그녀는 조심스레 의자에 앉으며 대답했다. "편두통이 거의 나아가고 있는데, 밝은 빛을 보면 또 시작될 것 같아서요." 그녀는 잠시 말을 멈추었다가 장난스러운 미소를 지으며 말을 이었다. "이참에 연예인 기분도 한번 내보고 있어요. 상담받으면서 선글라스까지 쓰고 있으니 완전 셀럽 아닌가요!"

"역시 유머 감각이 정말 좋으시군요. 그런데 건강이 좀 걱정되기도 하네요." 내가 말했다.

"저요? 전 진짜 괜찮아요. 그냥 조던이 걱정돼서 온 거예요. 지금은 우리 애가 중요하잖아요. 선생님이 말씀하셨듯이 우울증 증상도 있고……"

"카렌 씨, 가족이란 건 한 몸과 같기도 해요. 한 군데라도 아프면 온몸이 다 아픈 것처럼, 한 사람의 고통은 가족 모두의 고통이 되는 거죠."

카렌은 아무 말 없이 고개만 살짝 끄덕였다.

나는 그녀의 반응을 살피며 조심스럽게 말을 이어갔다. "지난 몇 주 동안 병원을 여러 번 다니셨다고 하셨잖아요. 그런데 큰 병원에서 검사를 해보셔도 다 정상이라고 하시니⋯⋯ 혹시 이런 증상들이 마음의 짐, 그러니까 스트레스 때문은 아닐까 싶어요. 다음부터는 조던보다 카렌 씨의 건강과 마음 관리에 대해 좀더 깊이 있게 상담해보면 어떠실까요?"

"저는 저한테 맞는 의사만 찾으면 될 것 같은데요."

"물론 다른 병원도 더 알아보시고, 지금 드시는 약도 계속 복용하면 좋을 것 같아요. 다만 거기에 더해서 이렇게 편하게 속마음을 나눌 수 있는 시간도 가지셨으면 해서요. 약만큼 중요한 게 마음 치료거든요."

신체적 통증으로 힘들어하는 많은 여성처럼 카렌은 자신의 마음 상태를 돌아볼 생각조차 하지 못했다. 고통과 불편함을 없애는 데만 급급한 나머지, 몸과 마음이 하나로 이어져 있다는 중요한 사실을 놓치고 있었다. 그녀를 보며 문득 내 박사과정 시절이 떠올랐다. 그때 나는 허리가 구부러질 정도로 심한 복통에 시달렸다. 학교 보건실에서 온갖 검사를 받았지만 원인을 찾지 못했고, 한참이 지나서야 학업으로 인한 스트레스가 내 몸에 영향을 주고 있다는 것을 깨달았다. 지금 이 상담 시점에서, 나는 조던과 카렌의 건강이 어느 정도 서로 맞물려 있다는 것을 알 수 있었다. 이제 각자의 치유 여정을 따로 걸어가되, 결국은 신체와 마음의 건강이라는 하나의 목표를 향해 나아가야 할 때였다.

그로부터 몇 달 동안 카렌은 몸 상태가 좋지 않아 상담 일정을 여러 차례 놓치고 말았다. 체중은 계속 줄어들었고, 목 통증이 채 가시기도 전에 허리까지 아프기 시작했다. 어느 날 상담 시간에 그녀는 눈시울을 붉혔다. "한숨 돌릴 틈도 없이 이러네요. 정말이지 제 몸은 돌아가면서 아픈 것 같아요. 한 군데가 나으면 다른 데가 아프고." 카렌은 이 병원 저 병원을 전전했지만, 명확한 해답은 찾지 못한 채 새로운 검사 일정만 늘어갔다.

"어제 다른 병원에서 간호사가 연락을 했어요." 카렌이 의자에 축 늘어진 채 말했다. "모든 기본 검사 결과가 정상이라고 하네요." 카렌은 힘없이 고개를 저었다. "그러고는 원장님 말씀을 전해주더라고요. 스미스 원장님께서는 그냥 물 많이 마시라고, 잠도 더 자라고 했대요. 근데 저는 지금 밥을 못 먹는 게 문제거든요." 카렌은 짜증 난다는 듯 눈을 굴렸다. "카페인도 끊으라고 하시는데, 솔직히 카페인 없이는 운전대 잡았다가 졸도할 지경이에요. 거기다 운동까지 하라니, 관절이 이 모양인데 운동은 무슨……."

"간호사님께도 말씀하셨나요?" 내가 조심스레 물었다.

"아니요. 그냥 '네, 감사합니다' 하고 끊었죠. 말해봤자 뭐 해요. 저를 도와주지도 못할 텐데. 이제는 솔직히 누가 뭐라고 하든 도움이 될 것 같지도 않고…… 제가 이렇게 힘든데, 이걸 진짜 알아주고 해결해줄 사람이 한 명도 없다는 게 너무 서글퍼요."

집에서도 변화가 있었다. 아이들 숙제를 봐주다가도 짜증을 내는 일이 잦아졌다. 어떤 날은 저녁을 차릴 기운조차 없어서 큰아이 둘이 나서서 밥을 지었다. 이제는 빨래까지 아이들 손에 맡겼다. 모두가 카렌을 위해 조용히 지내야 한다는 것을 깨달았고, 아이들은 친구네 집에서 점점 더 많은 시간을 보내게 되었다. 카렌은 친구들과의 만남도 드물어졌다. 뭐 하나 하고 싶은 의욕이 없었지만, 그녀는 이렇게 말했다. "그냥 제 인생에서 잠시 휴가 중이라고 생각하려고요."

카렌의 아이들은 엄마의 달라진 모습에 큰 영향을 받고 있었다. 또 한 번의 가족 상담에서 아이들은 늘 지쳐 보이고 예전 같지 않은 엄마의 모습에 혼란스럽다고 고백했다. 특히 엄마가 이런 상황에 대해 자신들과 전혀 대화하지 않는다는 것을 속상해했다. "엄마가 우리에게 뭐가 숨기고 계신 걸까요?" 큰아이가 물었다. 갑자기 늘어난 집안일 때문에 엄마에 대한 원망도 쌓여갔다. 친구들은 쇼핑몰에서 놀고 게임도 실컷 하는데, 자신들은 집안일 때문에 집에 발이 묶여 있다는 것이었다. "우리 반 애들 보면요, 다들 학원 다니느라 바빠요. 근데 저는 학교 갔다 와서 밥하고, 청소기 돌리고, 심지어 동생들 학교 데려다주고, 학원까지 데려다줘야 해요. 다른 집 애들은 이런 거 하나도 안 하는데 저만 이래요." 조던은 점점 더 말수가 줄어들었고, 이제는 동생이 아닌 돌봄이 필요한 아이 취급을 하는 형과 누나에게 짜증을 내기 시작했다.

카렌은 주로 몸이 아팠지만, 만성 스트레스는 마음도 병들

게 한다. 스트레스가 심해지면 약물에 손을 대기 쉬운데, 요즘 이 문제가 온 나라를 뒤덮고 있다. 엄마들도 예외가 아니다. 세계보건기구의 보고에 따르면 여성 열두 명 중 한 명은 살아가는 동안 알코올 의존증을 겪는다고 한다. 2015년 약물남용및정신건강서비스국의 조사 결과는 더 심각하다. 미국에서만 26세 이상 여성 360만 명이 알코올 문제로 힘겨워했으며, 같은 해에 26세 이상 여성 560만 명이 처방 진통제, 진정제, 각성제, 또는 신경안정제를 부적절하게 사용한 것으로 나타났다.

엄마들은 '스캐리 마미'와 같은 재치 있는 육아 블로그나 「배드 맘스」처럼 엄마들의 번아웃을 다룬 영화를 보며 현실을 웃어넘기려 한다. 이런 콘텐츠들이 인기를 얻으면서 알코올과 진통제, 진정제, 수면제의 오남용이 엄마 문화의 한 부분처럼 자리 잡은 것은 우리 사회의 불편한 진실이다. "밤에 잠들려면 수면제 한 알에 와인 두 잔은 꼭 있어야 해요." 내담자들은 고백한다. 주변 친구들도 다들 그렇게 한다며, 이 시기에는 당연한 일이라고 스스로를 합리화하지만 이는 순식간에 건강을 위협하는 심각한 문제가 될 수 있다. 약물 사용이 우리 사회에서 일상화된 나머지 자신이 위험한 경계를 넘어서고 있다는 사실조차 인식하지 못하는 엄마가 많다.

음주 문제를 들여다보면 흥미로운 이중 잣대를 발견할 수 있다. 엄마들이 와인 대신 데킬라나 맥주를 그만큼 마신다면 주변에서 즉각 우려의 눈길을 보낼 것이다. 하지만 같은 양의 와인을 마시는 것에는 관대하다. 와인에는 특별한 무언가가 있다. 우아한 병 디자인과 유서 깊은 유럽의 전통, 프리미엄급 가격대, 그리고 이를 둘러싼 품격 있는 문화적 맥락이 와인 음용을 언제나 용인될 수 있는 행위처럼 만들어버렸다. 여성들은 와인을 매개로 마음을 열고 유대를 쌓아간다. 하지만 오전 11시 30분의 육아 모임에서 와인을 마신다거나, 밤에 잠들기 위해 와인 세 잔이 필요하다는 엄마들의 이야기를 들을 때면 이런 행동들이 결코 건강한 습관이 아니라는 걸 깨닫게 된다.

자신의 음주 습관이 위험한 수준이 됐는 사실을 깨달았을 때 충격에 빠진 한 내담자의 이야기가 선명히 떠오른다.

"저녁 먹을 때 와인 한잔 곁들이는 정도예요." 그녀는 별일 아니라는 듯 말했다. "애들 재우고 나면 피로가 확 몰려와서 한 잔 더 마시게 되죠. 하루 종일 고생한 나를 위한 작은 답례 같은 거랄까요?" 특히 스트레스가 심한 날이면 세 번째 잔까지 비우곤 했다. "그래야 어깨에 힘이 좀 빠져요." 그녀는 일상적인 일을 얘기하듯 덧붙였다.

"매일 저녁 한두 잔, 가끔은 세 잔까지 마시게 되는 이유가 뭘까요?" 내가 조심스레 물었다.

"우리 동네 엄마들도 다 이러고 살아요. 그냥 남편이랑 와인 한잔 기울이면서 하루를 마무리하는 거죠. 육아에 지친 몸 좀 달래는 건데……" 그녀의 목소리가 점점 작아졌다.

"혹시 다음 주만이라도 와인을 전혀 마시지 않는다면 어떨

것 같으세요?" 내가 다시 물었다.

그녀는 잠시 생각에 잠기더니 갑자기 얼굴색이 변했다. "그건…… 그건 불가능할 것 같아요. 와인 없이는 잠들 수가…… 없을 것 같아요." 그녀의 목소리에 당혹감이 묻어났다.

이런 대화는 이제 특별하지도 않다. 하지만 많은 엄마가 놓치는 부분이 있다. 약물 남용은 시간이 지나면서 서서히 스며든다는 사실이다. 저녁에 가볍게 마시는 와인 한 잔, 일주일에 몇 번 먹는 수면제, 매달 생리통 때문에 집어 드는 진통제 몇 알이 점점 늘어날 수 있다. 스트레스를 다스리고, 쌓인 긴장을 풀고, 편안한 잠을 청하고, 견디기 힘든 고통에서 벗어나기 위해 여성들은 이런 물질들에 점점 더 의존하게 된다. 문득 정신을 차려보면 이미 단순한 복용에서 남용으로, 그리고 중독이라는 늪으로 깊이 빠져들어 있다. 엄마 번아웃은 더 심해지고 삶은 통제를 벗어난다. 이는 가족 모두에게 두려운 현실이 되어버린다.

몇 년 전의 일이다. 어느 토요일 저녁, 오랜 친구가 나와 우리 가족을 저녁 식사에 초대했다. 식탁에 둘러앉아 대화를 나누던 중, 그녀는 나에게 와인을 권하면서 뜻밖의 말을 건넸다. 자신은 마시지 않겠다고. 그러면서 그동안의 음주 습관과 이제는 술을 끊고 싶다는 속내를 조심스레 털어놓았다. 남편과 두 아이가 자신의 어눌해진 발음과 날마다 쌓여가는 빈 와인병들을 걱정스레 바라보며 한마디씩 했을 때에야 자신의 음주가 이미 위험 수위를 넘었다는 것을 인정할 수 있었다고 했다. 그제야 자신이 스트레스를 견디기 위한 피난처로 술을 찾아왔다는 사실을 깨달았고, 이 문제가 더 깊어지기 전에 멈추고 싶다고 그녀는 고백했다.

우리는 때로 삶의 무게에 짓눌리는 듯한 느낌을 받는다. 밤마다 찾아오는 불면의 고통에 시달릴 수도 있고, 마음과 몸이 보내는 불편한 신호들에 괴로워할 수도 있다. 때로는 이 모든 것이 한꺼번에 찾아와 우리를 뒤흔들기도 한다. 하지만 분명한 것은 이 모든 고통이 실재한다는 사실이다. 이제는 나와 가족 모두를 위해 건강한 방식으로 평안을 되찾을 때다. 그 첫걸음은 자신과 의료진들에게 마음을 여는 것이다.

음주·약물 습관 자가 진단 테스트

스트레스를 해소하고 마음의 안정을 되찾기 위해 여러 물질에 의존하는 엄마들이 많다. 하지만 이런 습관은 자칫 물질 남용이나 의존증으로 이어질 수 있다. 아래의 자가 진단 질문들을 꼼꼼히 살펴보자. 세 개 이상의 항목에서 '예'라는 답이 나온다면, 지금의 스트레스 해소 방식을 새롭게 생각해볼 때다.

> 1. 일주일 동안 마시는 술이 일곱 잔을 넘는다.
> 2. 하루에 술을 세 잔 이상 마신다.
> 3. 항불안제나 진통제, 수면제 등의 처방약을 의사가 지시한 용량보다 더 많이 복용한다.
> 4. 마음을 달래거나 잠들기 위해 처방약과 술을 함께 먹는다.
> 5. 처방약을 먹는다는 사실을 다른 사람들에게 숨기고 싶다.
> 6. 술을 끊으려고 했지만 번번이 실패한다.
> 7. 며칠만 술을 마시지 않아도 예민해지고 짜증이 난다.
> 8. 주변 사람들이 내가 약물이나 술에 의존한다고 걱정한다.
> 9. 낮에도 '오늘 저녁에 한잔해야지' 하는 생각이 자주 든다.
> 10. 술을 마실 수 있는지 없는지에 따라 약속을 잡는다.
> 11. 긴장을 풀기 위해 2주 이상 계속해서 술을 마신다.

시간이 흐를수록 카렌의 문제 속에서 선명한 그림 하나가 잡히기 시작했다. 바로 엄마 번아웃이 이 모든 것의 근원이라는 사실이었다. 카렌과 그녀의 가족을 더 깊이 들여다보다보니 복잡하게 얽힌 실타래 같은 문제들이 보이기 시작했다. 아들 조던과의 끊이지 않는 갈등, 가족을 위해 저글링이라도 하듯 여러 책임을 동시에 감당해야 하는 일상, 거기에 항공기 조종사로 일하는 남편의 잦은 부재까지. 이런 일들이 너무 오래 지속되다보니 결국 몸이 아프게 된 거였다. 혈액 검사 결과는 정상으로 나왔지만, 이는 엄마 번아웃을 진단할 수 있는 공식적인 혈액 검사가 아직 존재하지 않기 때문이었다.

카렌의 고통이 상상에 불과하다는 말은 아니다. 그녀가 겪은 고통은 진짜였고, 약물 치료도 분명 필요했다. 카렌은 내게 특별한 기억으로 남아 있는데 스트레스가 너무도 심한 나머지 몸 곳곳에서 실제 통증이 나타난 첫 번째 내담자였기 때문이다. 그리고 그녀 이후로도 비슷한 증상을 호소하는 내담자들을 계속해서 만나게 되었다. 저명한 트라우마 전문가 베셀 반 데어 콜크는 자신의 저서 『몸은 기억한다』에서 "우리 몸은 모든 것을 기록한다"라고 말했다. 말 그대로, 트라우마와 만성 스트레스가 우리 뇌와 신체를 변화시킨다는 것이다.

메이오 클리닉의 연구 결과는 분명했다. 오래 지속되는 스트레스는 우리 몸 곳곳에 깊은 상처를 남긴다. 불안과 우울에서 시작해 소화 문제, 두통, 심장병, 수면 장애, 체중 증가, 그리고 기억력과 집중력 저하까지. 내가 개인 상담을 막 시작했을 무렵 세라라는 중년의 엄마를 만났다. 그녀는 한 치 앞도 보이지 않는 이혼 소송의 터널 속에 있었다. 전남편과의 갈등은 날이 갈수록 깊어졌고, 두 아이의 앞날을 걱정하는 그녀의 마음은 시커멓게 타들어갔다. 첫 상담에서 우리가 대화를 나누던 중 그녀는 마치 습관처럼 흡입기를 꺼내 두 번 들이마셨다. "가끔 천식 증상이 있어서요"라며 덤덤히 말했다. 당시에는 나도 특별한 의미를 두지 않았지만, 다음 상담에서 마주한 그녀는 심한 감기로 고통받고 있었다. 겨울이 깊어갈수록 그녀의 건강은 롤러코스터를 탄 듯 오르내렸다. 천식 발작이 지나가면 기관지염이 그 자리를 대신했고, 급기야 불안발작까지 고개를 들기 시작했다. 심각한 불안과 불면증이 그녀를 찾아오고 나서야 나는 마침내 숨겨진 원인을 발견했다. 그녀의 모든 신체 증상은 이혼 소송과 법정 심리의 무게에서 비롯된 것이었다. 전남편과 같은 공간에 있어야 하는 법정 출석이나 중재가 예정된 주간이면, 그녀의 건강은 마치 약속이라도 한 듯 급격히 악화되었다.

카렌의 스트레스, 그중에서도 특히 건강 문제에 대해 조심스레 말을 꺼낼 때마다 그녀는 마치 도망치듯 화제를 돌려 조던 이야기만 했다. 자신은 뒤돌아보지 않은 채 앞으로만 달려가는 동안 그녀의 몸과 마음은 서서히 무너져 내리고 있었다. "더는 버틸 수가 없어요." 어느 날 상담에서 그녀가 말했다. "온몸이 쑤시고 아파서 괴로워요. 막내는 우울증에 빠졌고, 큰애와 둘째는 제가 못 하는 일까지 다 떠맡고 있고요. 출구 없는 미로에 갇힌 것만 같아요."

"카렌 씨." 나는 신중하게 말을 이어갔다. "지금까지 나타난 모든 증상과 정상이라고 나온 검사 결과들을 종합해보니, 제가 내릴 수 있는 진단은 하나로 모아지네요. 바로 번아웃 상태라는 거예요."

"번아웃이요?" 카렌의 눈이 잠시 흔들렸다. "뭐 때문에, 아이들 때문에요?"

"아이들 때문만은 아니에요. 아이들 문제도 있고, 잦은 출장으로 집을 비우는 남편분 때문도 있죠. 예전처럼 친구들 만나서 수다 떨 시간도 없고요. 얼마 전에는 아이들 대학 등록금 생각에 한숨만 쉬었다고 하시기도 했죠. 혼자 모든 걸 감당하고 계세요. 이렇게 하나둘 쌓여가는 무게들이 카렌 씨 어깨를 너무 무겁게 누르고 있는 것 같아요."

카렌의 건강이 악화일로를 걸었던 것은 전혀 놀라운 일이 아니었다. 내가 상담실에서 만나는 여성들은 크게 두 부류로 나뉜다. 첫 번째 부류는 병원을 찾았다가 '불안 증세가 있네요' 혹은 '우울증이 의심됩니다'라는 진단과 함께 처방전 한 장과 상담사를 찾아가보라는 권유만 받고 돌아오는 이들이다. 두 번째 부류는 의사들조차 증상의 원인을 찾지 못해 여러 병원을 전전하는 이들이다. 이들은 다른 전문의가 혹시나 원인을 밝혀줄까 하는 희망을 품고 끊임없이 새로운 진료실의 문을 두드린다. 그리고 수많은 전문의를 만나고 셀 수 없이 많은 검사를 받고 나서야, 결국 스스로의 판단이나 가족과 지인들의 권유로 상담실을 찾아온다.

종종 이런 바람을 갖는다. 더 많은 의사가 내가 아는 어떤 산부인과 의사처럼 환자를 돌봤으면 하고 말이다. 그녀는 정신건강 관련 약물을 재처방할 때도 환자가 상담사와의 면담을 마쳤는지 확인한 후에야 처방전을 써준다. 표준 치료 절차를 철저히 지키며 환자를 위한 최선의 진료를 실천하는 것이다.

하지만 안타깝게도 1차 진료의들은 엄마 번아웃 문제를 제대로 포착하지 못하고 있다. 무엇보다 이를 진단할 수 있는 공식적인 의학 기준이나 검사 방법이 전혀 없다. 만성적인 신체 증상이나 정서적 고통을 호소하며 찾아오는 환자가 있으면, 의사들은 더 흔한 질환의 증상부터 찾아 나선다. 에스트로겐 관련 호르몬 불균형이나 갑상선 기능 장애 같은 것 말이다. 이런 신체적 원인을 하나둘 배제하고 나서야 그들은 비로소 상담 치료를 권한다.

상담사들 역시 1차 진료의들처럼 기존의 진단 틀에 갇혀 있다. 그들은 내담자를 처음 만나면 불안이나 우울의 징후부터 찾으려 한다. 하지만 내가 만나온 수많은 엄마의 고민은 이런 전형적인 진단의 틀로는 제대로 포착되지 않는다. 이들은 겉으로는 일상을 무리 없이 꾸려가면서도 '뭔가 좀 이상하다'라는 모호한 불편감을 호소한다. 가끔 기분이 가라앉거나 예민해지고, 평소라면 잊지 않았을 날짜나 약속을 자꾸 놓친다. 아이들에게 의도치 않게 짜증을 내고는 자책감에 시달리기도 한다. 그렇다고 이들의 삶이 완전히 무너진 것은 아니다. 여전히 기쁨과 행복을 느낄 수 있고, 걱정거리도 마음에서 덜어낼 줄 안다. 바로 이 지점이 문제다. 이런 엄마들은 임상적 우울증이나 불안장애의 진단 기준에는 미치지 않아 적절한 도움을 받지 못한다. 하지만 가장 심각한 것은, 이들이 결국 깊은 우울증의 늪에 빠지고 나서야 비로소 환자로 인정받는다는 점이다.

현재 정신건강 분야에서 인정하는 스트레스 관련 진단들도 이런 엄마들의 현실을 제대로 담아내지 못하기로는 마찬가지다. 급성스트레스장애Acute Stress Disorder, ASD나 외상후스트레스장애Post-traumatic Stress Disorder, PTSD는 사랑하는 사람의 죽음이나 물리적 폭력 같은 뚜렷한 충격적 사건이 있어야 진단이 가능하며 그 상태는 짧게는 하루에서 길게는 평생 지속될 수 있다. 하지만 여기서 우리가 놓치고 있는 것이 있다. 바로 그 중간 지대, 일상의 누적된 긴장이 만들어내는 만성적 스트레스다. 끊임없는 멀티태스킹, 자신과 아이들을 남들과 비교하는 습관적인 자학, 만성 수면 부족, 완벽한 엄마가 되려다 결국 지치는 일상의 연속. 이런 스트레스 요인들은 다년간 지속되면서 전 세계 여성들의 삶을 서서히 갉아먹고 있다. 여성들은 자신의 건강과 삶의 질이 위험에 처하고 점차 나빠지는 상황에서도 묵묵히 버티고 있지만, 대다수의 의료 전문가는 이런 문제를 어떻게 다뤄야 하는지도 모르고 있는 실정이다.

이제는 분명히 말해야 한다. 우리가 그토록 동경했던 슈퍼맘의 망토는 애초에 맞지 않는 옷이었다고. 더 이상 망설이지 말고 도움을 청해야 한다. 비록 엄마 번아웃이 의학 교과서에 실린 공식 진단명은 아닐지라도 이는 실재하는 고통이다. 더 중요한 것은, 이제 우리 스스로를 위해 목소리를 내고 의료진과 솔직한 대화를 나눌 줄 알아야 한다는 점이다. 당신의 삶이 바로 여기에 달려 있다.

내 건강의 든든한 지킴이 되기

의사들은 엄마 번아웃의 깊은 고민과 한숨 소리를 미처 듣지 못하고 있다. 짧은 진료 시간은 엄마들의 긴 이야기를 담아내기에 턱없이 부족하다. 그래서 우리는 더 현명해져야 한다. 증상을 일기처럼 꼼꼼히 기록하고, 제한된 진료 시간 안에서도 핵심적인 이야기를 전달할 수 있도록 미리 준비해놓자.

- 우리 가족의 의료 기록을 차근히 들여다보자. 조심스러운 이야기일 수도 있지만, 정확한 진단을 위해서는 의료진과 허심탄회하게 나눌 수 있어야 한다. 가족 중 우울증이나 불안증을 겪은 분이 계셨는지, 힘든 시기를 보낸 분이 계셨는지, 또는 심장질환이나 만성피로로 고생한 분이 계셨는지 꼼꼼히 살펴보자. 이런 가족력은 우리의 건강을 이해할 실마리가 되니 진료 전에 미리 준비해두는 것이 현명하다.
- 증상을 기록해보자. 두통이 찾아왔다면 언제, 얼마나 아팠는지, 피로감을 느꼈다면 어떤 상황에서 시작됐는지 꼼꼼히 적어두자. 바쁜 일상에 쫓기다보면 이런 증상들이 언제 찾아왔다 사라졌는

지금세 기억에서 흐려지기 마련이다.
- 진료 전에 미리 병력 기록지를 요청하자. 진료실에서 서둘러 작성하다보면 놓치는 부분이 생길 수 있으니, 집에서 시간을 내어 꼼꼼히 작성해보자. 이런 기록은 의료진과의 소통을 더 원활하게 만들어줄 것이다.
- 나만의 작은 건강 데이터베이스를 만들어보자. 컴퓨터에 건강 일지를 만들어 복용 중인 약은 물론, 일상의 작은 변화까지 꼼꼼히 기록해두자. 이를 진료 전에 출력해 가지고 가면, 낯선 진료실에서도 필요한 정보를 빠짐없이 의료진과 나눌 수 있다.
- 때로는 용기 있는 솔직함이 필요하다. 성생활이나 음주 습관, 약물 복용, 마음속 우울한 그림자나 자살 사고, 수면과 피로감까지. 말하기 조심스러운 이야기일수록 더 세심한 관심과 치료가 필요한 법이니 허심탄회하게 이야기를 나눠보자.

카렌이 다른 전문의들과의 상담을 마친 후, 나는 그녀가 엄마 번아웃 문제를 정면으로 마주할 때가 되었다고 판단했다. 남편이 잦은 출장으로 집을 자주 비우는 상황이니 지역사회의 도움이 그녀를 일상으로 되돌릴 가장 빠른 방법 같았다. 그녀에게는 자신의 스트레스를 털어놓고 이야기할 수 있는 누군가가 필요했고, 매일의 생활 속 자잘한 어려움들을 함께 해결해줄 도움의 손길이 필요했다.

나는 소속감이야말로 인간다운 삶을 살아가는 데 꼭 필요한 요소라고 카렌에게 설명했다. 이웃들과 교류하고, 아이들 학교 활동에 참여하며, 스포츠 팀이나 여러 지역 모임에서 사람들과 어울리다보면 자연스럽게 자신의 고민이 결코 혼자만의 것이 아님을 깨달을 것이라고. 스트레스와 건강은 서로 밀접하게 연결되어 있으며, 이 둘은 모두 주변의 사회적, 정서적 지지에 크게 영향을 받는다. 연구 결과들이 이를 분명히 보여준다. 힘들 때 도움을 청하고 기댈 수 있는 가족이나 친구와 같은 든든한 정서적 지지 기반이 있는 사람들은 그렇지 못한 이들에 비해 정신적으로나 신체적으로 훨씬 더 건강한 삶을 살아간다. 남편이 잦은 출장으로 집을 비우는 상황의 카렌에게는 이런 정서적 안전망을 스스로 만들어가는 게 가장 급했다. "카렌 씨만의 마을을 만드는 거예요." 나는 말했다.

"이장님이라도 되라는 말씀이세요?" 그녀가 환하게 웃으며 농담을 던졌다.

"조던의 우울증 문제는 혼자만의 무거운 짐이 되어선 안 돼요. 일주일 내내 홀로 아이의 진단부터 치료, 돌봄까지 모든 걸 홀로 감당하고 계시잖아요. 이렇게 버거운 현실이 카렌 씨의 삶을 조금씩 지치게 만들고 있어요. 지금 이 순간에도 말이에요." 잠시 숨을 고르며 그녀의 표정을 살폈다. "누군가와 진심으로 마음을 나누다보면, 그 무게가 한결 가벼워질 거예요. 등하고 카풀을 함께 할 수 있는 다른 학부모님들도 계실 거고, 조던이 특별히 컨디션이 안 좋은 날이면 큰아이들을 잠시 봐주실 이웃들도 찾을 수 있을 거예요. 겨울에 눈이 많이 오면 동네 아이들이 진입로 청소를 도와줄 수도 있고요. 이렇게 작은 도움들이 모여 카렌 씨의 어깨를 가볍게 해줄 수 있어요." 잠시 말을 멈추고 그녀의 눈을 마주 보았다. "혼자서 모든 걸 견뎌온 지 너무 오래되셨어요. 그 강인함은 정말 대단하지만, 때론 그 강인함이 우리를 더 지치게 만들기도 해요. 이제는 나 자신의 건강도 돌봐야 할 때예요. 누군가의 도움을 받아들인다는 게 약하다는 뜻은 아니거든요."

카렌은 마침내 몇몇 친구에게 조심스레 도움을 청했다. 그중 두 명의 엄마는 시간이 흐르면서 그녀의 삶을 지탱하는 든든한 버팀목이 되어주었다. 그들은 일주일에 며칠씩 번갈아가며 방과 후에 조던을 자신의 아이들과 함께 놀게 해주었고, 자신이 외출할 때면 기꺼이 카렌의 큰아이들을 운동 연습장이나 친구들 집까지 데려다주곤 했다.

카렌은 자신만의 시간을 되찾았으며, 어려운 상황이나 휴식이 필요할 때 이 여성들에게 기댈 수 있다는 사실만으로도 큰 위안을 얻었다. 그들의 도움에 보답하고자 카렌의 남편은 자신의 항공권 할인 혜택을 활용해 몇 달마다 세 여성에게 주말여행을 선물했다. 시간이 흐르면서 카렌의 온몸을 짓누르던 통증이 점차 사라지고 일상의 활력이 되돌아오자 그녀 역시 그들의 마음에 보답하기 시작했다.

"처음엔 도움을 청하는 게 너무 부끄러웠어요." 카렌이 나지막한 목소리로 말했다. "하지만 정말, 이런 작은 요청들이 제 삶을 완전히 바꿔놓았네요. 이제는 마음이 한결 가벼워요." 그녀의 초록빛 눈동자에 생기가 돌더니 특유의 밝은 미소가 번졌다. 잠시 여유로운 숨을 내쉰 그녀가 말을 이었다. "그럼, 이제 드디어 조던 얘기를 할 수 있는 건가요?"

엄마 번아웃 극복을 위한 생존 가이드
: 건강한 나를 만드는 슬기로운 방법

건강 관리는 스스로 시작하자. 건강한 삶을 위해서는 자신의 의료 이력을 꼼꼼히 살피고, 의사와 터놓고 이야기해야 한다. 진료 전에 현재 앓고 있는 질환과 복용 중인 약물 목록을 미리 정리해두면 많은 도움이 된다. 정기 검진과 유방 촬영 같은 중요한 검진 일정은 반드시 달력에 표시해두자. 머리카락, 피부, 손톱의 작은 변화도 눈여겨보고 기록해두었다가 진료 시간에 의사와 상담하면 좋다.

육아의 즐거움을 이웃과 함께 나누자. 아이를 키우는 일은 혼자 감당하기 힘든 여정이다. 우리 모두에게는 서로의 따뜻한 마음과 손길이 필요하다. 작은 만남 하나하나가 모여 든든한 이웃이 되고, 그 이웃들이 모여 마음 따뜻한 공동체를 이룬다. 동네 달리기 모임이나 축구 동호회에서 새로운 인연을 만들고, 이웃과 함께하는 골목 잔치도 준비하고, 학교 학부모 모임에도 기쁜 마음으로 참여해보자.

오랫동안 못 만난 친구들과 정을 다시 이어가자. 친구와의 만남은 지친 일상에 생기를 불어넣어준다. 바쁘더라도 안부 전화 한 통 건네고, 아이들과 가족이 함께하는 자리를 마련해보자. 친구들과 주말 여행을 떠나거나 독서 모임을 진행하는 것도 좋다.

하루쯤은 디지털 세상에서 벗어나자. 끊임없이 울리는 알림을 뒤로하고 고요 속에서 내 마음의 소리에 귀 기울여보자. 차분한 명상으로 마음을 다스리거나, 꼭 읽고 싶었던 책을 찬찬히 들여다보거나, 때로는 아무 계획 없이 시간의 흐름을 따라가며 일상의 소소한 기쁨을 발견하는 여유를 가져보자.

건강한 하루를 만드는 생활 습관을 길러보자. 규칙적인 운동과 균형 잡힌 식단, 그리고 충분한 수분 섭취는 건강한 삶의 기초다. 마음 맞는 운동 친구와 함께 땀 흘리거나 단체 수업에 참여하며 건강도 챙기고 즐거운 추억도 만들어보자. 매일 새로운 운동에 도전하며 신나는 운동 시간을 만들어보자.

보너스 가이드

+

엄마의 행복을 채우는 작은 쉼표

엄마가 행복해야 아이도 행복하다. 다가오는 한 주 동안은 아이를 위한 분주한 일상 속에서 나를 위한 작은 쉼표를 찍어보자. 아이의 간식을 준비하거나 피아노 레슨을 데려다주기 전에 잠시라도 나를 위한 소중한 시간을 가져보자. 은은한 향의 미스트로 지친 얼굴에 생기를 불어넣거나 집을 나서기 전 시원한 물 한 병을 챙기고, 나를 위한 작은 간식도 준비해두자. 이런 소소한 자기 사랑이 모여 엄마의 하루를 더 빛나게 만들어준다.

10장

지쳐가는 엄마, 쫓아가는 아이

♦
♦
♦

비슷한 경험이 있나요?

내가 겪는 번아웃의 모습들이 혹시 우리 아이에게서도 보이지는 않는지 한번 살펴보자.

- ☑ 스트레스를 받을 때면 밤새 뒤척이다가 겨우 잠이 들곤 해요. 요즘 우리 아이 방에서도 같은 소리가 들려요.
- ☑ 스트레스를 받으면 평소와 다르게 폭식하거나 식욕을 완전히 잃어버리곤 해요. 우리 아이도 그래요.
- ☑ 스트레스가 쌓이면 세상과 담을 쌓고 싶어져요. 우리 아이도 자꾸 방에 혼자 있으려고 해요.
- ☑ 스트레스가 쌓이면 휴대폰과 TV가 가장 가까운 친구가 돼

- ☑ 버려요. 우리 아이도 그렇게 현실에서 멀어지는 것 같아요.
- ☑ 요즘 스트레스가 쌓이면 괜히 주변 사람들에게 짜증을 내요. 우리 아이도 똑같은 모습을 보일 때면 마음 아파요.
- ☑ 스트레스를 받으면 머리가 하얘져서 늘 하던 일도 잊어버려요. 우리 아이도 요즘 건망증이 심해진 것 같아요.
- ☑ 그렇게 좋아하던 취미생활도 요즘엔 스트레스로 다가와요. 우리 아이도 즐기던 것들을 하나둘 놓아버리고 있어요.

애슐리는 열두 살로 6학년에 다니고 있었다. 엄마 세라는 서른여덟 살의 부동산 중개인이고, 아빠는 의사다.

세라는 애슐리가 완벽주의 성향을 보인다며 상담을 요청했다. 상담이 시작되자마자 나는 애슐리의 불안한 모습을 발견했는데, 그녀의 엄마도 똑같은 성향을 보였다. 엄마 번아웃의 깊은 피로감에 시달리던 세라의 모습은 애슐리에게도 그대로 나타났다. 마치 거울을 보는 듯 세라의 엄마 번아웃이 깊어질수록 애슐리의 정신 건강도 무너지고 있었다.

엄마 번아웃 문제에 즉각 대처해야 하는 가장 큰 이유 중 하나는 그것이 우리 아이들에게 미치는 영향이 무척 크기 때문이다. 엄마의 고통은 고스란히 아이들의 아픔이 된다. 두통과 복통을 호소하고 끊임없이 불안해하며 깊은 우울감에 빠지는 아이들의 모습이 이를 말해준다. 앞서 이야기했듯이 한 가족의 아픔은 가족 전체의 고통이 되어간다. 건강한 가족을 만들려면 건강한 엄마가 있어야 하는 것이다.

애슐리와의 첫 상담 시간을 지금도 생생히 기억한다. "여기 온 건 순전히 엄마 뜻이에요." 애슐리가 담담하게 말했다. "제가 왜 여기에 있는지도 모르겠어요." 열두 살이지만, 애슐리에게선 열네 살 소녀의 성숙함과 단아함이 엿보였다.

나는 의자에 바른 자세로 앉으며 미소 지었다. "그래, 시간이 충분하니까 네가 하고 싶은 이야기를 들려주면 어떨까?"

"저는 6학년이에요." 애슐리가 말을 이어가며 무심코 긴 금발을 어깨 위로 넘겨 땋기 시작했다. "학교 농구팀에서 활동하는데, 올해 지금까지는 제가 최고 득점자예요. 저랑 가장 친한 친구 벨라도 같은 팀이고요. 공부도 꽤 잘해서 우등반 수업도 몇 개 듣고 있어요. 사실 지금 학년에서 3등인데요, 1등까지 하려면 몇 달 더 필요할 것 같아요. 음…… 더 알고 싶은 게 있으신가요?"

"정말 다재다능한 아이구나."

애슐리는 어깨를 으쓱이며 계속 머리를 땋았다.

"그렇게 여러 가지 하느라 바쁠 텐데, 평소에 하루를 어떻게 보내는지 들려줄래?"

"전 휴대폰 알람을 맞춰놓고 혼자 일어나요. 제 동생처럼 엄마가 '이러다 죄다 지각하겠어'라고 소리치면서 이불을 확 걷어내야 겨우 일어나진 않는다고요." 애슐리가 킥킥거렸다. "그러고 나서 학교에 가요. 친구들이 저보고 좀 특이하다고 할 수도 있는데, 전 정말 학교 다니는 게 좋아요. 일주일에 세 번 방과 후에 피아노 연습이 있고, 연습 끝나고 집에 가면 가족들이랑 저녁을 먹어요. 근데 이상한 게, 엄마는 우리가 밥 먹을 때도 주방 싱크대 앞에 서서 드세요. 설거지도 하시고 이것저것 정리하면서 드시거든요. 좀 이상하죠? 엄마는 그게 뭐라고 하셨더라…… 아, '효율적'이라고 하시더라고요. 항상 할 일이 넘친대요. 그러고 나면 저는 숙제를 하는데, 한 네 시간쯤 걸리는 것 같아요."

"꽤 바쁘구나."

"어릴 때부터 이랬어서 익숙해요. 엄마가 자기 일을 하면서도 계속 제 곁에서 공부하는 거 체크해주시고 가끔 간식도 주시니까 크게 힘들진 않아요. 엄마도 회사 일이랑 집안일이 많다고 하시는데, 우리 가족한텐 이게 딱 맞는 것 같아요. 부모님은 늘 말씀하시거든요. 공부든 뭐든 모든 면에서 제가 최고가 되어야 한대요. 저도 그게 맞다고 생각해요." 애슐리는 잠시 말을 멈췄다가 이어갔다. "엄마 말씀은, 이렇게 하면 시간도 아낄 수 있고 제가 공부하는 것도 같이 챙겨볼 수 있다고 하시더라고요. 그리고 제가 재밌는 걸 발견했는데요." 애슐리가 수줍은 미소를 지으며 말을 이어갔다. "엄마랑 저랑 둘 다 깊이 생각할 때 볼펜을 물고 있는 버릇이 있더라고요. 며칠 전에 우연히 알게 됐어요."

"가장 똑똑하고 최고가 되어야 한다고 생각하는 이유가 있니?" 내가 조심스레 물었다.

애슐리는 어깨를 으쓱였다. "인생에서 성공하려면 무조건 최고가 되어야 한다고 생각해요. 우리 아빠처럼요. 아빠는 정말 성공한 의사거든요. 저도 나중에 아빠처럼 되고 싶어서, 지금부터 공부 열심히 해서 좋은 성적 받아야만 해요."

나는 그 대답을 마음속으로 새겨두었다. "그렇구나. 다른 건 어떤 것들에 관심이 있니?"

"패션이랑 뷰티에 완전 빠져 있어요. 카일리 제너 네일 폴리시 라인 너무 예쁘지 않아요?" 애슐리는 민트그린 색 네일을 자랑스레 보여주었다. "제가 컬렉션으로 모으고 있거든요. 지금은 엄마한테 머리에 옴브레 하이라이트 하는 거 허락받으려고 열심히 설득 중이에요. 선생님이 좀 도와줄 수 있으세요? 학교 애들이 진짜 부러워할 텐데요. 아, 그리고 얼마 전에 세포라에서 본 새로운 아이섀도도 너무 갖고 싶어요."

"그래도 엄마가 메이크업은 벌써 허락해주시는구나."

"네, 마스카라랑 셰이딩, 립글로스 정도는 하고 있어요. 근데 그 아이섀도까지 있으면 제 룩이 더 완벽해질 것 같아요." 애슐리는 땋았던 머리를 풀어 헤치며 어깨 뒤로 넘겼다. "올해 졸업앨범에서 '예쁜 눈' 부문에 뽑히고 싶거든요. 그 아이섀도만 있으면 제 파란 눈이 정말 빛날 텐데……" 잠시 말을 멈추었다가 덧붙였다. "근데 아빠는 제가 화장하는 걸 정말 싫어해요.

저를 하나도 이해하지 못하는 것 같아요."

나는 애슐리만 한 나이였을 때를 떠올려보았다. 그때는 화장은 물론 염색이나 하이라이트 같은 건 생각도 못 했다. 친구들과 놀고, 전화로 수다 떨고, 가끔 머리 모양 내는 법을 연습하는 게 전부였다. 요즘 여자아이들은 정말 빨리 성숙해지는 것 같다. 얼마 전에도 집에 심부름을 가야 해서 열다섯 살 여학생에게 잠시 아이들을 맡긴 적이 있다. 우리 아이들이 에너지가 넘쳐서 공원에 가서 놀아야 할 것 같다고 설명하자, 그 아이가 씩씩하게 대답했다. "아, 알죠. 남자애들이 얼마나 기운 넘치는지. 간식 가방 챙겨서 공원에 데려갈 테니 걱정 마세요."

"또 어떤 것에 관심이 있니?" 애슐리에게 물었다.

"요즘은 써보고 싶은 스킨케어 제품들을 찾아보는 재미에 푹 빠져 있어요. 제가 직접 써본 뷰티 제품들로 인스타나 유튜브 채널을 만들어보고 싶거든요."

나는 가만히 듣고만 있었지만, 속으로는 '이런 6학년은 정말 처음이네'라고 생각했다.

"지금은 피부가 깨끗해도, 곧 여드름이 날 것 같아 걱정이에요." 애슐리가 말을 이었다. "그리고 새 어그 부츠도 사야 해요. 갑자기 발에서 냄새가 나기 시작했는데, 지난달 크리스마스 선물로 받은 건 벌써 못쓰게 됐거든요. 완전 짜증나요."

이런 편안한 대화는 20분 정도 더 이어졌다. 애슐리는 대화가 술술 통하는 아이였고, 밝은 기운이 감돌았다. 친구가 많은 이유를 단번에 알 수 있었다.

애슐리는 자기 생각을 또렷하게 표현했고 또래답지 않게 성숙했다. 마치 나이보다 몇 살은 더 든 것처럼 현명해 보였다. 또래 여자아이들과 달리 차분했고, 친구관계에서도 불필요한 다툼을 피하려 애썼다. 목표를 향해 나아가는 의지도 뚜렷했다. 하지만 이런 특별한 자질들이 오히려 약점이 될 수도 있겠다는 생각이 들었다. 실패를 겪거나 자신이 기대한 만큼의 성과를 내지 못할 때, 그 현실을 받아들이기가 무척 힘들 것 같았다.

30분쯤 지나서 세라를 상담실로 불렀다. 가장 먼저 눈에 들어온 건 세라의 단정한 차림새였다. 그녀가 두른 선명한 푸크시아 색 실크 스카프는 파란 눈동자를 더 돋보이게 했다.

"오늘 애슐리와 아주 즐거운 대화를 나눴어요."

세라가 미소 지었다.

"애슐리는 왜 여기 왔는지 모르고 있더군요." 내가 조심스레 말을 꺼냈다. "혹시 어떤 점 때문에 애슐리가 상담을 받아야 한다고 생각하셨나요?"

"그니까." 애슐리가 눈을 반짝이며 물었다. "왜 나를 여기 데리고 온 거야?"

"애슐리가 너무 완벽을 추구하는 것 같아서요." 세라는 의자에 더 깊숙이 기대며 방어적으로 팔짱을 꼈다. "이제 사춘기에 접어드는 것 같기도 하고…… 혹시 호르몬 때문일까요?"

"어떤 점에서 애슐리가 완벽주의자라고 느끼세요?"

세라와 이야기를 나누면서 나는 애슐리의 일상이 얼마나 빡빡한지 더 자세히 알 수 있었다. 학교에 갈 때면 7시에 출발해도 충분한데 매일 아침 5시면 눈을 떴다. 우선 침대를 마치 자로 잰 듯 반듯하게 정리한 뒤, 샤워를 하고 하루를 준비했다. "머리 손질하고 화장하는 데만 한 시간을 꼬박 써요." 세라가 말했다. "이제 겨우 열두 살짜리가 도대체 뭘 그렇게 오래 하는지 모르겠어요." 게다가 애슐리는 완벽한 옷차림을 위해 여러 벌을 번갈아 입어보았고, 부엌으로 내려가기 전엔 숙제를 제대로 챙겼는지 가방을 세 번씩이나 점검했다. 부엌에 도착한 그녀는 매일 아침 요거트와 바나나라는 정해진 메뉴로 식사를 했다. 그러고는 마치 식품 검사관이라도 된 양 엄마가 도시락을 싸는 내내 옆에 서서 자신이 좋아하는 음식만 들어가는지 하나하나 살폈다. "건강식에 관심이 많은 건 칭찬할 만하죠." 세라가 말을 이었다. "그런데 도시락에 넣는 모든 음식의 영양 성분표를 일일이 확인하다보니 아침 준비가 끝날 때까지 한참 걸린다니까요."

세라는 답답한 듯 의자 끝으로 몸을 바싹 움직였다. "게다가 어디를 가든 반드시 일찍 도착해야 해요. 조금이라도 늦으면 완전히 불안해서 어쩔 줄 몰라하죠. 매일 아침 학교도 15분씩이나 일찍 가야 한다니까요."

"엄마가 맨날 늦으니까 그런 거잖아." 애슐리가 원망스러운 눈길로 엄마를 바라보았다. "아빠는 한 번도 늦은 적이 없는데."

"우리 여기 올 때는 안 늦었잖아." 세라가 날카롭게 쏘아붙였다.

"늦진 않았지. 근데 정확하게 4시에 들어왔잖아. 약속 시간이 4시였고. 나는 차에서 15분이나 엄마가 준비하는 게 끝나길 기다렸다고."

세라는 관자놀이를 손가락으로 꾹꾹 누르며 절망스러운 표정으로 나를 바라보았다. "선생님, 제가 말씀드리고 싶었던 게 바로 이런 모습이에요."

그후로 몇 달에 걸쳐 나는 애슐리에 대해 더 깊이 알아가게 되었다. 그녀는 완벽주의적일 뿐만 아니라 불안 증세도 있었다. 여덟 살 때부터는 식당에서 식사하는 것을 완전히 거부했다. "음식에 무슨 재료가 들어가는지, 누가 어떻게 조리하는지 일일이 다 알아야 마음을 놓아요." 세라가 지친 목소리로 설명했다.

"벨라 엄마가 『시중에 파는 음식의 진실』이라는 책을 읽으셨는데, 정말 충격적이래요. 쥐똥 같은 게 들어 있을 수도 있대요. 으으, 생각만 해도 끔찍해!" 애슐리가 혐오감에 몸을 부르르 떨었다.

세라가 눈을 굴렸다.

중요 과제가 있을 때면 더 많은 시간을 확보하기 위해 선생님의 과제 목록을 미리 받아달라고 끈질기게 졸라댔다. 제출하는 모든 과제는 한 치의 오차도 없이 완벽해야만 했다. "제출하기 전에 최소 네 번은 검토한다니까요." 세라가 설명했다.

"엄마도 부동산 고객들한테 집 소개서 보여드리기 전에 백 번씩 검토하잖아." 애슐리가 따끔하게 말했다.

"일이니까 그렇지." 세라가 짜증 섞인 목소리로 쏘아붙였다. "전혀 다른 문제라고."

"그리고 선생님, 애슐리가 날이 갈수록 스스로에게 더 가혹해지는 것 같아요. 시험에서 A를 받아와도 A+가 아니면 잠도 못 자고 자책하고. 농구부 주전 된 것도 기뻐하는 게 잠시뿐이더니 이제는 득점왕이 되어야 한다고 해요. 이제 겨우 열두 살인데, 스스로를 너무 몰아붙이는 것 같아요."

애슐리가 불안을 가진 아이라는 건 분명했다. 그녀가 내가 만난 유일한 불안한 아이였다면 좋겠지만 현실은 그렇지 않았다. 지각이 두려워 집 안의 모든 시계를 몰래 앞당겨놓는 여자아이가 있었고, 학교 과제용으로 부모님이 사온 포스터보드의 파란색이 마음에 들지 않는다고 완전히 무너져버린 내담자도 있었다.

사실 내 아이 중 한 명도 이런 불안 증세를 보인다. 시간에 늦을까봐 조바심을 내고, 남들 앞에서 망신당하는 것을 무척 두려워하며, 자기 물건을 허락 없이 건드리면 크게 속상해한다. 부엌 시계를 가리키며 "아직 시간 여유 있어"라고 안심시켜주고 "숨을 깊게 들이쉬고 내쉬어보자"라며 달래보지만, 대개는 효과가 없다. 그래서 이렇게 불안해하는 아이를 키우는 부모의 마음이 얼마나 애타는지 더 깊이 이해한다.

미국 국립정신건강연구소의 조사에 따르면, 13세에서 18세 사이 청소년의 25퍼센트가 불안장애를 겪고 있다. 미국 사회 전반에 퍼져 있는 심각한 전염병이라 하겠다. 우리 상담센터에도 이런 사례가 너무 많아서 "이러다 정말 '아동불안센터'로 간판 바꾸는 거 아냐?"라는 푸념이 나올 정도다. 불안은 마음의 병이지만 몸으로도 드러나서, 아이들은 심장이 두근거리고, 숨이 가빠지며, 배가 아프다고 호소한다. 머릿속에서는 걱정거리가 끊임없이 이어진다. 심리학계에서는 이런 아이들의 불안이 불규칙한 수면, 과도한 일정, 유전적 요인 등 다양한 원인이 복합적으로 작용한 결과라고 보고 있다.

내 상담실에서는 모녀간 실랑이가 계속되고 있었다.

"애슐리가 샤워를 통 안 하려고 해요." 상담 중에 세라가 한숨 섞인 목소리로 말했다. 그녀는 하품을 하며 피곤한 듯 눈을 비볐다.

"샤워를 얼마나 하는데요?" 내가 물었다.

"하루에 한 번이요." 세라는 몸을 숙여 가방에서 초콜릿 바를 꺼내들었다. "죄송해요." 그녀가 말했다. "오늘따라 너무 피곤해서 당 보충이 좀 필요해요."

나는 의자에서 자세를 고쳐 앉았다.

"엄마, 다들 그렇게 한다니까! 학교 끝나자마자 샤워부터 하는 애는 하나도 없다고!" 애슐리가 버럭 소리를 높였다. "엄마처럼 하루에 두 번씩이나 샤워하는 사람이 어디 있어?"

세라는 부동산 중개업을 하느라 하루가 어떻게 가는지 모를 정도로 바빴다. 온종일 이 집 저 집 돌아다니며 매물을 보여주고 계약을 성사시키느라 정신없는 데다, 저녁에는 고객들 집에 직접 찾아가 상담까지 해야 했다. 집에 있을 때면 남편도 도와주려 애썼지만, 그는 출퇴근에만 두 시간이 걸리는 먼 병원을 다니고 있었다. "아이들이 아프거나 갑자기 무슨 일이 생기면 결국 제가 다 알아서 해결해야 해요." 세라는 지친 기색이 역력한 목소리로 말했다. "남편이 파트너와 상의해서 근무 시간을 줄여보겠다고 했지만, 저는 그 정도까지는 필요 없다고 생각해요."

세라는 또한 아이들 학교에서 열리는 댄스파티와 각종 기념일 행사 장식을 도맡아 했다. 그래서 몇 주마다 정신없이 바쁜 일정 속에서도 학교 행사를 기획하고 준비물을 구하러 다녀야 했다. 게다가 애슐리의 농구 연습과 시합은 물론이고 아들의 하키 경기까지 단 한 번도 빠지지 않으려고 애썼다. "우리 엄마가 여유 있게 지낸 때가 언젠지 기억도 안 나요." 애슐리가 나를 바라보며 말했다. "맨날 저랑 동생한테 '아유, 또 늦겠다!' 하면서 헐레벌떡 다니시는 게 일상이에요." 이 말에 세라는 쓴웃음을 지으며 인정하듯 고개를 끄덕였다.

세라는 아이들에 대한 보호도 과했다. 그녀는 애슐리가 소셜미디어를 하는 것을 한사코 허락하지 않았다. "우리 애한테 누가 접근할지 모르잖아요." 상담 중에 세라가 걱정스러운 목소리로 말했다. "미친 사람이 워낙 많아야지, 원." "엄마는 한 번도 날 믿어준 적이 없잖아!" 애슐리가 발끈하며 소리쳤다. "정말 짜증나는 게요, 친구들은 다 인스타랑 스냅챗 하는데 저만 문자로 연락해야 해요. 지금이 어느 시댄데 문자를 쓰라고 하는 거예요, 진짜!" 애슐리는 답답하다는 듯 고개를 절레절레 저었다. "엄마는 하루 종일 페이스북 하면서 왜 저는 스냅챗은 못 하게 하는지 정말 이해가 안 돼요."

"서른여덟 살쯤 되면 그때 가서 실컷 해!" 세라가 날카롭게 쏘아붙였다. 그녀는 깊은숨을 들이마신 뒤 내 쪽으로 시선을 돌렸다. "솔직히 이런 인터넷 문제로 신경 쓰는 게 너무 힘들어요. 제가 24시간 붙어 있으면서 얘가 뭘 보고 뭘 하는지 감시할 수도 없고요. 남편은 또 환자들 진료하느라 정신없잖아요. 저희가 아이 인터넷 사용을 제대로 관리하기 힘든 현실이라, 며칠 전에 부부가 심각하게 의논하고 결정했어요. 부모 중 한 명이 옆에서 지켜볼 때만 집 컴퓨터를 쓸 수 있게요. 이건 아이를 위해서라도 더 이상 타협할 수 없는 문제라고 생각해요."

최근 상담실에서 가장 뜨거운 화두는 단연 소셜미디어다. 내담자들이 어떤 문제로 상담센터를 찾았든, 거의 예외 없이 소셜미디어와 관련된 고민을 털어놓는다. 특히 자녀의 소셜미디어 사용을 둘러싼 가정 내 갈등은 끊이지 않는다. '하루에 얼마나 오래 허용해야 하는지' '밤에는 언제까지 사용하게 해야 하는지' '몇 살부터 계정을 만들어줘야 하는지' 등 크고 작은 의견 충돌이 이어진다. 새로운 디지털 시대를 살아가는 아이들을 어떻게 지도해야 할지 대다수의 부모는 방향을 잡지 못하고 있다. 무엇이 안전하고 무엇이 위험한지에 대한 판단도 쉽지 않다. 이런 상황에서 많은 부모는 자녀들의 학교에서 제공하는 사이버 시민 교육을 하나의 돌파구로 여기고 있을 따름이다. 또한 자녀를 신뢰하느냐의 문제와는 별개로, 대부분의 부모는 자녀가 온라인에서 마주칠 수 있는 사람들을 더 걱정한다. 그들이 실제로 어떤 사람인지 알아낼 방법이 전혀 없기 때문이다.

세라는 남편과 외출할 때마다 집에 전화를 걸었다. "현관문 잠그는 거 잊지 말고!" 차에 타고 나서도 안전에 대한 걱정은 계속됐다. 문이 저절로 잠기는 차량 시스템이 있음에도, "꼭 직접 잠그고 확인해!"라고 아이들에게 신신당부했다. "자동으로 문이 잠기는데도 직접 잠그라고 한다니까요." 애슐리가 말했다. "엄마는 진짜 너무 예민해요."

"우리 집안 여자들은 원래 다 이래요. 그냥 타고난 걱정쟁이랄까요?" 세라는 의자에서 불편한 듯 몸을 비틀며 말했다. "제가 열여섯 살 때는 엄마가 석 달 동안이나 침대에서 못 나오셨다니까요." 세라는 그 무거운 고백을 금세 지워버리려는 듯 손을 휘저었다. "첫째 낳고 나서부터 마음이 자꾸 불안해지더니 애슐리 낳고 나서는 더 심해졌어요. 회사 일에 아이까지 둘 키우다보니 제가 감당이 안 되나봐요. 그런데 솔직히…… 다른 엄마들도 다 이렇지 않을까요?" 그녀는 고개를 절레절레 저으며 말끝을 흐렸다.

세라는 매일 밤 부엌과 화장실 청소에 몰두했다. "원래 저는 밤에 더 기운이 나거든요." 세라가 조심스레 말했다. "잠도 안 오는데 달리 뭘 하겠어요? 시시껄렁한 TV 프로그램이나 보고 있을 순 없잖아요. 그래도 청소는 의미 있는 일이니까요." 그녀는 잠시 말을 고르더니 이어갔다. "집 안을 깨끗이 관리하니까 건강에도 좋고요. 제가 하는 일이 잘못된 건 아니잖아요?" 애슐리가 눈을 굴렸다. 하지만 애슐리는 알지 못했다. 잠들지 못하는 긴 밤을 견디며 청소로라도 마음을 달래던 엄마가 결국엔 수면제 엠비엔에 의존하게 되었다는 것을.

이런 이야기는 사실 생각보다 흔하다. 내가 여성들을 위한 심신 수련 프로그램에 참여했을 때다. 그룹의 한 여성이 마음속 생각들이 쉴 새 없이 밀려와 수많은 밤을 뜬눈으로 보낸다고 고백했다. 그녀는 도저히 시간을 어떻게 보내야 할지 몰라 집 청소를 하거나 옷장과 옷가지들을 정리하며 시간을 보냈다고 했다.

중학교에 입학한 애슐리의 삶은 새로운 도전의 연속이었다. 늘어나는 학업량과 더 어려워지는 공부에 적응해야 했고, 여기에 사춘기까지 더해지면서 감정이 롤러코스터처럼 요동쳤다. 예전에는 늘 한결같던 친구들도 이제는 뚜렷한 이유 없이 그녀를 슬쩍 피하기 시작했다. 오늘은 친했다가 내일은 남이 되는 친구들의 변덕스러운 태도에 애슐리는 혼란스러워했다. 그게 그 나이대의 자연스러운 모습인데도 말이다. 더 안타까운 것은, 어린 시절부터 보인 걱정 많은 성격과 완벽주의적 성향에서 알 수 있듯이, 원래부터 불안에 취약한 애슐리에게 이런 변화들이 더 큰 시련으로 다가왔다는 점이다.

몇 달이 지나며 사춘기 소녀 애슐리의 완벽주의적 성향은 급격한 변화를 맞이했다. 마치 한계점에 도달했다가 뒤로 무너져 내리는 것처럼 상태가 나날이 나빠져갔다. 두통을 호소하기 시작했고, 아침이면 이불 속에서 좀처럼 나오려 하지 않았다. 이제는 세라마저 애슐리의 이불을 강제로 걷어내야 하는 지경에 이르렀다. "그냥 너무 피곤해서 그래요." 애슐리는 상담 시간마다 말했다. 밤에는 숙제하다가 그대로 잠들어버리는 일이 잦아졌다.

매일 아침 옷 고르기는 애슐리에게 또 하나의 시련이었다. 울음으로 시작되는 날이 잦아졌다. "요즘엔 뭘 입어야 할지 하나도 모르겠어요." 애슐리는 털어놓았다. 결국 세라는 아침의 혼란을 줄이고자 전날 밤부터 딸의 옷을 골라두기 시작했다. 학교생활은 더 심각했다. 시험이나 퀴즈만 있으면 울음을 터뜨렸고, 세라는 할 수 없이 교사들에게 시험 시간을 연장해달라고 부탁해야 했다. "선생님들이 절 완전 이상한 애로 보실 거예요"라고 애슐리가 말했다. "매달 과제 목록 달라고 하고, 이제는 시험 시간까지 더 달라고 하고…… 제가 대체 왜 이렇게 된 걸까요?" 성적은 점점 떨어졌지만, 애슐리는 이제 그마저 신경 쓰지 않는 듯했다. "안 될 게 뻔하다면서 배구팀 선발전도 시도조차 안 하더라고요." 세라가 고개를 저었다. "이렇게 키 큰 아이가 배구를 안 하다니, 말도 안 되는 일이에요."

애슐리의 상태가 나빠지기 시작하면서 세라의 상황도 악화되고 있었다. "어젯밤 신발 매장에서 완전 정신을 놓을 뻔했어요." 세라가 힘없는 목소리로 고백했다. "아이 하교 시간이라 급한데, 신발 하나 고르는 데 20분이나 걸리는 거예요. 그러다 갑자기 눈물이 나는데…… 제가 이상해지나 싶더라고요." 그녀는 한숨을 내쉬며, 중요한 고객 계약 미팅도 놓치고 남편 생일마저 까맣게 잊어버렸다고 털어놓았다. 눈 밑에는 짙은 다크서클이 있었고, 상담 시간 내내 피곤한 듯 하품을 했다. "엄마가 차 안에 에너지 드링크 같은 거 숨겨두고 몰래 드시더라고요." 애슐리가 못마땅한 듯 말했다. "도대체 왜 그러는 거죠? 자기가 무슨 고등학생도 아니고."

"요즘 애슐리는 친구도 거의 안 만나요." 세라가 털어놓았다. "예전에는 반 친구들이랑 무리 지어 다니면서 쇼핑몰도 들락거리고 그랬는데."

"엄마! 나 벨라랑 맨날 문자 주고받잖아." 애슐리가 반박했다.

"세라 씨는 친구분들과 자주 만나시나요?" 내가 조심스레 물었다.

세라가 쓴웃음을 지으며 고개를 저었다. "친구 만날 여유가 어딨겠어요. 요즘 세상에 누가 그럴 시간이 있다고요. 저만 그런 건 아닐걸요? 한집에 사는 남편과도 마주치기 힘든데요, 뭐."

애슐리와 세라는 둘 다 감정적인 부담에 짓눌려 한계에 다다른 상태였다. 가장 충격적인 것은 이들 모녀가 보여주는 놀라운 연결 고리였다. 최근 들어 더 자주 마주하는 현상이기도 하다. 상담 현장에서 만나는 모녀의 사례들은 놀랍도록 비슷했다. 대부분 어머니와 딸이 함께 우울증을 앓거나, 둘 다 친구관계를 만들고 이어가는 데 어려움을 겪거나, 함께 자존감이 바닥을 쳤다. 더욱이 엄마들처럼 지쳐버린 아들들의 모습도 목격했는데, 이들은 운동부를 그만두고 성적도 곤두박질치고 있었다. 특히 기억에 남는 한 사례는, 여러 운동부 활동과 우등반 수업을 병행하며 유난히 바쁜 한 해를 보낸 딸이 사춘기의 위기를 호소하던 바로 그 순간 그 엄마 역시 중년의 위기를 겪고 있다고 토로한 것이다.

안타깝게도 정신 건강의 어려움을 겪는 이들의 수는 날로 증가하고 있다. 국립정신건강연구소의 조사에 따르면, 13세에서 18세 사이 미국 청소년 다섯 명 중 한 명 이상이 심각한 정신 건강 문제를 겪었거나 현재도 고통받고 있는 것으로 나타났다. 특히 우려되는 것은 질병통제예방센터가 발표한 자료다.

1999년부터 2014년 사이, 10세에서 14세 여학생들의 자살률이 무려 세 배나 증가했으며, 이는 모든 연령대 중 가장 큰 증가 폭으로, 10만 명당 0.5명에서 1.5명으로 치솟았다.

이러한 정신 건강 문제는 성인층에서도 심각하다. 2015년 미국 국립정신건강연구소는 성인의 약 18퍼센트가 지난 한 해 동안 정신 질환을 앓았다고 보고했다. 더 우려되는 것은 세계보건기구의 전망이다. 2020년이 되면 우울장애가 전 세계 장애 유발 요인 중 두 번째로 큰 원인이 될 것이라고 경고했다. 특히 주목할 만한 점은 불안과 우울증이 남성보다 여성에게서 두 배나 더 흔하다는 것이다. 여기에 더해 육아로 인한 번아웃 현상까지 겪는 여성들의 정신 건강 문제는 더 심각한 사회적 과제가 되고 있다.

불안과 우울증, 그리고 엄마 번아웃을 겪고 있는 여성들에게서 자주 듣는 말이 있다. 좋은 뜻으로 하는 말이겠지만, 다들 "그냥 밖에 좀더 나가봐" 혹은 "휴가라도 한번 다녀와"라며 쉽게 말한다는 것이다. 하지만 우울증과 불안, 그리고 엄마 번아웃은 그렇게 단순히 해결될 수 있는 문제가 아니다. 이 점을 반드시 짚고 넘어가야 한다. 가끔 슬픔을 느끼고 걱정하고 스트레스에 짓눌리며 피곤함을 느끼는 것은 자연스러운 일이다. 이런 감정들이 위험 신호가 되는 것은 그것이 끝없이 이어질 때, 삶에서 어떤 긍정적인 일이 있어도 그 감정의 스위치를 끌 수 없을 때다. 그것이 수면과 기분, 피로도, 집중력, 심지어 신체적 통증에까지 영향을 미치며 일상의 모든 것을 흔들어놓을 때, 그때가 바로 본격적인 문제의 시작이다. 우울증은 주말의 단순한 우울감과는 차원이 다른 문제다. 불안장애는 스쳐 지나가는 걱정거리가 아니다. 엄마 번아웃은 어느 한순간의 스트레스나 어느 오후의 나른함이 아니다.

또한 우울증, 불안, 그리고 엄마 번아웃이 모두 서로 다른 증상이라는 점을 강조하고 싶다. 우울증과 불안은 정신의학계의 공식 진단 기준인 『정신질환 진단 및 통계 편람DSM』에서 인정하는 명백한 기분 장애다. 하지만 엄마 번아웃은 아직 정식 장애로 다루지 않고 있다. 더욱이 엄마 번아웃이 이들 질환과 구분되는 큰 차이점이 있다. 우울증과 불안은 환경적 요인 외에도 선천적인 유전적 요인이 작용한다는 점이다. 실제로 어떤 사람들은 타고난 체질처럼 우울이나 불안에 취약한 뇌 구조를 지니고 있다. 반면 엄마 번아웃은 순전히 환경적 요인에서만 비롯된다. 그렇기에 주변의 지지 체계를 강화하고 자기 관리를 꾸준히 하는 등의 생활 습관 개선만으로도 회복이 가능하다. 우울증과 불안은 상담 치료와 더불어 약물 치료가 필요할 수 있지만, 엄마 번아웃을 치료하는 특별한 약물은 존재하지 않는다.

여성의 몸이 옥시토신이라는 호르몬에 반응하는 특별한 방식 때문에 엄마 번아웃은 여성에게서만 나타난다. 이 호르몬은 우리를 돌봄과 교감이라는 본능적 행동으로 이끈다. 하지만 이러한 자연스러운 반응이 막히면 엄마 번아웃이 시작된다. 아이들을 보살피고 다른 여성들과 마음을 나누려는 우리의 본능이 제대로 발현되지 못할 때 문제가 시작되며, 그 결과 스트레스는 걷잡을 수 없이 커진다. 여기서 한 가지 의문이 생긴다. 왜 엄마 번아웃과 밀접하게 연관된 우울증과 불안은 유독 여성에게서 더 자주 나타나는 것일까? 이를 이해하기 위해서는 심리적, 생리적, 사회적 요인들을 함께 살펴봐야 한다.

여성의 삶은 사춘기부터 임신, 그리고 폐경기까지 끊임없이 변화한다. 이 과정에서 우리 몸의 호르몬은 부단히 오르내린다. 이런 호르몬의 변화는 단순한 피로나 두통, 근육통을 넘어 우울증과 불안 증상의 근원이 되기도 한다. 흔히 겪는 증상이라 생각할 수 있지만 절대 간과해서는 안 된다. 이러한 증상들이 나타날 때는 망설이지 말고 주치의나 산부인과 의사, 혹은 전문 상담사를 찾아 도움을 구해야 한다. 질병통제예방센터의 보고에 따르면 우울증은 40세에서 59세 사이의 여성들에게서 가장 빈번하게 발생한다고 한다. 이는 매우 시사적인 발견이다. 이 시기에야말로 여성들이 자녀 양육과 직장생활의 무게를 고스란히 짊어진 채, 폐경기 초기의 호르몬 변화까지 감당해야 하기 때문이다.

심리적인 요인들도 작용한다. 우리 여성들에겐 문제를 어떻게 해결할지보다는 무엇이 우리를 괴롭히는지를 계속 곱씹는 경향이 있다. 부정적인 생각들을 머릿속에서 끊임없이 반복한다는 의미인데, 이것이 우울증과 불안 증상을 키운다. 대화할 사람이 없을 때면 여성은 걱정거리를 이야기하려는 자연스러운 본능이 주는 이점을 잃게 되고, 이것이 반추를 지속시킨다.

 게다가 우리 여성들은 가족, 직장, 그리고 인간관계에서 오는 모든 감정의 짐을 혼자 떠안고 가는 경향이 있다. 특히 자녀들과 경력 문제에 있어서는 남성들과 전혀 다른 차원의 고민과 걱정을 안고 산다. 남성들은 이런 생각들을 쉽게 털어내거나 잠시 미뤄둘 수 있는 것처럼 보이지만, 우리에게는 그저 불가능한 일이다. 이런 상황에서 가장 중요한 것은 자신의 스트레스가 언제 번아웃으로 바뀌었는지를 정확히 알아차리고, 단순한 번아웃과 실제 우울증 및 불안장애를 명확히 구분하는 것이다. 번아웃을 겪는 엄마들이 모두 우울증이나 불안장애를 앓는 것은 아니지만, 많은 의사는 우리에게 쉽게 이런 진단을 내리곤 한다. 만약 정말로 우울증이나 불안장애를 겪고 있다면, 약물 치료가 감정 안정을 위한 유일한 방법일 수 있다. 하지만 번아웃은 다르다. 이는 약물로는 해결할 수 없으며, 결국 우리의 사고방식과 생활 습관을 근본적으로 변화시켜야만 극복할 수 있는 문제다.

전문가의 도움이 필요한 순간

엄마 번아웃 상태에 있는 이들은 마음을 나눌 수 있는 친구들과 다시 관계를 쌓고, 자신만의 시간을 가짐으로써 지친 마음의 균형을 되찾을 수 있다. 다만 주의해야 할 점은, 때로는 이런 번아웃이 전문적인 치료가 필요한 임상적 우울증이나 불안장애로 이어질 수 있다는 점이다.

일반적으로 의료진은 증상을 진단하고 약물을 처방한다. 하지만 약물 치료는 전체 치료 과정의 절반에 불과하다. 다행히 현대 의료계는 약물 치료와 더불어 심리 상담 및 기타 긍정적 활동들을 함께 권하는 등 전인적 치료 접근법을 적극적으로 실천하고 있다.

지금부터는 자신의 상태를 정확히 파악할 수 있도록 다양한 증상을 자세히 살펴볼 것이다. 아래의 내용을 읽어보면서 자신의 상태를 점검해보자. 그리고 걱정되는 증상이 있다면, 주저하지 말고 전문가의 도움을 받아야 한다. 건강한 육아는 엄마의 건강한 마음가짐에서 시작된다.

일시적인 스트레스일까? 우울증일까?
- 친구들과의 만남이나 평소 즐기던 활동을 떠올릴 때 너무 바빠서 못 한다고 생각하면서도 여전히 참여하고 싶은 마음이 있다면, **스트레스 상태**다.
- 예전에는 즐겁게 참석했던 모임을 계속해서 거절하고 카톡이나

문자에도 답장을 잘 하지 않게 된다면, **우울증**을 의심해볼 수 있다.
- 다이어트처럼 일상의 특정 문제로 좌절감을 느끼면서도 계속 도전하고 있나? 끈기 있게 노력하면 결국 해낼 수 있다는 믿음으로 여러 방법을 시도하고 있나? 그렇다면 **스트레스 상태**다.
- 목표 달성이 불가능하다고 느껴 더 이상 노력할 의지조차 사라졌나? '살을 빼고 싶지만 이제는 체중 따위 신경 쓰기도 싫다' 또는 '어차피 내 외모에는 아무도 관심 없다'라고 생각하거나 말하고 있나? 모든 목표를 포기해버렸나? **우울증**의 신호다.
- 잠들기가 어렵거나, 한밤중에 깨어나 특정 걱정거리가 머릿속을 맴돈다면, **스트레스 상태**다.
- 매일 몸이 축 처지고 피곤함을 느낀다면, **스트레스 상태**다.
- 잠을 제대로 못 자고 기운이 없는 것이 일상이 되어 그런 상태가 당연하다고 여기거나, '나는 원래 잠을 못 자는 체질이야'라고 말하면서 개운하게 하루를 시작했던 때가 언제인지 기억조차 나지 않는다면, **우울증**의 신호다.
- 수면 패턴이 깨지거나 활력이 떨어진 상태가 2주 이상 지속된다면, **우울증**을 의심해봐야 한다.
- 하루 종일 피곤이 가시질 않나? 매일 아침 이불 밖으로 나오는 게 등산하는 것처럼 힘든가? '하루 종일 푹 자고 싶다'는 생각이 자꾸 드나? 일하는 중에도 '퇴근하면 얼른 집에 가서 누워야지' 하는 생각뿐인가? 이런 증상들이 있다면 **우울증**을 의심해보자.

- 걱정되는 일들을 잠시 한쪽으로 미뤄둘 수 있나? 하루 중 몇 시간이라도 스트레스를 잊고 지금 하는 일에 즐겁게 집중할 수 있나? 그렇다면 **스트레스 상태**다.
- 팀 발표나 중요한 회의처럼 짜증이 나는 뚜렷한 원인을 찾을 수 있다면, **스트레스 상태**다.
- 작은 일에도 쉽게 화가 나고 주변 사람들에게 짜증을 부리며, 아이들이나 배우자를 대할 때도 참을성이 바닥나고, 모든 게 신경 쓰이는가? **우울증**을 의심해볼 수 있다.
- 가족이나 친구들이 당신의 기분이 상할까봐 말과 행동 하나하나 마치 지뢰밭을 걷듯 조심스럽게 대하고 있나? 역시 **우울증**을 의심해볼 필요가 있다.
- 일시적으로 식사량이 늘거나 줄어들어도 체중이나 옷 사이즈, 건강 상태가 크게 달라지지 않는다면, **스트레스 상태**다.
- 오랫동안 식사량이 일정하지 않아 체중이 눈에 띄게 변했다면, **우울증**일 수 있다.

우울증의 또 다른 신호들
- 매사에 자신을 탓하면서 스스로를 너무 몰아세워요.
- 불안한 마음을 달래려고 과하게 술을 마시거나 약물에 의존하면서, 가족들과 내 책임으로부터 도망치고만 싶어져요.
- 내 고민을 모르는 새로운 사람들을 찾아다니면서, 그들 앞에서는 전혀 다른 사람인 척하며 지내고 있어요.

- 집중력이 많이 떨어졌어요. 회의 시간에 이야기를 따라가기도 힘들고, 한 가지 일에 온전히 집중하는 것조차 어려워졌어요.
- 자주 머리가 아프고 속이 쓰려요. 때로는 이 세상에서 영원히 사라지고 싶다는 생각이 들어요. 잠시 여행 가서 쉬고 싶은 게 아니라 완전히 사라져버리고 싶은 거예요. 문득 '내가 없어진다면……' 하는 생각에 빠져서 우리 아이들은 누가 보살필지, 남편은 새 삶을 시작하게 될지 걱정하다가, 보험금이나 통장 정리까지 하고 있는 저를 발견할 때가 있어요.

평범한 걱정일까? 아니면 불안장애일까?
- 지난 6개월 동안 어떤 한 가지 일이 가끔 신경 쓰였다면, 일상적인 **걱정**이다.
- 지난 6개월 동안 일주일의 대부분을, 하루의 대부분을 어떤 생각이 떠나지 않고 맴돈다면, **불안장애**를 의심해봐야 한다.
- 승진 면접이나 이사처럼 당면한 한 가지 일만 신경 쓰인다면, 자연스러운 **고민**이다.
- 일, 가족, 건강, 재정 등 여러 문제가 한꺼번에 마음을 짓누른다면, **불안장애**일 가능성이 높다.
- 가끔 물건을 두고 다니거나 짜증이 난다면, 일상적인 **걱정** 수준이다.
- 불안한 마음과 함께 가만히 있질 못하고, 쉽게 피로를 느끼며, 일에 집중하기 어렵고, 사소한 일에도 예민해지고, 어깨나 목이 뭉

치고 아프며, 잠들기 힘들거나 잠을 설치고, 이런저런 생각이 꼬리에 꼬리를 물어 멈추질 않는 등의 증상 중 셋 이상이 나타난다면, **불안장애**를 의심해봐야 한다.
- 걱정되는 일이 있어도 평소처럼 밥 먹고 일하는 데 지장이 없다면, 자연스러운 **걱정**이다.
- 걱정 때문에 일상이 무너지고 마음의 고통이 크다면, **불안장애**일 수 있다.
- '이번 달 카드 값을 어떻게 갚지?'처럼 고민거리가 구체적이라면, 일상적인 **고민**이다.
- 왜 이렇게 마음이 불안한지 이유를 찾을 수 없거나, 아침에 눈을 떴을 때부터 막연한 걱정이 밀려오고, 때로는 느닷없이 가슴이 답답해진다면, **불안장애**일 가능성이 크다.

불안장애의 또 다른 신호들

- 우리 가족 중에도 불안 증세로 힘들어하신 분이 계셨어요.
- 아이가 많이 자랐는데도 마음이 놓이질 않아요. 아기 때는 밤마다 숨소리를 확인하러 달려갔는데, 이제는 집 안의 모든 모서리에 보호대를 붙이고, 서랍마다 잠금장치를 설치하느라 하루가 다 가요.
- 남편은 물론이고, 평소 만나는 친구들도, 아이 데리고 가는 소아과 원장님도, 제가 정기적으로 찾아뵙는 주치의 선생님까지 모두 한마디씩 하세요. '너무 예민하게 받아들이지 마세요' '마음을 좀

편하게 가져요' '그 정도는 걱정하지 않으셔도 돼요' '시간이 지나면 다 좋아질 거예요'라고요.

한 가지 더
불안과 우울은 서로 맞물려 동시에 발생할 때가 많으니, 두 가지 증상을 모두 경험할 수 있다.

세라의 눈빛이 갑자기 진지해지더니 의자에서 몸을 살며시 앞으로 기울였다. "여느 때처럼 평범한 화요일 저녁이었어요." 그녀가 차분히 숨을 고르며 이야기를 시작했다. "늘 하던 대로 나란히 앉아 일하고 있었죠. 봄기운이 완연해져서 그런지 집 안이 좀 후덥지근해지더라고요. 애슐리가 옷이 두꺼웠던지 겉옷을 벗고 물 한 모금을 마시는 중이었어요."

나는 조용히 그녀의 이야기를 경청했다.

"그런데 애슐리 팔에 상처 같은 게 보이더라고요. 저도 모르게 그게 뭐냐고 막 소리를 쳤어요." 세라가 말을 이었다. 애슐리는 고개를 푹 숙인 채 무릎만 바라보았다. "사실 그게 뭔지 대충 알고는 있었어요. 여성지에서 이런 기사들을 본 적도 있고, 엄마들 모임에서 친구들이 얘기하는 걸 들은 적도 있거든요. 근데 막상 우리 애한테서 이런 모습을 발견하니까…… 정말 가슴이 덜컥 내려앉더라고요." 세라는 그때의 기억을 떠올리며 가쁜 숨을 내쉬었다. "자해라니…… 겨우 중학생인데 어떻게 이럴 수 있죠?" 나는 묵묵히 애슐리를 바라보았다.

"그때가 처음이었니?" 애슐리는 마치 자신을 보호하려는 듯 카디건을 더 바싹 몸에 감았다.

"지금은 얼마나 자주 그러니?" 상담실 창문 밖으로 소방차가 요란한 사이렌을 울리며 지나갈 때 내가 조심스레 물었다.

애슐리는 사이렌에 묻히지 않으려는 듯 목소리를 살짝 높였다. "그렇게 자주 하지는 않아요. 정말 스트레스받을 때만 해요. 이러고 나면 마음이 좀 편해지거든요. 학교에서 다른 여자애들도 많이 해요. 유튜브에서 어떤 여자애가 하는 걸 보고 저도 따라해본 거예요."

세라의 입이 충격으로 벌어졌다. "유튜브는 대체 언제 본 거야?" 그녀는 눈을 크게 뜬 채 나를 바라보며 소리쳤다. "이래서 제가 컴퓨터를 절대 못 하게 했던 거라고요!"

"엄마, 내가 죽고 싶어서 그런 거 절대 아니야. 그냥…… 마음이 너무 답답하고 힘들 때가 있는데, 이러고 나면 좀 편해질 것 같아서 그랬다고." 애슐리는 도움을 구하듯 내게 시선을 돌렸다.

"이게 얼마나 심각한 문제인지 왜 모르는 거야?" 세라의 목소리가 점점 격앙되어갔다.

"선생님, 우리 엄마가 너무 오버하는 거 같아요. 아빠한테까지 다 말해버려서 이제는 아빠도 식사 때마다 제 소매만 뚫어져라 쳐다봐요. 그것도 모자라 학교에까지 연락했잖아요. 이제는 담임 선생님도 수업 시간에 절 계속 힐끔힐끔해요. 그리고 상담 선생님도 만나야 하는데, 저 말고 또 누가 이런 걸 같이 하는지 전부 알아보겠대요."

"지금 네가 느끼는 그 답답함이랑 속상한 마음, 선생님이 충분히 이해해. 선생님들이 다른 친구들을 찾으시는 것도 그 친구들도 너만큼 힘들어하고 있을 테니까, 너처럼 그 친구들도 도움을 받을 수 있게 해주고 싶으셔서 그러시는 걸 거야." 내가 부드럽게 말했다.

"엄마가 매일 아침저녁으로 제 팔이랑 다리를 뚫어져라 보시고…… 옷도 막 걷어보시고…… 화장실 가기 전에도 검사하시고…… 진짜 너무 싫어요……." 애슐리는 결국 참았던 울음을 터뜨렸다. "너무 창피하단 말이에요." 그녀는 붉어진 눈으로 옆자리의 엄마를 바라보았다. "엄마, 도대체 왜 날 하나도 못 믿는 거야?"

세라는 의자에 등을 기대며 단호하게 고개를 저었다.

내 앞에 앉은 엄마와 딸 모두 깊은 고통 속에 있는 것이 분명했다. 상담사로서 나는 다년간 뚜렷한 이름을 붙이기 어려운 특별한 증상들을 지켜봐왔다. 분명 우울증의 징후도 있었고, 불안 증상도 있었다. 하지만 이 모녀들의 심리적 상태는 기존의 상담 이론만으로는 온전히 설명하기 어려웠다. 마치 베티 프리던이 『여성의 신비』에서 지적했던 것처럼, 나는 이름조차 없는 정서적 고통을 마주하고 있었다. 이제야 나는 이것이 바로 엄마 번아웃이며 그들의 딸들이 엄마의 고통으로부터 직접적인 영향을 받고 있다는 사실을 깨닫게 되었다.

이러한 번아웃의 징후는 상담 현장에서 아주 분명하게 드러난다. 이 엄마들(때로는 아이들까지)은 일상적인 것들을 자꾸 잊어버린다고 호소한다. 한때 삶의 활력소였던 활동들에 대한 열정마저 사라진 뒤다. "예전엔 마라톤 뛰는 게 정말 좋았어요"라고 한 엄마가 말했다. "이제는 운동장 몇 바퀴 도는 것도 힘들고 의욕도 없어요." 어떤 엄마들은 매달 하는 독서 모임 책 한 권조차 읽기 벅차서 결국 서러움에 눈물을 쏟고 만다. 여성 친구끼리의 모임이나 남편과의 데이트에서는 잠시 웃음을 되찾기도 하지만, 집에 돌아오면 다시 생기를 잃어버린다. 끝없는 체력적·정서적 소진이 그들의 삶을 옭아매고 있는 것이다. "이 상황에서 벗어날 길이 보이질 않아요"라며 그들은 무력한 목소리로 말한다. "청구서는 끊임없이 밀려들 테고, 삶이 더 편해질 리도 없잖아요. 오히려 아이들이 자랄수록 모든 게 더 힘들어지기만 하네요."

"우리 아이에게 최고의 것만 주고 싶어요." "우리 아이가 행복했으면 좋겠어요." 번아웃된 엄마들의 입에서 늘 듣는 두 마디는 얼핏 보면 가장 순수한 부모의 마음 같다. 하지만 아이를 진정으로 행복하게 키우기 위해서는 이보다 더 깊은 이해가 필요하다. 아이들은 삶의 어려움을 이겨내는 법을 배워야 한다. 자신의 한계와 선이 어디까지인지 알아야 하고, '안 돼'라는 말도 분명히 받아들여야 한다. 부모가 모든 걸 대신 해결해주며 삶을 편하게 만들어주는 것이 아니라, 아이들이 자신의 도전을 스스로 극복해내도록 옆에서 올바른 길을 제시해주어야 한다.

하지만 요즘은 이런 자연스러운 성장의 기회가 점점 사라지고 있다. 대신 엄마들이 아이들의 삶에 지나치게 깊이 관여하고 있다. 이혼 소식을 아이들에게 전하기도 전에 먼저 아이들의 상담 일정부터 잡으려 내게 연락해온다. 이런 엄마들에게 나는 우선 아이들의 반응을 지켜보라고 조언한다. 부모의 이혼을 겪는다고 모든 아이가 상담을 필요로 하는 것은 아니기 때문이다. 또 어떤 엄마들은 아이에게 친구가 없는 걸 안타까워하며 연락한다. 그런데 정작 본인의 친구관계를 물어보면 시간이 없어서 연락도 못 한다고 한다. 유아기 아이가 너무 산만하고 집중을 못 한다며 걱정하는 엄마들도 있다. 하지만 아이의 발달 단계에 대해 차분히 대화를 나누다보면, 자신들이 아이에게 너무 비현실적인 기대를 품고 있었다는 것을 스스로 깨닫는다.

최근에는 이런 일도 있었다. 세 살배기 아이를 둔 엄마가 찾아왔는데, 아이가 유아원에서 학습지를 제대로 완성하지 못한다며 몹시 불안해했다. 그 문제란, 아이가 답을 표시할 때 선생님이 요구한 동그라미 대신 네모를 그렸다는 것이다. 처음 상담실을 찾아왔을 때 이 엄마는 이것이 아이의 심각한 문제를 나타내는 신호라고 확신하고 있었다. 예약 전화를 걸 때는 울먹이는 목소리로 깊은 걱정을 토로했다. 실제로 만나 대화하고서야 그녀는 딸아이가 그저 세 살다운 자연스러운 모습을 보여준 것뿐이라는 사실을 깨달았다.

요즘 헌신적인 엄마들을 보면 아이의 문제가 실제로 드러나기도 전에 미리 찾아내 해결하려 애쓰는 모습이 눈에 띈다. 하지만 '내 아이를 위해서라면 뭐든 할 수 있어'라며 끊임없이 애쓰다 결국 스스로 지치는 엄마들의 모습 뒤에서, 정작 아이들은 어떤 상황에 놓이는 걸까? 이 책의 사례들이 보여주듯 아이들은 늘 '잠깐만 기다려'라는 말을 듣다보니 자신이 엄마 삶에서 우선순위가 아니라고 느낀다. 약속 시간에 늦거나, 중요한 것들을 잊어버리거나, 때론 감정에 복받쳐 눈물을 보이는 엄마의 모습에 아이들도 불안해진다. 이런 상황이 계속되다보니 오히려 엄마를 돌봐야 한다는 부담을 느낀다. 그러면서 스트레스를 건강하지 못한 방식으로 해소하는 법을 배운다. 어떤 아이는 폭식이나 거식을 하고, 다른 이들에게 날카롭게 반응하거나 소셜미디어의 허상을 좇으며 시간을 낭비한다. 엄마 자신이 가지지 못한 것은 아이들에게도 줄 수 없다. 엄마들이 먼저 효과적인 스트레스 관리법을 익혀야만, 그런 건강한 대처 방법을 아이들에게도 가르칠 수 있다.

최근 나는 엄마의 빽빽한 일정을 고스란히 물려받아 번아웃된 아이들을 자주 본다. 이 아이들은 누군가와 소통하기 위해서든, 현실과의 단절을 위해서든, 아니면 그저 마음의 안정을 찾기 위해서든 스크린 속으로 도피한다. 자유롭게 뛰어놀며 마음껏 어질러도 되는 놀이야말로 가장 자연스러운 스트레스 해소법인데, 요즘 엄마들이 이런 놀이의 가치를 알아보지 못하니 아이들은 이마저 잃어가고 있다. "그런 놀이로는 자극이 부족해요"라며 엄마들은 방과 후에 수학 캠프를 채우고, 거기에 펜싱 수업까지 더한다. 그것도 하루 오후에 전부! 나는 내담자들에게 늘 강조한다. 아이를 위해 최고가 되려 하거나, 최고를 해주거나, 최고를 사주려 애쓰지 않아도 된다고. 그저 지금 이 순간 아이와 함께 있어주는 것만으로도 충분하다. 당신이야말로 아이에게 필요한 전부다. 당신이면 충분하다.

우리 아이도 번아웃일까?

딸이 보내는 번아웃 신호
- 요즘 들어 학교 가기를 유난히 싫어해요.
- 아침마다 일어나기 힘들어해요.
- 숙제만 꺼내면 눈물이 그렁그렁해져요.
- '나 이거 진짜 못 하겠어' '아무리 봐도 모르겠어'라고 해요.

- 사소한 일에도 마음이 쉽게 다치고 자신감이 없어 보여요.
- 경쟁하는 상황이 생기면 도전하기보다 포기부터 해요.
- 실수할까봐 겁이 나서 새로운 시도를 피해요.
- 쉬는 시간에도 마음 편히 못 쉬고 불안해해요.
- 과자랑 단 음식을 몰래 숨어서 먹어요.
- 밤늦도록 공부한다며 책상에 앉아 있거나 휴대폰만 들여다보고 있어요.
- 하루에도 수시로 "머리 아파" "배 아파" 해요.
- 성적이 눈에 띄게 떨어져서 본인도 많이 힘들어해요.
- 밤마다 이불 속에서 뒤척이다가 한참 뒤에야 잠들어요.
- 평소 잘 먹던 반찬도 젓가락만 대보다가 말아요.
- 전에 없이 감정 기복이 심해지고, 사소한 일에도 눈물을 보이거나 짜증을 내요.
- 친했던 친구들과도 슬며시 거리를 둬요(여학생들의 우정을 이야기할 때면 흔히 '오버스럽다'는 표현이 따라붙는다. 하지만 이는 여학생들이 또래관계에서 경험하는 심리적 부담과 스트레스를 단순히 과장된 이야기로 치부해버리는 것으로, 결코 사용해서는 안 될 표현이다).

아들이 보내는 번아웃 신호

- '학교에 가도 재미도 없고 의미도 없어요'라며 매일 아침 투덜거려요.
- 좋아하는 팀이 경기에서 지면 평소와 달리 폭발적으로 화를 내요.

- 스트레스를 받을 때마다 게임이나 유튜브 세상으로 숨어드는 것 같아요.
- 새로운 도전에는 한 발짝도 내딛지 않으려고 해요.
- 위험한 행동을 일부러 저지르며 자기 자신을 시험해보는 것 같아요.
- 과자랑 단 음식을 몰래 숨어서 먹어요.
- 밤늦도록 공부한다며 책상에 앉아 있거나 휴대폰만 들여다보고 있어요.
- 하루에도 수시로 "머리 아파" "배 아파" 해요.
- 성적이 눈에 띄게 떨어져서 본인도 많이 힘들어해요.
- 밤마다 이불 속에서 뒤척이다가 한참 뒤에야 잠들어요.
- 평소 잘 먹던 반찬도 젓가락만 대보다가 말아요.
- 전에 없이 감정 기복이 심해지고, 사소한 일에도 눈물을 보이거나 짜증을 내요.
- 친구들 무리에서 혼자만 동떨어진 것 같다며 불안해하고 외로워해요.
- 해야 할 일이 쌓여 있는데도 어디서부터 손을 대야 할지 몰라 우왕좌왕해요.

애슐리가 자해를 한다는 사실이 밝혀진 후, 나는 세라와 따로 이야기를 나누자고 했다. 상담실 문을 열고 들어선 세라의 눈에는 이미 눈물이 고여 있었다.

"세라 씨, 애슐리가 엄마를 얼마나 믿고 따르는지 아세요?" 나는 부드럽게 말문을 열었다. "지금 이 순간에도 세라 씨는 애슐리의 모든 행동과 생각에 가장 큰 영향을 주고 계시는 분일 거예요. 그런데 혹시…… 애슐리가 엄마의 불안해하는 모습을 그대로 닮아가고 있다는 걸 눈치채셨나요?" 잠시 숨을 고르며 세라의 표정을 살폈다. "열두 살 딸아이의 속앓이나, 서른여덟 엄마의 속앓이나…… 겉으로 드러나는 모습만 다를 뿐, 결국은 같은 아픔이에요."

"그러니까 애슐리가 자해하는 건 전부 제 잘못이란 말씀인가요?" 세라의 목소리가 떨렸다.

"제가 말씀드리고 싶은 건, 애슐리가 힘든 감정을 마주할 때마다 그걸 해결하는 방법을 건강하지 않은 방식으로 배워왔다는 거예요. 지금 애슐리는 스스로를 너무 심하게 다그치고 있어요. 게다가 코치님, 선생님들, 그리고…… 죄송하지만 부모님께서 주시는 기대감까지 더해져서 아이가 많이 지쳐 있어요. 모두 애슐리의 장래를 걱정하는 마음에서 그러시는 걸 알아요. 하지만 이런 모든 압박감이 결국 그 아이를 '무조건 성공해야만 한다'는 극단적인 생각으로 몰아가는 것 같아요. 그리고 지금 우리가 보다시피…… 그 부작용이 이제는 애슐리의 건강을 위협할 만큼 심각해진 것 같고요." 나는 잠시 숨을 고르며 말을 멈추었다.

자해는 내 상담실에서 가장 자주 마주치는 문제 중 하나다. 2012년 『아동청소년 정신의학 및 정신 건강』 지의 연구는 충격적인 현실을 보여주었다. 자해를 포함한 비자살적 자해 행위가 아동청소년기에서 무려 7.5퍼센트에서 23퍼센트까지 나타난다는 것이다. 더 우려되는 점은 이제 자해가 청소년들 사이에서 감정을 표현하는 하나의 방식처럼 받아들여지고 있다는 사실이다. 이런 현상이 점점 더 어린 나이에서 발견되고 있는데, 실제로 나는 열 살 아이들의 자해 사례도 목격했다. 자해는 우울증, 불안장애, 섭식장애와 같은 다른 증상들과 맞물려 나타나곤 하며, 이는 자해가 감정을 다스리지 못할 때 선택하게 되는 극단적인 대처 방식임을 보여준다.

"애슐리는 세라 씨가 힘든 감정을 다루는 방식을 그대로 배워가고 있어요. 세라 씨는 마음이 힘들 때면 차 몰고 나가거나, 일에 파묻히거나, 술을 드시고⋯⋯ 밤에는 수면제의 도움을 받으시잖아요. 그런데 애슐리는 이런 방법들을 하나도 쓸 수 없는 어린아이잖아요, 그러다보니 결국 자해만이 유일한 탈출구가 되어버린 것 같아요."

세라는 말없이 고개를 끄덕였다.

"안타깝게도 이런 모습은⋯⋯ 나중에 애슐리가 엄마가 되었을 때 그 아이들에게도 그대로 이어질 수 있어요. 외할머님의 모습이 세라 씨에게 영향을 주셨던 것처럼요. 하지만 지금이라도 세라 씨가 마음의 짐을 다루는 방식을 조금씩 바꿔나간다면 애슐리도 분명 더 건강한 길을 찾아갈 수 있을 거예요."

"그럼 이제 어떻게 해야 할까요?"

"지금 세라 씨와 애슐리 모두 만성적인 스트레스 상태에 놓여 있어요. 우선 두 사람이 스스로에게 얼마나 높은 기준을 세우고 있는지 찬찬히 살펴보고, 그걸 좀더 감당할 만한 수준으로 조정하면서 이 부담을 덜어내야 할 것 같아요. 특히 애슐리는 '반드시 최고가 되어야만 해'라는 생각에 너무 사로잡혀 있죠. 이런 생각이 실제로는 애슐리에게 어떤 영향을 미치는지, 이보다 더 유연한 생각은 어떤 것이 있을지 함께 찾아보면 좋겠어요. 세라 씨께서도 오랫동안 마음속에 품어왔던 어떤 신념이 있을 텐데…… 그것들을 하나씩 내려놓을 때 애슐리도 더 편안한 마음을 가질 수 있을 거예요."

세라는 깊이 이해했다는 듯 고개를 끄덕였다.

"가족이 소중하고, 친구들과의 인연이 소중하고, 아이들의 건강한 성장을 바라신다면, 그런 가치관에 맞게 행동하는 모습을 보여주셔야 해요." 나는 잠시 말을 고르며 계속했다. "가장 먼저 해볼 수 있는 일은 주변 분들께 기대어보는 거예요. 친구분들과 편하게 통화도 하시고, 시간 내서 차라도 한잔하면서 속마음을 나눠보세요. 남편분이 손 내밀어주실 때도 마다하지 마시고요. 그동안 애써 지켜온 완벽한 엄마, 완벽한 아내의 모습은 잠시 접어두셔도 괜찮아요. 가끔은 힘들다고, 지친다고 솔직하게 말씀하셔도 돼요. 그리고 바쁘다는 핑계로 스스로를 더 외롭게 만들지는 마세요." 나는 다시 한번 깊이 숨을 들이쉬었다. "너무 조급해하지 마세요. 이것저것 한꺼번에 하시려는 마음도 내려놓으시고요. 휴대폰이나 컴퓨터에서 잠시라도 눈을 떼고, 그냥 가만히 있는 시간을 가져보세요. 밤마다 두 시간씩 집안일로 마음을 달래시다가 결국 수면제에 의지하게 되는 그런 습관들도 이제는 조금씩 놓아주세요. 완벽한 엄마가 되려 애쓰기보다는…… 지금 이 순간 애슐리에게 정말 필요한 엄마가 돼주세요. 그리고 때로는 삶이 완벽하지 않아도 괜찮다는 걸 스스로에게 말해주세요. 그래도 괜찮아요."

세라와 대화를 나누다보니 지난주에 있었던 내 딸과의 순간이 떠올랐다. 온라인에서 깔끔하고 단단한 쪽머리를 만드는 방법을 담은 영상을 봤는데, 다음 날 딸의 체조 대회를 위해 그대로 따라해보니 놀랍게도 완벽하게 성공했다. 정말 흠잡을 데 없는 머리 모양이었다.

내가 혼자 뿌듯해하고 있을 때, 딸이 말했다.

"우와, 엄마가 진짜 해냈네. 완전 잘됐어."

"너 엄마가 아무것도 제대로 못 할 거라고 생각한 거지?" 나는 딸의 옆구리를 살짝 꼬집으며 웃었다.

"글쎄…… 좀 그랬나봐." 딸도 함께 웃었다.

나는 딸의 이런 대답이 정말 행복했다. 딸은 내가 자신을 얼마나 사랑하는지 알고 있었다. 그리고 엄마도 실수를 저지른다는 것을 잘 알고 있었다. 그것도 아주 많이. 지난번 딸의 생일파티 때 피자 주문을 깜빡했던 것처럼 말이다.

상담사이자 한 아이의 엄마로서 나를 이끌어주는 중요한 것은 내가 아이들에게 어떤 유산을 남기고 싶은지를 떠올리는 일이다. 내가 아이들에게 물려주고 싶은 가르침 중 하나는 실수도 삶의 한 부분임을 알려주는 것이다. 그리고 어떤 일에 실패하더라도 다시 도전하면 된다는 것, 실수를 통해 배움을 얻으면 된다는 것, 대부분의 실수는 웃으면서 넘길 수 있다는 것을 보여주는 것이다.

나는 의자에 바싹 몸을 기울이고, 세라가 내 말의 의미를 충분히 되새길 수 있도록 잠시 시간을 주었다.

"아이들이 세라 씨를 어떤 엄마로 기억하길 바라시나요?" 내가 조용히 물었다. "먼 훗날 세라 씨가 세상을 떠난 뒤에, 아이들이 세라 씨를 어떤 엄마였다고 이야기하길 원하시나요?"

세라의 눈빛이 조금씩 밝아지기 시작했다.

"세라 씨의 삶이 아이들에게 물려줄 유산은 뭔가요?"

엄마 번아웃 극복을 위한 생존 가이드
: 우리 가족의 행복한 미래 그리기

이제는 마음의 여유를 찾아보자. 매일매일의 스케줄에 얽매이지 말고 차근차근 할 일을 정리하며 가족과 함께하는 소소한 행복을 먼저 생각하자. 억지로 참석해야 하는 자리는 없다. 진심으로 함께하고 싶은 자리만 선택하는 것도 좋다.

잠시 일상을 멈추고 소소한 행복을 찾아보자. 나를 위한 고요한 시간, 가족과의 시간이 우리에게는 꼭 필요하다. 휴대폰과 TV는 잠시 내려두고, 서로의 눈을 마주 보며 이야기하는 시간을 가져보자. 저녁 식탁에 둘러앉아 오늘 하루를 나누다보면 그새 마음이 따뜻해진다. 주말이면 다 함께 모여 영화 한 편 보는 것도 좋다. 사계절의 아름다움을 누리는 일도 잊지 말자. 가을에는 알알이 붉게 익은 사과를 따며 수확의 기쁨을 누리고, 겨울이면 하얀 얼음판 위에서 웃음소리가 퍼진다. 봄날의 꽃향기 가득한 정원을 거닐다보면 마음이 절로 부풀어 오르고, 무더운 여름날에는 시원한 물가에서 더위를 식히며 즐거운 시간을 보낼 수 있다. 나 혼자만의 시간도 소중하다. 고요한 산책으로 마음을 달래고, 달콤한 낮잠으로 피로를 풀어주자. 좋아하는 음악을 들으며 감성을 채우고, 때로는 일기장에 마음을 툭툭 털어놓는 것도 좋다. 이렇게 나와 가족을 위한 시간을 조금씩 쌓다보면 일상이 더욱 풍요로워질 것이다.

마음껏 웃어보자. 웃음은 건강에 좋다. 특히 다른 사람과 함께할 때 그렇다. 온 가족이 모여 재미난 영상을 보며 웃고, 재치 있는 이야기에 서로의 어깨를 두드리다보면 저절로 마음이 훈훈해진다. 가끔은 웃음이 가득한 공연장을 찾아 즐거운 시간을 보내는 것도 좋다.

동네에 따뜻한 마음을 나누자. 나눔은 베푸는 이의 마음까지 행복으로 가득 채운다. 동네 푸드뱅크에서 반찬 하나라도 더 나누고, 아픈 아이들에게 장난감으로 웃음꽃을 피워주면 그 기쁨이 곱절이 되어 돌아온다. 건강도 지키고 세상도 밝히는 마라톤 대회에 참가하다 보면, 작은 걸음 하나가 모여 세상을 바꾸는 큰 힘이 된다는 걸 느낄 수 있다.

일과 가정 사이에 지혜로운 경계를 그리자. 회사에서는 업무에 충실하고, 집에서는 가족과의 시간을 마음 편히 누리는 것이 좋다. 불가피하게 두 영역이 겹칠 때면, 시간을 똑똑하게 나누어 쓰는 지혜가 필요하다. 주말이라면 하루 90분만 일에 할애하고 나머지는 온전히 가족을 위해 비워두자. 평일 근무 중에도 잠깐의 틈을 내어 아이들 학원 등록이나 가족 병원 예약 같은 일을 챙길 수 있다. 이런 작은 균형들이 모여 일과 가정 모두 행복해지는 비결이 된다.

한 번에 한 가지 일에만 집중하자. 이것저것 손에 쥐다보면 결국 모두 놓치기 쉽다. 장보기 전에는 잠시라도 쿠폰을 정리하는 여유를 가지자. 그러면 매장에서는 오롯이 장바구니를 채우는 즐거움에 빠질 수 있다. 일할 때는 휴대폰을 조용히 쉬게 하는 것이 현명하다. 쉴 새 없이 울리는 알림음을 잠재우면, 고요 속에서 일에 대한 영감이 피어난다. 이렇게 한 가지에만 마음을 쏟다보면 머리는 더 맑아지고 일의 결실도 더 달콤해진다.

내 마음부터 단단히 지키자. 흔들리는 배에서는 내가 먼저 중심을 잡아야 가족도 지킬 수 있다. 하루 여덟 시간의 포근한 잠으로 피로를 덜어내고, 바쁜 일상 속에서도 찰나의 여유를 찾아 고요히 나만의 시간을 가져보는 것이 좋다. 마음이 복잡할 때면 깊은숨을 천천히 들이마시며 잠시 멈춰 서는 것도 필요하다. 꾸준한 운동으로 건강을 다스리면 일상의 활력도 절로 살아난다. 부모의 마음이 흔들리면 아이들의 마음도 함께 출렁이는 법이니, 나를 위한 시간만큼은 아끼지 말자.

'바빠서'라는 말은 이제 그만하자. 바쁨은 핑계가 아니라 내 삶을 더 풍요롭게 가꿔줄 선택의 기회다. 하루하루가 소중한 선물이니, 그 시간들을 내 삶에 잘 담아내는 지혜가 필요하다. 마음이 가지 않는 자리는 정중히 사양하고, 나와 가족에게 웃음꽃이 피는 순간들만 골라 누리면 된다. 매주 달력을 펼쳐놓고 나만의 여유를 만드는 시간을 하나씩 동그라미 쳐보자. 단 한 시간이어도 좋다. 반짝이는 손톱으로 일상에 작은 즐거움을 더하거나, 새소리 들리는 숲길을 홀로 거닐며 마음을 달래는 것도 삶의 멋이다. 나를 돌보는 일만큼은 결코 미루지 말자.

우리 일상에 작은 여백을 남겨두자. 꽉 찬 일정 사이사이에 조금의 지루함을 허락하면, 그 속에서 예기치 못한 즐거움이 피어난다. 특별할 것 없는 시간이 쌓이다보면 문득 크레파스로 그림도 그리고,

달달한 빵 냄새로 집 안을 가득 채우고 싶어진다. 때론 엉뚱한 상상이 새로운 놀이가 되어 온 가족을 웃음바다로 만들기도 한다. 이렇게 아무 계획 없이 흘러가는 시간이야말로 우리 모두의 마음을 살찌워준다.

보너스 가이드

+

우리 가족만의 소중한 전통 만들기

대대로 이어갈 우리 가족의 가치를 함께 그려보자. 저녁 밥상을 마주하며 우리 가족이 소중히 여기는 것들에 대해 이야기를 나누는 것이 좋다. 앞으로 어떤 집안으로 기억되고 싶은지, 그리고 그 꿈을 이루기 위해 오늘부터 어떤 작은 실천을 할 수 있을지 함께 고민해보자.

결론
새로운 시대의 엄마생활

엄마 번아웃은 어제오늘의 이야기가 아니다. 세대를 거듭하며 수많은 이가 이런 번아웃을 겪어왔다. 우리는 수십 년간 지치고 정신없는 엄마들의 모습을 웃어넘겼다. 만화부터 시트콤, 블로그, 인터넷 밈, 영화에 이르기까지 온갖 매체들이 육아의 고단함을 웃음거리로 만들어 여성들끼리 공감대를 형성하게 했다. 하지만 소셜미디어가 일상이 되고 피로와 스트레스에 관한 연구가 깊어지며 정신 건강에 대한 인식이 확대된 지금, 번아웃은 더 이상 웃음으로만 넘길 수 없는 현실이 되었다. 대중문화가 비추는 현실의 단면들이 우리 상황을 대변해준다고 해도 문제는 점점 더 심각해지고 있다. 이제는 실질적인 변화가 필요한 때다. 잠시의 웃음이 주는 위안도 좋지만 정작 엄마들에게 필요한 건 이 힘든 상황을 극복하고 더 나은 삶을 살아갈 수 있는 구체적인 해결책이다. 엄마 번아웃을 막는 일은 단순히 개인의 문제가 아니다. 엄마 자신은 물론 배우자와 아이들, 그리고 현재와 미래의 모든 가정의 행복을 위해서라도 반드시 해결해야 할 과제다.

다행히 희망은 있다. 우리가 할 수 있는 일이 있다. 지금 우리가 겪는 외로움과 벅찬 마음, 어머니와 할머니 때부터 이어져온 이 답답함을 이제는 끝낼 수 있다. 엄마 번아웃을 해결하는 길은 약물 치료나 상담 치료가 아니다(물론 상황에 따라 전문적인 치료가 도움이 될 수도 있다). 진짜 답은 우리에게 있다. 우리 엄마들이 서로를 향해 마음을 모아야 한다. 모든 엄마가 아이를 사랑하고, 가족의 행복을 바란다는 걸 이해하고 공감해야 한다. 우리는 각자의 방식대로 모두 힘겨움을 겪고 있다. 대부분 그 고통을 혼자만의 침묵 속에 묻어둔 채로. 이제 이 모든 것을 바꿀 때다. 서로에게 마음을 열고 진심을 나눠보자!

독서 모임이나 친구들과의 와인 한잔에 죄책감을 느낄 필요는 없다. 엄마 친구들과 함께 모여 온전히 우리만을 위한 번아웃 해소 시간을 만들어보는 건 어떨까. 매월 정기적으로 엄마들의 소통 광장을 열어 엄마로서 겪는 고민들을 나누고, 직장 동료들과는 좀더 자유로운 근무 방식을 논의해보자. 우리 모임의 엄마들과 함께 소셜미디어에 올리는 게시물들에 대해서도 약속이 필요하다. 서로를 더 이해하고 배려하는 마음으로 접근하는 것이다. '엄마도 쉬고 싶다!'라거나 '엄마들아 모여라!'와 같은 문구의 티셔츠도 좋은 시작이 될 수 있다. 아이들이 갑자기 울음을 터뜨리거나 밤 10시가 되어서야 마주하는 산더미 같은 설거지와 같은 현실 육아 모습도 공유해보자. '#엄마번아 웃순간' '#바쁨은자랑이아니다' '#엄마번아웃극복운동' '#우리마을만들기_엄마번아웃' 같은 해시태그로 말이다. 때론 우리를 위축되게 만드는 기술과 소셜미디어를 도구로 삼아보자. 엄마들의 공동체를 만드는 데 활용할 수 있다. 우리가 하나로 뭉친다면, 진정한 변화도 가능할 것이다.

주변의 엄마들에게 연락해서 그들의 이야기를 들어보자. 나 역시 다른 이들에게 도움을 청해야 할 때가 있다. 이 책에서 배운 것처럼 그것은 전혀 부끄러운 일이 아니다. 친구들이 여자들의 밤에 초대했을 때는 아무리 피곤해도 마지막 힘을 내서 참석해보자. 장담하건대 집으로 돌아올 때는 나갈 때보다 훨씬 더 활력이 넘칠 것이다. 그리고 자신만의 시간을 꼭 가져보자. 매일 한 시간이라도 완전히 '디지털 프리' 시간을 가지거나, 오랜 친구와 마음을 나누거나, 아이들과 온전히 함께하는 시간을 보내보자. 이 모든 순간이 우리에게 특별한 활력이 될 테니까.

다년간 엄마들의 번아웃을 다루면서 나는 한 가지 확실한 사실을 알게 되었다. 이 고통은 반드시 나아질 수 있고, 완전히 극복할 수 있다는 것이다.

'#엄마생활'은 당신에게도, 그리고 모든 이에게도 진정한 행복이 될 수 있다.

감사의 글

한 권의 책을 세상에 내놓겠다는 꿈을 이루는 여정에서 수많은 분의 따뜻한 손길이 함께했다. 이 모든 은인께 일일이 감사의 마음을 전하고 싶지만, 그저 부족한 마음뿐이다.

이 책의 공동 저자 에밀리 클라인은 나의 든든한 동반자였다. 우리가 만나 함께 일하게 된 건 마치 운명과도 같은 일이었다. 당신은 이 책의 모든 페이지에 생명력을 불어넣어주었다. 당신은 내가 만난 누구보다 놀라운 재능을 지닌 사람이며, 지켜볼 때면 늘 경이로운 마음이 들었다. 이 특별한 여정에서 당신의 날카로운 통찰력과 강인한 의지, 그리고 놀라운 회복력을 지켜보며 함께한 것은 큰 축복이었다. 한결같은 헌신에 깊은 감사를 드린다.

파운드리 리터러리 앤 미디어의 에이전트인 이팟 라이스 젠델은 내 글 속에 담긴 가능성을 발견해주었고, 그 믿음에 깊은 감사를 느낀다. 완성도가 부족했던 내 제안서를 받아들고도 당신은 거절하거나 '아직 부족하다'는 말 대신 승낙을 해주었다. 이 여정의 모든 순간 내 곁에서 함께해주었고, 나를 믿고 기회를 주었으며, 내가 전하고자 했던 이야기의 핵심이 엄마 번아웃이라는 것을 명확히 짚어주었다. 당신과 계약을 맺던 그날 나는 이 책이 반드시 현실이 될 것이라 확신했고, 그 모든 과정에 대해 깊은 감사를 드린다.

편집자 캐리 손턴은 이 프로젝트의 가치를 한눈에 알아보았다. 하나의 아이디어를 믿고 기꺼이 선택해주었으며, 나에게 창작의 자유와 무한한 지지, 그리고 어떤 말로도 표현할 수 없을 만큼 따뜻한 격려를 보내주었다. 당신의 선명한 비전과 한결같은 헌신, 그리고 뜨거운 열정에 깊은 감사를 드린다. 당신은 모든 순간 한없는 배려로 나를 대해주었고, 나는 매일 아침 당신과 함께 일할 수 있다는 것이 축복임을 되새긴다.

나의 책 코치인 멜라니 고먼은 이 책의 첫 제안서부터 마지막 마침표를 찍기까지 한결같이 함께해주었다. 때로는 코치로, 때로는 멘토로 나를 이끌어준 당신은 내 인생에서 만난 가장 지혜로운 스승이었다. 내가 건네준 모든 글을 더 빛나게 만들어주신 것에 깊이 감사드린다. 내가 전하고자 했던 이야기를 명확하게 다듬어주는 재능 덕분에, 나는 수없이 많은 순간 새로운 용기를 얻어 한 걸음 더 나아갈 수 있었다. 많은 이가 자신의 꿈을 이룰 수 있도록 힘이 되어주는 당신의 사명에 깊은 존경과 감사를 전한다.

데이 스트리트의 소중한 동반자들, 린 그레이디, 리아테 스테흘릭, 숀 뉴콧, 켈리 루돌프, 케이틀린 케네디, 벤 스타인버그, 켈 윌슨, 이마니 게리, 그리고 진 레이나까지. 이 책이 온전한 모습으로 세상에 나올 수 있도록 보이지 않는 곳에서 묵묵히 힘써주신 모든 분께 진심 어린 감사를 드린다.

파운드리의 제시카 펠먼, 사라 드노브레가, 커스틴 뉴하우스, 리치 컨, 콜레트 그레코, 하이디 골, 몰리 젠델, 그리고 스메릴로 어소시에이츠의 디어드레 스메릴로, 헤일리 버딧, 멜리사 무어헤드까지. 한 권의 책이 독자들과 만나기까지 이토록 많은 분의 정성 어린 손길이 필요하다는 것을 이번 기회를 통해 깊이 깨달았다. 이 여정을 함께 만들어주신 모든 분께 마음 깊은 감사를 드린다.

나의 소중한 친구이자 든든한 법률 자문인 데이비드 래트너. 이 책을 비롯한 수많은 프로젝트에서 현명한 조언으로 늘 내 곁을 지켜준 당신에게 진심 어린 감사를 드린다.

기업가 조직EO에서의 포럼 경험은 내 시야를 넓혀주었고 새로운 기회의 문을 열어주었다. 함께했던 모든 배우자 포럼 동료에게 감사드린다. 여러분은 늘 나를 믿어주었고 내 이야기에 진심으로 귀 기울여주었다. 특별히 콜린 콜라드에게, 당신은 그때 내가 미처 알아채지 못했던 나의 가능성을 한결같이 믿어주었다. 그 믿음은 지금까지 나의 든든한 버팀목이 되고 있다. EO에서의 오랜 시간 끝에 훌륭한 어머니이자 리더인 로라 러브가 그녀의 친구, 세계적 베스트셀러 작가 리베카 로젠을 소개해주었고, 리베카는 다시 그녀의 에이전트 이팟을 소개해주었다. 아직 리베카를 직접 만나지는 못했지만 언젠가 만나게 되면 꼭 따뜻한 포옹으로 감사를 전하고 싶다. 로라와 리베카는 여성이 여성의 성장을 돕는 아름다운 본보기가 되어주었고, 나는 두 분께 영원한 감사의 마음을 간직하고 있다.

30년이 넘는 세월을 함께한 친구들을 비롯한 나의 모든 친구들이 이 긴 여정에서 크나큰 위안이 되어주었다. "책은 어떻게 돼가고 있어?"라는 관심의 말을 수없이 건네받으며 힘을 얻었다. 특히 커스틴, 앨리슨, 로라, 당신들은 오랜 시간 내 육아 이야기에 진심으로 귀 기울여주었고, 엄마로서의 여정에 대한 이야기도 나누어주었다. 당신들이 없었다면 나는 이 길을 걸어올 수 없었을 것이다. 진심으로 사랑하고 감사하다. 그리고 콜로라도에서 각자의 방식으로 응원을 보내준 친구들, 당신들 모두가 이 책의 탄생에 함께해주었음에 마음 깊이 감사드린다.

내 소중한 내담자들에게 이 책을 바친다. 당신들이 있었기에 이 모든 이야기를 진심을 다해 기록할 수 있었다. 당신 한 분 한 분이 나를 더 나은 상담사로, 더 깨어 있는 사람으로, 더 깊이 있는 어머니로 성장하게 해주었다. 다른 여성들에게 희망이 되고자 당신들의 가장 솔직한 모습을 보여준 그 용기 앞에 나는 한없이 겸손해진다. 스스로는 미처 알지 못하겠지만, 당신들은 늘 내가 도달할 수 있는 것보다 더 현명하고, 더 용감하며, 더 진실된 모습을 보여주었다.

나는 무엇이든 할 수 있고 누구든 될 수 있으며 어디든 갈 수 있다고 늘 말씀해주신 어머니. 내 꿈을 한없이 펼칠 수 있게 해주신 그 믿음에 깊은 감사를 드린다. 그리고 아메리칸 드림을 몸소 실현하시며 삶의 이정표가 되어주신 미마와 파파 할머니 할아버지. 파파가 지금 이 자리에 계셨다면 얼마나 좋았을까. 이 순간을 보시면 분명 자랑스러워하셨을 것이다.

남편 스티브, 당신은 내게 엄마가 되는 가장 귀한 선물을 주었고, 그것은 내 인생에서 가장 큰 축복이 되었다. 당신은 언제나 나의 가장 든든한 지지자였다. 당신이 없었다면 이 여정은 결코 지금과 같지 않았을 것이다. 나보다 더 크게 꿈꿔주고, 내가 나의 일을 이어갈 수 있도록 우리 가족을 위해 헤아릴 수 없는 시간을 내어준 당신에게 감사한다. 영원히 고마운 마음을 간직할 것이며, 당신을 사랑한다.

세 아이인 이저벨라, 헤이즌, 허드슨은 내 인생의 가장 위대한 스승이다. 매일 나를 성장하게 하고, 새로운 깨달음을 주며, 더 나은 엄마가 되도록 이끌어준다. 너희가 없었다면 내가 이토록 크고 깊은 사랑을 할 수 있을 줄은 꿈에도 몰랐을 것이다. 또한 밤잠 못 이루며 걱정하고, 지치면서도 내가 잘하고 있는지 끊임없이 돌아보게 되는 모성의 또 다른 면도 경험하지 못했을 것이다. 대부분은 잘해냈기를 진심으로 바라며, 너희 한 명 한 명을 온 마음을 다해 사랑한다.

옮긴이의 말

 '번아웃', 이제는 꽤 익숙해진 말입니다. 몸과 마음이 지칠 때면 "번아웃 왔어"라고 말하는 사람들이 많죠. 마라톤을 완주한 후에도, 힘든 프로젝트를 마친 후에도 우리는 이 단어를 입에 올립니다. 하지만 심리학에서 말하는 번아웃은 조금 다릅니다. 본래 이 단어는 사람을 돌보는 일을 하는 이들이 겪는 특별한 소진 상태를 가리키는 말입니다. 정서적으로 고갈되고, 일과 사람에 대해 냉소적으로 변하며, 자기 일에서 의미를 찾지 못하는 상태 말이죠.

 그렇다면 '엄마 번아웃'은 어떨까요? 학술적인 표현은 아닐 수 있지만 엄마도 분명 누군가를 돌보는 사람입니다. 다만 그 대상이 조금 특별할 뿐이죠. 바로 '내 아이'입니다. 한두 명, 많아야 서너 명의 식구들. 하지만 이들과 보내는 시간의 밀도와 깊이는 그 어떤 직업에도 비할 수 없습니다. 하루 24시간, 1년 365일 내내 돌봄이 이어지죠. 종종 이 관계에서 벗어나고 싶은 마음이 들더라도 그럴 수 없다는 것을 우리는 압니다. 포기할 수도, 그만둘 수도 없는 일······. 이 책을 펼친 엄마라면 그 무게를 누구보다 더 잘 아실 겁니다.

이토록 강도 높은 돌봄을 계속하다보면 지칠 수밖에 없습니다. 우울한 감정이 밀려오기도 하고, 모든 것을 놓아버리고 싶은 충동이 들기도 하죠. 그런데 여기서 중요한 점이 있습니다. 번아웃과 우울은 닮았지만 다릅니다. 우울이 무기력의 늪이라면 번아웃은 고군분투의 전장입니다. 우울할 땐 아무것도 할 수 없는 무력감에 빠지지만, 번아웃 상태일 땐 지쳐 쓰러질 것 같으면서도 계속 앞으로 나아갑니다. "조금만 더, 여기까지만, 한 걸음만 더······." 속으로 되뇌며 버티고 또 버티죠.

무엇 때문에 이토록 애쓰는 걸까요? 왜 한계를 넘어서까지 달리는 걸까요? 정신분석학적 관점에서 보면, 우리 마음속에는 저마다의 깊은 소망과 두려움이 있습니다. 누군가는 자유로운 엄마가, 누군가는 헌신적인 엄마가 되길 바라고, 또 누군가는 친구 같은 엄마가 되고 싶어합니다. 두려움도 마찬가지죠. 엄마들은 아이를 실망시킬까봐, 남들과 비교당할까봐, 혹은 자신의 부모처럼 돼버릴까봐 두려워합니다. 우리는 이 소망과 두려움으로 말미암아 움직입니다. 간절히 닿고 싶은 곳을 향해 달려가는 한편, 절대 떨어지고 싶지 않은 낭떠러지로부터 도망치듯이요. 이 책에 등장하는 엄마들의 이야기는 바로 그런 마음의 움직임을 보여줍니다.

놀라운 점은 책 속 미국 엄마들의 이야기가 한국 엄마들의 모습과 닮아 있다는 것입니다. 문화도, 생김새도, 살아가는 환경도 전혀 다르지만, '엄마'라는 역할을 짊어진 순간부터 겪게 되는 내면의 풍경은 무척 비슷합니다. 미셸의 SNS 포스팅 뒤에 숨겨진 진짜 하루는 제가 아는 많은 엄마들의 이중생활과 다르지 않았습니다. '최고의 엄마'가 되어야 한다는 메리의 압박은 한국의 교육열과 맞닿아 있었고요. 태평양을 사이에 두고 전혀 다른 삶을 살아가는 듯 보여도, 아이를 키우며 자신감을 잃어가는 마음, 그 깊은 곳의 외로움과 소진은 국경을 초월한 보편적인 경험이었습니다. 어쩌면 '엄마 번아웃'은 현대를 살아가는 모든 엄마가 공유하는 우리 시대의 증후군인지도 모르죠.

영국의 정신분석학자 도널드 위니컷은 'Good enough mother'라는 개념을 소개했습니다. '충분히 좋은 엄마'로 번역되기도 하지만, 진정한 의미는 '이만하면 충분한 엄마'에 더 가깝습니다. 완벽을 향해 끝없이 달려가는 것이 아니라 지금 이대로도 충분하다고 인정해주는 것. 저자도 바로 이 지점을 강조합니다. 엄마도 실수할 수 있고, 지칠 수 있으며, 때로는 아이보다 자신을 먼저 돌봐야 할 때가 있다고요. 한국의 엄마들에게 이 메시지가 특별한 이유는 우리 사회가 유독 엄마의 희생과 헌신을 당연시하기 때문입니다. 아이의 성공이 곧 엄마의 성적표가 되는 사회, 엄마의 자기 돌봄을 이기적이라 여기는 문화 속에서 '이만하면 충분한 엄마'라는 말은 숨 쉴 공간이 되어줄 수 있습니다.

　이 순간에도 아이의 울음소리에 지쳐 있을 엄마, 완벽하지 못한 자신을 탓하고 있을 엄마, 혼자라고 느끼며 외로워하고 있을 엄마들에게 이 책이 위로가 되어주길 바랍니다. 당신의 그 힘듦은 당신만의 것이 아닙니다. 우리는 모두 같은 길 위에서 비슷한 무게를 짊어지고 걸어가고 있습니다. 잠시 멈춰 서서 숨을 골라도 괜찮습니다. 눈물을 흘리는 것도, 도움의 손길을 청하는 것도 모두 괜찮습니다. 오늘도 애쓰고 있는 모든 엄마에게 이 책과 함께 따뜻한 마음을 전합니다.

참고문헌

1장

Shelley E. Taylor et al., "Biobehavioral Responses to Stress in Females: Tend-and-Befriend, Not Fight-or-Flight," *Psychological Review* 107, no.3(2000): 411-429, DOI: 10.1037//0033-295X.107.3.411.

Navneet Magon and Sanjay Kalra, "The Orgasmic History of Oxytocin: Love, Lust, and Labor," *Indian Journal of Endocrinology and Metabolism* 15, no. 7 (2011): 156-161, published online September 13, 2011, DOI: 10.4103/2230-8210.8485; Maureen Salamon, "11 Interesting Effects of Oxytocin," *Live Science*, December 3, 2010, http://www.livescience.com/35219-11-effects-of-oxytocin.html.

Tori DeAngelis, "The Two Faces of Oxytocin: Why Does the 'Tend and Befriend' Hormone Come Into Play at the Best and Worst of Times?" *Monitor on Psychology* 39, no. 2 (2008): 30, http://www.apa.org/monitor/feb08/oxytocin.aspx.

"Stress," University of Maryland Medical Center, last reviewed on January 30, 2013, http://umm.edu/health/medical/reports/articles/stress.

Leon F. Seltzer, PhD, "Trauma and the Freeze Response: Good, Bad or Both?" *Psychology Today*, July 8, 2015, https://www.psychologytoday.com/blog/evolution-the-self/201507/trauma-and-the-freeze-response-good-bad-or-both.

The Mayo Clinic, April 21, 2016, http://www.mayoclinic.org/healthy-life style/stress-management/in-depth/stress/art-20046037.

"Understanding the Stress Response," Harvard Health Publishing, last updated March 18, 2016, http://www.health.harvard.edu/staying-healthy/understanding-the-stress-response.

Jim Folk and Marilyn Folk, BScN, "Nausea, Vomiting Anxiety Symptoms," *anxietycentre.com*, updated September 10, 2017, http://www.anxietycentre.com /anxiety-symptoms/nausea-vomiting.shtml.

"Understanding the Stress Response."

Mohammed Mostafizur Rahman et al., "Early Hippocampal Volume Loss as a Marker of Eventual Memory Deficits Caused by Repeated Stress," *Scientific Reports* 6, no. 29127 (2016), DOI: 10.1038/srep29127.

Madhumita Murgia, "How Stress Affects Your Brain," YouTube video, 4:15, published by Ted-Ed, November 9, 2015, https://www.youtube.com/watch?v=WuyPuH9ojCE[EK1]; L. Mah, C. Szabuniewicz, and A.J. Fiocco, "Can Anxiety Damage the Brain?" *Current Opinion in Psychiatry* 29, no. 1 (2016): 56–63, DOI: 10.1097/YCO.0000000000000223.

Bruce S. McEwen et al., "Mechanisms of Stress in the Brain," *Nature Neuroscience* 18, no. 10 (2015): 1353–1363, DOI: 10.1038/nn.4086.

Amy F.T. Amsten, "Stress Signaling Pathways That Impair Prefrontal Cortex Structure and Function," *Nature Reviews Neuroscience* 10, no. 6 (2009): 410–422, DOI: 10.1038/nrn2648.

J. Amiel Rosenkranz, Emily R. Venheim, and Mallika Padival, "Chronic Stress Causes Amygdala Hyperexcitability in Rodents," *Biological Psychiatry* 67, no. 2 (2010): 1128–1136, DOI: http://dx.doi.org/10.1016/j.biopsych.2010.02.008.

Christina Maslach, Michael Leither, and Susan E. Jackson, *The Maslach Burnout Inventory Manual: Third Edition* (Palo Alto, Calif.: Consulting Psychologists Press, 1996), file:///Users/emilyklein/Downloads/MBIchapter.97.pdf.

2장

Matthew E. Brashears, "Small Networks and High Isolation? An Examination of American Discussion Networks," *Social Networks* 33, no. 4 (2011): 331–341, DOI: 10.1016/j.socnet.2011.10.003.

Jeanna Bryner, "Friends Less Common Today, Study Finds," *Live Science*, November 4, 2011, https://www.livescience.com/16879-close-friends-decrease-today.html.

Sam B.G. Roberts and R.I.M. Dunbar, "Managing Relationship Decay: Network, Gender, and Contextual Effects," *Human Nature* 26, no. 4(2015): 426–450, doi: 10.1007/s12110-015-9242-7.

M.S. Bhatia and Nirmaljit Kaur, "Pagophagia: A Common but Rarely Reported Form of Pica," *Journal of Clinical & Diagnostic Research* 8, no. 1 (2014): 195–196, https://www.ncbi.nlm.nih.gov/pmc/articles/PMC3939500/.

Sheryl Sandberg, *Lean In: Women, Work, and the Will to Lead* (New York: Alfred A. Knopf, 2013).

Michael L. Slepian, Jinseok S. Chun, and Malia F. Mason, "The Experience of Secrecy," *Journal of Personality and Social Psychology* 113, no. 1 (2017): 27–28, DOI: 10.1037/pspa0000085.

Dr. Brené Brown, The Power of Vulnerability, video, 20:19, *TedxHouston*, filmed June 2010, https://www.ted.com/talks/brene_brown_on_vulnerability.

Dr. Brené Brown, *Listening to Shame*, video, 20:38, TED2012, filmed March 2012, https://www.ted.com/talks/brene_brown_listening_to_shame.

3장

"Children and Youth with Disabilities," National Center for Education Statistics, last updated May 2017, https://nces.ed.gov/programs/coe/indi cator_cgg.asp.

Karen L. Fingerman et al., "Help with 'Strings Attached': Offspring Perceptions that Middle Aged Parents Offer Conflicted Support," *The Journals of Gerontology: Series B* 68, no. 6 (2013): 902–911, DOI: 10.1093/geronb/gbt032.

Jeffrey Jensen Arnett, PhD, and Joseph Schwab, "The Clark University Poll of Emerging Adults," Clark University, December 2012, http://www2.clarku.edu/clark-poll-emerging-adults/pdfs/clark-university-poll-emerging-adults-findings.pdf.

Karen Fingerman, "The Ascension of Parent-Offspring Ties," *The Psychologist* 29 (February 2016): 114–117, https://thepsychologist.bps.org.uk/volume-29/february/ascension-parent-offspring-ties.

Harold G. Koenig, "Religion, Spirituality, and Health: The Research and Clinical Implications," *ISRN Psychiatry* 2012, no. 278730(2012): 33 pages, DOI: 10.5402/2012/278730.

S. Leonard Syme and Miranda L. Ritterman, "The Importance of Community Development for Health and Well-Being," *Community Development Investment Review* 5, no. 3 (2009): 1, 9, http://

www.frbsf.org/community-development/files/cdreview_issue3_09.pdf; Maija Reblin, MA, and Bert N. Uchino, PhD, "Social and Emotional Support and Its Implication for Health," *Current Opinion in Psychiatry* 21, no. 2 (March 2008): 201–205, DOI: 10.1097/YCO.0b013e3282f3ad89; Sidney Cobb, MD, "Social Support as a Moderator of Life Stress," *Psychosomatic Medicine* 38, no. 5 (September–October 1976): 300–314, https://campus.fsu.edu/bbcswebdav/institution/academic/social_sciences/sociology/Reading%20Lists/Mental%20Health%20Readings/Cobb-PsychosomaticMed-1976.pdf.; John Cassel, "The Contribution of the Social Environment to Host Resistance," *American Journal of Epidemiology* 104, no. 2 (1976): 110, http://citeseerx.ist.psu.edu/viewdoc/download?doi=10.1.1.454.1555&rep=rep1&type=pdf.; Emile Durkheim, *Suicide, A Study in Sociology*, trans. John A. Spaulding and George Simpson, ed. George Simpson (Glencoe, Ill.: Free Press, 1951), 5, http://www.bahaistudies.net/asma/suicide-durkheim.pdf.

4장

Margaret D. Weiss et al., "The Screens Culture: Impact on ADHD," *ADHD Attention Deficit and Hyperactivity Disorders* 3, no. 4 (December 2011): 327–334, DOI: 10.1007/s12402-011-0065-z.

Maeve Duggan, Amanda Lenhart, Cliff Lampe, and Nicole B. Ellison, "Parents and Social Media," Pew Research Center (July 2015): 20, file:///Users/emilyklein/Downloads/Parents-and-Social-Media-FIN-DRAFT-071515%20(1).pdf.

Aaron Mamiit, "Blame it on Dopamine: Here's Why People Text and Drive Despite Knowing the Risks Involved," *TechTimes*, November 8, 2014, http://www.techtimes.com/articles/19689/20141108/

blame-it-on-dopamine-heres-why-people-text-and-drive-despite-being-aware-of-risks-involved.htm; Simon Sinek, interview by Tom Bilyeu, YouTube video, 14:57, *Inside Quest*, accessed October 22, 2017, https://www.youtube.com/watch?v=hER-0Qp6QJNU&sns=em.

Moira Burke and Mike Develin, "Once More with Feeling: Supportive Responses to Social Sharing on Facebook," in *CSCW '16 Proceedings of the 19th ACM Conference on Computer-Supported Cooperative Work & Social Computing* (San Francisco: ACM, 2016) 14601472, DOI: org/10.1145/2818048.2835199.

Ronald Pies, "Should DSM-V Designate 'Internet Addiction' a Mental Disorder?" *Psychiatry* 6, no. 2 (February 2009): 31–37, https://www.ncbi.nlm.nih.gov/pmc/articles/PMC2719452/.

5장

"Digest of Education Statistics, table 105.50," National Center for Education Statistics, 2014, https://nces.ed.gov/programs/digest/d14/tables/dt14_105.50.asp.

Sheena SethiIyengar, Gur Huberman, and Wei Jiang, "How Much Choice Is Too Much? Contributions to 401(k) Retirement Plans," in *Pension Design and Structure: New Lessons from Behavioral Finance*, ed. Olivia S. Mitchell and Stephen P. Utkus (Oxford: Oxford University Press, 2004), 88–91, DOI: 10.1093/0199273391.003.0005.

Sheena Iyengar and Mark R. Lepper, "When Choice Is Demotivating: Can One Desire Too Much of a Good Thing?" *Journal of Personality and Social Psychology* 79, no. 6 (December 2000): 995–1006, DOI: http://dx.doi.org/10.1037/0022-3514.79.6.995.

"DPS by the Numbers," *Denver Public Schools*, accessed November 16, 2017, https://www.dpsk12.org/about-dps/facts-figures/.

"Denver County Private Schools," *Private School Review*, accessed November 16, 2017, https://www.privateschoolreview.com/colorado/denver-county.

"Denver—the City," *hometodenver.com*, accessed October 22, 2017, http://www.hometodenver.com/stats_denver.htm.

Barry Schwartz, *The Paradox of Choice*, video, 19:34, TEDGlobal 2005, filmed 2005, https://www.ted.com/talks/barry_schwartz_on_the_paradox_of_choice?language=en.

"diapers," amazon.com, accessed November 16, 2017, https://www.amazon.com/s/ref=nb_sb_noss?url=search-alias%3Daps&field-keywords=diapers.

"chocolate chip cookies," accessed October 22, 2017, https://shop.shoprite.com/store/F442733#/search/chocolate chip cookies/3?queries=sort%3DRelevance.

William Fitzsimmons, Marlyn E. McGrath, and Charles Ducey, "Time Out of Burn Out for the Next Generation," Harvard University, updated 2017, https://college.harvard.edu/admissions/preparing-college/should-i-take-time.

Cassie Mogilner, Baba Shiv, and Sheena S. Iyengar, "Eternal Quest for the Best: Sequential (vs. Simultaneous) Option Presentation Undermines Choice Commitment," *Journal of Consumer Research* 39, no. 6 (April 2013): 1300–1312, DOI: 10.1086/668534.

6장

Kim Parker and Gretchen Livingston, "6 Facts About American Fathers," Pew Research, June 15, 2017, http://www.pewresearch.org/

fact-tank /2017/06/15/fathers-day-facts/.

Sarah Jane Glynn, "Breadwinning Mothers Are Increasingly the U.S. Norm," Center for American Progress, December 19, 2016, https://www.americanprogress.org/issues/women/reports/2016/12/19/295203/breadwinning-mothers-are-increasingly-the-u-s-norm/.

"Parenting in America," Pew Research Center (December 17, 2015): 8, file:///Users/emilyklein/Downloads/2015-12-17_parenting-in-america_FINAL.pdf.

Laura R. Stroud, Peter Salovey, and Elissa S. Epel, "Sex Differences in Stress Responses: Social Rejection Versus Achievement Stress," *Biological Psychiatry* 52, no. 4 (August 2002): 318–327, DOI: 10.1016/S0006-3223(02)01333-1.

Elseline Hoekzema et al., "Pregnancy Leads to Long-Lasting Changes in Human Brain Structure," *Nature Neuroscience* 20, no. 2 (December 2016): 287–296, DOI: 10.1038/nn.4458.

Linda Patia Spear, PhD, "Adolescent Neurodevelopment," *Journal of Adolescent Health* 52, no. 2 (February 2013), S7–S13, DOI: http://dx.doi.org/10.1016/j.jadohealth.2012.05.006.

Daniel J. Siegel, MD, "Pruning, Myelination, and the Remodeling Adolescent Brain," PsychologyToday.com, February 4, 2014, https://www.psychologytoday.com/blog/inspire-rewire/201402/pruning-myelination-and-the-remodeling-adolescent-brain; Clara Moskowitz, "Teen Brains Clear Out Childhood Thoughts," LiveScience.com, March 23, 2009, https://www.livescience.com/3435-teen-brains-clear-childhood-thoughts.html; Hoekzema et al., 8.

"Teen Brains Clear Out Childhood Thoughts," LiveScience.com, March 23, 2009, https://www.livescience.com/3435-teen-brains-clear-childhood-thoughts.html; Hoekzema et al., 2.

7장

Rachel G. Lucas-Thompson, Wendy A. Goldberg, and JoAnn Prause, "Maternal Work Early in the Lives of Children and Its Distal Associations with Achievement and Behavior Problems: A Meta-Analysis," *Psychological Bulletin* 136, no. 6 (November 2010): 915–942, DOI: 10.1037/a0020875.

"Care.com Survey Finds One in Four Working Moms Cry Alone At Least Once a Week," care.com, October 23, 2014, https://www.care.com/press-release-carecom-finds-1-in-4-moms-cry-alone-once-a-week-p1186-q49877680.html.

V. Frankl, *Man's Search for Meaning* (Boston: Beacon Press, 2006).

8장

"Multitasking: Switching costs," APA.org, March 20, 2006, http://www.apa.org/research/action/multitasking.aspx.

"American Time Use Survey," *United States Department of Labor*, last updated December 16, 2016, https://www.bls.gov/tus/charts/household.htm.

"Panic Attacks and Panic Disorder," Mayo Clinic, May 19, 2015, https://www.mayoclinic.org/diseases-conditions/panic-attacks/basics/causes/con-20020825.

"Exercise for Stress and Anxiety," Anxiety and Depression Association of America, July 2014, https://adaa.org/living-with-anxiety/managing-anxiety/exercise-stress-and-anxiety.

9장

"Alcohol: A Women's Health Issue," The Office of Research on Women's Health, Office of the Director, and the National Institute on Alcohol Abuse and Alcoholism (two components of the NIH) 4956, no. 15 (updated 2015): 2, https://pubs.niaaa.nih.gov/publications/brochurewomen/Woman_Eng lish.pdf; Jen Simon, "I'm a Stay-at-Home Mom, I'm an Addict," WashingtonPost .com, June 6, 2016, https://www.washingtonpost.com/news/parenting/wp/2016/06/06/im-a-stay-at-home-mom-im-an-addict/?utm_term=.483f2a4098e3.

"Gender and Women's Mental Health," World Health Organization, accessed October 23, 2016, http://www.who.int/mental_health/prevention/genderwomen/en/.

"Results from the 2015 National Survey on Drug Use and Health: Detailed Tables: Table 5.8a," Substance Abuse and Mental Health Services, Administration Center for Behavioral Health Statistics and Quality, U.S. Department of Health and Human Services, accessed October 23, 2017, https://www.samhsa.gov /data/sites/default/files/NSDUH-DetTabs-2015/NSDUH-DetTabs-2015/NSDUH-DetTabs-2015.htm#tab5-8a.

"Results from the 2015 National Survey on Drug Use and Health: Detailed Tables: Table 1-67a," Substance Abuse and Mental Health Services, Administration Center for Behavioral Health Statistics and Quality, U.S. Department of Health and Human Services, accessed October 23, 2017, https://www.samhsa.gov /data/sites/default/files/NSDUH-DetTabs-2015/NSDUH-DetTabs-2015/NSDUH-DetTabs-2015.htm#tab1-67a.

"About Dr. Bessel van der Kolk," Trauma Center and Justice Resource Institute, accessed October 23, 2017, http://www.traumacenter.org/about/about_bessel.php.

"Chronic Stress Puts Your Health at Risk," Mayo Clinic, April 21,

2016, https://www.mayoclinic.org/healthy-lifestyle/stress-management/in-depth/stress/art-20046037.

"What Is Estrogen," Hormone Health Network, accessed October 23, 2017, http://www.hormone.org/hormones-and-health/hormones/estrogen.

Colin M. Dayan and Vijay Panicker, "Hypothyroidism and Depression," *European Thyroid Journal* 3, no. 2 (September 2013): 168, DOI: 10.1159/000353777; "When Depression Starts in the Neck," Harvard Health Publishing, July 2011, https://www.health.harvard.edu/newsletter_article/when-depression-starts-in-the-neck.

"Can Stress Really Make Us Sick?" WashingtonPost.com, May 5, 2014, https://www.washingtonpost.com/national/health-science/can-stress-really-make-us-sick/2014/05/05/a1af9dd2-d074-11e3-937f-d3026234b51c_story.html?utm_term=.f8dae6c26d6a.

Peggy A. Thoits, "Mechanisms Linking Social Ties and Support to Physical and Mental Health," *Journal of Health and Social Behavior* 52, no. 2 (June 2011): 145–161, DOI: 10.1177/0022146510395592.

"Stress in America: Paying with Our Health," American Psychological Association (February 4, 2015): 7, https://www.apa.org/news/press/releases/stress/2014/stress-report.pdf; Julianne Holt-Lunstad, Timothy B. Smith, and J. Bradley Layton, "Social Relationships and Mortality Risk: A Meta-Analytic Review," *PLOS Medicine* 7, no. 7 (July 27, 2010), DOI: 10.1371/journal.pmed.1000316.

10장

"Any Anxiety Disorder Among Children," National Institute of Mental

Health, accessed October 23, 2017, https://www.nimh.nih.gov/health/statistics/prevalence/any-anxiety-disorder-among-children.shtml.

"Data Brief 241: Increase in suicide in the United States, 1999-2014," The Centers for Disease Control, accessed October 23, 2017, https://www.cdc.gov/nchs/data/databriefs/db241_table.pdf#2; Rae Ellen Bichell, "Suicide Rates Climb in the U.S., Especially Among Adolescent Girls," NPR.org, April 22, 2016, http://www.npr.org/sections/health-shots/2016/04/22/474888854/suicide-rates-climb-in-u-s-especially-among-adolescent-girls.

Jonaki Bose et al., "Key Substance Use and Mental Health Indicators in the United States: Results from the 2015 National Survey on Drug Use and Health," Center for Behavioral Health Statistics and Quality, HHS Publication No. SMA 16-4984, NSDUH Series H-51 (2016), https://www.samhsa.gov /data/sites/default/files/NSDUH-FFR1-2015/NSDUH-FFR1-2015/NSDUH-FFR1-2015.htm#mhi01.

"Gender and Women's Health," World Health Organization, accessed October 23, 2017, http://www.who.int/mental_health/prevention/genderwomen/en/.

"Generalized Anxiety Disorder," Anxiety and Depression Association of America, accessed October 23, 2017, https://adaa.org/understanding-anxiety/generalized-anxiety-disorder-gad.

Daniel E. Ford, MD, PMH, and Thomas P. Erlinger, MD, PMH, "Depression and C-Reactive Protein in US Adults: Data from the Third National Health and Nutrition Examination Survey," *Archives of Internal Medicine* 164, no. 9 (May 2014): 1010-1014, DOI: 10.1001/archinte.164.9.1010.

Sharon Toker et al., "The Association Between Burnout, Depression,

Anxiety, and Inflammation Biomarkers: C-Reactive Protein and Fibrinogen in Men and Women," *Journal of Occupational Health Psychology* 10, no. 4 (2005): 356, DOI: 10.1037/1076-8998.10.4.344.

Paul R. Albert, PhD, "Why Is Depression More Prevalent in Women?" *Journal of Psychiatry and Neuroscience* 40, no. 4 (July 2015): 219, DOI: 10.1503/jpn.150205.

"Depression in Women," National Institute of Mental Health, no. TR 16-4779, accessed October 23, 2017, https://www.nimh.nih.gov/health/publica tions/depression-in-women/tr-16-4779_153310.pdf.

Laura A. Pratt, PhD, and Debra J. Brody, MPH, "Depression in the U.S. Household Population—2009-2012," National Center for Health Statistics, no. 172 (December 2014): 1, https://www.cdc.gov/nchs/data/databriefs/db172.pdf.

Harvard Health Publishing, May 2011, https://www.health.harvard.edu/womens-health/women-and-depression.

Betty Friedan, *The Feminine Mystique* (New York: W.W. Norton, 1963).

Jason J. Washburn et al., "Psychotherapeutic approaches to non-suicidal self-injury in adolescents," *Child and Adolescent Psychiatry and Mental Health* 6, no. 14 (March 30, 2012), DOI: 10.1186/1753-2000-6-14.

위험한 엄마
번아웃된 엄마들에게

초판인쇄 2025년 8월 6일
초판발행 2025년 8월 13일

지은이 셰릴 치글러
옮긴이 문가람
펴낸이 강성민
편집장 이은혜
편집 태서현
마케팅 정민호 박치우 한민아 이민경 박진희 황승현 김경언
브랜딩 함유지 박민재 이송이 박다솔 조다현 김하연 이준희
제작 강신은 김동욱 이순호

펴낸곳 (주)글항아리 | **출판등록** 2009년 1월 19일 제406-2009-000002호
주소 경기도 파주시 문발로 214-12 4층
전자우편 bookpot@hanmail.net
전화번호 031-955-8869(마케팅) 031-941-5161(편집부)

ISBN 979-11-6909-403-0 (03180)

잘못된 책은 구입하신 서점에서 교환해드립니다.
기타 교환 문의 031-955-2661, 3580

www.geulhangari.com